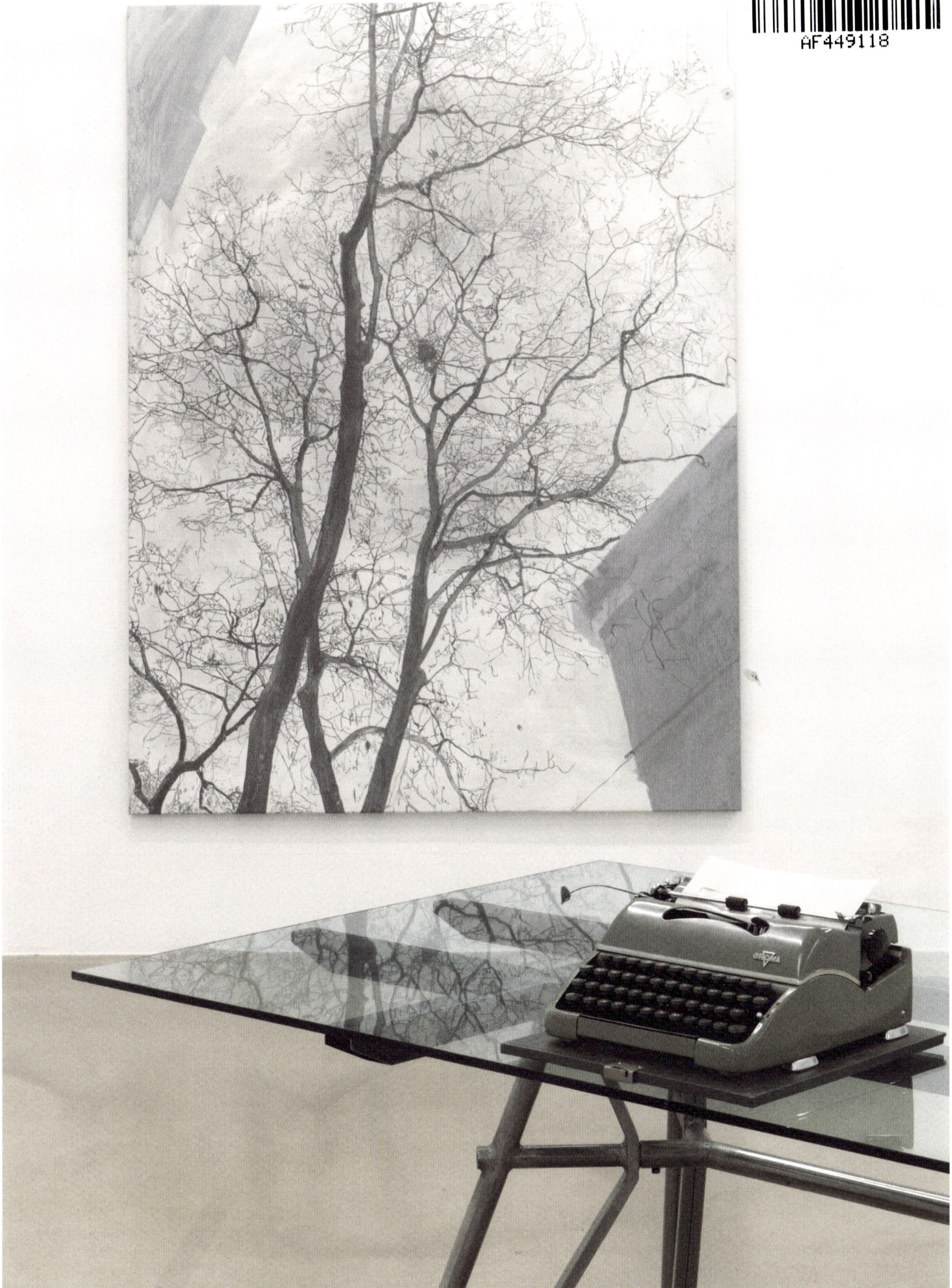

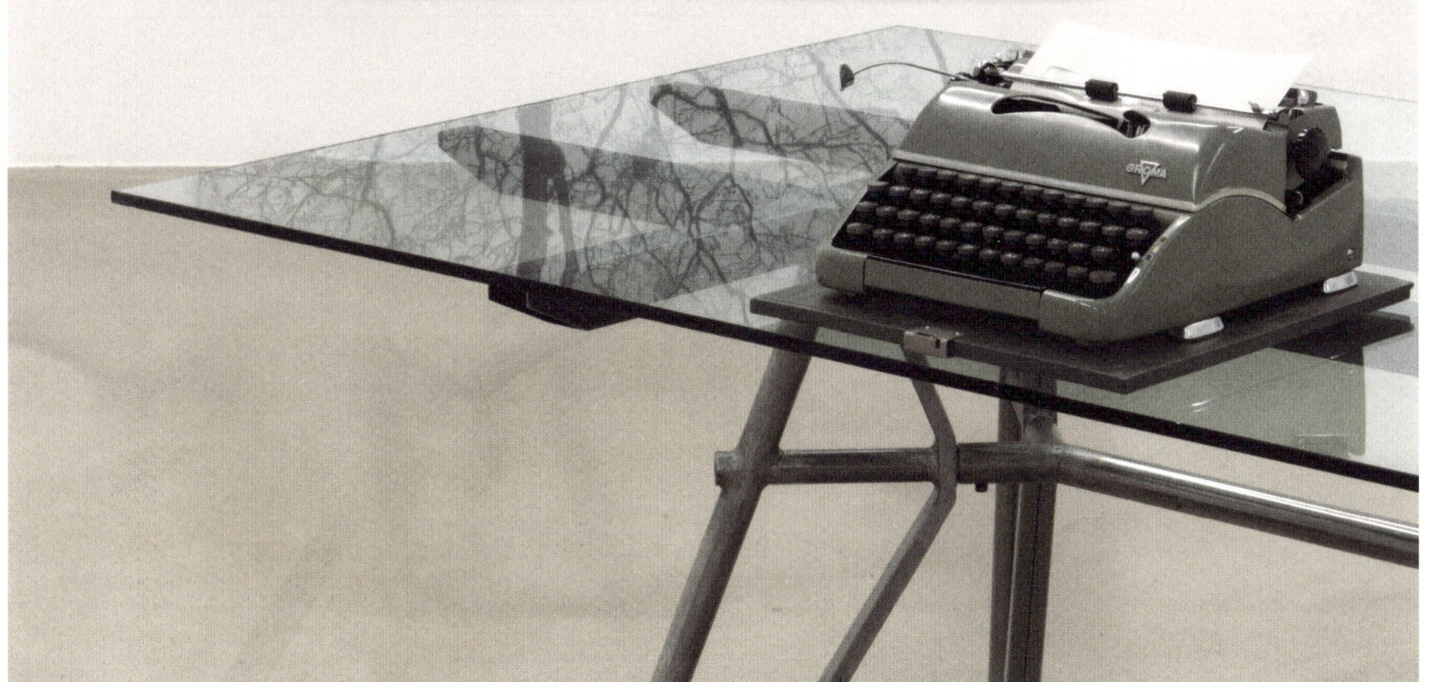

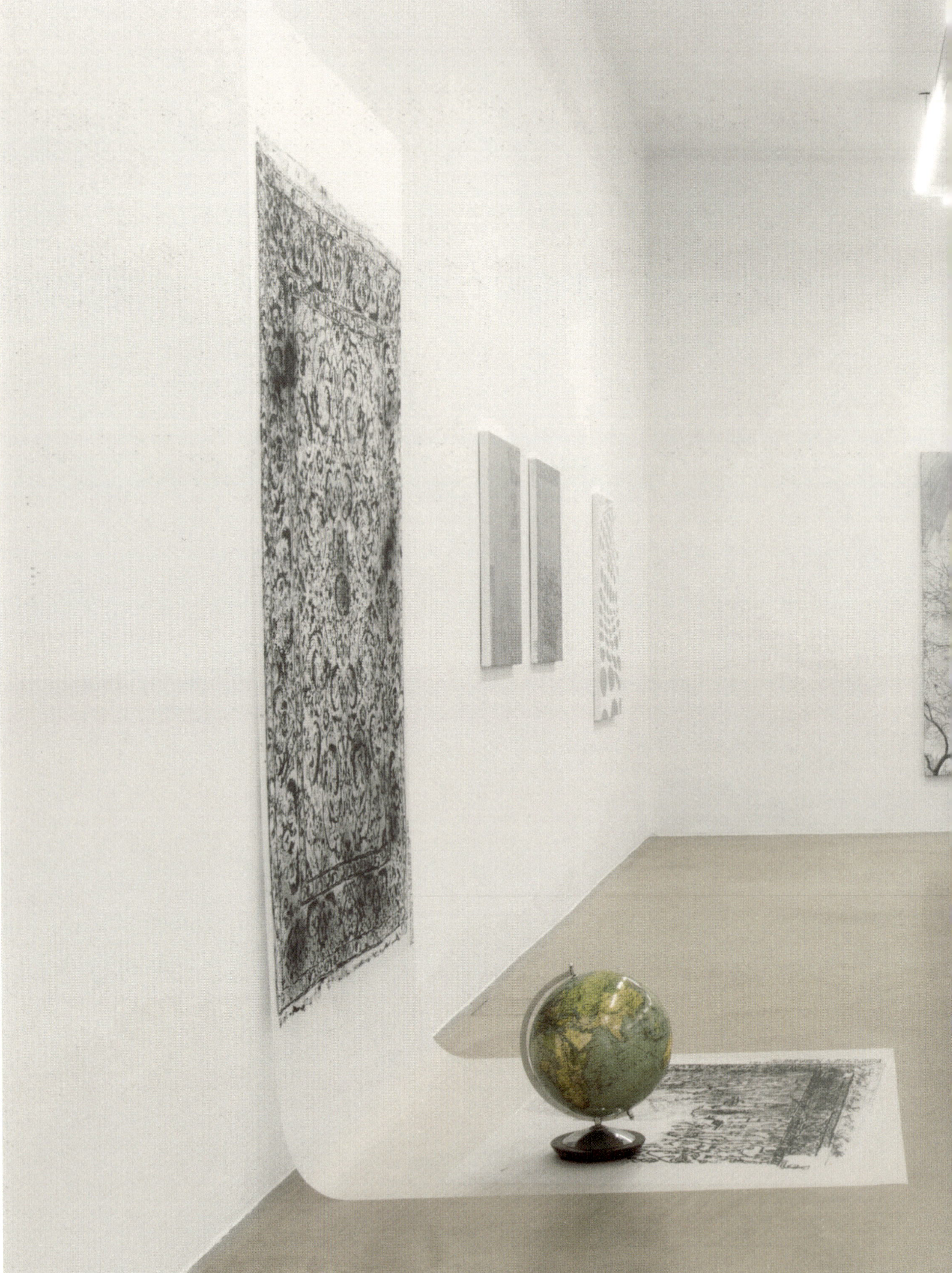

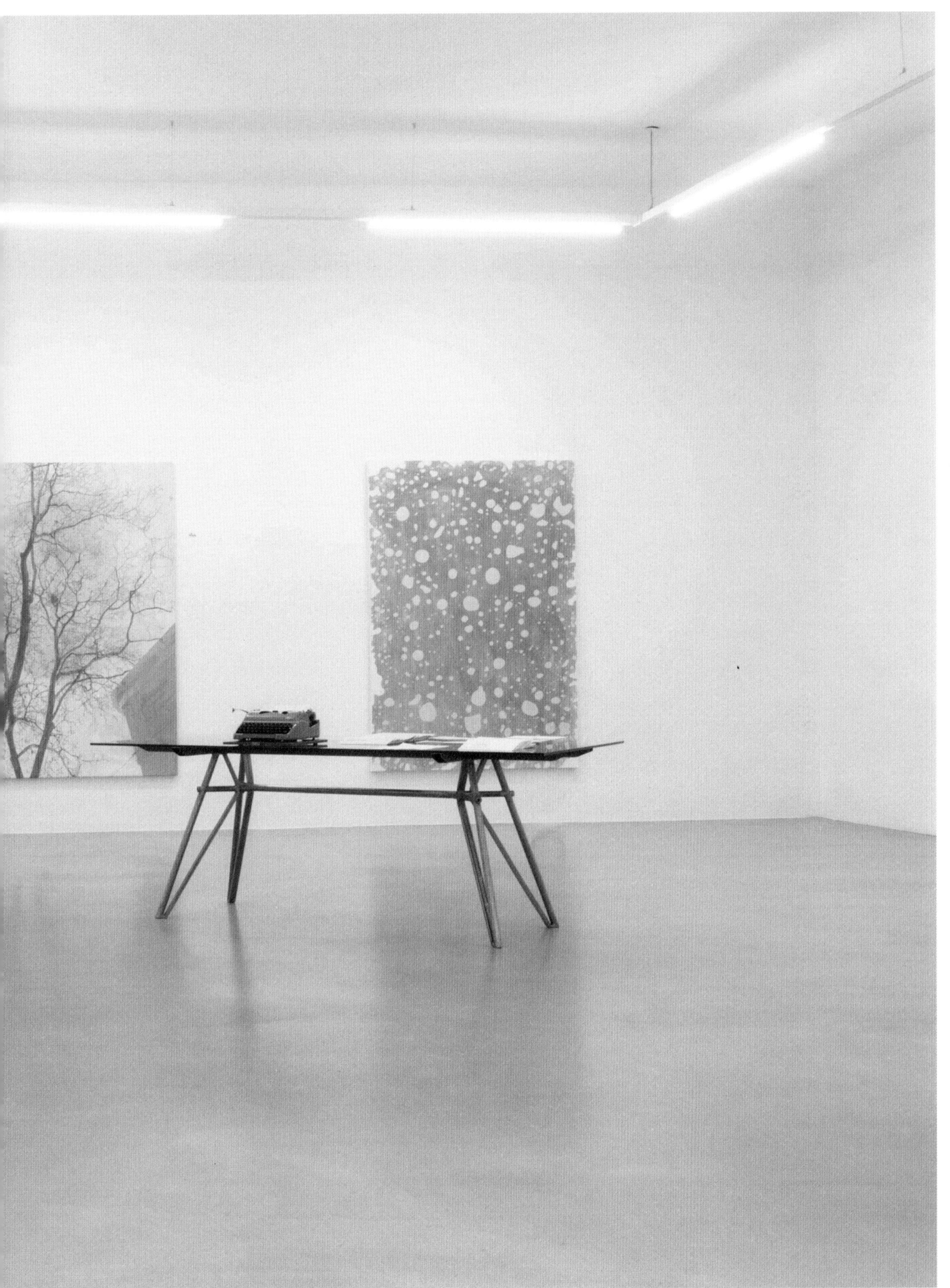

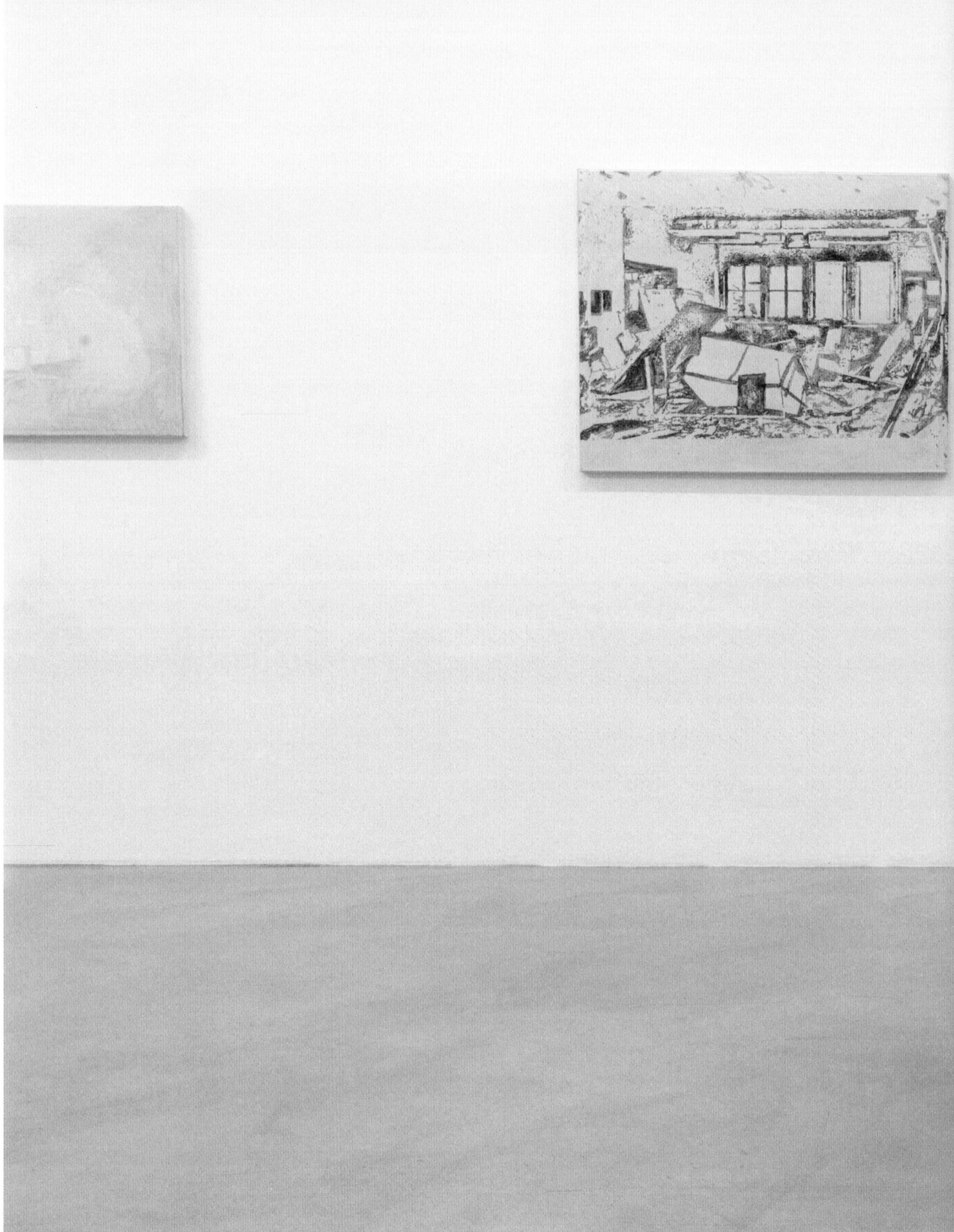

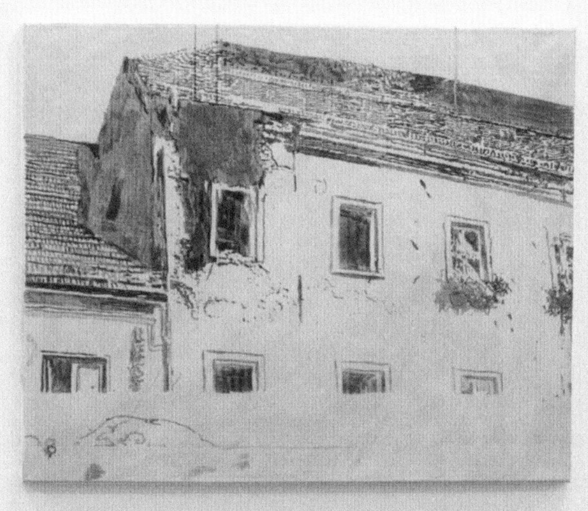

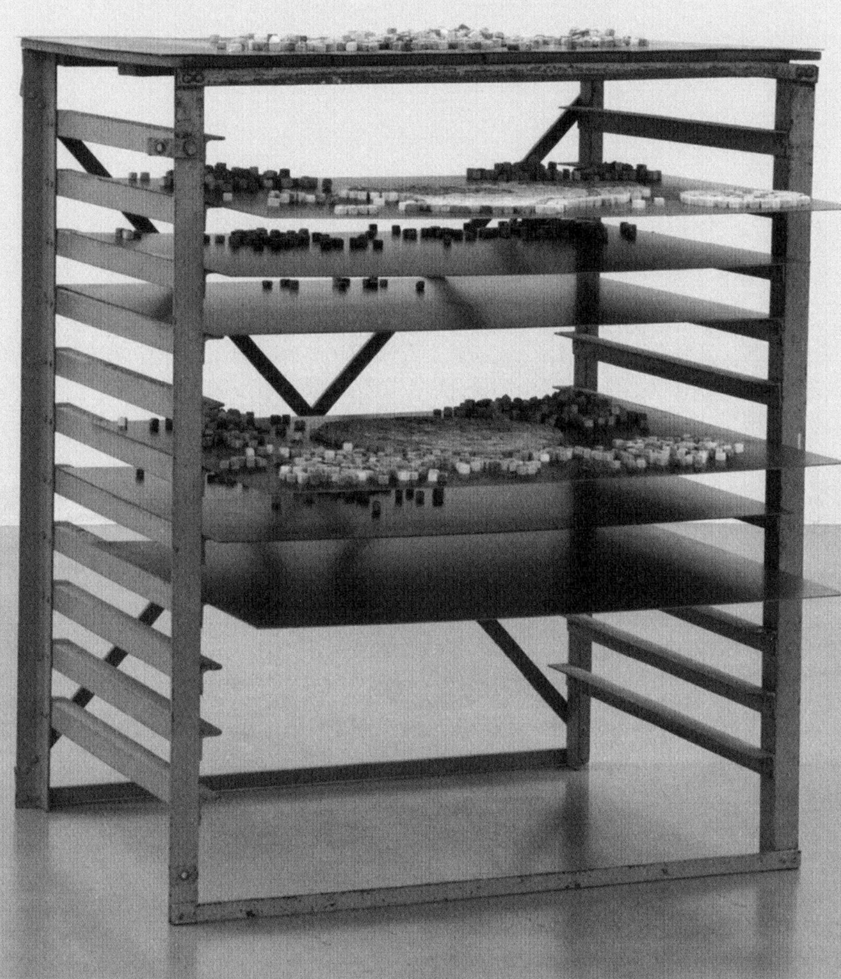

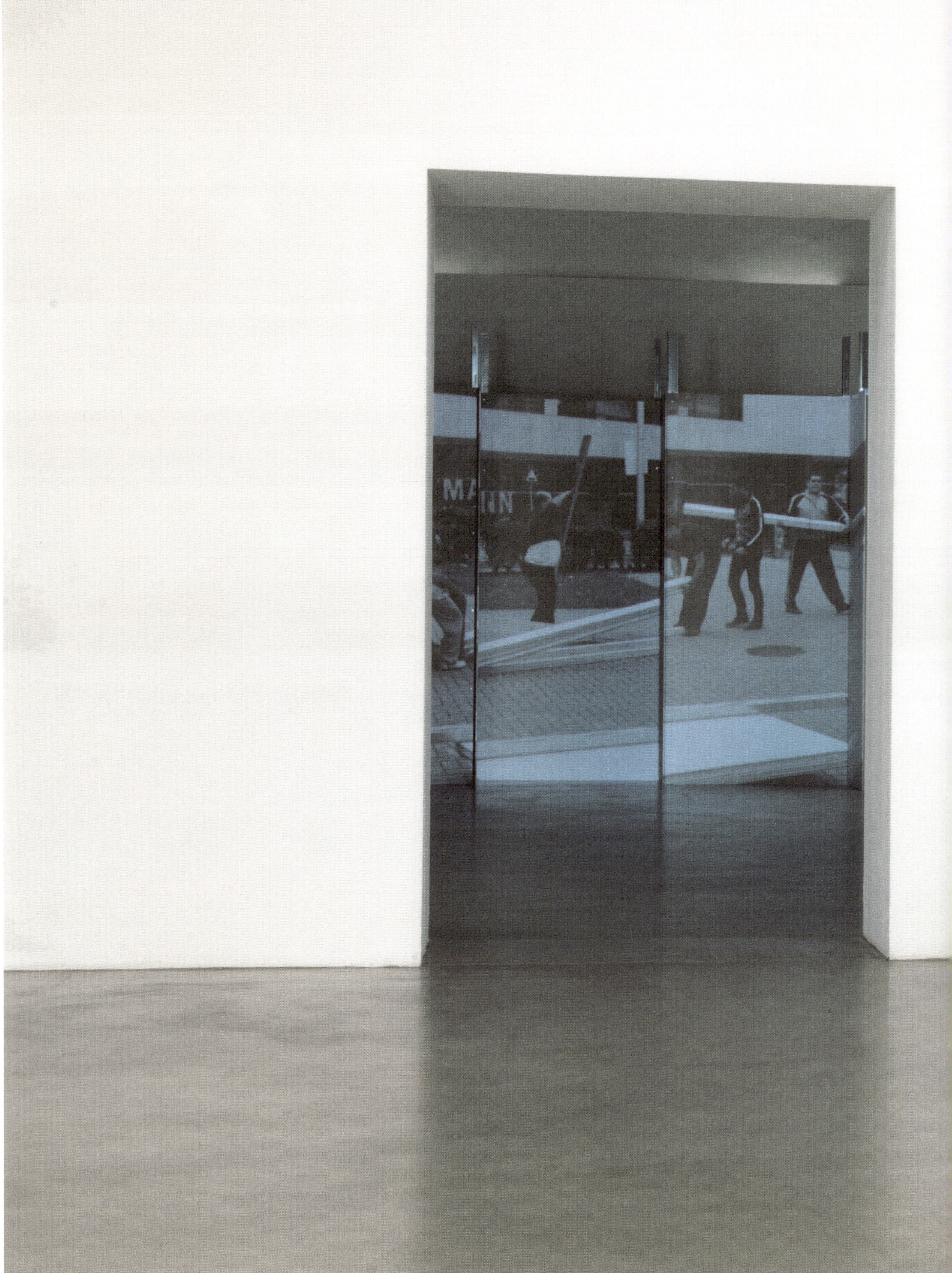

MANN

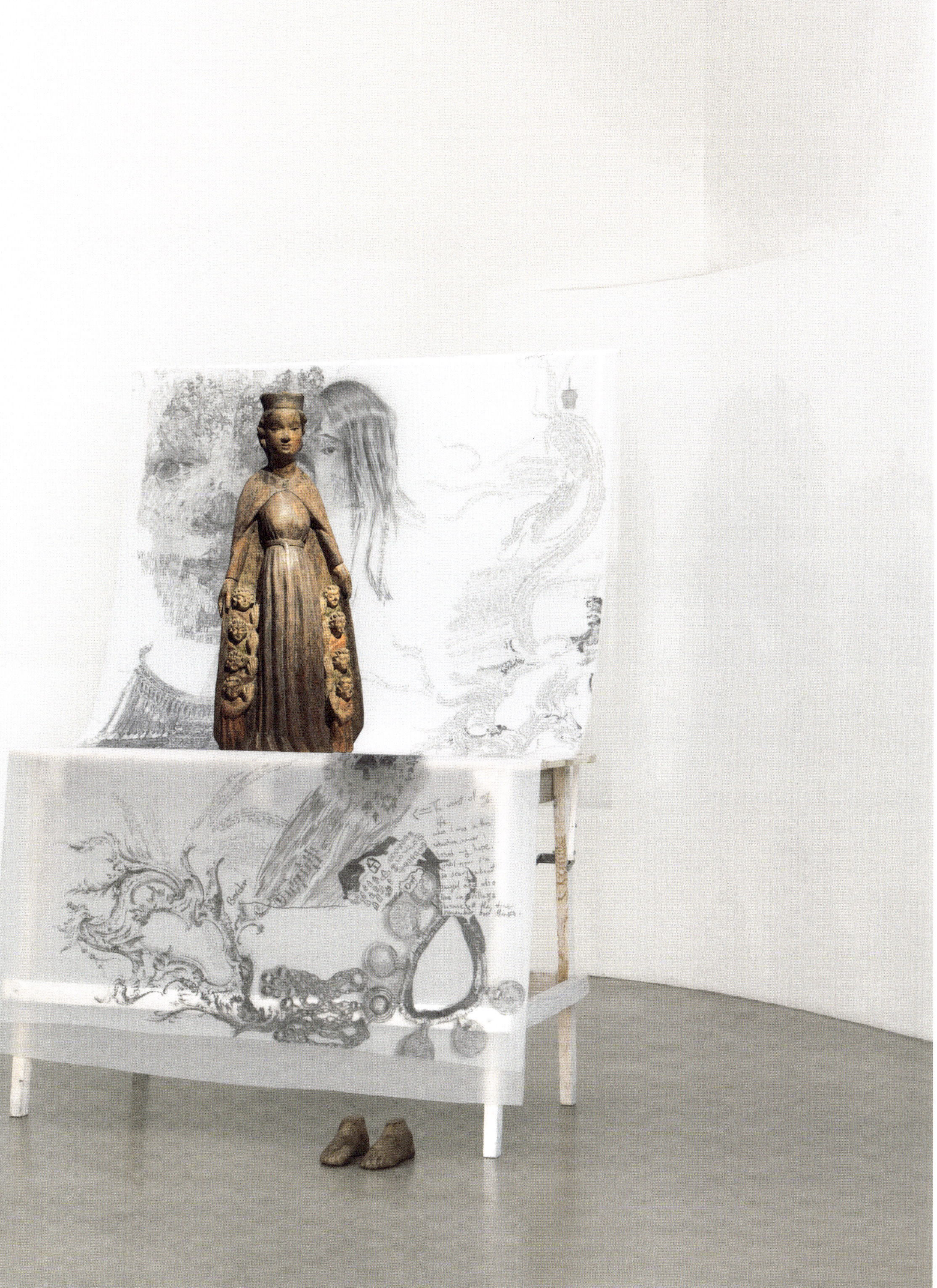

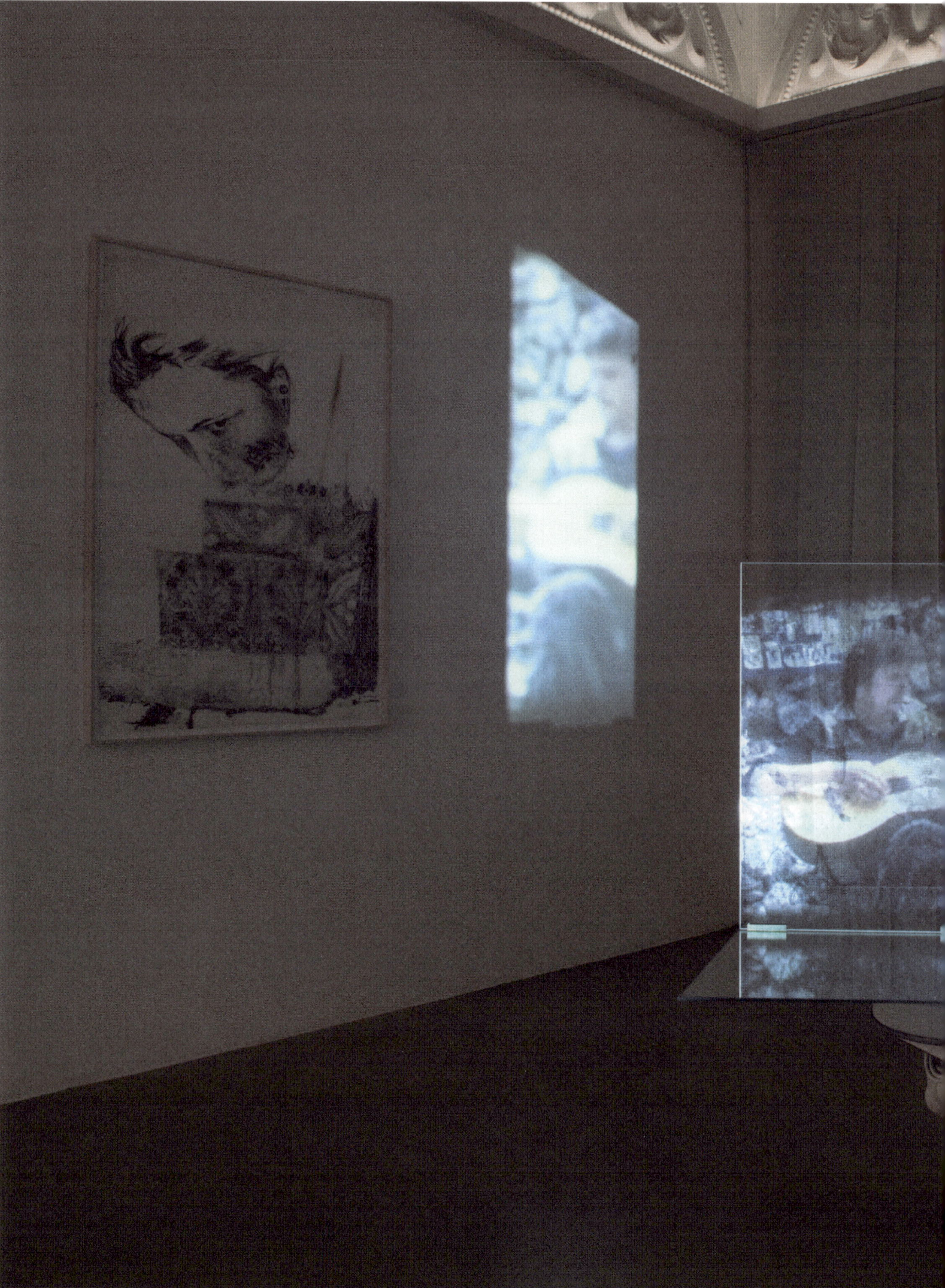

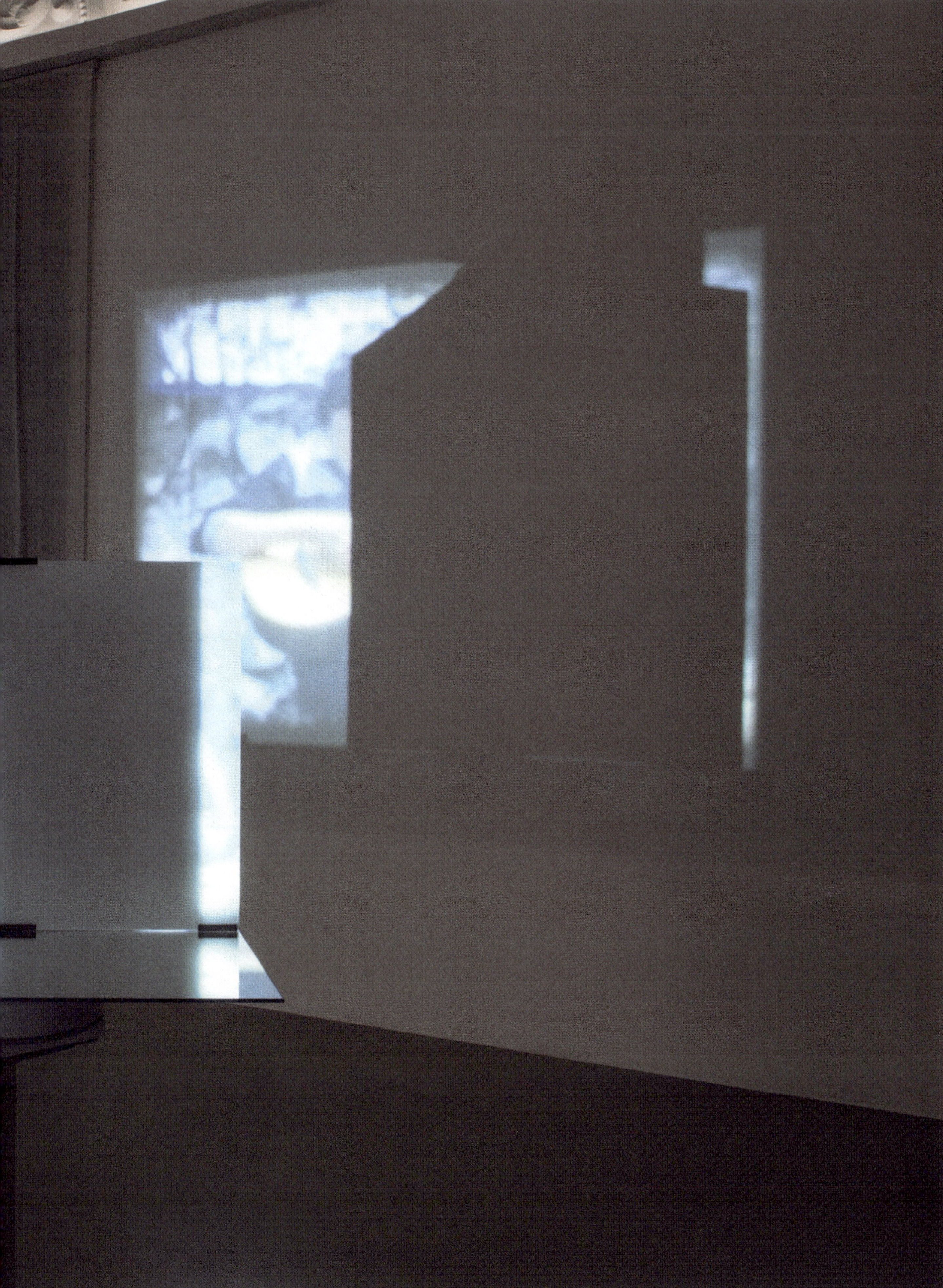

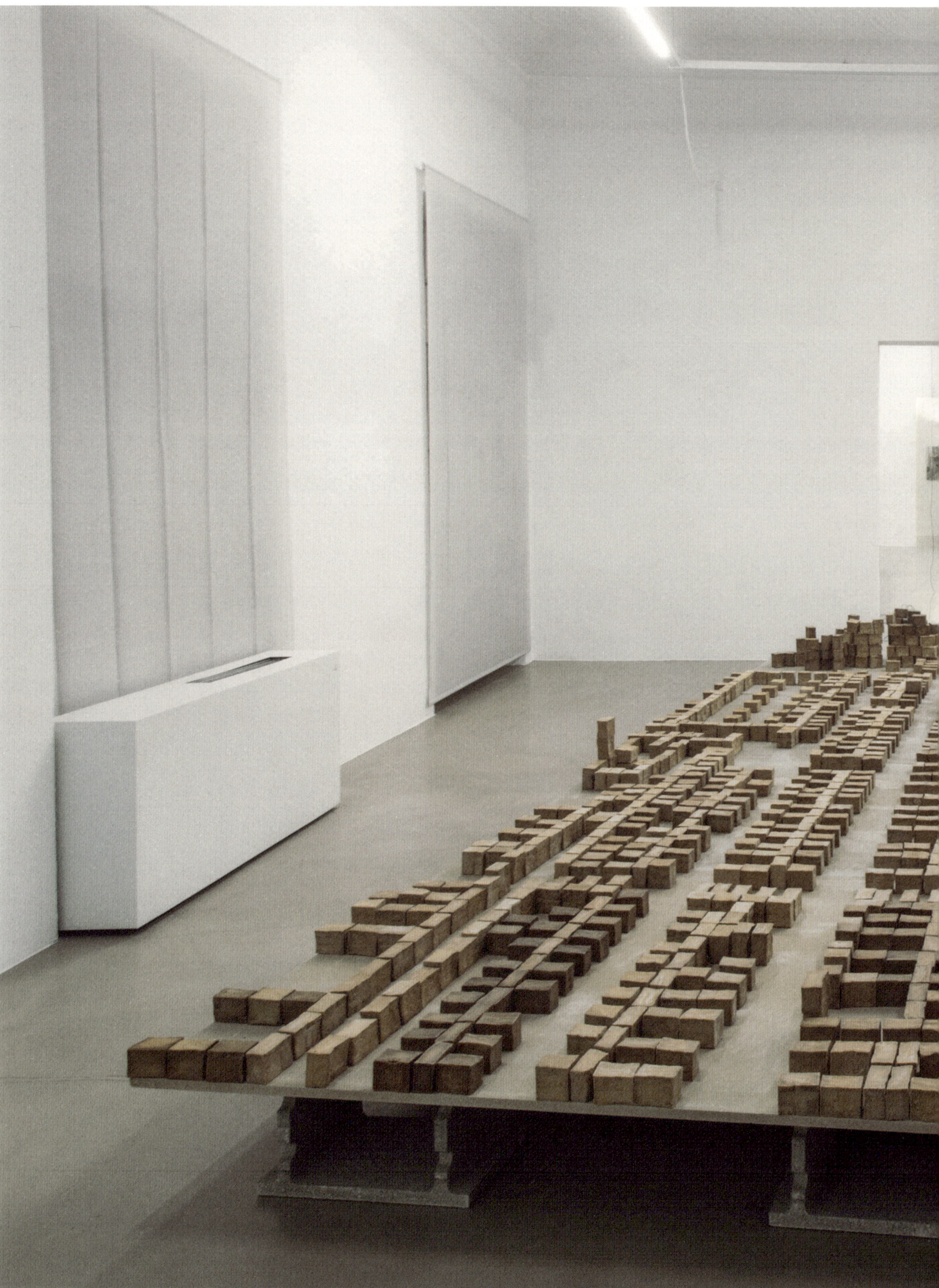

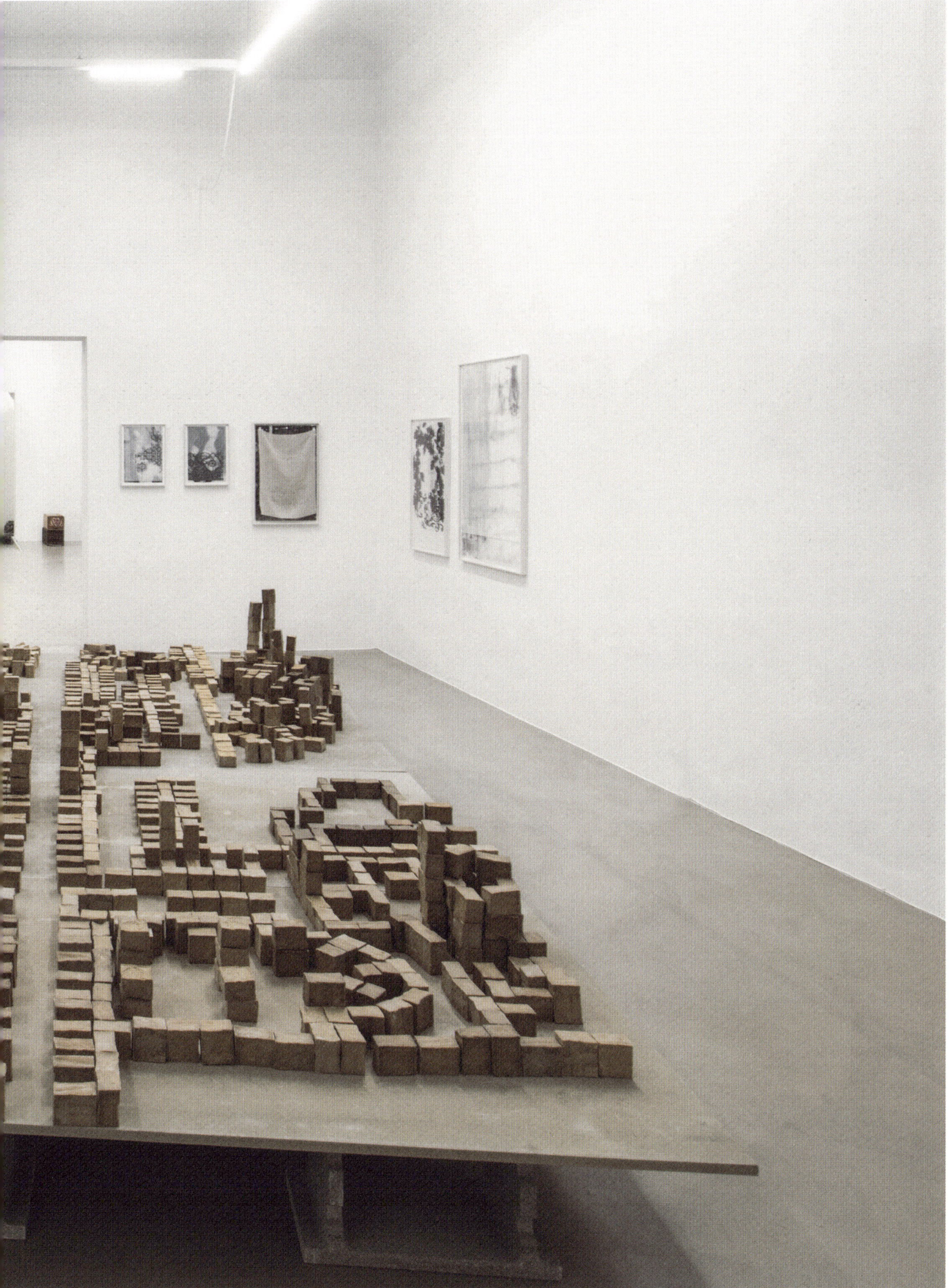

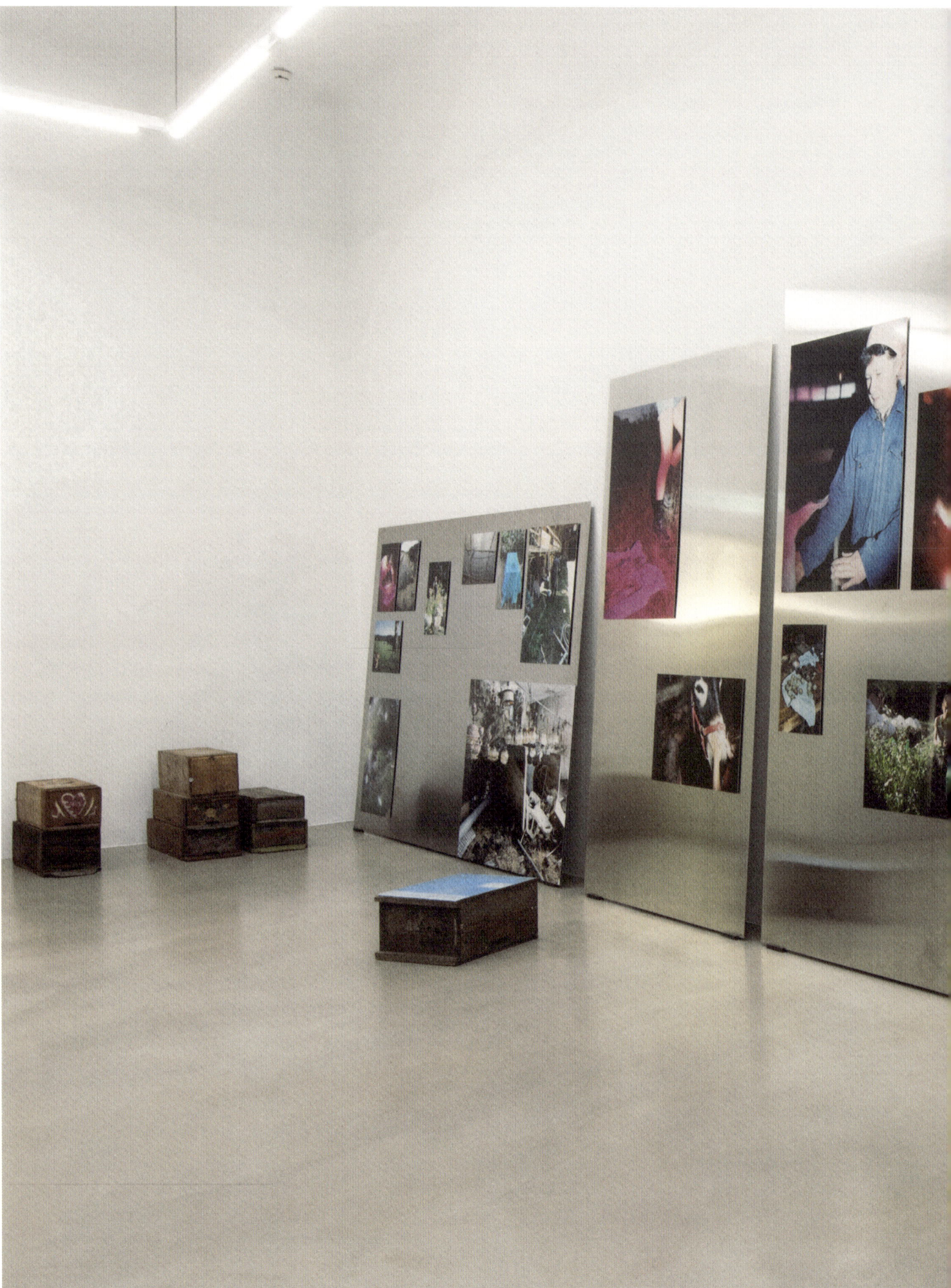

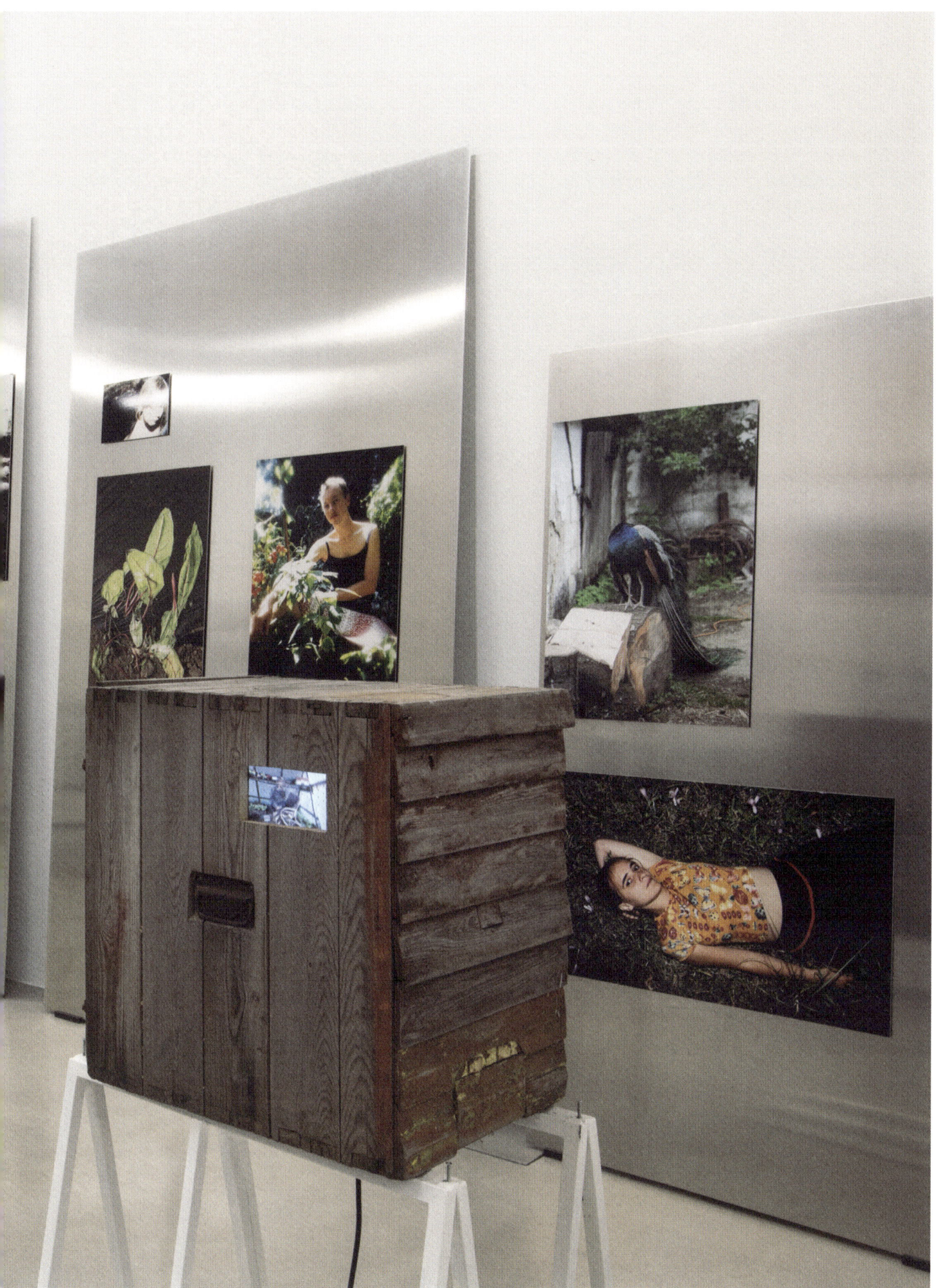

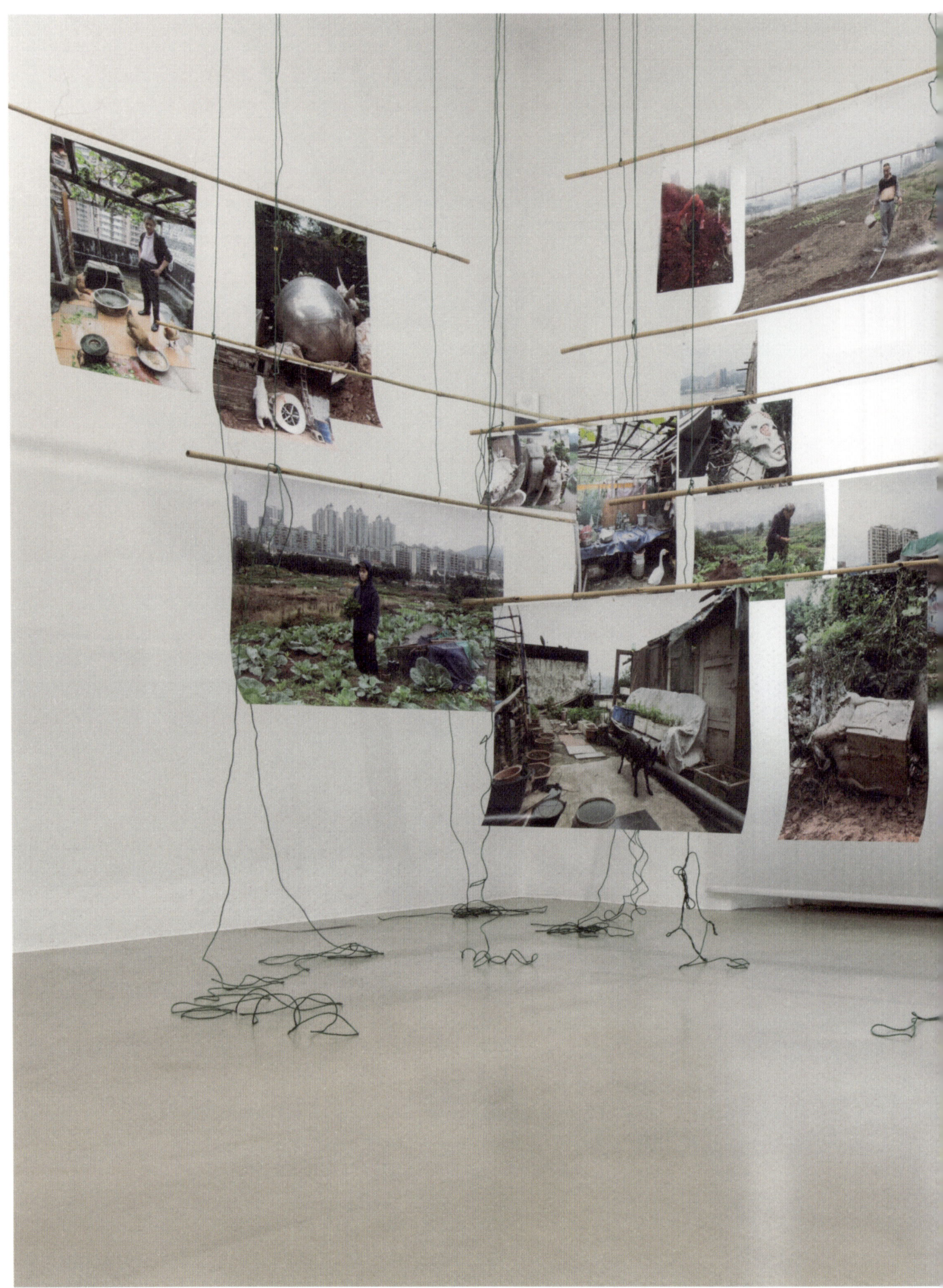

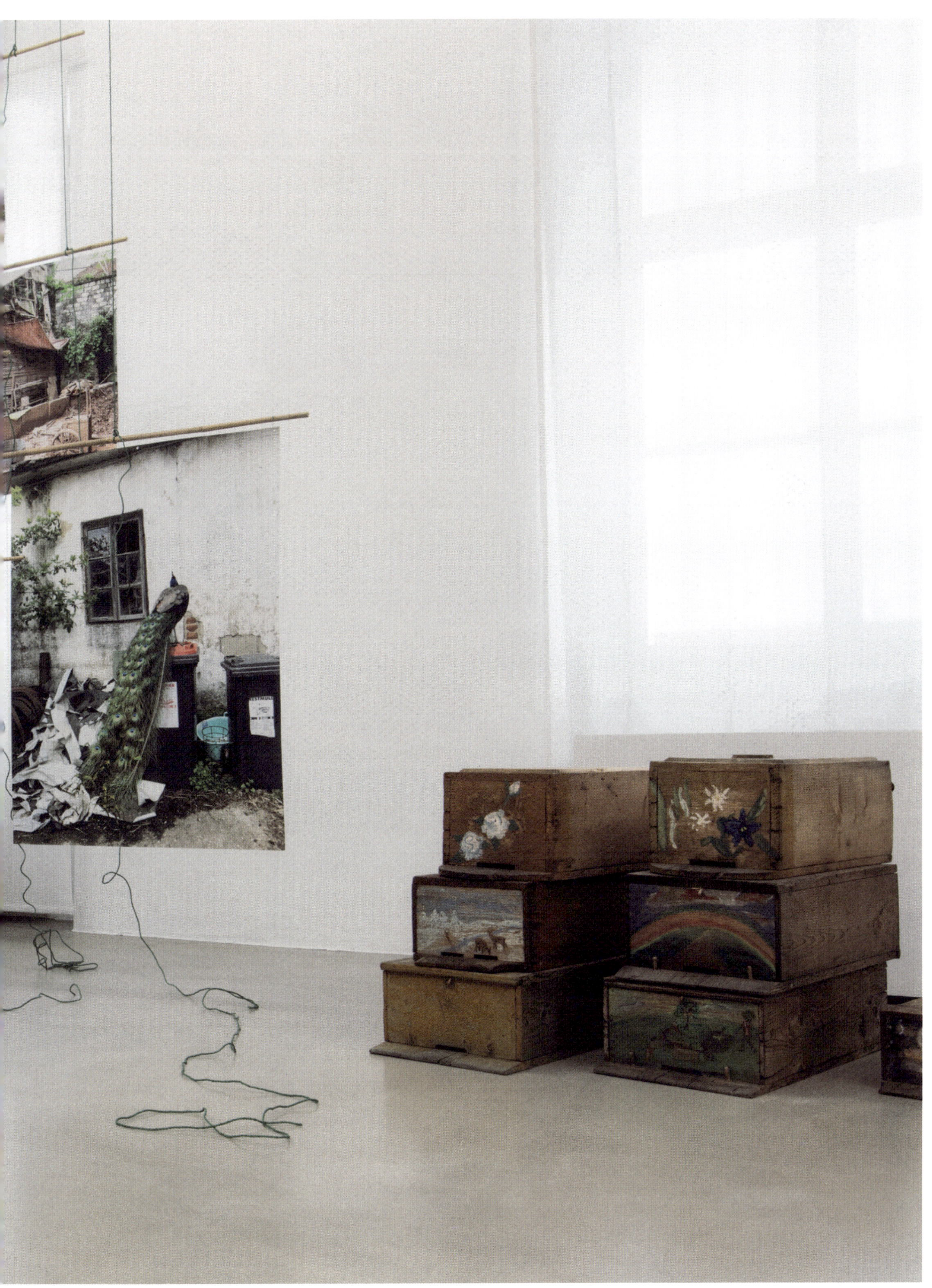

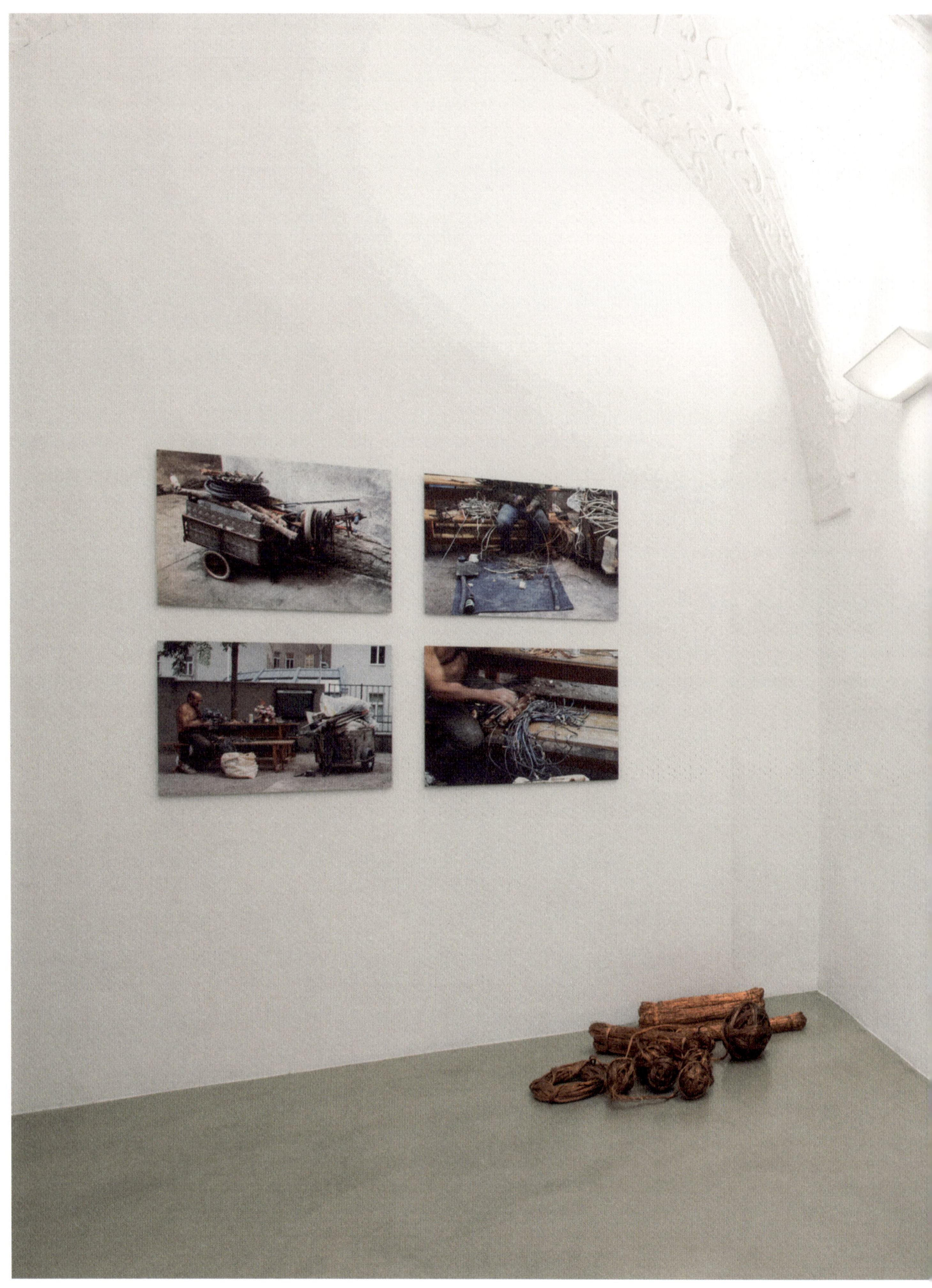

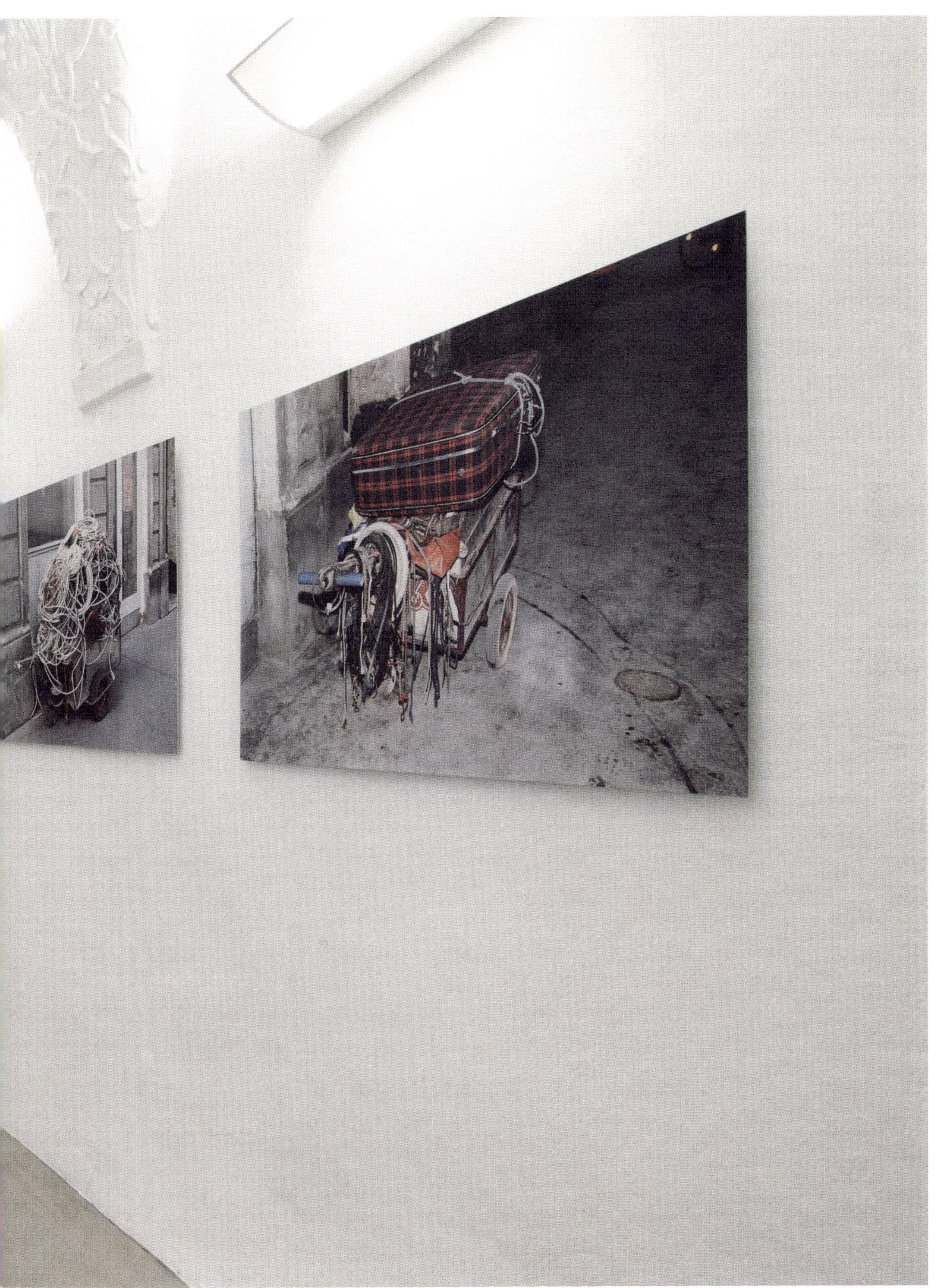

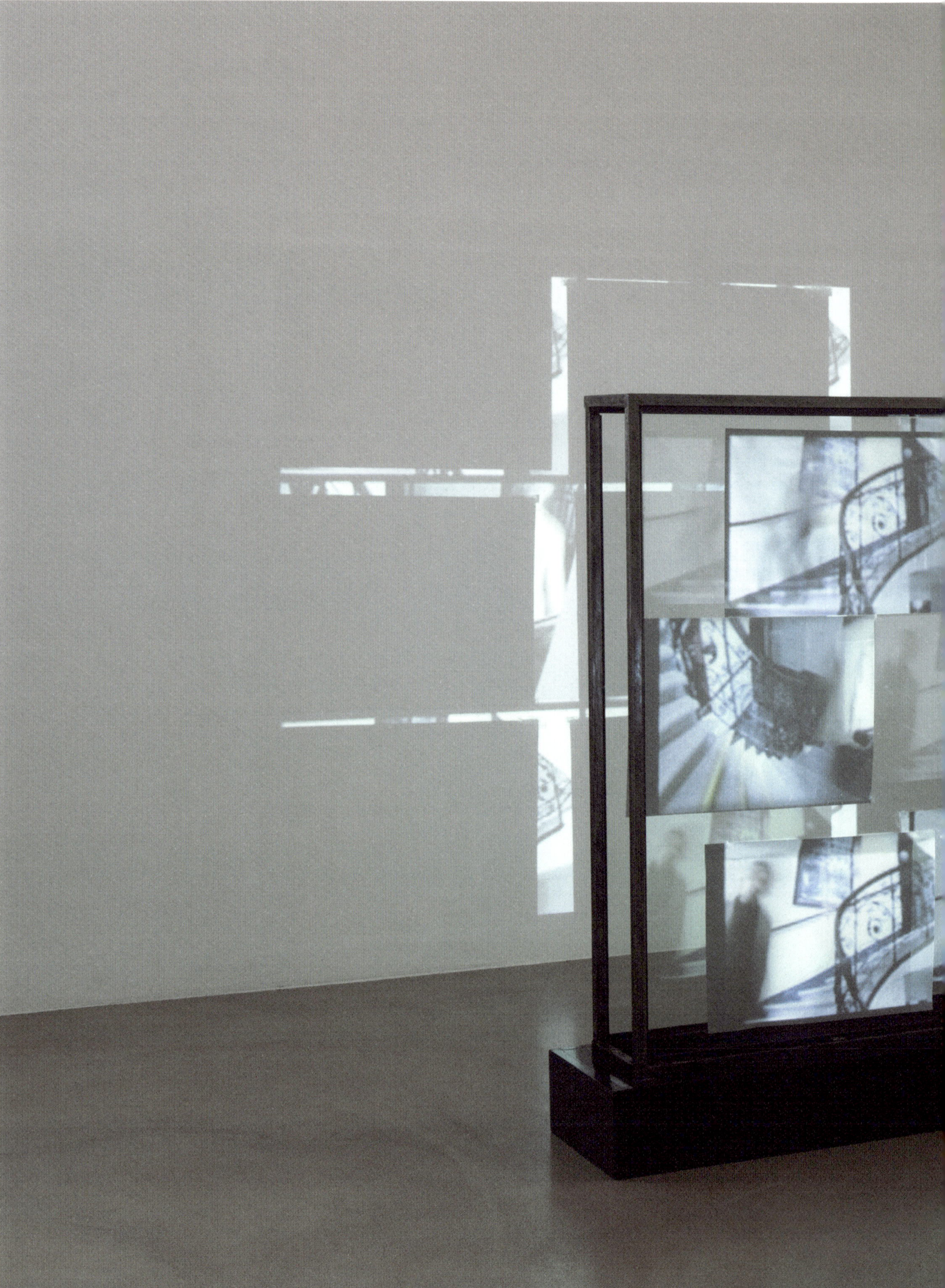

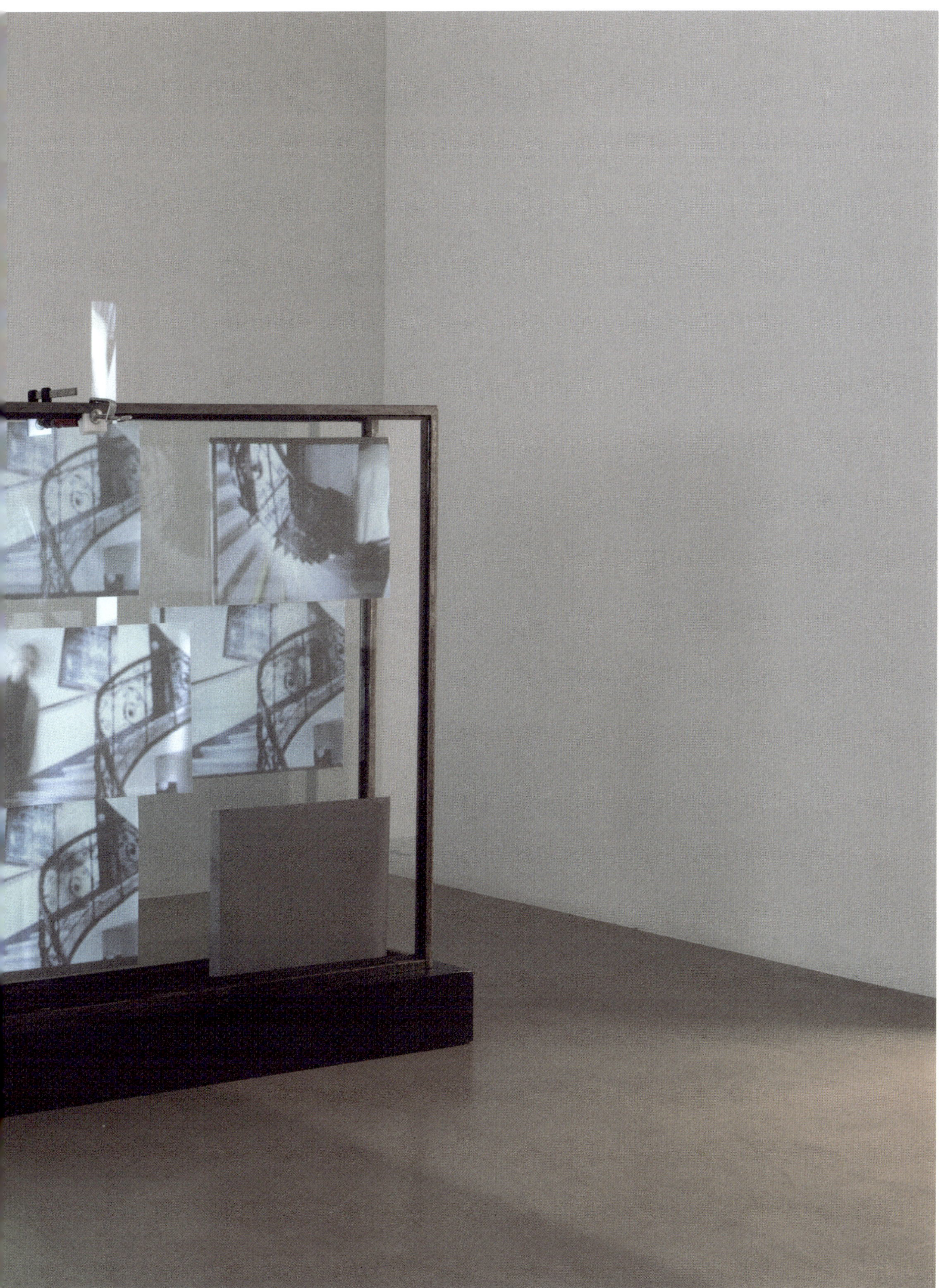

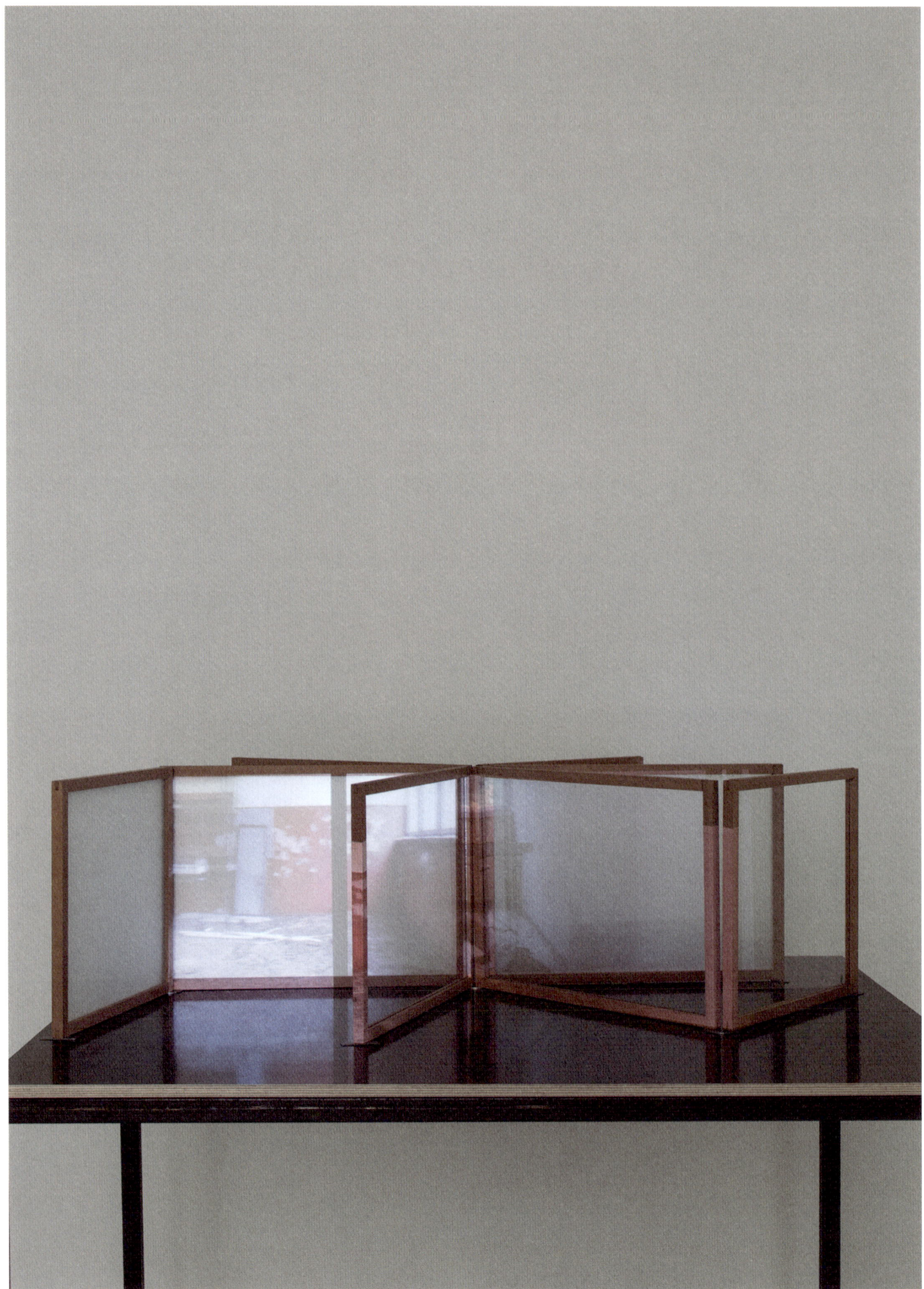

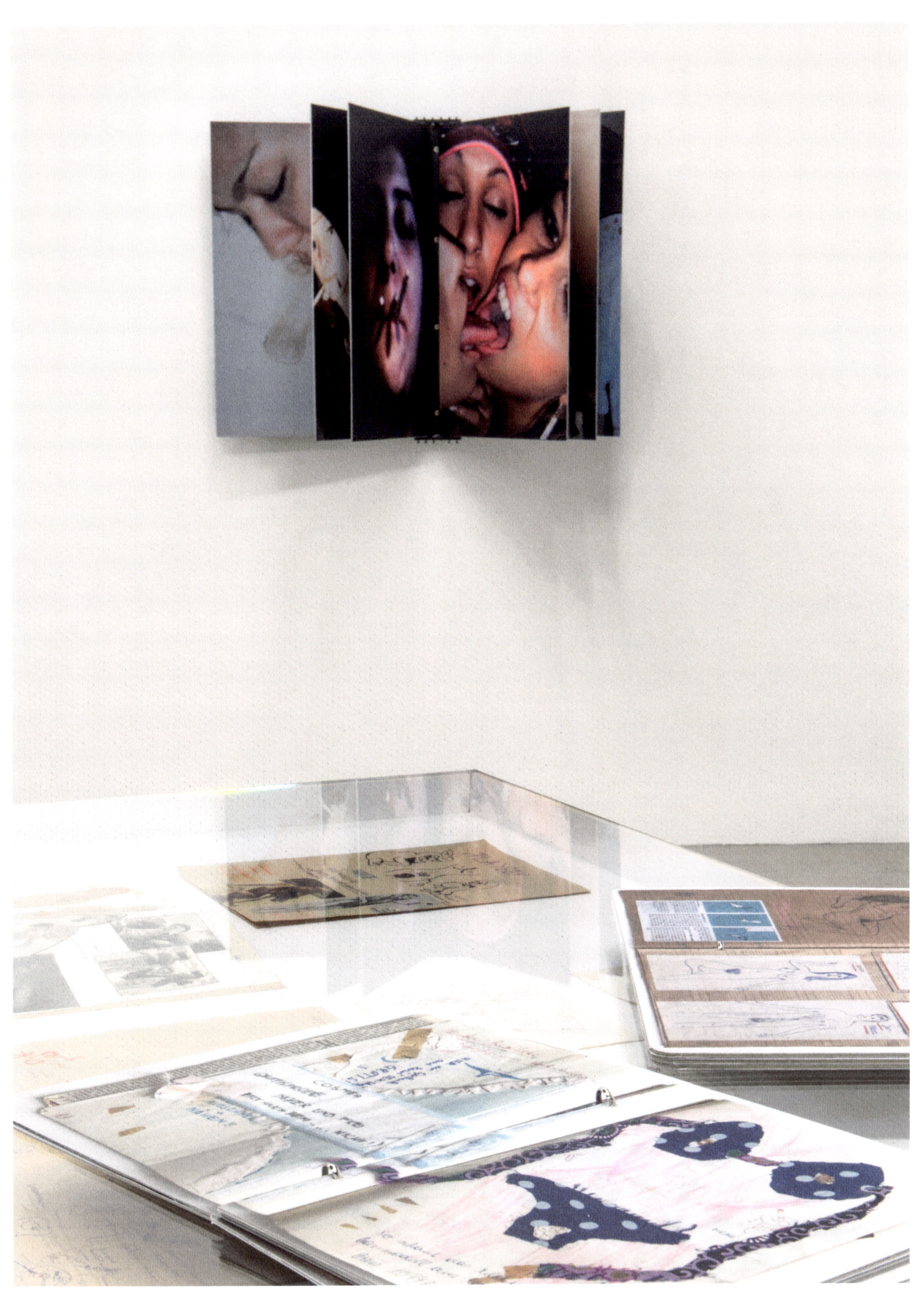

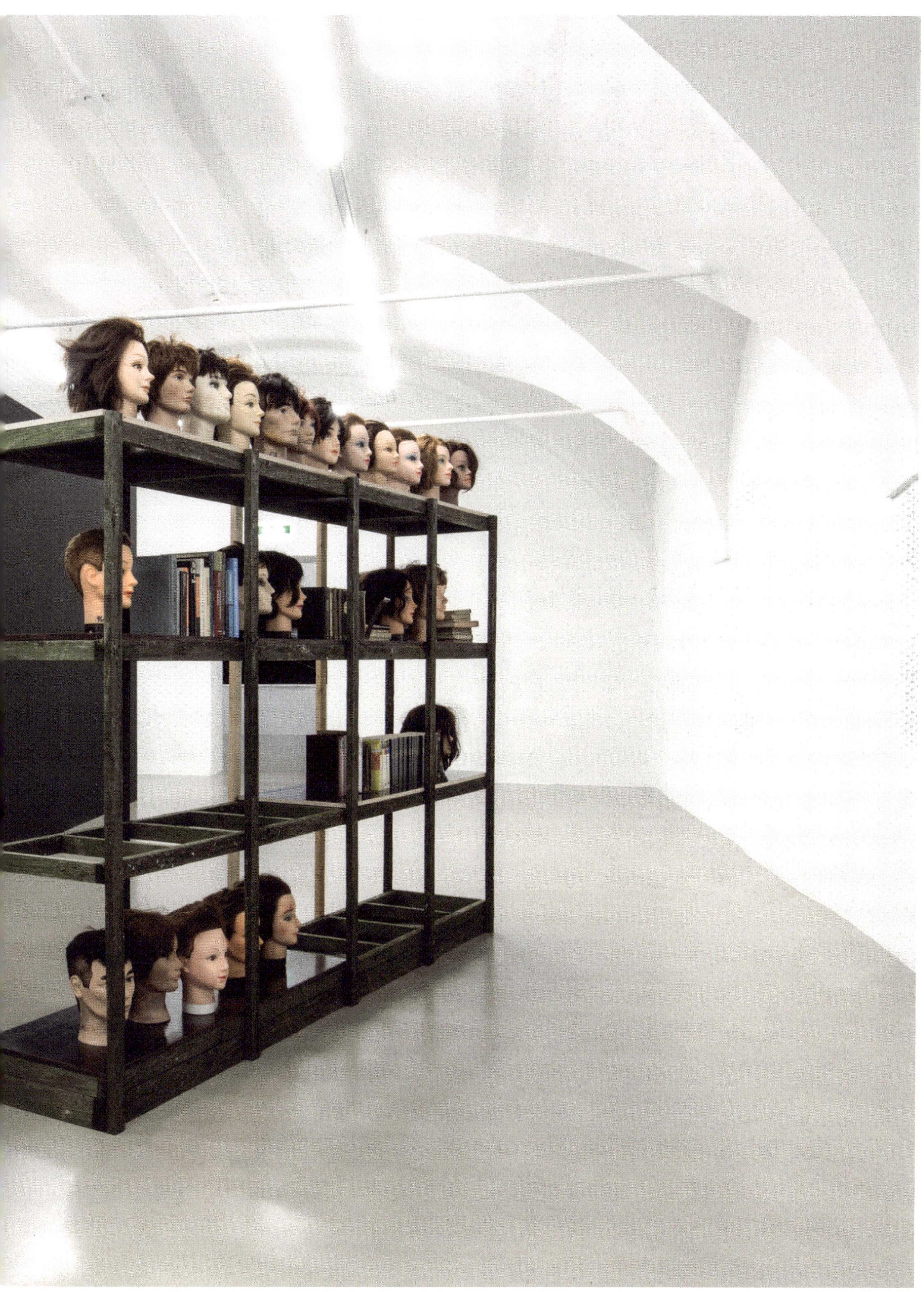

Raum / Room 1

Wandstaub / Wall Dust, 2016/18
Tisch, beschriebene Kuverts mit Bohrstaub
der „Burg", Blätter, Schreibmaschine /
Table, lettered envelopes with drilling dust
from the "Burg", stationery, typewriter
9 Gemälde / 9 paintings
(Lobnig)

Looted from Hama and Apameia, 2016
Eisenregal, 6 Eisenplatten, 6 C-Prints kaschiert
auf Aluminium, Mamormosaike / Iron rack,
6 iron boards, 6 c-prints mounted on aluminium, marble mosaics
(Andraschek)

*Vorbesitz keine Angabe Verbleib nach 1945
fehlt (Polenteppich) / Previous Owner Not
Specified Whereabouts after 1945 Unknown
(Polish Carpet)*, 2018
Zeichnung, Globus aus dem Besitz der
Gauleitung Kärnten / Drawing, globe from the
holdings of Gauleitung Kärnten
(Andraschek)

S. / pp. 1–5

Raum / Room 2

*I am / mein Mund, meine Zunge /
I am / my mouth, my tongue*, 2018
Installation, Zeichnung, Schutzmantel-
madonna / Installation, drawing, Madonna
of Mercy
(Andraschek)

S. / p. 7

Raum / Room 3

*Das ist wirklich hier passiert / This Really
Happened Here*, 2012
Installation, Videoprojektion, digitalisierter
Super 8 Film „Reitschulgasse 4" von Arnulf
Ploder / Installation, video projection, digitised
Super 8 film "Reitschulgasse 4" by Arnulf
Ploder
(Lobnig)

*… it is difficult by the borders if they are like
helpful or not*, 2016
Zeichnung / Drawing
(Andraschek)

S. / pp. 8–9

Raum / Room 4

Die Baustelle / The Construction Site, 2013
Installation, Videoprojektion, 9 Fotografien / Installation, video projection,
9 photographs
(Lobnig)

S. / p. 6 (Detail)

Raum / Room 5

Sapun Ghar, 2017/18
Installation: *Die Stunde Null;* 3 Videos, 2 Zeichnungen, 2 Zeichnungen mit C-Prints, Wachs-
kreide auf Seide mit C-Print / Installation: *Zero
Hour;* 3 videos, 2 drawings, 2 drawings with
c-prints, wax pastels on silk with c-print
(Andraschek)

S. / pp. 10–11 (Detail)

Raum / Room 6

Sekundäre Wildnis / Secondary Wilderness,
2017
6 Aluminiumplatten, 24 Fotografien, 17 Bienen-
kästen, 3 Monitore, 7 Videos, Metallkonstruk-
tionen / 6 aluminium boards, 24 photographs,
17 bee boxes, 3 video displays, 7 videos, metal
structures
(Andraschek)

S. / pp. 12–13 (Detail)

*Fragile Territorien / Chongqing /
Fragile Territories / Chongqing*, 2017/18
Installation: Bambusstäbe, Schnüre, 18 Foto-
grafien / Installation: bamboo poles, strings,
18 photographs
(Andraschek)

S. / pp. 14–15

Raum / Room 7

Živomir, der Sammler / Živomir, the Collector,
2004–2010
6 Fotografien, Kupferdraht, Kunststoff /
6 photographs, copper wire, plastic material
(Lobnig)

S. / pp. 16–17 (Detail)

Raum / Room 8

Die Treppe / Stairway, 2007
Eisen-Glas-Konstruktion, Projektionsfolie,
Videoprojektion / Iron and glass structure,
projection foil, video projection
(Lobnig)

S. / pp. 18–19

Raum / Room 9

Playboy I, II, 1976
Vitrine, Zeitschriften, Zeichnungen, 2 digitali-
sierte Filme von Widmar Andraschek: „Der du
bist" und „High Speed" / Showcase, magazines, drawings, 2 digitised films by Widmar
Andraschek: "Der du bist" and "High Speed"
(Andraschek)

S. / p. 21 (Detail)

30 Reasons a Girl Should Call It a Night, 2013
Fächerkonstruktion aus Eisen, Lambda Prints
auf Aluminium laminiert / Iron multi-panel
structure, lambda prints laminated on
aluminium
(Andraschek)

S. / p. 21

Raum / Room 10

New Space for Projecting Video, 2016
Installation, Videoprojektion / Installation,
video projection
(Lobnig)

S. / p. 20 (Detail)

Raum / Room 11

Das Regal / The Rack, 2018
Holzregal, 25 Kunststoffköpfe mit Echthaar,
Bücher aus der und über die Zeit des Natio-
nalsozialismus, schwarze Stellwand / Wooden
rack, 25 plastic heads with real hair, books
from and about the National Socialist era,
black partition
Rückseite / Rear side: 9 Aquarelle aus der
Kunstsammlung des Landes Kärnten / MMKK /
9 watercolours from the art collection of the
Province of Carinthia / MMKK:
Hermann Poschinger, Brücken / Bridges in
Bischoflack, Unterdrauburg, Veldes und / and
Wochein, 1941
Ernst Vollbehr, *Loibl-Tunnel*, 1944 (Außenstelle
des KZ Mauthausen / branch of the Mauthau-
sen Concentration Camp)
(Andraschek, Lobnig)

S. / pp. 22–23 (Detail)

Vorwort

Preface

*Christine
Wetzlinger-Grundnig*

*Direktorin MMKK
Director MMKK*

Iris Andraschek ist 1963 in Horn in Niederösterreich geboren, sie studiert von 1982 bis 1986 an der Akademie der bildenden Künste in Wien und in den Jahren 1986/87 an der Freskoschule in Bozen sowie an der Scuola Arti Ornamentali in Rom (Fresko). Die Künstlerin ist Mitglied der Wiener Secession und der Fotogruppe FLUSS. Längere Arbeitsaufenthalte verbringt Iris Andraschek unter anderem 2002 in Durham, Kanada, 2010 in New York, 2012 in Kalifornien und 2017 in Chongqing in China.

Hubert Lobnig kommt 1962 in Völkermarkt in Kärnten zur Welt, absolviert sein Studium an der Hochschule für angewandte Kunst in Wien, ist ab 1993 Lehrender für Experimentelle Gestaltung und seit 2014 Professor für Künstlerische Praxis am Institut für Kunst und Bildung an der Kunstuniversität Linz. Hubert Lobnig ist Mitglied der neuen Gesellschaft für bildende Kunst Berlin und der Wiener Secession und ist projektbezogen ebenso als Kurator tätig.

Die künstlerische Arbeit von Iris Andraschek und Hubert Lobnig gilt einer Auseinandersetzung mit der zeitgenössischen Realität, mit heutigen Lebensbedingungen – für den Einzelnen wie für das Kollektiv. Sie kreist um Fragestellungen von aktueller gesellschaftspolitischer und sozialer Relevanz – die insbesondere in den Projekten im öffentlichen Raum, die Iris Andraschek und Hubert Lobnig gemeinsam umsetzen, wirksam werden.

Die beiden greifen brisante Problematiken auf wie Migration, Mobilität, Turbokapitalismus, Genderthemen oder den Wandel der politischen und sozialen Landschaften, und untersuchen ebenso gegenwärtig neu etablierte Systeme und Ordnungen wie etwa medial erzeugte, digitale Wirklichkeiten, und prüfen deren Auswirkungen auf Sozietät und Individuum. Dabei geht es nicht nur um eine rationale Analyse, sondern vielmehr um ein engagiertes Betrachten von Gesellschaft, ein behutsames, gleichsam akribisches Abtasten von Phänomenen, ein Hinterfragen (und eventuell Neuinterpretieren) von Prägungen und Normen, von Öffentlichkeit und Privatheit, von Konformität und Identität, es geht um ein Studieren und Offenlegen von Strukturen und Verhältnissen – von sichtbaren, real greifbaren und unsichtbaren –, ein Ergründen differenter möglicher Wirklichkeitsformen und alternativer Gegenmodelle jenseits gesellschaftlicher Vorgaben und letztlich immer wieder auch um eine Konfrontation von Utopie und Realität.

In ihrem künstlerischen Tun, das grundsätzlich als reflexiv, aktivistisch und politisch beschrieben werden kann, greifen beide Künstler_innen auf eine Vielzahl unterschiedlicher Medien zu, zwischen denen sie gekonnt wechseln und die sie sowohl inhaltlich als auch formal-ästhetisch verbinden. Sie bedienen sich der Mittel der Zeichnung, der Fotografie, des Videos, der Objektkunst und der Installation. Hubert Lobnig

Iris Andraschek was born in Horn, Lower Austria, in 1963. From 1982 to '86 she studied at the Academy of Fine Arts Vienna, and in the years 1986/87 at the fresco school in Bolzano and at the Scuola Arti Ornamentali in Rome (fresco art). The artist is a member of Vienna Secession and of the photo society FLUSS. Iris Andraschek's extended work stays include Durham, Canada, in 2002, New York in 2010, California in 2012, and Chongqing, China, in 2017.

Hubert Lobnig came into the world in Völkermarkt, Carinthia, in 1962, finished his degree at the University of Applied Arts in Vienna, has been teaching experimental design since 1993 and been a professor for art and practice at the University of Art and Design Linz, Institute of Art and Education, since 2014. Hubert Lobnig is a member of the neue Gesellschaft für bildende Kunst (nGbK) in Berlin and of Vienna Secession, and, on a project-related basis, also works as a curator.

The artistic oeuvre of Iris Andraschek and Hubert Lobnig is devoted to dealing with contemporary reality, present-day living conditions—for the individual as well as the collective. It revolves around questions of current sociopolitical and social relevance—which come into play especially in the projects in public space that Iris Andraschek and Hubert Lobnig realise together.

The artists take up controversial topics, such as migration, mobility, turbocapitalism, gender issues or changes of political and social landscapes, and also explore current newly established systems and orders, such as media-produced, digital realities, examining their impact on society and the individual. Their objective is not just a rational analysis, but rather an engaged observation of society, a cautious yet meticulous sensing of phenomena, a scrutinisation (and, potentially, reinterpretation) of influences and norms, of public sphere and privacy, of conformity and identity, it is to study and reveal structures and relations—visible, actually tangible, and invisible ones—to explore different possible forms of reality and alternative counter models beyond societal parameters, and in the end, it is also repeatedly about a confrontation of utopia and reality.

In their artistic endeavours which can be characterised as reflexive, activist and political, both artists draw on a multitude of different media, between which they switch skilfully and which they combine both at the content and the formal aesthetic level. They make use of the means of drawing, photography, video, object art and installation. Hubert Lobnig further uses painting, the genre he originally came from—with Iris Andraschek it was drawing and photography. Just as the artistic possibilities are interlocked, so do the two artists' themes often link across several sets of works by repeatedly dealing with the issue at hand in the various media, under the changing conditions of the respective visual vocabulary (in the case of Iris Andraschek, there may additionally be the written language). Shifts of

nutzt darüber hinaus die Malerei, das Genre, von dem er ursprünglich ausging – bei Iris Andraschek sind das die Zeichnung und die Fotografie. So wie die künstlerischen Möglichkeiten miteinander verschränkt werden, verknüpfen sich auch die Inhalte bei beiden häufig über mehrere Werkblöcke hinweg, indem die vorliegende Thematik immer wieder in den verschiedenen Medien, unter den wechselnden Bedingungen der jeweiligen Bildsprache abgehandelt wird (bei Iris Andraschek kann auch noch die geschriebene Sprache hinzu kommen). Durch derartige Material- und Kontextverschiebungen geht eins ins andere über, sodass die stringenten, künstlerischen Denk- und Werkschritte schließlich in ein komplexes und schlüssiges Gesamtwerk münden.

Iris Andraschek beschäftigt sich schwerpunktmäßig mit ungewöhnlichen, freiwillig und unfreiwillig gewählten (autonomen, alternativen) Lebensmodellen, mit Gartenbau und Landwirtschaft, real, in der Nähe zur Natur, aber auch mit elektronisch generierten, virtuellen Entwürfen, wie den Social Media, als politischen und gesellschaftlichen Handlungsräumen. Die Künstlerin interessiert sich für spezielle Communitys wie extreme, subkulturelle (Jugend-)Gruppen oder Einzelpersonen, etwa „Aussteiger" und deren spezifische (kulturelle oder soziale) Eigenart, die ihr als Antwort, als sichtbares Zeichen und direktes Resultat bestimmter gesellschaftlicher Sachlagen bzw. Schieflagen gelten und die daher als allgemeingültig aussagekräftig erscheinen. Iris Andraschek prüft – in dialogischen Verfahren – gesellschaftliche Ordnungssysteme, die Grenzen von Privatheit und Öffentlichkeit, von Wirklichkeit und Inszenierung, etwaige Differenzen zwischen Wunschvorstellung (des Lebensvollzugs) und Realität. Sie befragt, ebenso wie Hubert Lobnig, in direkten Begegnungen neue Formen des (ökonomisch und ökologisch sinnvollen) Zusammenlebens vor dem Hintergrund aktueller gesellschaftlicher Veränderungen auf der Basis von Kapitalismus, Massenproduktion, Konsum sowie Ausbeutung von Mensch und Natur. Ihre Forschungsergebnisse, häufig in Film und Fotografie festgehalten, fließen in ein umfassendes bildnerisches Werk ein und werden in zeichnerischen Verfahren und komplexen, kontext-spezifischen Installationen weiter gedacht und bearbeitet.

Hubert Lobnig setzt sich vor allem kritisch mit politischen Bedingungen, Normen und Ordnungen, mit sozialen Ungleichheiten, prekären Lebensverhältnissen, anderen Formen von Existenz, selbstbestimmten Lebensweisen, alternativen Räumen und den damit verbundenen Architekturen und Organisationsformen auseinander. Dabei konzentrieren sich seine Überlegungen vor allem auf die Begriffe von Raum und Wirklichkeit, ihre (möglichen) Bedeutungsinhalte und ihre sichtbaren Manifestationsformen. Dieses analytische Denken in differenzierten Möglichkeitsformen und die Erkenntnis der Existenz paralleler, vergänglicher Phänomene und prozesshafter Strukturen anstatt (a priori angenommener)

Christine Wetzlinger-Grundnig

materials and contexts such as these cause one thing to overlap the other, eventually making the stringent, artistic phases of thought and of the oeuvre amount to a complex and conclusive whole.

Iris Andraschek mainly focuses on unusual, voluntarily or involuntarily chosen (autonomous, alternative) life models, on horticulture and agriculture, real-life, close to nature, but also on electronically generated, virtual concepts, like the social media, as political and social spaces of action. The artist takes interest in specific communities, such as extreme, subcultural (youth) groups or individuals, e.g. 'dropouts' and their specific (cultural or social) nature, which she regards as an answer, as a visible sign and direct result of certain societal circumstances or imbalances, and which therefore seem to be universally meaningful. Iris Andraschek puts to the test—in a dialogic process—regulatory systems of society, the boundaries of privacy and public sphere, of reality and staging, possible differences between dream (of daily life) and reality. In direct encounters, she sounds out, as does Hubert Lobnig, new forms of (economically and ecologically feasible) coexistence against the background of current societal changes due to capitalism, mass production, consumption, exploitation of man and nature. Her research results, documented in many cases with the help of film or photography, feed into a comprehensive visual oeuvre and are expanded on and processed using drawing methods and complex, context-specific installations.

Hubert Lobnig deals critically in particular with political conditions, norms and orders, social inequalities, precarious living conditions, different modes of existence, self-determined ways of life, alternative spaces and the related architectures and organisational forms. His reflections focus especially on the notions of space and reality, their (potential) connotations and visible forms of manifestation. The involved analytical thinking in differentiated possibilities and the recognition of the existence of parallel, transient phenomena and procedural structures, in lieu of (a priori presumed) stable orders and all-dominant effective powers of the particular applied tools and perspective, as the determining construction and perception parameters which Hubert Lobnig uses to face real life and which also define his work as an artist, become visible, too, specifically in his artificial productions which more or less visualise his intellectual processes; when, for instance, the nature of the image in its different forms of existence and appearance—topics of construction and reception—is explored by the artist: the images reveal themselves, just like reality, to be fragile constructs.

The artistic works of Iris Andraschek and Hubert Lobnig stand out for their distinctive and personal visual language, always of a poetic dimension, which in the case of Iris Andraschek manifests especially in her photographic

stabiler Ordnungen und der alles bestimmenden
Wirkkräfte der jeweils angewandten Mittel und
Perspektive als entscheidende Konstruktions- bezie-
hungsweise Wahrnehmungsparameter, mit denen
Hubert Lobnig dem realen Leben begegnet und die
auch seine künstlerische Arbeit bestimmen, werden
ebenso, konkret in seinen artifiziellen Produktionen
sichtbar, die mehr oder weniger seine gedanklichen
Prozesse visualisieren; etwa wenn der Künstler
dem Wesen des Bildes in seinen unterschiedlichen
Daseinsformen und Erscheinungsweisen – Fragen
von Konstruktion und Rezeption – nachgeht: Die
Bilder zeigen sich, ebenso wie auch die Wirklichkeit,
als brüchige Konstrukte.

Die künstlerischen Werke
von Iris Andraschek und Hubert Lobnig zeichnen sich
aus durch eine markante, persönliche Bildsprache,
jeweils von poetischer Dimension, die sich bei Iris
Andraschek vor allem in den fotografischen Arbeiten,
die mitunter träumerisch und rätselhaft verklärt erscheinen, manifestiert, und bei Hubert Lobnig in der
Malerei wie in der Zeichnung, in ihren zart-fragilen
farbigen und formalen Qualitäten, besonders in immer wieder auftauchenden, verschiedenen ornamentalen Mustern – Zitate (multi-)kultureller Traditionen,
die zu gesellschaftlichen Ordnungen und Strukturen
ins Verhältnis gesetzt werden. Ornamente – über-
lieferte, folkloristische oder neu generierte – und ausgewählte Artefakte aus dem volkskundlichen Bereich
der eigenen sowie fremder Kulturen fließen in die
Werke mit ein; vor allem in den ortsgebundenen
Installationen stellen sie einen inhaltlichen Konnex
zwischen aktueller Thematik und jeweiliger Umgebung her.

Ist es bei Hubert Lobnig
zuallererst ein gewisser Widerstandsgeist, der seine
künstlerische Arbeit antreibt, so lassen sich bei
Iris Andraschek auf den ersten Blick ein tiefer Bezug
zu Natur und Menschen und eine Vorliebe für das
Einfache, Archaische und für das grundlegend Exis-
tentielle feststellen. Bei Andraschek und Lobnig
fällt ein äußerst bedachtsamer Umgang mit der jeweiligen Materie auf, ein großes Verantwortungsgefühl,
ein hoher ethischer Anspruch und soziale Kompetenz.
Insbesondere wenn mit Menschen zusammenge-
arbeitet wird, kommen eine große Sensibilität und
Empathie zum Ausdruck und deutlicher Respekt vor
dem Gegenüber – seiner Haltung und Ideologie –,
dem man in Augenhöhe begegnet und das man als
gleichwertigen Partner bzw. gleichwertige Partnerin
innerhalb des Projektes erachtet.

Die künstlerischen Praxen,
mit denen Andraschek und Lobnig am Schnittpunkt
von Kunst und Gesellschaft agieren, häufig auch
an kunstfernen Orten, sind politisch und sozial en-
gagiert, prozessorientiert, investigativ, kommunikativ-
partizipatorisch, experimentell und (interventionis-
tisch-)handelnd angelegt. Aktive Beobachtung von
Situationen und Gegebenheiten, Begegnungen und
Gespräche mit unterschiedlichen Individuen, die als

works which sometimes appear to be dreamy and
mysteriously romanticised, and with Hubert Lobnig
in painting and drawing, in their delicately fragile
qualities of colour and form, particularly as regards
recurring, diverse ornamental patterns—quotations of
(multi-)cultural traditions that are put in relation with
social orders and structures. Ornaments—traditional,
folkloristic or newly generated ones—and selected
artefacts from the folkloristic realm of both own and
foreign cultures feed into the works; it is especially
in his site-specific installations that they establish a
contentual connection between the topic at hand and
the respective environment.

While it is first and foremost
a certain spirit of resistance that drives the artistic
work of Hubert Lobnig, what can be found at first sight
with Iris Andraschek are a profound relationship with
nature and people and an affinity for simplicity, the
archaic, and the fundamentally existential. Their highly
thoughtful dealing with the respective subject matter,
a great feeling of responsibility, high ethical stand-
ards and social competence are evident with both
artists. A great sensitivity and empathy is expressed
in particular in the work with people, as is a consid-
erable respect towards others—their disposition and
ideology—who are treated as equals and considered
equal partners within the project.

The artistic practices which
Andraschek and Lobnig use to operate at the intersection of art and society, often also in places removed from art, are designed to be politically and
socially engaged, process-oriented, investigative,
communicative-participatory, experimental, and for
taking (interventionist) action. The active observation of situations and conditions and encounters
and conversations with various individuals acting as
communication partners are part of the artistic
process which is devised like fieldwork—that is to
say it takes place in the real world—which is concep-
tually defined, handled in its organisation, actually
realised and ultimately also turned into artificial works
by the artists. They operate on an interdisciplinary
basis. In a way, they are also (social) researchers.
And the works, accordingly, are the results of multiple
authorship—established in a group of participating
people, in interpersonal interaction. In their work,
Iris Andraschek and Hubert Lobnig may use the
language of art—as a tool, so to speak—but they
depart to a great extent from its formalised paths
and its institutionalised context—in line with an
expanded definition of art that no longer refers only
to the tangible, material artefact, but includes thinking
and acting as society-related actions. The focus is
less on the representation of works and contents
than on the production of new realities. This was also
the context in which Hubert Lobnig and Iris Andraschek initiated the project *Tigerpark* in 1997, a platform
for artistic and curatorial projects in the real-life
environment.

Kommunikationspartner_innen fungieren, sind Teil des künstlerischen Prozesses, der gleich einer Feldforschung – also im wirklichen Leben – angelegt ist, die von den Künstler_innen konzeptuell bestimmt, organisatorisch begleitet, real abgewickelt und schlussendlich auch in artifiziellen Werken umgesetzt wird. Die beiden agieren interdisziplinär. Sie sind gewissermaßen zugleich auch (Sozial-)Forscher_innen. Die Werke sind demgemäß Ergebnisse multipler Autor_innenschaft – erarbeitet in einer Gruppe von Beteiligten, in einer zwischenmenschlichen Interaktion. Iris Andraschek und Hubert Lobnig nutzen in ihrer Arbeit zwar die Sprache der Kunst – quasi als Werkzeug –, verlassen jedoch auf weiter Ebene ihre festgeschriebenen Pfade und ihren institutionalisierten Kontext – ganz im Sinne eines erweiterten Kunstbegriffs, der sich nicht mehr nur auf das greifbare, materielle Artefakt bezieht, sondern das Denken und Handeln als gesellschaftsbezogenen Akt miteinbezieht. Es geht viel weniger um die Repräsentation von Werken und Inhalten als um die Herstellung neuer Wirklichkeiten. In diesem Zusammenhang initiieren Hubert Lobnig und Iris Andraschek im Jahr 1997 auch das Projekt *Tigerpark*, eine Plattform für künstlerische und kuratorische Projekte im realen Lebensumfeld.

Iris Andraschek und Hubert Lobnig arbeiten grundsätzlich voneinander unabhängig, jeweils an einem selbständigen Œuvre. Zugleich aber finden sie immer wieder – an Schnittpunkten, die sich thematisch, methodisch und formal ergeben – zu gemeinschaftlichen Arbeiten zusammen. Zentral handelt es sich dabei (seit 1997) um Projekte im öffentlichen Raum, für die Andraschek und Lobnig 2010 gemeinsam auch den Würdigungspreis für Kunst im öffentlichen Raum des Landes Niederösterreich erhalten haben (jenem Bundesland, in dem die beiden neben Wien einen zweiten Lebens- und Arbeitsmittelpunkt unterhalten). Dieser speziellen künstlerischen Werksituation wird in der Ausstellung Rechnung getragen.

Die Schau mit dem Titel *Empfindliches Gleichgewicht,* der nicht nur auf die Kooperation der beiden, sondern ebenso auf die inhaltlichen Dimensionen der künstlerischen Auseinandersetzung mit Umwelt, Natur und Gesellschaft verweist, vermittelt in zehn Räumen, die sich die Künstler_innen teilen, sowohl das autonome Schaffen der zwei Einzelpositionen als auch gemeinsame Projekte. Ganz der üblichen künstlerischen Strategie von Iris Andraschek und Hubert Lobnig entsprechend, wird dabei ein Kontext- und In-situ-Bezug hergestellt, der sich auf das Museum Moderner Kunst Kärnten, das Gebäude, die sogenannte „Burg" in Klagenfurt als politischen Ort mit wechselhafter Geschichte, und seine Kunstsammlung erstreckt – der sich realiter im elften Ausstellungsraum als Verflechtung von Arbeiten von Iris Andraschek und Hubert Lobnig mit Werken der Sammlung ausdrückt – und der darüber hinaus auf die Region Kärnten als speziellen, geschichtlichen, kulturellen und politischen Raum verweist.

Christine Wetzlinger-Grundnig

Iris Andraschek and Hubert Lobnig typically work autonomously, each on their own independent oeuvre. Yet time and again they come together—at emerging thematic, methodological and formal intersections—for joint works. Central to this are (since 1997) projects in public space, for which in 2010, the artists were also jointly awarded the Recognition Prize for Art in Public Space of the Province of Lower Austria (the province where the two maintain a second centre of life and work besides the one in Vienna). The exhibition takes these specific artistic work circumstances into account.

The show titled *Delicate Balance,* which refers not only to the cooperation between the artists but also to the content-related dimension of the artistic engagement with environment, nature and society, uses ten rooms that are shared by the artists to present the autonomous work of the two individual positions as well as joint projects. In line with the general artistic strategy of Iris Andraschek and Hubert Lobnig, it generates a contextual and in situ reference that spans the Museum of Modern Art Carinthia, the building, the so-called 'Burg' (castle) in Klagenfurt, as a political place with an eventful history, and its art collection—which is realised in the eleventh exhibition room, where works by Iris Andraschek and Hubert Lobnig intertwine with works from the collection—and which further makes reference to Carinthia, the region, as a special, historic, cultural and political space.

Gemeinsame Sache(n)
machen – Zum Dialogischen
bei Iris Andraschek
und Hubert Lobnig

Common Cause,
Joint Ventures —
On the Dialogical
in the Artistic Works of
Iris Andraschek
and Hubert Lobnig

Verena Gamper

Im Kreisverkehr an der Hainburger Donaubrücke stehen fünf Menschen beisammen. Auf den ersten Blick irritierend ist dabei weniger der Umstand, dass es sich um Figuren aus Beton handelt, als dass sich in der Mitte eines Kreisverkehrs – einer Zone der Unzugänglichkeit per se – überhaupt Personen aufhalten. Die fünf Plastiken stehen weder auf einem Sockel noch sind sie mittels Attributen als historische Persönlichkeiten zu identifizieren. Eine von ihnen hält einen Plan in der Hand, der offensichtlich Gegenstand des Gesprächs ist, in das vertieft die Figuren einander zugewandt sind. Die Verkehrsinsel umfahrend sieht man daher jeweils nur ihre Rückseiten, eine Hauptansichtsseite sucht man vergebens. *Die Baubesprechung* lautet der Titel dieser künstlerischen Arbeit von Iris Andraschek und Hubert Lobnig.

2012 wurde ein geladener Wettbewerb ausgeschrieben, der die künstlerische Gestaltung des Kreisverkehrs an der Donaubrücke zum Gedenken an den niederösterreichischen Altlandeshauptmann Andreas Maurer vorsah, unter dessen politischer Ägide die drei Donaubrücken von Melk, Krems und Hainburg umgesetzt wurden. Ausgangspunkt für das von Andraschek und Lobnig eingereichte Projekt war eine Szene, die sie im Zuge eines Lokalaugenscheins in Hainburg beobachteten: eine Baubesprechung, das Ritual eines inszenierten Zusammentreffens von an einem Projekt Beteiligten mit unterschiedlichen Funktionen zum Zwecke des Informationsflusses und der Vertrauensbildung. Allein die physische Präsenz am Ort des gemeinsamen Interesses hat symbolische Funktion und hebt zumindest temporär die bestehenden Hierarchien auf. Mit diesem Bild war für Andraschek und Lobnig die Form gefunden, in die es die Idee eines Denkmals für Maurer zu fassen galt. Anstatt ihn mit einem auf Repräsentation angelegten Politikerdenkmal zu versorgen schien es ihnen angemessener, den für seine Bürgernähe und Sachbezogenheit bekannten Altlandeshauptmann als politisch Handelnden, als einen Akteur unter vielen zu zeigen und damit die Aktion an sich über den Akteur zu stellen. Für sich selbst sah das Künstlerpaar keine außenstehende Position vor, sondern webte sich in die figurative Fiktion ein, wie die Züge der einzigen weiblichen Gestalt des Quintetts und des zu ihrer Linken stehenden Mannes verraten. *Die Baubesprechung* ist somit nicht nur eine gelungene Verzahnung von örtlicher Baugeschichte und Reflexionen auf Dispositive der Kunst im öffentlichen Raum, sondern rückt auch ein Element in den Vordergrund, das in den Arbeiten von Andraschek und Lobnig von zentraler Bedeutung ist: den Dialog.

Parallel zu ihren autonomen künstlerischen Werken arbeiten die beiden seit 1997 immer wieder auch als Künstlerduo zusammen. Dabei verzichten sie allerdings auf einen für diese spezifische Formation geltenden Künstlernamen, sondern firmieren in Fällen von gemeinsamen Projekten schlicht mit ihren beiden Namen. Dies ist

Inside the roundabout at the bridge crossing the Danube near Hainburg, five people stand together. What is irritating about it at first glance is not so much the fact that they are figures made of concrete, but that there are people in the centre of a roundabout—a zone of inaccessibility per se—altogether. These five sculptures do not stand on a base nor do attributes identify them as historical figures. One of them holds a plan in his hand which apparently is the subject of the conversation the figures, turned towards each other, are engaged in. Driving round the central island, one therefore only sees their rear sides, with no main view to be found. This work of art by Iris Andraschek and Hubert Lobnis is titled *Die Baubesprechung* (Pre-Construction Meeting).

In 2012, a closed competition was organised that called for an artistic interpretation of the roundabout next to the Danube bridge in memory of former Lower Austrian governor Andreas Maurer—under his political aegis, the three Danube bridges at Melk, Krems and Hainburg were realised. The starting point for the project submitted by Andraschek and Lobnig was a scene they witnessed during a visit to the site in Hainburg: a pre-construction meeting, the ritual that is an orchestrated encounter of parties with various functions involved in a project, for the purpose of information flow and confidence building. Even the physical presence at the site of common interest has symbolic value, setting aside, at least temporarily, existing hierarchies. That image gave Andraschek and Lobnig the form into which the idea of a monument for Maurer had to be moulded. Rather than treating him with a politician's monument designed for representation, it seemed more appropriate to them to show the former governor, who was known for being in touch with the people and for his task orientation, as a person taking political action, as one actor among many, which puts action itself above the actor. For themselves, the artist couple did not reserve a position on the outside, but they weaved themselves into the figurative fiction, as the features of the quintet's sole female figure and that of the man standing to her left give away. This makes *Die Baubesprechung* not just a successful interlocking of local construction history and reflections on dispositifs of art in public space, but also highlights an element that is of crucial importance to the works of Andraschek and Lobnig: dialogue.

Parallel to their autonomous artistic oeuvres, since 1997 the two have also repeatedly worked together as an artist duo. They forgo an artist name for this particular formation, however. Instead, in the case of joint projects, they simply operate under their two names. This is relevant insofar as due to this, there is no consistent mixture between Andraschek's part and Lobnig's part, respectively no such consistency is promised. The fact that Andraschek as well as Lobnig pursue the realisation of autonomous projects with similar intensity as

insofern von Relevanz, als dass es dadurch in den realisierten Projekten kein konstantes Mischverhältnis zwischen Anteilen von Andraschek und Anteilen von Lobnig gibt bzw. eine derartige Konstanz nicht in Aussicht gestellt wird. Durch die Tatsache, dass sowohl Andraschek als auch Lobnig neben ihren Gemeinschaftsprojekten jeweils in ähnlicher Intensität auch autonom Projekte realisieren, handelt es sich bei den gemeinsam realisierten Arbeiten vielmehr um eine Art Schnittmenge, die durch eine fallweise Überlagerung von Interessen entsteht.

Dass eine derartige Konstellation außergewöhnlich ist, mag bei der heutigen Omnipräsenz von Künstlerduos und Künstlerkollektiven verwundern: Wir kennen Künstlerpaare wie Christo und Jeanne-Claude, Gilbert & George, Bernd und Hilla Becher, Bernd und Anna Blume, Peter Fischli und David Weiss, Elmgreen und Dragset, Clegg & Guttmann oder kozek hörlonski, deren einzelne ProtagonistInnen ihre Namen zu einer Marke fusioniert haben; und wir kennen Künstlergruppen, deren einzelne AkteurInnen hinter dem Namen des jeweiligen Kollektivs zurücktreten, wie etwa im Falle von Gutai, General Idea, Guerilla Girls, Pakui Hardware, Gelitin, G.R.A.M. oder Granular Synthesis. In all diesen Fällen handelt es sich um stabile Kollaborationen, die nur vereinzelt durch Soloprojekte der jeweiligen Künstlerinnen und Künstler ergänzt werden. Bei Iris Andraschek und Hubert Lobnig realisieren sowohl die eine wie auch der andere jeweils selbständige künstlerische Arbeiten – und parallel dazu seit über zwanzig Jahren gemeinsame Projekte.

Die Singularität dieses fallweisen Aktivierens der Möglichkeit zur künstlerischen Zusammenarbeit lässt nach Konstanten Ausschau halten, die eine Konturierung der Gemeinschaftsprojekte gegenüber den Soloprojekten ermöglichen. Dazu ist es sinnvoll, an den Beginn ihrer künstlerischen Zusammenarbeit zurückzugehen, an dem das Projekt *Tigerpark* stand. An die Notwendigkeiten ihrer jungen Elternschaft gekoppelt entwickelte sich ein verstärkter Aufenthalt im Tigerpark, einem kleinen, teils öffentlichen Park an der Josefstädter Tigergasse. Was hier 1997 seinen Anfang nahm und bis 2000 Bestand hatte ist – verkürzt gesagt – in der Verschränkung von privatem und öffentlichem Raum die Reduktion der städtischen Unübersichtlichkeit auf ein dörfliches Maß. Der Tigerpark als öffentliches Wohnzimmer für die angrenzenden bürgerlichen, studentischen und migrantischen Communitys wurde durch die von Andraschek und Lobnig initiierten künstlerisch-kuratorischen Projekte zu einem Ort, an dem eben jene Strukturen des Öffentlichen und Privaten, des Neben- und Miteinanders künstlerisch reflektiert wurden. Angekündigt wurden die Veranstaltungen je nach Art des Projekts über Mundpropaganda, mittels Aussendungen oder Flyer, die Teilnahmen schwankten zwischen 10 und 150 Personen. Der Austausch mit den anderen BenutzerInnen des Areals war dabei grundlegend für die

their mutual projects makes it evident that the works they realise together are rather a kind of intersection that originates from a case-by-case overlap of interests. It may surprise, with today's omnipresence of artist duos and artist collectives, that a constellation like this is extraordinary: we know artist pairings like Christo and Jeanne-Claude, Gilbert & George, Bernd and Hilla Becher, Bernd and Anna Blume, Peter Fischli and David Weiss, Elmgreen and Dragset, Clegg & Guttmann or kozek hörlonski, whose individual protagonists have merged their names into one brand; and we know artist groups whose individual players step back behind the name of the particular collective, as it is the case with Gutai, General Idea, Guerilla Girls, Pakui Hardware, Gelitin, G.R.A.M. or Granular Synthesis. All of the above are stable collaborations which the respective artists only occasionally add to with solo projects. In the case of Iris Andraschek and Hubert Lobnig, however, each of them have been realising their own independent artistic work—and parallel to this, for more than twenty years, joint projects.

The singularity of this occasional activation of the artistic collaboration option invites to look for constants which allow to outline the joint ventures from the solo projects. It is worthwhile in this respect to go back to the outset of their artistic collaboration, which started with the project *Tigerpark*. Linked to the needs of their young parenthood, they came to spend increasing time at Tigerpark, a small, partly public park on Tigergasse in the Josefstadt district of Vienna. What began here in 1997 and continued until 2000 is—broadly speaking—the reduction of urban complexity to the size of a village by intertwining private and public space. As a public living room for the neighbouring middle-class, student and migrant communities, the artistic-curatorial projects initiated by Andraschek and Lobnig made Tigerpark a place where these very structures of public and private, of living next to and with each other were reflected artistically. Depending on the kind of project, the events were announced via word-of-mouth, mailings or flyers, with participation ranging between 10 and 150 persons. Fundamental to the projects that were developed was the exchange with the area's other users; encounter, interest, and empathy were the cornerstones for these ever newly constituting temporary communities.

Relevant to the question about the nature of Andraschek and Lobnig's joint projects is the fact that their function in this was that of artist-curators. So it was not just the opening of one's own creative process towards an artistic collaboration that stood at the beginning of their collaboration, but rather the opening towards a dialogue conducted with many people. The aspect that these dialogue partners were not exclusively artists and that their artistic activity was therefore, knowingly and with pleasure, moving outside the protected space that is the art field, was to become a constant in their

Verena Gamper

entwickelten Projekte; Begegnung, Interesse, Empathie waren die Grundpfeiler für diese sich jeweils neu zusammensetzenden temporären Gemeinschaften.

Von Relevanz für die Frage nach dem Charakter der Gemeinschaftsprojekte von Andraschek und Lobnig ist die Tatsache, dass die beiden hier als Künstler-Kuratoren fungierten. Am Anfang ihrer Zusammenarbeit stand also nicht bloß die Öffnung des eigenen Schaffensprozesses hin auf eine künstlerische Zusammenarbeit, sondern vielmehr die Öffnung hin auf einen Dialog, der mit vielen geführt wurde. Dass es sich bei diesen DialogpartnerInnen nicht nur um KünstlerInnen handelte und das eigene künstlerische Tun sich dadurch bewusst und lustvoll außerhalb des geschützten Raumes des Kunstfeldes bewegte, sollte sich als Konstante im gemeinsamen Œuvre einnisten. Die Erweiterung des dialogischen Prinzips, das einer jeden künstlerischen Zusammenarbeit zugrunde liegt, hin auf eine viel radikalere Öffnung bereits im Zuge ihres ersten gemeinsamen Projektes lässt es nur konsequent erscheinen, dass sie in der Folge als Künstler-Kuratoren agierten.

Als solche bescherten sie auch der niederösterreichischen Gemeinde Reinsberg zwischen 1999 und 2011 vier jeweils im Sommer stattfindende Projekte, zu denen sie unter den Titeln *Gemeinsame Sache* (1999), *Gemischte Gefühle* (2001), *Schöne Aussichten* (2004) und *Geteilte Zuversicht* (2011) KünstlerInnen einluden, sich mit dem Ort und seinen Geschichten auseinanderzusetzen. Zentraler Motor der Reinsberger Projekte war eine kritische Reflexion auf die klassische Konstellation solcher Projekte, der Begegnung zwischen Einheimischen und Fremden, zwischen BewohnerInnen des Ortes und KünstlerInnen, die von außen kommen. In bewusster Distanzierung von der häufig Kunstprojekten im öffentlichen Raum und hier vor allem im ländlichen Raum zugedachten Aufgabe, „touristische Geographie zu materialisieren"[1], widmeten sich die Künstlerinnen und Künstler der sozialen Topografie des Ortes. Wissend um die Schwierigkeiten derart flüchtiger Besuche wurden diese programmatisch in der Erstausgabe *Gemeinsame Sache* thematisiert und – zur konspirativen Komplizenschaft umformuliert – produktiv gemacht. Die suggerierte Komplizenschaft war dabei als Geste der Einladung zu verstehen, die Grenzen zwischen denen, die hier wohnen, und denen, die hierher kommen, zumindest probeweise zu überschreiten. Die suggerierte Komplizenschaft macht aber auch klar, dass es diese klaren Abgrenzungen zwischen „uns" und „denen" nicht geben muss, sondern dass Aktionsgruppen sich fallweise entlang einzelner Fragen formieren sollten. Dass die eingeladenen KünstlerInnen keine messianischen (Er)Lösungsversprechen für lokale Fragestellungen und Konflikte boten, scheint insofern von zeithistorischer Relevanz, als es einen Gegenentwurf zur Wochenklausur darstellt, jenem seit 1993 existierenden Kollektiv, das Kunst als soziale Praxis

joint oeuvre. Having expanded the dialogical principle that forms the basis of every artistic collaboration towards a much more radical opening already during their very first joint project, it only seems logical that they subsequently operated as artist-curators.

They also took this role when between 1999 and 2011, they brought four projects to the Lower Austrian commune of Reinsberg, each of them taking place in summer, under the titles of *Gemeinsame Sache* (Common Cause, 1999), *Gemischte Gefühle* (Mixed Feelings, 2001), *Schöne Aussichten* (Beautiful Views, 2004) and *Geteilte Zuversicht* (Divided Confidence, 2011), to which they invited artists to engage with the place and its stories. The central driving force of the Reinsberg projects was a critical reflection on the classic constellation of projects like these, the encounter between locals and strangers, between inhabitants of the village and artists coming from the outside. Consciously distancing themselves from the task often given to art projects in public space, and, in this case, especially in the rural area, that of "materialising touristic geography"[3], the artists dedicated themselves to the social topography of the village. In awareness of the difficulties of such fleeting visits, these were made the programmatic topic of the first edition, *Gemeinsame Sache,* and—rephrased into a conspiratorial complicity—turned productive. The suggested complicity was to be understood as a gesture of invitation, to at least give it a try and cross the boundaries between those who live here and those who come here. The suggested complicity also points out, however, that these clear distinctions between 'us' and 'them' do not need to exist, instead there should be action groups that form now and again on the basis of individual issues. The fact that the invited artists did not offer any messianic solution (or even salvation) promises for local problems and conflicts appears to be historically relevant, in the sense that it constitutes an alternative concept to Wochenklausur, the collective existing since 1993 which understands art as social practice1 and which, during this heyday of research-based, institution-critical art of the 1990s, was also active in Vienna. Yet in contrast to the projects of Andraschek and Lobnig, Wochenklausur relies on the recipe of surgical intervention, so to speak, when they see their projects as a remedy for urban, social or economical problem zones. The important difference in approaches is, on the one hand, in Andraschek and Lobnig's explicit rejection of a functionalisation of art, and, on the other hand, also in their programmatic openness towards the local players and the topics that can be found on site. To Andraschek and Lobnig, art does not equal social practice, but social practice is the basis of art, which for its part does not need to have a social function. Without interaction, without communication, without interest, conversations and the necessary time, no artistic projects whatsoever will develop. Hence, they themselves are also less site-specific projects —

versteht[2] und das in jener Hochphase rechercheba-
sierter, institutionskritischer Kunst der 1990er-Jahre
eben-
falls in Wien aktiv war. Doch im Gegensatz zu den
Projekten von Andraschek und Lobnig setzt die
Wochenklausur auf das Rezept eines quasi chirurgi-
schen Eingriffs, wenn sie ihre Projekte als Remedium
für urbane, soziale oder ökonomische Problem-
zonen versteht. Der wichtige Unterschied zum Ansatz
von Andraschek und Lobnig liegt zum einen in deren
expliziter Ablehnung eines Funktionalisierens von
Kunst, zum anderen auch in der programmatischen
Offenheit gegenüber den lokalen AkteurInnen und
den Themen, die vor Ort zu finden sind. Kunst ist für
Andraschek und Lobnig eben nicht soziale Praxis,
sondern soziale Praxis ist die Grundlage für Kunst, die
ihrerseits keine soziale Funktion haben muss. Ohne
Interaktion, ohne Kommunikation, ohne Interesse,
Gespräche und die dafür notwendige Zeit entstehen
schlichtweg keine künstlerischen Projekte. Diese
selbst sind denn auch weniger ortsspezifisch – ver-
standen als auf die topologischen Gegebenheiten
eines Ortes ausgerichtet – als vielmehr von den spezifischen Orten ausgelöste diskursive Operationen.[3]

Als Weiterentwicklung der
politisch und ontologisch aufgefassten Ansätze
der *site specificity*, also einer künstlerischen Bezug-
nahme auf den Ort, die sich seit den 1960er-Jahren
entwickelt hatte, wurde unter dem Eindruck sich
dynamisierender Ortsbezüge und einer generellen
Tendenz zur Medialisierung seit den 1990er-Jahren
der Begriff der *diskursiven Räume* etabliert.[4] Die
Ortsspezifik wurde in ihrem Verständnis zu einer
Kontextspezifik, die neben den geografischen und
topologischen Parametern auch die kulturellen,
sozialen und politischen Bedingungen beachtet.
In der langen Entwicklungsgeschichte der *site specificity* wurde das für einen bestimmten Ort konzi-
pierte Objekt zusehends durch ein in seiner Medialität
flexibles Werk abgelöst, das insofern *site specific*
ist, als es an einem bestimmten Ort seinen Anfang
nimmt. Angesichts der Tendenz zur Ablösung von
materialisierten Ortsbezügen hin zu einer auch auf
digitaler Vernetzung basierenden Omnipräsenz
und den daraus entstehenden neuen Perspektiven
auf mediale, raumübergreifende Konzepte einer
Kunst im erweiterten Feld des öffentlichen Raums
formulieren Andraschek und Lobnig einen strikt
analogen Gegenvorschlag: Ihre physische Präsenz
wird zur zentralen Währung, sie bezeugt Wert-
schätzung, wirkt vertrauensbildend und leistet
dem Informationsaustausch Vorschub. Die Vermu-
tung liegt nahe, dass dies zumindest mit ein Grund
dafür ist, dass Andraschek und Lobnig so viele
Arbeiten in ländlichen Gebieten und dörflichen
Strukturen realisieren konnten.

2005 entwickelten sie für
das *Festival der Regionen* in Oberösterreich die
ortsspezifische Multimedia-Installation *Leben am Hof*,
die aus einem Filmprogramm in einem Kinosaal mit

which is to say, adjusted to the topological circumstances of a place—but rather discursive operations
triggered by specific places.[3]

As a further development of
the politically and ontologically interpreted approaches of site specificity, the artistic reference to the
location which had developed since the 1960s,
the influence of dynamising references to location
and a general tendency towards medialisation
since the 1990s led to the establishment of the term
discursive spaces.[4] Its understanding saw site specificity become a context specificity that, apart from
geographical and topological parameters, also bears
in mind the cultural, social and political conditions.
During the long development of site specificity, the
object devised for a particular place was increasing-
ly replaced by a piece that is flexible as regards its
mediality, that is site-specific in so far as it originates
from a particular place. In light of a tendency to depart
from materialised local references and turn towards
an omnipresence that is also based on digital inter-
connectedness, and the resulting new perspectives
on medial, space-crossing concepts of an art in the
expanded field of public space, Andraschek and
Lobnig formulate a strictly analogue counterproposal:
their physical presence becomes the central currency,
it is proof of appreciation, helps to build trust and
facilitates the exchange of information. There is some
evidence that this is at least one of the reasons why
Andraschek and Lobnig were able to realise so many
works in rural areas and village structures.

In 2005, they developed
the site-specific multimedia installation *Leben am
Hof* (Farming Life) for the *Festival of Regions* in Upper
Austria, which consisted of a film programme in a
cinema hall that had a superimposed facade re-
sembling a typical farmhouse from the Mühlviertel
region, a photo wall in the space outside and two
poster walls in the vicinity of the site.[5] This stunning
farm movie theatre stood in a sheep farmer's pasture
in Salnau, this alone counteracting the stereotype
of an 'uneventful' rural area. Lobnig and Andraschek
had found their theme during visits on farms in the
Austrian-Czech border region, where they recorded
various economic and social organisational forms of
farming businesses on film and with photos. Lobnig's
nine filmic portraits and the photographic series
devised by Andraschek are both complementary elements to a joint project which express the duo's
respective specific main areas of interest. With Lobnig,
it is the interest in architectures as manifestations of
organisational systems of socio-economic needs.
The relation of living and working areas conforms to
the respective requirements or dominant conventions,
which is why afterimages of former co-operatively
organised state owned collective farms unfold next
to alternative forms of cultivation, and grown structures next to imposed standard architectures. The
gaze of the visitor filming with a handheld camera
never becomes voyeuristic, rather demonstrating an

Verena Gamper

einer vorgeblendeten, für Mühlviertler Bauernhöfe typischen Fassade, einer Fotowand im Außenraum und zwei Plakatwänden in der Nähe des Geländes bestand.[5] Dieses spektakuläre Hofkino stand auf der Wiese eines Schafbauern in Salnau und konterkarierte allein dadurch jedes Klischee eines „ereignisarmen" ländlichen Gebietes. Ihr Thema hatten Lobnig und Andraschek bei Besuchen auf Bauernhöfen im österreichisch-tschechischen Grenzgebiet gefunden, wo sie verschiedene ökonomische und soziale Organisationsformen von Landwirtschaftsbetrieben filmisch und fotografisch festhielten. Die von Lobnig stammenden neun filmischen Porträts wie auch die von Andraschek entwickelte Fotoserie sind komplementäre Elemente eines gemeinsamen Projektes, die als solche die jeweils spezifischen Interessensschwerpunkte der beiden zum Ausdruck bringen. Bei Lobnig ist dies das Interesse für Architekturen als manifest gewordene Organisationssysteme von sozioökonomischen Bedürfnissen. Das Verhältnis von Wohn- und Wirtschaftsräumen entspricht den jeweiligen Anforderungen oder herrschenden Konventionen, und so werden Nachbilder der vormals genossenschaftlich organisierten staatlichen Kolchosen neben alternativen Bewirtschaftungsarten, gewachsene Strukturen neben oktroyierten Standardarchitekturen ausgebreitet. Der Blick des mit der Handkamera filmenden Besuchers wird dabei nie voyeuristisch, vielmehr zeigt er den aufmerksamen Gast, der empathisch und respektvoll die Daseinsformen und Wohnsysteme aufzeichnet. Lobnigs Interesse an Architektur gewordenen Lebensmodellen trifft in Andrascheks künstlerischer Arbeit auf ihr Interesse für soziale Formen des Zusammenlebens. Im Falle des Projektes *Leben am Hof* wurde der Fokus auf das Leben am Land gelegt, auf bäuerliche Familienstrukturen oder alternative Interessensgemeinschaften. Während Lobnig die Veränderungen der Wirtschaftssysteme von Planwirtschaft zu Marktwirtschaft zu biologischer Landwirtschaft an den architektonischen Gegebenheiten filmisch abtastet, interessieren Andraschek die Veränderungen im Familiären, im Gesellschaftlichen, die solche Umbrüche mit sich bringen. Sie geht dabei mit einer für sie typischen Mischung aus dokumentarischen, inszenierten und fiktiven Elementen ans Werk: Während einige Fotos offensichtlich gestellte Familienporträts sind, vermitteln andere durch Unschärfen und Überbelichtungen eine Authentizität durch Kontingenz. An der Außenseite der Scheinarchitektur des Hofkinos angebracht lassen die Fotografien an Filmstills denken: Standbilder aus Handlungen, die als einzelne Stränge zwar ins Leere laufen, in Summe aber den Sukkus eines „Lebens am Hof" in der Begegnungszone von Natur, sozialen Formen und Ökonomie einfangen.

Ebenfalls im Jahr 2005 konzipierten Andraschek und Lobnig für die Universität Krems *Life Between Buildings*, 21 Teppiche aus Mosaiksteinen, die zwischen den einzelnen

observant guest who documents the forms of existence and living systems with empathy and respect. In Andraschek's artistic work, Lobnig's interest in ways of life turned into architectures finds its counterpart in her interest in social forms of coexistence. In the case of the project *Leben am Hof,* the focus was on life in the countryside, on peasant family structures or alternative communities defined by common interests. While Lobnig uses film to scan the transformations of business systems, from planned economy to market economy to organic farming, it is the changes these transformations cause within the family, within society, that Andraschek is interested in. She sets to this work employing a mixture of documentary, staged and fictional elements that is characteristic for her: while some photos obviously are staged family portraits, others, by being blurred or overexposed, convey authenticity through contingency. Attached to the exterior of the dummy architecture of the farm movie theatre, the photos make think of film stills: still images from plots which as individual strands may lead to nowhere but as a whole capture the essence of a 'farming Life' in the zone where nature, social forms and economy encounter each other.

The year 2005 also saw Andraschek and Lobnig design *Life Between Buildings* for the Danube University Krems, 21 mosaic carpets set into the floor areas of the campus, in between the individual buildings. Clearly recognisable as rugs—but not in their material characteristics—from a distance, from up close they turn out to be laid from hundreds of thousands of stones. The specific site of Campus Krems, a small yet very international university primed for knowledge transfer and cultural exchange, provides the matrix for the project. Part of the carpets, whose patterns originate from different cultural areas, display traditional, part of them contemporary designs, as in the case of Afghan tapestries with war motifs from the 1980s. With the mosaic, a cultural technique with a rich tradition is brought into a direct relationship with the digital raster of modern life. At the same time, the private sphere—symbolised by the carpet—is blended with the public space. The floor mosaics simulate a familiar cosiness while being physical meeting places. Andraschek and Lobnig call them "imaginary communicative places" that, having origins in different cultures and societies, "point out research, education, and intellectuality as a general, uniting concern which supports communication."[6]

Mosaics also play a role at their *Erinnerungsort Turnertempel* (Memory Site Turner Temple), realised in 2011. The winner of a competition for the construction of a monument in present-day Rudolfsheim-Fünfhaus district of Vienna for the synagogue destroyed there during Pogrom Night of November 1938, the basis for this project is the question of how to denote site-specific history in a contemporary way. How can and how is collective memory to be represented? And, for that matter,

Baukörpern in die Bodenflächen des Campus einge-
lassen sind. Aus der Distanz zwar eindeutig als Teppiche, aber nicht in ihrer Materialität wahrnehmbar,
entpuppen sie sich erst aus der Nähe als aus Hun-
derttausenden von Steinen gelegten Kunstwerken.
Der spezifische Ort des Campus Krems, einer kleinen, aber sehr internationalen Universität, die von
Wissenstransfer und kulturellem Austausch geprägt
ist, bildet die Matrize für dieses Projekt. Die Teppiche,
deren Vorlagen aus unterschiedlichen Kulturkreisen
stammen, weisen teils traditionelle und teils zeitaktu-
elle Gestaltung auf, wie im Falle afghanischer Bild-
teppiche mit Kriegsmotiven aus den 1980er-Jahren.
Mit dem Mosaik wird eine traditionsreiche Kultur-
technik mit der digitalen Rasterung unseres heutigen
Lebens kurzgeschlossen, gleichzeitig wird das
Private – im Kürzel des Teppichs – mit dem öffentlichen Raum vermählt. Die Bodenmosaike simulieren
vertraute Heimeligkeit und sind dabei physische Orte
des Zusammentreffens. Andraschek und Lobnig
nennen sie „imaginäre kommunikative Orte", die mit
ihrer Herkunft aus verschiedenen Kulturkreisen
„Wissenschaft, Bildung und Intellektualität als übergreifendes, verbindendes, verständigungsförderndes
Anliegen hervorheben."[6]

Mosaike spielen auch eine
Rolle in ihrem 2011 realisierten *Erinnerungsort Turner-
tempel.* Diesem Projekt, das als Sieger aus einem
Wettbewerb um die Errichtung eines Denkmals an
die während der Novemberpogrome 1938 zerstörte
Synagoge im heutigen Wiener Bezirk Rudolfsheim-
Fünfhaus hervorging, liegt die Frage nach der zeitgenössischen Markierung von ortsspezifischer
Geschichte zugrunde. Wie kann und soll kollektive
Erinnerung repräsentiert werden? An welche Schicht
von Geschichte soll überhaupt erinnert werden? In-
wiefern unterstützen herkömmliche Techniken des
Erinnerns und Mahnens das Verdrängen und Vergessen, da sie den Akt des Erinnerns zwischen his-
torischer Begebenheit und Gegenwart platzieren
und dadurch die Historie als von der Gegenwart
abgekoppelt ausweisen? Einer der Hauptkritikpunkte
gegenüber Denkmälern ist die Exklusivität des
Erinnerns hinsichtlich ihrer lokalen und zeitlichen
Begrenzung, ein weiterer die skulpturale Markierung
der Orte, die eine Distanz zwischen Denkmal und
PassantInnen herstellt. Diese über Distanz funktio-
nierende Machtlogik hebelten Iris Andraschek und
Hubert Lobnig im *Erinnerungsort Turnertempel,*
der im Dialog mit den LandschaftsplanerInnen Maria
Auböck und Janos Kárász entwickelt wurde, über-
zeugend aus. Der auf Initiative des BürgerInnen-
projekts Herklotzgasse 21 gemeinsam mit der Stadt
Wien und KÖR – Kunst im öffentlichen Raum 2009–10
durchgeführte Wettbewerb zur Gestaltung eines
Denkmals sah kein Holocaust-Denkmal im herkömm-
lichen Sinn vor, sondern die Erinnerung an die
Geschichte des Ortes sollte mit einem Begegnungsort
für die heute dort lebende Bevölkerung zusammen-
geführt werden. Formal an den ausgebrannten

which layer of history shall be commemorated? In
what sense do conventional techniques of reminding
and warning foster repressing and forgetting by
placing the act of remembrance in between historic
event and the present, thus identifying history as
disconnected from the present? One of the main
points of criticism monuments are faced with is the
exclusiveness of remembrance as regards its local
and temporal confinements. Another is the sculptural
marking of the places, which creates a distance
between monument and passers-by. This logic of
power that works through distance was cancelled out
in a compelling way by Iris Andraschek and Hubert
Lobnig at the *Erinnerungsort Turnertempel,* that was
developed in a dialogue with the landscape architects
Maria Auböck and Janos Kárász. The competition for
the design of a monument, which was organised at
the initiative of the citizens' project Herklotzgasse 21
together with the City of Vienna and KÖR—Kunst im
öffentlichen Raum from 2009 to '10, did not stipulate
a Holocaust monument in the conventional sense,
but rather that the memory of the site's history was to
be merged with a meeting place for the population
living there today. Inspired in its form by the synagogue's burnt roof truss with its collapsed beams,
black concrete elements cast in wooden shuttering
moulds appear to be randomly spread across the
site, barriers and benches at the same time. On the
ground, into the sand area covering the surface, floor
mosaics are laid that, besides fruits and plants from
the repertoire of the Torah as a reference to Jewish
religion, also feature everyday items like plastic bags,
paper cones or beverage cans. In their type, the floor
mosaics follow the Roman 'asaroton' mosaics which
simulated unswept floors with all kinds of scraps of
food and banquet leftovers. This turns the mosaics
of the *Erinnerungsort Turnertempel* into archaeological picture puzzles: They play with the aesthetics of
ancient floors, but their iconography clearly refers to
their present-day period of origin. The dropped and
thrown-down items also stress the character of the
site as one that is to be used, that invites to pause and
commemorate as well as to utilisation and to social
exchange.

In conclusion, on the basis of
the reflection on all projects presented here—which
are just some examples among a multitude of other
joint ventures the mention of which would have
exceeded the scope of this text—it can be said for
the artistic co-operations of Iris Andraschek and
Hubert Lobnig that the dialogical principle of working
in a collective is evident also on the macro level, and
has been a guiding thread throughout the developed projects since 1997. This applies to those of an
ephemeral nature with a happening character, like
the *Tigerparksuppe,* a soup that was served every last
day of the month to all those present, and to perma-
nent works in public space that write the dialogue into
the DNA of the objectual work, such as *Life Between
Buildings* (2005) or the *Erinnerungsort Turnertempel*

Verena Gamper

Dachstuhl der Synagoge mit seinen eingestürzten
Balken angelehnt, sind schwarze, in Holzschalung
gegossene Betonelemente wie willkürlich über
das rechtwinklige Grundstück verteilt, Barrieren
und Sitzbänke gleichermaßen. Am Boden sind
zwischen dem flächendeckenden Sandbelag
Bodenmosaike gelegt, die neben Früchten und
Pflanzen aus dem Repertoire der Torah als Verweis
auf den jüdischen Glauben auch Alltagsgegenstände
wie Plastiksackerln, Stanitzel und Getränkedosen
zeigen. Im Typus entsprechen die Bodenmosaike
jenen „Asaroton" genannten römischen Mosaiken,
die noch nicht gekehrte Böden mit allerlei Speise-
resten und Überbleibseln von Festtafeln simulieren.
So sind die Mosaike des *Erinnerungsortes Turnertempel* archäologische Vexierbilder: Sie spielen mit
der Ästhetik antiker Böden, ihre Ikonografie verweist aber eindeutig auf ihre gegenwärtige Entste-
hungszeit. Das Liegengelassene und Hingeworfene
unterstreicht dabei den Charakter des Ortes als
einen der Benutzung, der zum Innehalten und Gedenken ebenso einlädt wie zum Betreten und
zum sozialen Austausch.

       Schließlich kann auf Basis
der Betrachtung aller hier präsentierten Projekte –
die exemplarisch für eine Vielzahl weiterer ge-
meinsamer künstlerischer Arbeiten stehen, auf die
einzugehen den Rahmen des Textes gesprengt
hätte – im Hinblick auf Iris Andrascheks und Hubert
Lobnigs künstlerische Kooperationen festgehalten
werden, dass das dialogische Prinzip des Arbeitens
im Kollektiv sich auf der Makroebene wiederfindet
und als roter Faden durch die seit 1997 entwickelten
Projekte zieht. Dies gilt für jene ephemerer Natur
mit Happening-Charakter wie die *Tigerparksuppe*,
die am Monatsletzten im Tigerpark an die Anwesen-
den serviert wurde, bis hin zu permanenten Arbeiten im öffentlichen Raum, die den Dialog in die
DNA des objekthaften Werkes einschreiben, wie in
Life Between Buildings (2005) oder dem *Erinnerungsort Turnertempel* (2011). Andrascheks und Lobnigs
gemeinsame künstlerische Arbeiten sind diskursive
Operationen, die aus dem kommunikativen Prozess
ihrer Zusammenarbeit wie aus dem Austausch mit
den kontextspezifischen BenutzerInnen, Anrainer-
Innen und ExpertInnen entstehen. Das dialogische
Prinzip als performative Äußerung liegt allen gemeinsamen Arbeiten strukturell zugrunde – *Die Baubesprechung* im Hainburger Kreisverkehr stellt es
zusätzlich auf motivischer Ebene in den Vordergrund.

(2011). The joint artistic works of Andraschek and
Lobnig are discursive operations that originate from
the communicative process of their working together
and from the exchange with the context-specific
users, residents and experts. The dialogical principle
as a performative utterance is the structural foundation of all their joint ventures—*Die Baubesprechung*
inside the Hainburg roundabout additionally emphasises it on the thematic level.

1 Zit. Christian Rapp, *Orte auf Wander-
schaft – Eine Reinsberger Skizze*, 1999, n.p.
2 Selbstbeschreibung der Wochenklausur:
„Seit 1993 entwickelt die Gruppe kleine,
aber sehr konkrete Vorschläge zur Verrin-
gerung gesellschaftspolitischer Defizite
und setzt diese Vorschläge auch um.
Künstlerische Gestaltung wird dabei nicht
mehr als formaler Akt sondern als Eingriff
in unsere Gesellschaft gesehen." http://
www.wochenklausur.at [Zugriff: 2.9.2018].
3 Vgl. hierzu Juliane Rebentisch, „Mythos
‚Betrachtereinbeziehung'", in: *Texte zur
Kunst*, Berlin 40/2000, S. 126–130, hier S.127.
4 Vgl. hierzu Miwon Kwon, „One Place After
Another: Notes on Site Specificity", in:
October, Cambridge 80/1997, S. 85–110.
5 S. hierzu Jeanette Pacher, „Die Gedanken,
die Wirtschaftsweisen sind frei", in: *Festival
der Regionen 2005. Geordnete Verhält-
nisse/Ordered States*, Peter Arlt, Martin
Fritz (Hgg.), Verein Festival der Regionen,
Ottensheim 2005, S. 156-163.
6 Zit. nach Brigitte Huck, *Life Between
Buildings. Lebensbaum und Kalaschnikow*
[online], 2005, https://www.hubertlobnig.
com/index.php?p=7&m=2 [Zugriff:
15.8.2018].

1 "touristische Geographie zu materialisieren"—Christian Rapp, *Orte auf Wander-
schaft – Eine Reinsberger Skizze,* 1999, n.p.
2 Self-description of Wochenklausur: "Since
1993 the artist group WochenKlausur has
been developing concrete proposals aimed
at small, but effective improvements to
socio-political deficiencies. Proceeding
even further and invariably translating
these proposals into action, artistic creativity is no longer seen as a formal act but
as an intervention into society." http://www.
wochenklausur.at [Accessed: 2.9.2018].
3 Juliane Rebentisch, „Mythos ‚Betrachtereinbeziehung'", in: *Texte zur Kunst,* Berlin
40/2000, pp. 126–130, esp. p. 127.
Miwon Kwon, „One Place After Another:
Notes on Site Specificity", in: *October,*
Cambridge 80/1997, pp. 85–110.
5 Jeanette Pacher, „Die Gedanken, die
Wirtschaftsweisen sind frei", in: *Festival
der Regionen 2005. Geordnete Verhält-
nisse/Ordered States,* Peter Arlt, Martin
Fritz (eds.), Verein Festival der Regionen,
Ottensheim 2005, pp. 156-163.
6 „[…] imaginäre kommunikative Orte […]
Wissenschaft, Bildung und Intellektualität
als übergreifendes, verbindendes, verständigungsförderndes Anliegen hervorheben." —Brigitte Huck, *Life Between
Buildings. Lebensbaum und Kalaschnikow*
[online], 2005, https://www.hubertlobnig.
com/index.php?p=7&m=2 [Accessed:
15.8.2018].

Verena Gamper

Nachbilder. Invisible Paintings
Anton Bruckner Privatuniversität,
Linz, 2015

Vereinfachte Licht- und Schattenbilder aus
verschiedenen Entwicklungsphasen der
Baustelle wurden als Nachbilder in die öffentlichen Empfangs- und Veranstaltungsbereiche
des Neubaues der Bruckner Universität
gemalt. Die Malerei ist subtil und fast unsicht-
bar mit weißem Glanzlack auf weiß gespach-
teltem Untergrund ausgeführt, womit sie den
ruhigen Charakter der Architektur betont
und erhält. Es entsteht ein unmerkliches Bild,
das in unterschiedlichen Lichtverhältnissen
Sichtbarkeit erlangt oder fast verschwindet.
Wie in einem fotografischen Negativ, auf
das man gerade oder schräg blickt, verändern
sich Vordergrund und Hintergrund, Hell und
Dunkel, und die Räumlichkeit.

Nachbilder. Invisible Paintings
Anton Bruckner Private University,
Linz, 2015

Simplified light and shadow images from the
construction site's various development
phases were painted into the public entrance
and event areas of the newly constructed
Bruckner University. The paintings are execut-
ed in a subtle, almost invisible way, with white
gloss paint on a white smoothed surface,
which emphasises and maintains the calm
character of the architecture. The result is
an inconspicuous picture that becomes visible
or almost disappears, depending on the light-
ing conditions. Front and background alter,
light and dark, and the spatiality, quite like in
a photographic negative when you look at it
from a straight or from an oblique angle.

Monochrome Wandmalerei auf gespachtelten
Wänden, glänzender Lack auf vorgrundiertem
Untergrund

Monochrome wall paintings, gloss varnish on
pre-primed surface

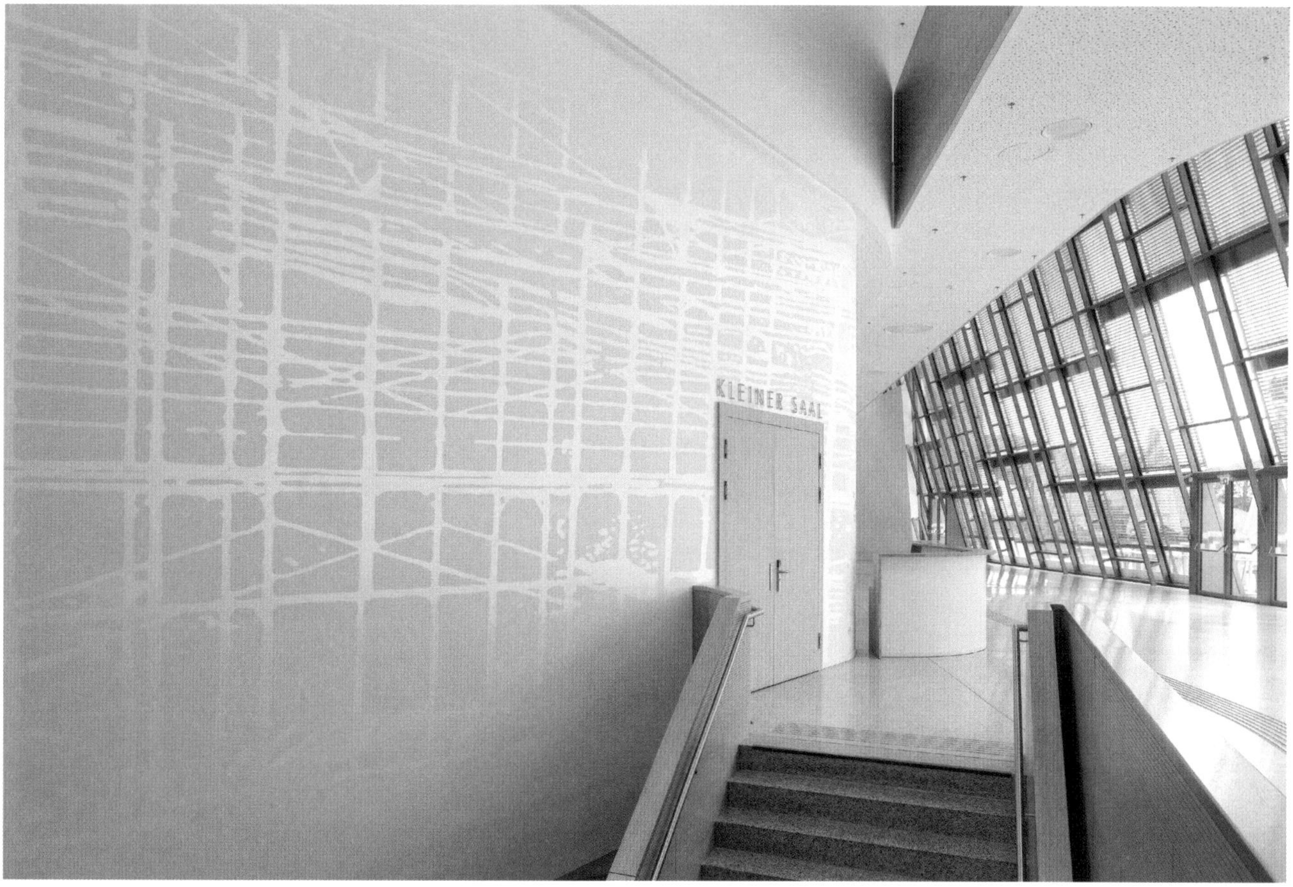

KLEINER SAAL

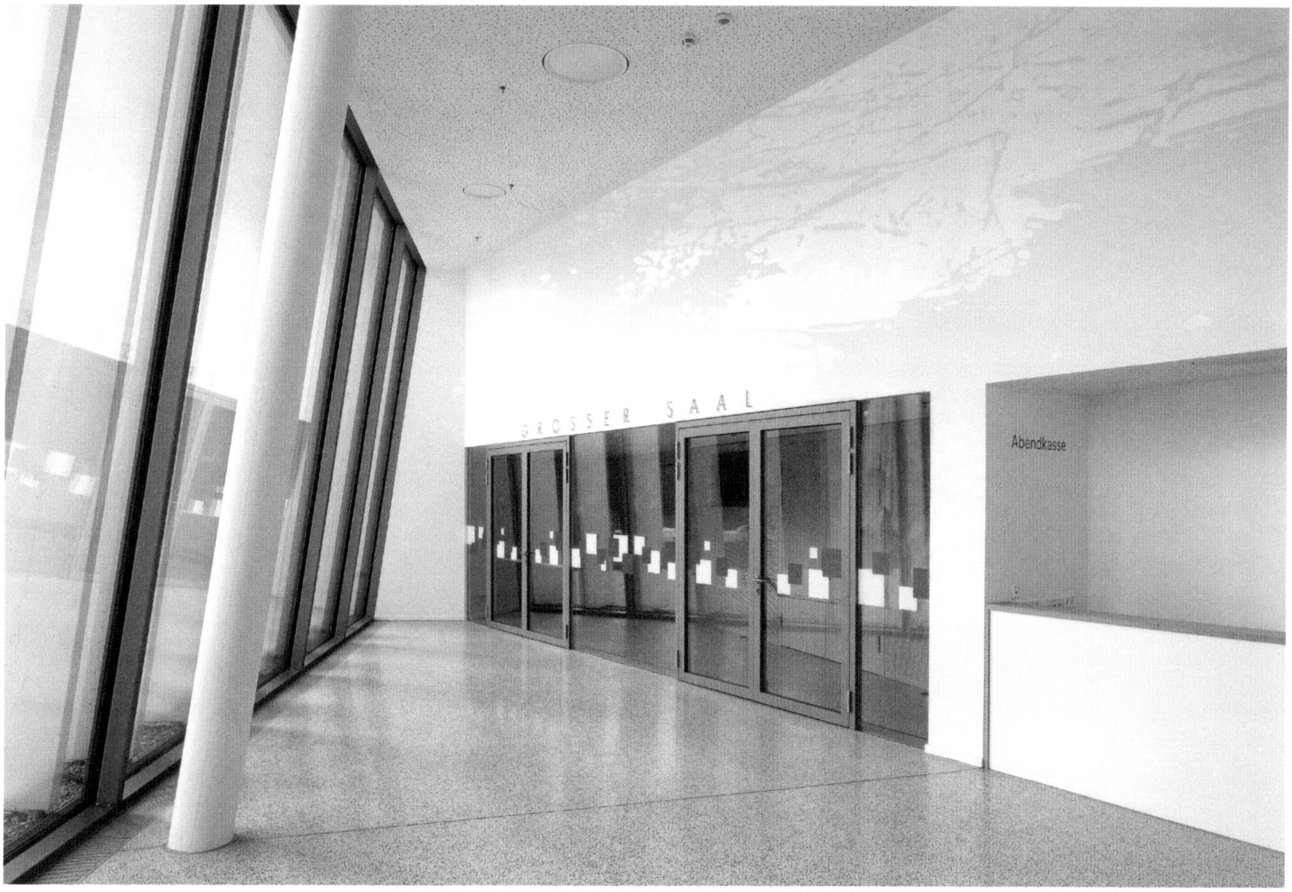

GROSSER SAAL
Abendkasse

Gruft Boutique
Wien, 2015

Im Rahmen der Ausstellung „In the Still
oft the Night"

Die *Gruft Boutique* versuchte die unterschiedlichen Realitäten der sogenannten Begegnungszone in der Wiener Mariahilfer Straße zu
verbinden. Einerseits die Boutiquen, andererseits die Gruft, eine seit langem etablierte,
temporäre Unterkunft für Obdachlose. Das
Projekt, das im Frühling und Sommer
2015 stattfand, band Klientinnen und Klienten
der Gruft in Workshops ein. Gemeinsam mit
den Künstler_innen gestalteten und modifizier-
ten sie Altkleider in unterschiedlichen Techniken, die dann in der temporär errichteten
Gruft Boutique, einer von Andraschek und
Lobnig entworfenen Kleinarchitektur, zum
Verkauf angeboten wurden.

Gruft Boutique
Vienna, 2015

In the context of the exhibition "In the Still
of the Night"

The *Gruft Boutique* tried to bring together the
diverging realities of the so-called ‚Begegnungszone' (traffic-calmed area, literally:
zone of encounter) at Mariahilfer Straße. The
boutiques on the one hand, and the Gruft,
a long established temporary shelter for the
homeless, on the other. Taking place in
spring and summer 2015, the project involved
workshops with Gruft clients. Together with
the artists, they decorated and modified old
clothes in various techniques, which were
then offered for sale in a temporarily installed
Gruft Boutique, a small structure designed by
Andraschek and Lobnig.

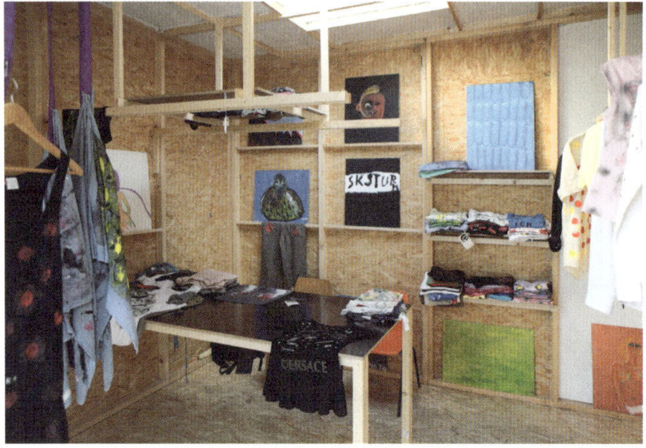

Raum 16 m², Inneneinrichtung für Verkauf,
mobile Einrichtung für Workshops, 14 Workshops, Wandzeitung, Öffnungszeiten

Space of 16 m², interior furnishing for sales,
mobile furnishing for workshops, 14 workshops, wall newspaper, opening hours

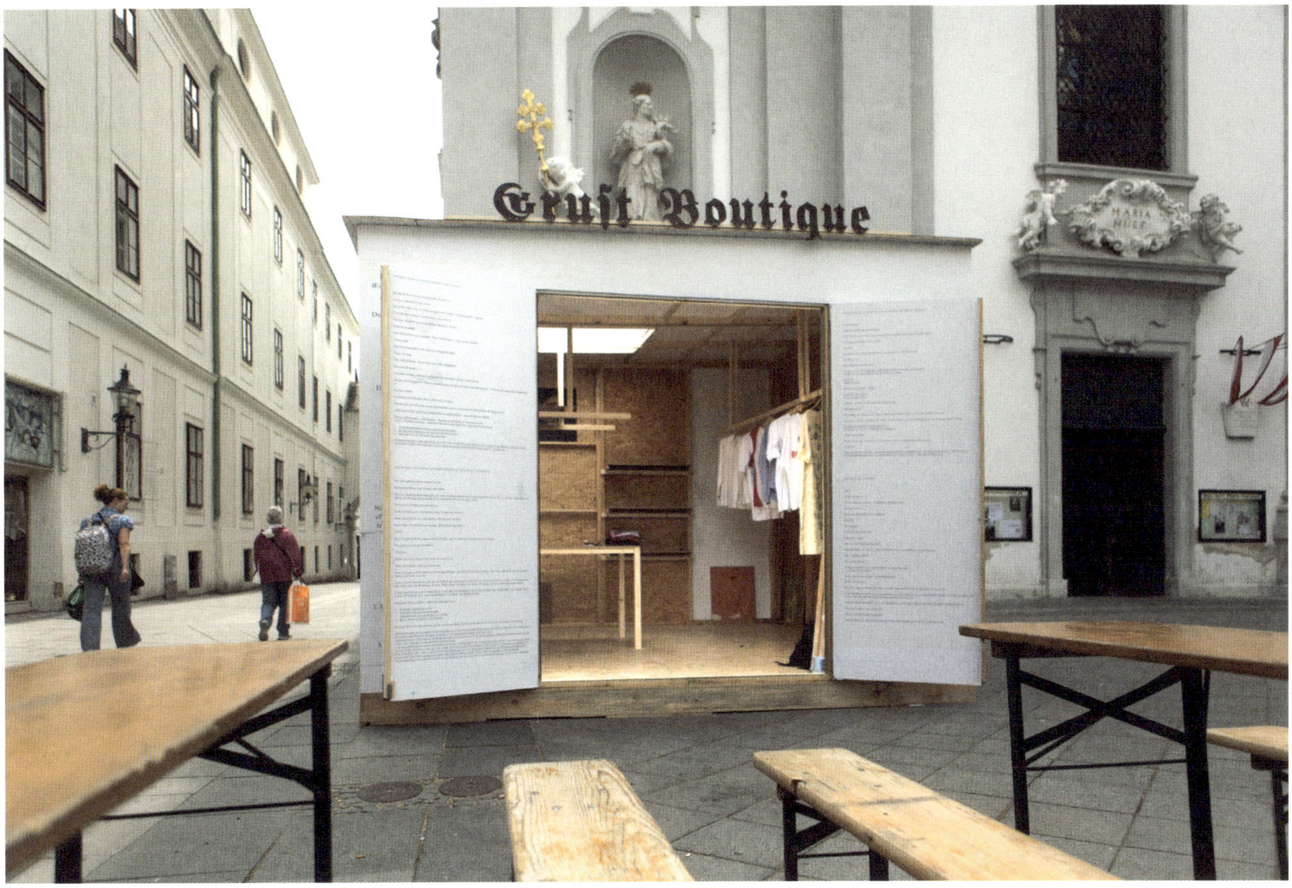

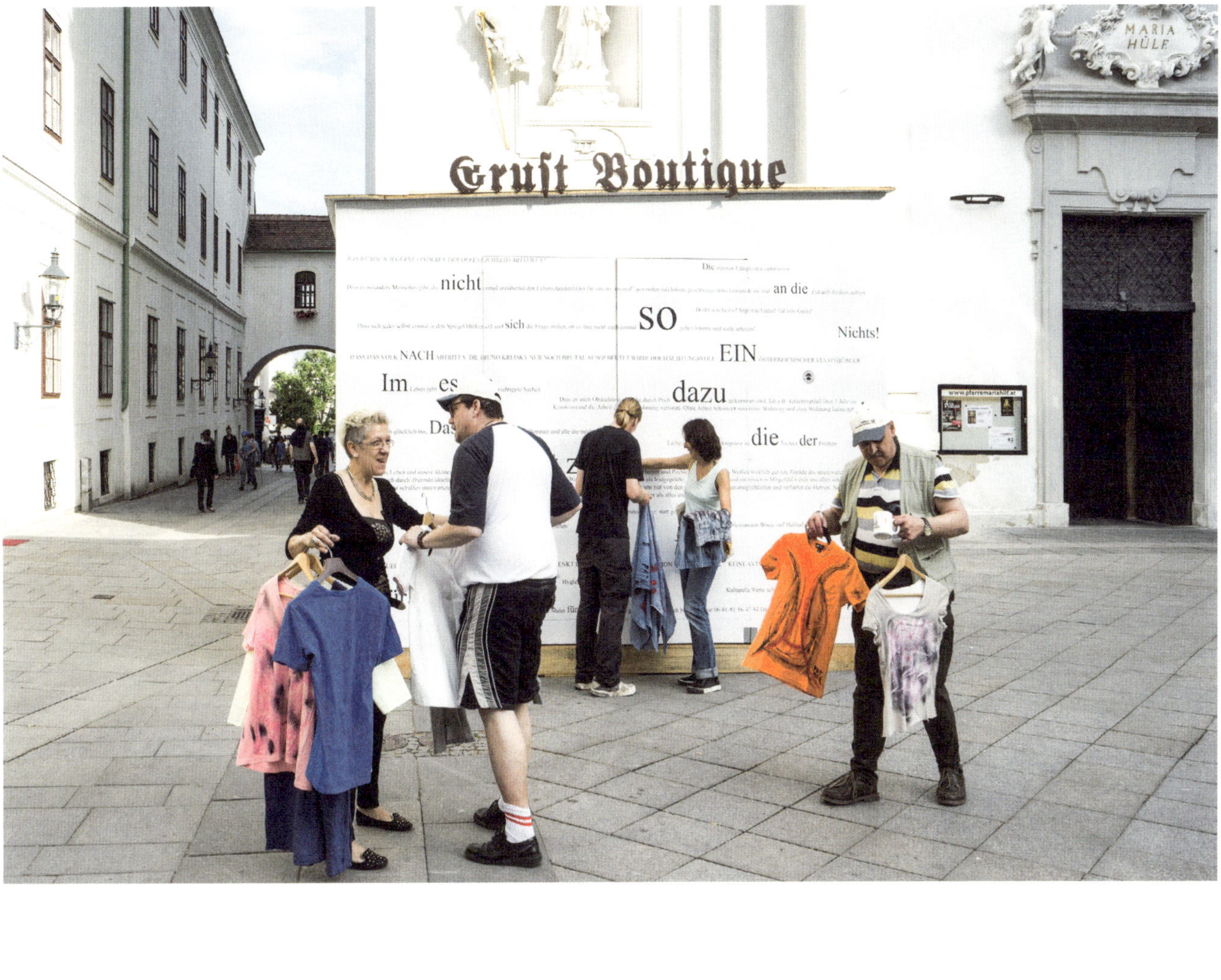

Gruft Boutique
MARIA HÜLF
nicht   an die
so
sich   Nichts!
NACH   EIN
Im   es   dazu
Das   die   der
www.pfarremariahilf.at

Wohin verschwinden die Grenzen?
Kam mizí hranice?
Österreichisch-tschechischer Grenzübergang Fratres / Slavonice
2009 & 2014

Ein 63 Meter langes und vier Meter hohes Metallgerüst wurde 2009 unweit des Grenzübergangs Fratres/Slavonice errichtet. Es erinnert an Billboards, aber auch an Abgrenzungen oder Absperrungen, und diente 2009 als Display für Fotografien, die mit Menschen aus Afrika und Europa vor musealisierten Relikten des „Eisernen Vorhangs" in Čížov (CZ) inszeniert wurden. Im Jahr 2014 wurde es mit Arbeiten von Künstlerinnen und Künstlern aus Tschechien, Polen und Österreich neu bespielt. Der weithin lesbare Satz von den verschobenen, nicht aber verschwundenen Grenzen wurde von der Realität des Neuen Europa in den letzten Jahren eingeholt.

Where Do the Borders Go?
Kam mizí hranice?
Austrian-Czech border crossing Fratres / Slavonice
2009 & 2014

In 2009, a metal framework measuring 63 m in length and 4 m in height was erected near the Fratres/Slavonice border crossing. It reminds of billboards, but also of demarcations or barriers, serving in 2009 as a display for photographs that were staged with people from Africa and Europe in Čížov (CZ), in front of conserved relics of the 'Iron Curtain'. In 2014, it was given a new use by displaying works of artists from Czechia, Poland and Austria. During recent years, the new European reality has caught up with the sentence on it that is visible from afar, of borders that have moved yet not disappeared.

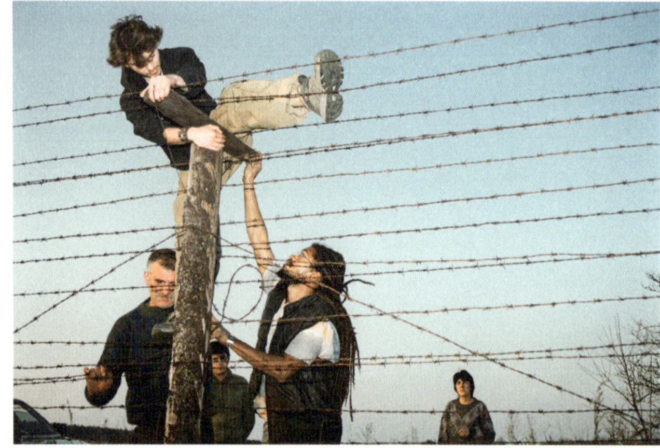

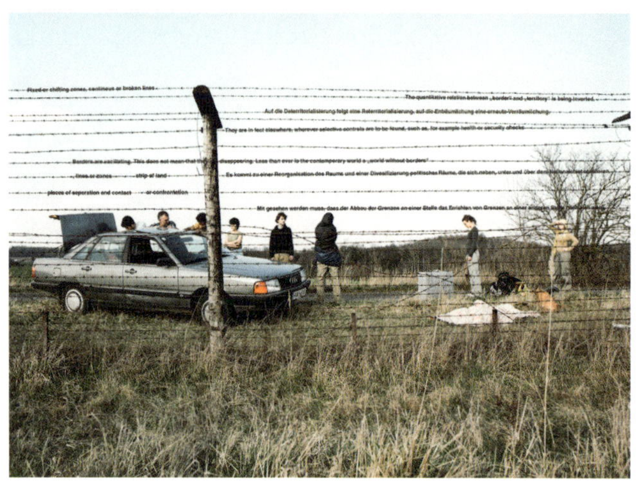

Display aus Formrohr, 4 × 63 m
Schriftzug „Wohin verschwinden die Grenzen? Kam mizí hranice?", Sperrholz
16 C-Prints auf Aluminium,
50 × 70 cm, 80 × 110 cm, 100 × 150 cm

Display made of shaped tubing, 4 × 63 m
Lettering "Wohin verschwinden die Grenzen? Kam mizí hranice?", plywood
16 C-prints on aluminum,
50 × 70 cm, 80 × 110 cm, 100 × 150 cm

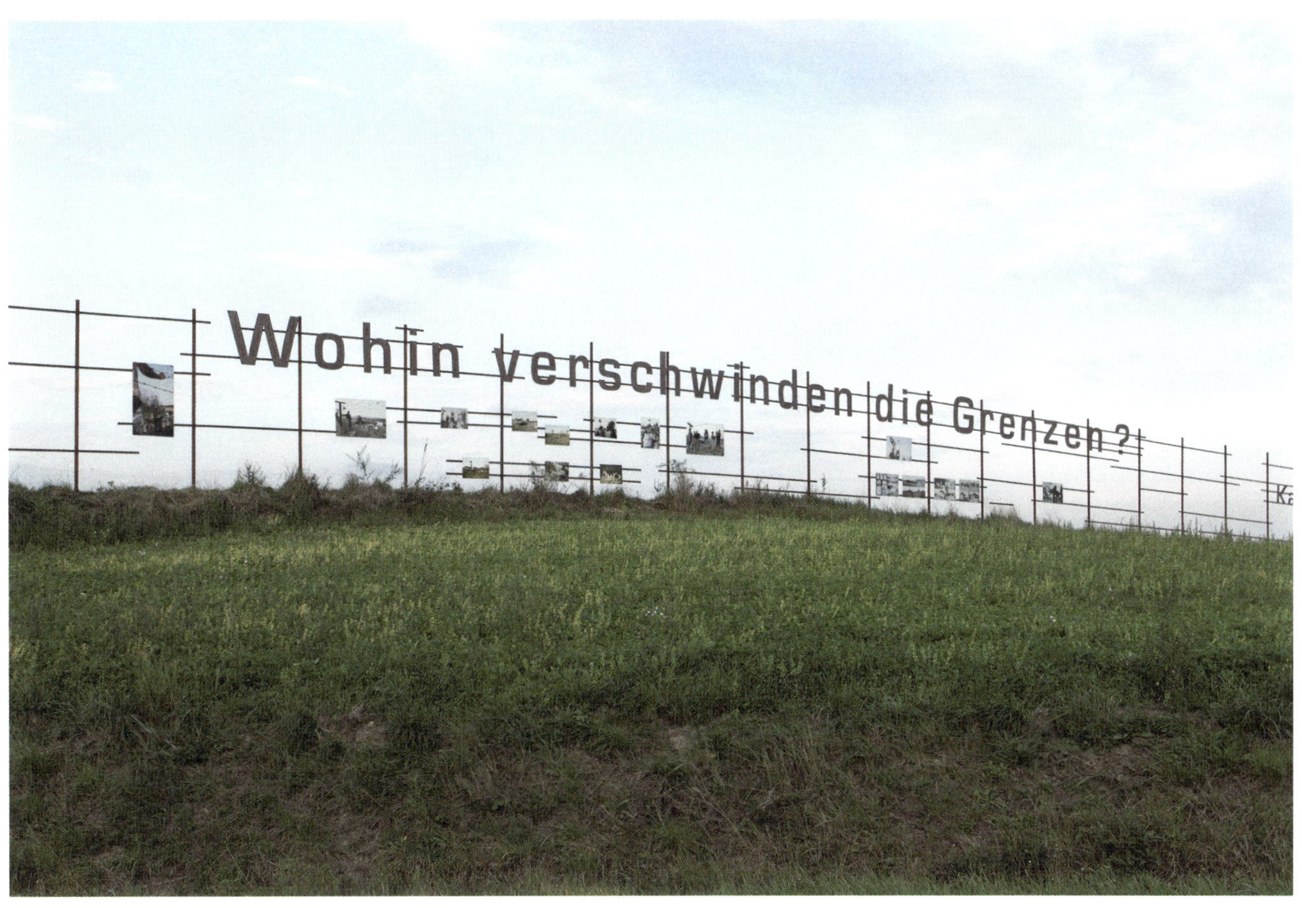
Wohin verschwinden die Grenzen?

Die Baubesprechung
Hainburg
2013

Der Entwurf für die künstlerische Gestaltung
der Kreisverkehrsinsel an der Donaubrücke bei
Hainburg wurde schon bei der ersten Baubesprechung vor Ort entwickelt. Diese generierte
sich selbst zum Vorbild einer Figurengruppe,
die in eine fiktiv-historische Baubesprechung
vertieft auf der Verkehrsinsel steht.
          Die Arbeit ist an eine his-
torische Schwarz-Weiß-Fotografie angelehnt,
auf der Andreas Maurer mit einer Gruppe
von Fachleuten den ersten Eckpfeiler für die
Donaubrücke in Hainburg bespricht. Die
realistischen Figuren wurden aus armiertem
Beton gegossen und bemalt. Die Alltäglich-
keit dieses besonderen Moments hebt ihn als
universal und zeitübergreifend hervor.

Pre-Construction Meeting
Hainburg
2013

The draft for the artistic interpretation of the
island of the roundabout at the Danube bridge
near Hainburg was developed at the very
first on-site pre-construction meeting, which
itself became the model for a figural group
that stands on the traffic island, absorbed in a
fictional-historical construction meeting.
          The work is inspired by
a historical black and white photograph, in
which Andreas Maurer is seen discussing the
first pier for the Danube bridge in Hainburg
with a group of experts. The realistic figures
were cast from reinforced concrete and painted. The ordinariness of this special moment
highlights its universal and time-transcending
character.

Iris Andraschek Hubert Lobnig

5 Figuren aus Acrystal Aqua und Beton, armiert,
gefasst, Höhe 165–190 cm, Durchmesser der
Gruppe 350 cm, Konstruktionsplan der Donaubrücke aus Edelstahl. Informationstafel.

5 figures made of Acrystal Aqua and reinforced
concrete, painted, 165–190 cm in height, group
diameter 350 cm, stainless steel construction
plan of the Danube bridge. Info panel.

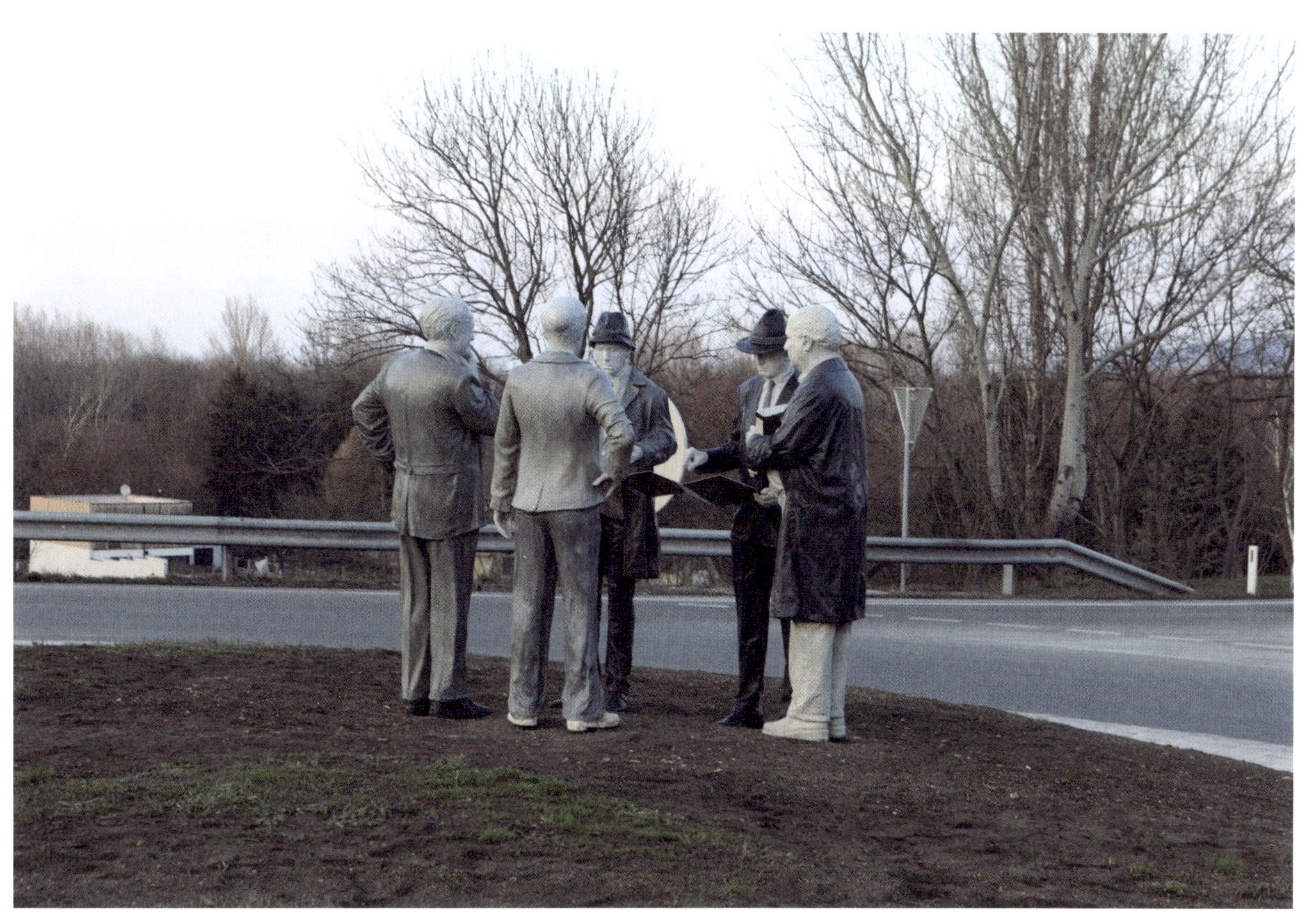

Turnertempel Erinnerungsort.
Suche nach einer
reflexiven Archäologie
Wien, 2011

Als zentrales Element ihrer Gestaltung des
Erinnerungsortes für den Turnertempel, der
in der Reichspogromnacht 1938 zerstört wurde, haben Iris Andraschek und Hubert Lobnig
gemeinsam mit Maria Auböck und János
Kárász ein Netz aus dunklen Beton-Balken
gewählt. Es symbolisiert in seiner abstrahier-
ten Form den eingestürzten, zerborstenen
Dachstuhl des Turnertempels nach dem Brand
und erschließt zugleich in seiner „graphi-
schen" Anmutung den Platz, gliedert die
Fläche, schafft Räume und dient als Möblie-
rung. Zwischen den Balken finden sich wie
archäologische Fundstücke Mosaikflecken im
Boden. Granatäpfel, Feigen, Oliven oder
Datteln sind erkennbar, Überreste eines Fest-
mahls, die zwischen tragischer Vergangenheit
und zuversichtlicher Gegenwart vermitteln.

Memory Site Turner Temple.
Searching for a
Reflexive Archaeology
Vienna, 2011

Iris Andraschek and Hubert Lobnig, together
with Maria Auböck and János Kárász, chose
a network of dark concrete beams as the central element for their interpretation of a memory
site for the Turner Temple that was destroyed
during Pogrom Night in 1938. In its abstracted
form, it symbolises the Turner Temple's collapsed, smashed roof truss after the blaze, and
simultaneously, in its 'graphic' appearance,
opens up the site, structures the area, creates
spaces and serves as furniture. Between the
beams, mosaic patches are on the surface, like
archaeological finds. Pomegranates, figs,
olives or dates can be made out, the remains
of a feast, mediating between a tragic past and
a hopeful future.

Anthrazitfarbene Betonbalken mit Holzma-
serung auf Splittbettung. Asymmetrisch
verzogene Stufen aus sandgestrahltem
Gussbeton. 4 Mosaikfragmente aus veneziani-
schen Smalten und hochgebrannter Keramik.
Informationstafel.

Anthracite-coloured wood-grained concrete
beams on crushed stone bedding. Asym-
metrically contorted steps made of sandblas-
ted cast concrete. 4 mosaic fragments made
of Venetian smalti and hard-fired ceramics.
Info panel.

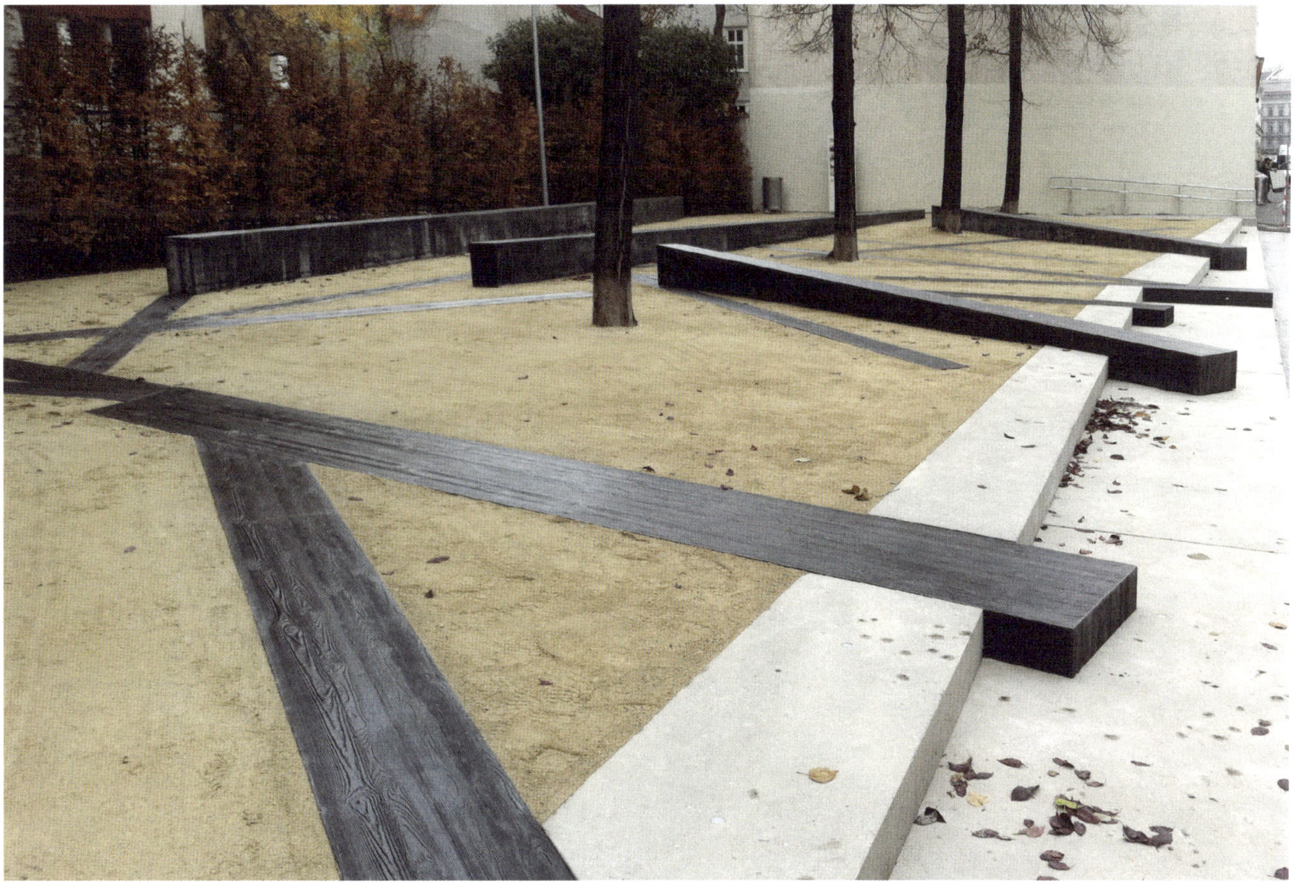

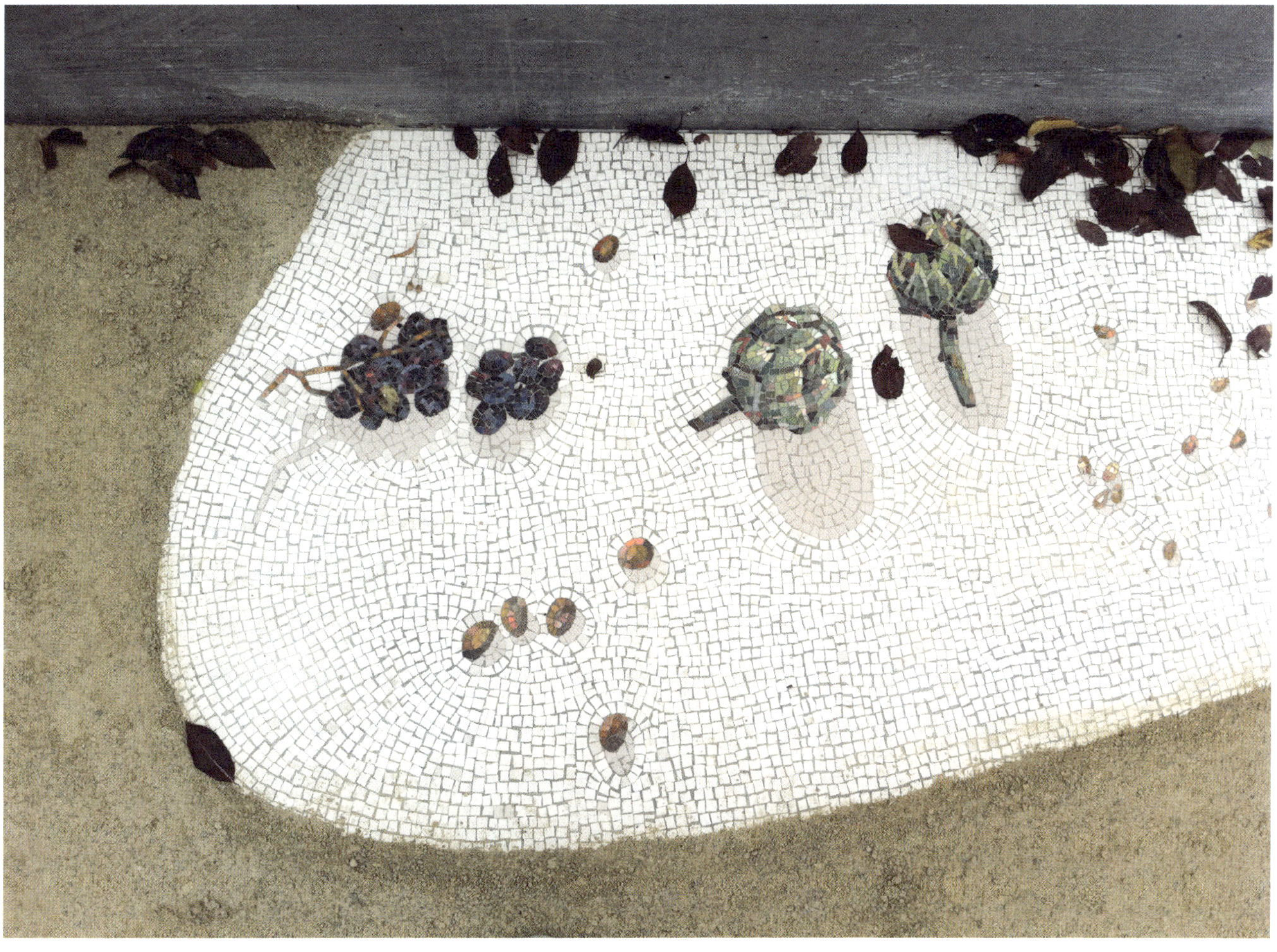

Life Between Buildings –
Lebensbaum und Kalaschnikow
Forum Campus Krems
2005

21 Teppiche aus unterschiedlichen Kulturen
der Welt wurden als Mosaik gefertigt, lose
über den Platz zwischen Altbau und Neubau
der Donau-Universität Krems verteilt und
bodeneben verlegt. Als Vorbild dienten orien-
talische Plätze und Märkte. Der Teppich ist
eine Metapher für akzeptierte kulturelle Transfers. Als Markierung und Orte der Begegnung, Objekt und Bild zugleich beeinflussen
die Mosaikteppiche den Aufenthalt und die
Bewegung der Menschen auf dem öffentlichen
Platz.

Life Between Buildings—
Tree of Life and Kalashnikov
Forum Campus Krems
2005

21 carpets from different cultures of the world
were crafted as mosaics, loosely distributed
across the square between the old and the new
building of Danube University Krems, and
laid flush with the ground. Oriental squares
and markets served as models. The carpet is
a metaphor for accepted cultural transfers.
Markers and meeting places, objects and
pictures at the same time, these mosaic rugs
influence the people's stay and movement in
the public square.

21 Mosaikteppiche, insgesamt 107 m²,
1,2 Millionen Mosaiksteine,
Opus Romano (venezianisches Emaille),
Format 12 × 12 mm, Stärke 6,5 mm

21 mosaic rugs, 107 m² overall,
1.2 million pieces in total,
Opus Romano (Venetian enamel),
format 12 × 12 mm, thickness 6.5 mm

Iris Andraschek Hubert Lobnig

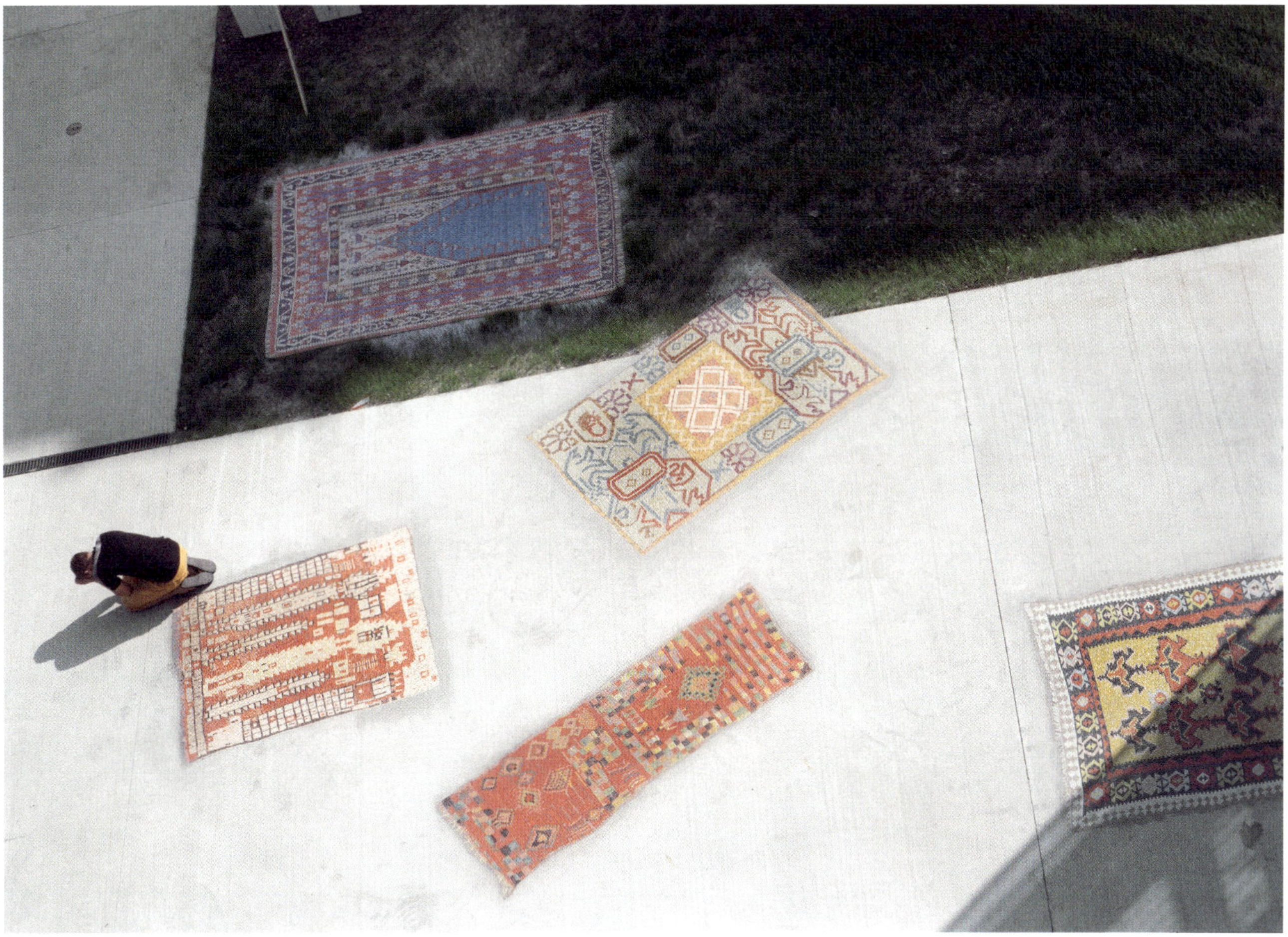

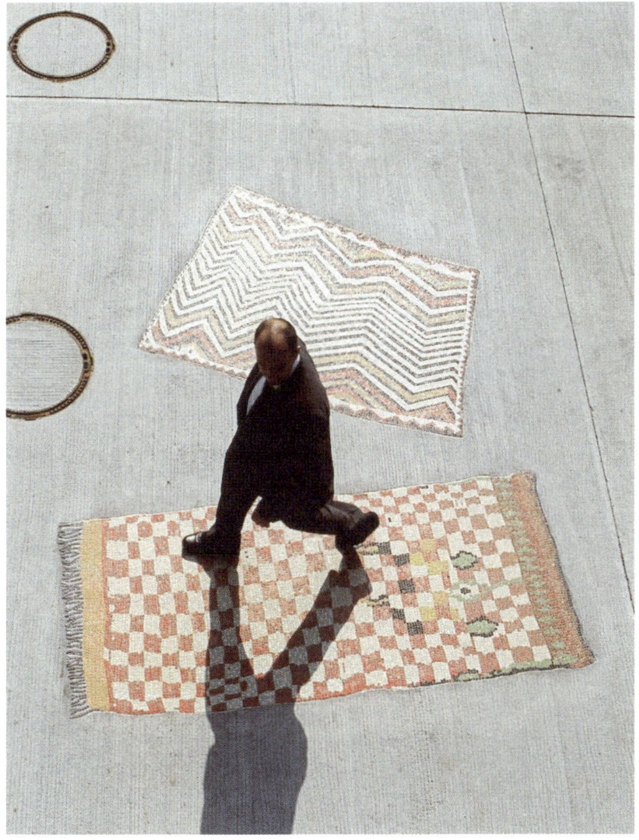

Leben am Hof
Festival der Regionen, Salnau
2005

Ein schlichter Kinoraum mit der vorgesetzten
Fassade eines für den Landstrich üblichen
Bauernhofes – der „potjomkische Bauernhof"
stand für die grundlegenden Veränderungen
im ländlichen Raum in Mitteleuropa.
Andraschek/Lobnig haben in ihren Recher-
chen in den benachbarten Gebieten in
Österreich, Tschechien und Deutschland
architektonische Strukturen sowie die sozialen
und wirtschaftlichen Umwälzungen und
ihre Auswirkungen auf die bäuerliche Arbeit,
das bäuerliche Leben und Zusammenleben
untersucht und miteinander verglichen. Dabei
entstand ein Film, der in erwähntem Kino
gezeigt wurde, und eine Fotoserie, die an
Außenwänden des Kinos und im eingerich-
teten Foyer zu sehen war.

Farming Life
Festival of Regions, Salnau
2005

A simple cinema space with the superimposed facade of a farmhouse typical for the
region—the 'Potemkin farm' represented the
fundamental changes in the rural areas of
Central Europe. In their research in neighbouring regions in Austria, Czechia and Germany,
Andraschek/Lobnig examined and compared
architectural structures and also the social
and economical changes and their impact on
the work, life and living together of farmers.
This resulted in a film that was shown in
above-mentioned cinema, and a photo series
that was displayed on the exterior walls of the
cinema and in the set-up foyer.

Kino-Container, 10 × 4 × 3 m,
Bemalte Scheinfassade, ca. 7 × 7 m, Fenster,
Blumentröge, Haustüre
Zwei Fotoinstallationen: „Subjektiv Normal"
und „Subjektiv Total"
„Leben am Hof", Video, 64 min
2 Großplakate, je 504 × 238 cm

Cinema container, 10 × 4 × 3 m,
Painted false facade, ca. 7 × 7 m, windows,
flower boxes, front door
2 photo installations: „Subjektiv Normal"
and „Subjektiv Total"
"Leben am Hof", video, 64 min
2 billboards, each 504 × 238 cm

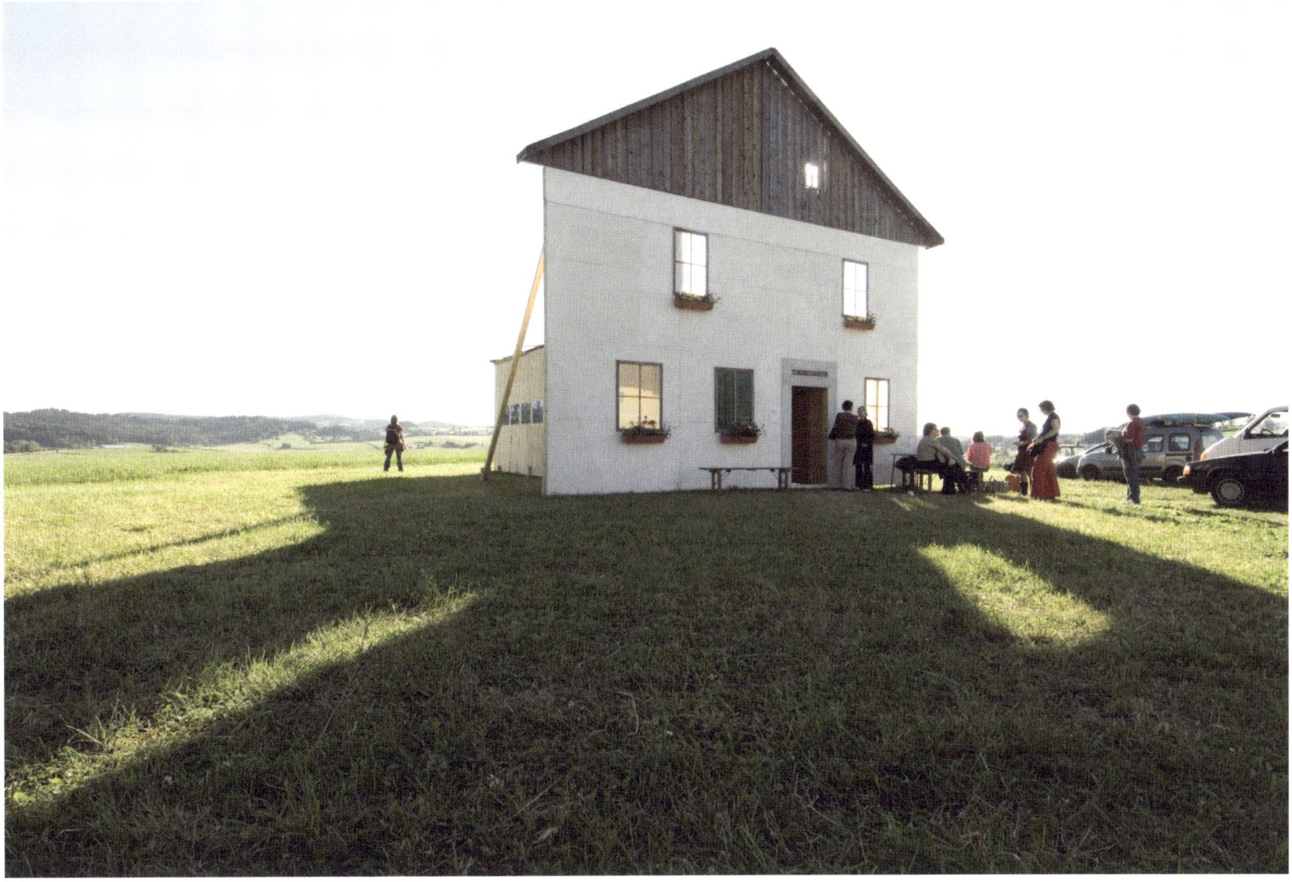

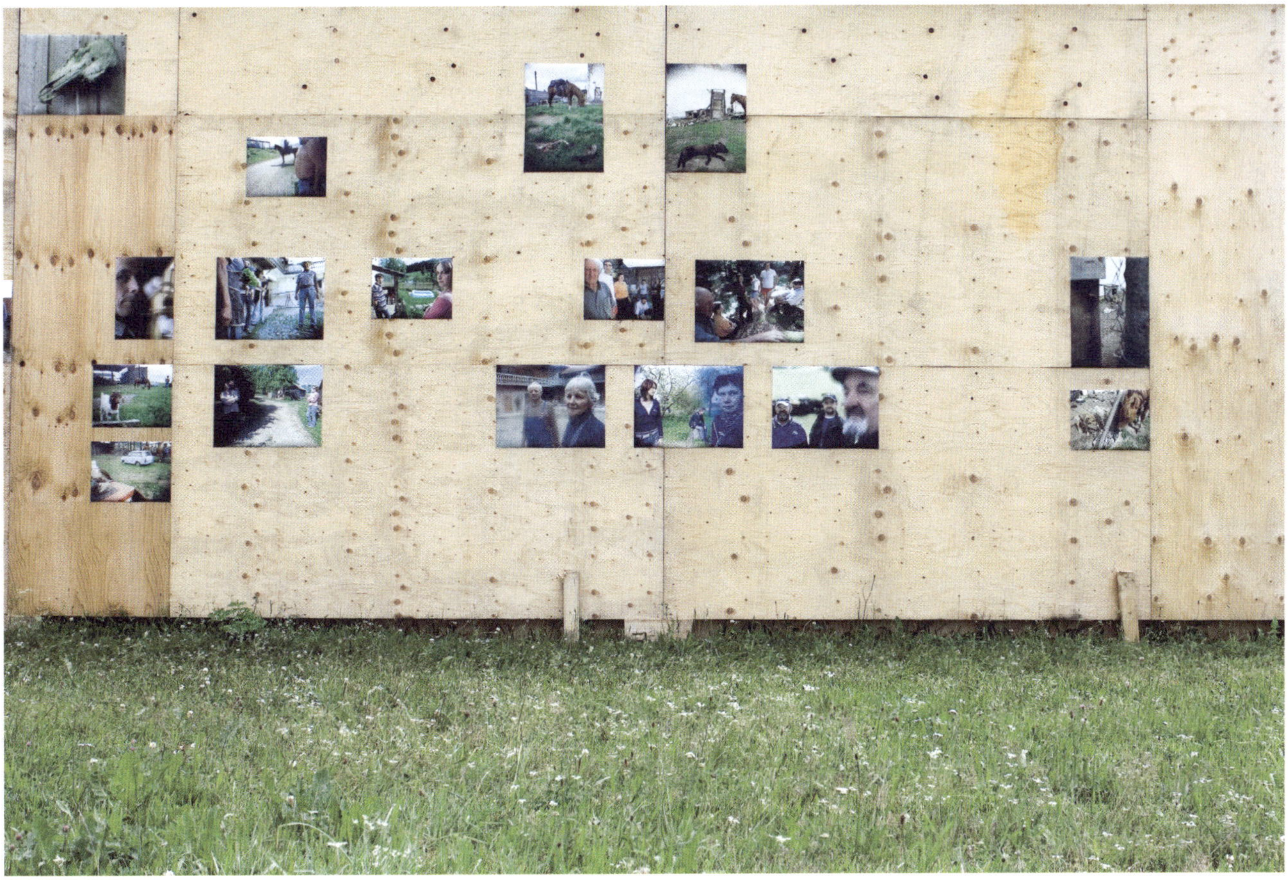

Tigerpark
Wien, 1998, 1999, 2000

Tigerpark war das erste gemeinsame Projekt
von Iris Andraschek und Hubert Lobnig im und
über den öffentlichen Raum.

In den Jahren 1998 bis
2000 bestimmte das Künstlerpaar den vor der
gemeinsamen Wohnung gelegen Tigerpark
zum Ort für künstlerische Interventionen,
Installationen und Begegnungen. An den Park
angrenzend betrieben sie einen kleinen offe-
nen Ausstellungsraum, in dem Projekte, die
im Zusammenhang mit *Tigerpark* entstanden,
oder Ergebnisse von Projekten und Prozessen
im Park gezeigt wurden, in dem eine Reihe
von Veranstaltungen stattfanden und der bei
schlechtem Wetter als Ausweichquartier und
Expansion des Parks genutzt werden konnte.
Durch die Tradition der zu jedem Letzten
des Monats gekochten und öffentlich ausge-
schenkten *Tigerparksuppe* konnten große
Teile der Nachbarschaft einbezogen werden.

Tigerpark
Vienna, 1998, 1999, 2000

Tigerpark was the first joint project of Iris
Andraschek and Hubert Lobnig in and about
public space.

Between 1998 and 2000,
the artist couple designated the Tigerpark
located next to their shared flat a site for artistic interventions, installations and encounters. Adjacent to the park, they ran a small
open exhibition space, where projects created
in connection with *Tigerpark* or results of
projects and processes at the park were presented, where a series of events took place,
and which could be used as a bad weather
backup location and extension of the park.
The tradition of cooking and publicly serving
the *Tigerpark soup* on every last day of the
month was helpful in getting large parts of the
neighbourhood involved.

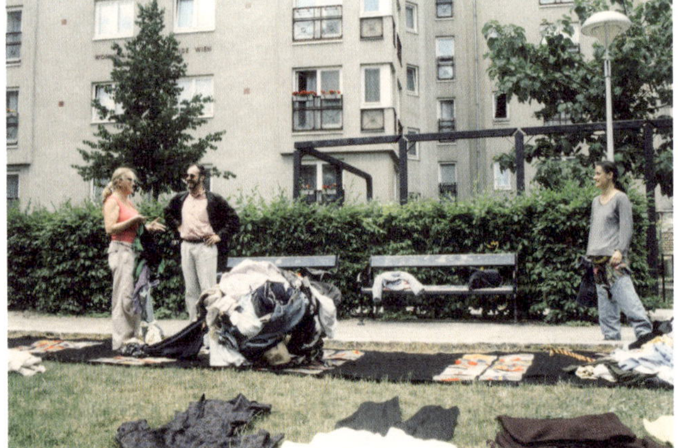

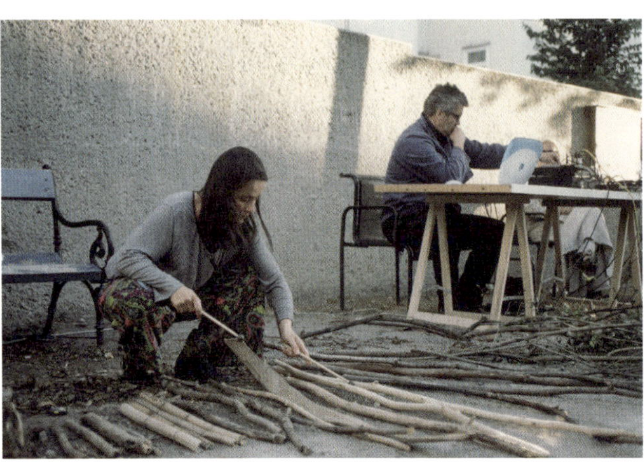

Veranstaltungen, Konzerte, Ausstellungen
im Tigerpark und im Tigerpark Projektraum,
Tigerparksuppe an jedem Letzten des Monats,
Schaukasten im Park, künstlerische Bespie-
lung der Vitrine des Salon Sinnvoll, Website:
www.tigerpark.at

Events, concerts, exhibitions in Tigerpark and
at Tigerpark Projektraum, *Tigerparksuppe*
on every last day of the month, display case in
the park, staging of art in the vitrine of Salon
Sinnvoll, website: www.tigerpark.at

Iris Andraschek Hubert Lobnig

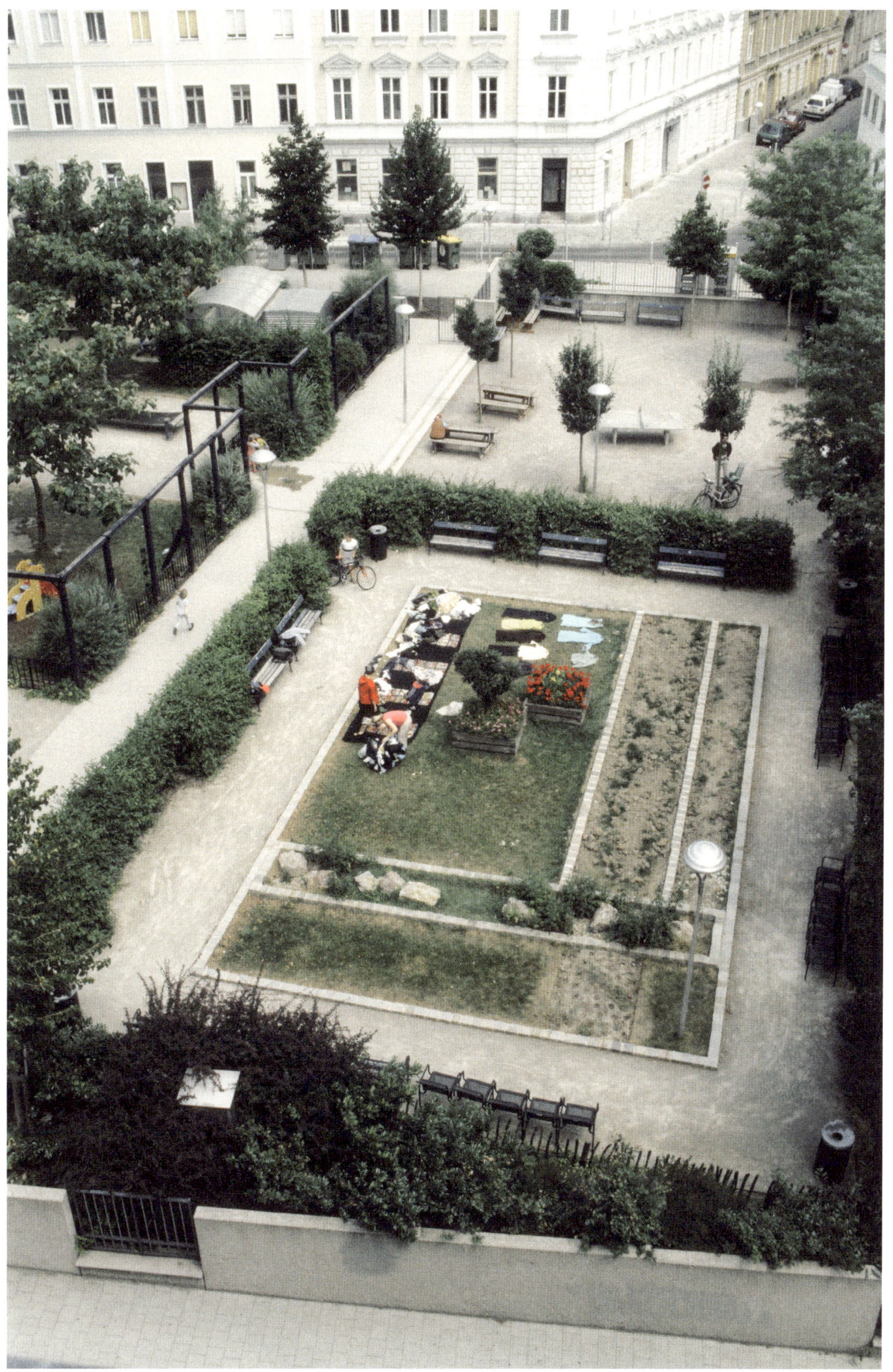

Through a glass,
darkly ...

Katrin Bucher-Trantow

Zwei handgefertige Pornohefte aus dem Jahr 1976: *Playboy I* und *Playboy II*. Die in Schönschrift von den beiden Freundinnen Iris und Caroline im Alter von 13 und 14 aus Zeitschriften zusammenmontierten Seiten nehmen Anleihen beim Jugendmagazin *Bravo*, Illustrierten wie *Welt der Frau* oder der *Bild*-Zeitung. Die auf Packpapier geklebte Collage ist ein kreatives Zeugnis der Fantasien, die das berühmt-berüchtigte Männermagazin mit den Hasenohren bei den beiden neugierigen Teens auslöst. Ebenso klug wie provokant und rotzig lustvoll, sind die beiden Hefte eine draufgängerische und genau beobachtete Mischung aus Schulaufsatz, Comic und *Jugend forscht*. Mit der Abbildung des „Sexgirls der Woche", redaktionellen Beiträgen aus der schulischen Sexualkunde, dem herausnehmbaren Pop-up-Puppenspiel um „Sexelina" und „Sexmolcho", dem Penis-Quiz, mit Werbung und Kummerseite haben die beiden Mädchen ihr gesammeltes Wissen über ein für Jugendliche tabuisiertes Thema als scharfsinniges Bilderbuch formuliert. Über 40 Jahre schlummerten die gebastelten „Schundheftchen" in den Laden von Iris Andraschek. Heute, wo Teenager sich mit ihrer sexuellen Neugier eher dem Netz als den gemeinsam gelesenen Kioskbroschüren zuwenden, sind sie zugleich ein Vexierbild aus vergangener Zeit, wie eine autobiografische Klammer. In der Ausstellung *Empfindliches Gleichgewicht*, in der einige Werkgruppen von Iris Andraschek parallel und im Dialog mit Arbeiten ihres Lebensgefährten Hubert Lobnig ausgestellt werden, lassen sie sich als konzeptueller Einstieg in Andrascheks bis heute gängige Praxis des Erforschens von Grauzonen unserer Gesellschaft lesen. Das eigene Erleben wie auch die Zusammenarbeit nehmen darin einen kategorialen Stellenwert ein. Auch die Techniken Fotografie, Zeichnung und Text, wie sie in den beiden Pornoheften dem von den Medien vermittelten Bild der Frau und ihrer Sexualität nachspüren, sind wesentlicher Teil ihrer künstlerischen Instrumentarien geblieben. Mithilfe der Fotografie, der Sprache und der Zeichnung widmet sie sich damals wie heute Stereotypisierungen der Gesellschaft und weicht sie etwa durch pointierte Fragmentierung und Sichtbarmachung von Autorschaft und Medium in ihren starren Formulierungen auf.

„Ränder und Übergangszonen inspirieren mich besonders"[1]

Das genaue und mutige Betrachten des Ungewohnten, das Andraschek mit der Neugier der Anthropologin vorantreibt, ist angestoßen von der Frage nach den Interferenzen von Bild, Vorstellung und Realität. Konsequent positioniert sie sich dabei selbst als Relation, als Filter und Spiegel und scheut sich nicht, auch bedingungslos persönlich zu agieren. Seit Ende der 1990er-Jahre schafft die Künstlerin fotografische und filmische Porträts von Menschen, die ihre Existenz außerhalb einer allgemein

Two handmade porn magazines from the year 1976: *Playboy I* and *Playboy II*. The neatly handwritten pages, montages created from periodicals by the two girlfriends Iris and Caroline aged 13 and 14, borrow from the youth mag *Bravo*, glossies like *Welt der Frau* or the tabloid *Bild*. Glued on packing paper, the collage is a creative testament to the fantasies triggered in these two curious teens by the infamous men's magazine with its bunny ears. Smart, provocative and with cheeky relish all in one, the two magazines are a daring and precisely observed mixture of school essay, comic book and youth science contest. With the "Sexgirl der Woche" (Sex Girl of the Week) illustration, editorial articles derived from sex education at school, the removable pop-up puppet show around "Sexelina" and "Sexmolcho", with the penis quiz, advertisements and an agony column, the two girls had formulated their accumulated knowledge of a subject considered a taboo for youths into a sharp-witted picture book. For more than 40 years these home-made 'smut mags' have lurked in Iris Andraschek's drawers. Today, as teenagers turn their sexual curiosity rather to the web than to newsstand brochures they used to read together, they have also become a picture puzzle from the past, like an autobiographical bookend. In the context of the exhibition *Delicate Balance,* where several groups of works by Iris Andraschek are presented in parallel and in a dialogue with works of her domestic partner Hubert Lobnig, they can be interpreted as a conceptual entrance into Andraschek's still ongoing practice of exploring grey areas of our society. Of categorial significance in it is one's own experience, as is collaboration. The techniques of photography, drawing and text, which in the case of the two porn mags investigate the image of the woman and of her sexuality as portrayed by the media, have also remained substantial components of her artistic set of tools. Then as now, she employs photography, language and drawing to address stereotyping in society, undermining it, for instance, by pointedly fragmenting and making visible authorship and medium in their rigid formulations.

"I'm especially inspired by borders and transitional zones."[1]

The precise and courageous observation of the unfamiliar, which Andraschek pursues with the inquisitiveness of an anthropologist, is driven by the question about the interferences between image, imagination and reality. Herself, she consistently assumes the position of the relation, of the filter and mirror, and does not shy away from also taking action in an unconditionally personal manner. Since the end of the 1990s, the artist has been making photographic and filmic portraits of people who root their existence outside a convention understood as general. In her projects that are sometimes participatory, Andraschek deals with the way out,

verstandenen Norm verankern. Andraschek beschäftigt sich in ihren mitunter partizipativen Projekten mit dem Ausweg und den existenziellen Alternativen als solchen. Die Arbeiten, die auch die Zeichnung und die Installation einbeziehen, richten den Blick oft auf Frauen in ihrem Tun – in ihrem Wirken und Schaffen. Nicht zufällig sind auch Andrascheks Katalogtexte häufig von Autor*innen* geschrieben: Unaufdringlich, dafür unablässig äußert sich auch darin ein feministischer Ansatz, das Gemeinsame zu fördern und sich gegenseitig zu sehen.

Als ich diesen Text zu schreiben beginne, lauten die beiden Arbeitstitel der Ausstellung, die der Text begleiten soll, *„Empfindliches Gleichgewicht"* und *„Fragile Territorien"*. Zum einen kann man darin Anspielungen auf die beiden künstlerischen Positionen ablesen, die sich hier gegenübertreten; zum anderen beziehen sie sich auf das Thema der Grenze bzw. der geografischen und sozialen Ordnungen, die im jeweiligen Schaffen als wesentliches Untersuchungsfeld dienen; zuletzt lassen sich die Titel aber auch in Hinsicht auf die Auseinandersetzung zwischen körperlicher und seelischer Erfahrung lesen: „Mich interessiert dieser andere Blick, wie andere Leben funktionieren, wie bestimmte Dinge laufen und welche Motive ihnen zu Grunde liegen. Direkte Begegnungen vor Ort sind zentral."[2]

Barbara Steiner beschreibt Andrascheks Praxis mit Jean Luc Nancys Prinzip des *être-en-commun,* das die Einzelne, den Einzelnen erst im Zustand der Beziehung zur Gemeinschaft definiert.[3] Rekurrierend auf Vorstellungen von ursprünglichen Gemeinschaften, erstellt sie intime Porträts, die den Menschen in seiner oft ländlichen Lebensumgebung zeigen und von einer durchdringenden Körperlichkeit geprägt sind. Mit einer *Passion for the Real*[4] forscht sie nach den Mustern, die unseren Blick konstruieren, und überprüft dabei Konzepte von Normalität, Unbefangenheit und Natürlichkeit.

„Wollen sie sich so abbilden lassen?", fragen die beiden Teenager 1976 durchaus kritisch in einem Beitrag auf der „letzten Seite" des *Playboy I* und beziehen sich dabei auf den damals breit verehrten Fotografen David Hamilton. Heute wegen kinderpornografischer Aspekte seines Werks heftig umstritten, steht sein Name für eine erotische Fotografie einer Weichzeichner-geschönten Jugend. In einer Zeit des Rufes nach freier Liebe sind seine Bilder unberührter, halbentblößter nordischer Kindfrauen in unzähligen Fotobänden verewigt. Sein phänomenaler Medienerfolg führte zu Filmen wie *Bilitis* (1977) und *Zärtliche Cousinen* (1980) und erreichte via Staatsfernsehen ein Millionenpublikum. Damit prägten seine Bilder nicht nur die Geschichte der Fotografie, sondern auch die Gesellschaftsfähigkeit und die gleichzeitige Objektivierung von jugendlicher Sexualität. Heute wirken seine Bilder wie verhängnisvoll romantisierte Wunschvorstellungen

Katrin Bucher-Trantow

and existential alternatives as such. Drawing and installation are also integrated into these works that often direct their attention at women and what they do—their work and creativity. It is no coincidence that Andraschek's catalogue texts are frequently written by *female* authors: this constitutes another unobtrusive yet unrelenting manifestation of a feminist approach that promotes the things in common and looks at one another.

As I begin to write this text, the two working titles of the exhibition it shall accompany are "*Delicate Balance*" and "*Fragile Territories*". On the one hand we feel allusions to the two artistic positions that face each other. On the other, the titles refer to the subject of the border, or the geographical and social orders that have served as a major area of investigation in their respective oeuvres. Then again, the titles can also be understood with regard to the conflict between physical and mental experience: "But I am interested in this other view, how other peoples' lives work or don't work, how certain things develop and what motives lie behind them. These direct, on-site confrontations are central."[2]

Barbara Steiner describes Andraschek's practice with Jean Luc Nancy's principle of *Being-In-Common*, which defines individuals only when in the state of a relationship with a community.[3] Referring back to notions of primal communities, she creates intimate portraits. These show the individual in their frequently rural living environment and are marked by an imbuing physicality. With a *Passion for the Real,*[4] she searches after the patterns that structure our view, scrutinising concepts of normality, impartiality and authenticity in the process.

"Do you want to be pictured like that?" is what the two teenagers ask in a quite critical manner back in 1976, in an article on the "last page" of *Playboy I*, in reference to David Hamilton, a widely revered photographer at the time. Highly controversial today because of the aspects of child pornography seen in his work, his name stands for an erotic photography of youth beautified in soft focus. In a time when people were advocating free love, his pictures of untouched, semi-nude Nordic nymphets were immortalised in countless volumes of photographs. His phenomenal media success led to films like *Bilitis* (1977) and *Tender Cousins* (1980), reaching an audience of millions via state-run TV. His pictures thus not only shaped the history of photography, but also the social acceptance and, simultaneously, the objectification of adolescent sexuality. Today his pictures come across as the fatally romanticised wishful thinking of older men. Nourished by centuries of art, literature and mythology, they are devoted to the quest for the primal, pure, and natural. Both the descriptions by the explorers and Gauguin's young island beauties are marked by these conceptions of the idealised *noble savage*, rediscovered since Rousseau, who gives civilised populations back their naturalness.[5]

älterer Männer. Seit Jahrhunderten genährt durch die Kunst, die Literatur und die Mythologie, widmen sie sich der Suche nach dem Ursprünglichen, Reinen und Natürlichen. Seit Rousseau wiederentdeckt, sind die idealisierten *Edlen Wilden*, die den zivilisierten Bevölkerungen ihre Natürlichkeit zurückgeben, in den Beschreibungen der Entdecker ebenso von diesen Vorstellungen geprägt wie in Gauguins jungen Inselschönheiten.[5]

Andraschek verfolgt in der Ausstellung in Klagenfurt die eigene Geschichte ganz konsequent und begibt sich auf die Suche nach den künstlerischen Einflüssen: In der dialogischen Ausstellung mit Hubert Lobnig werden einerseits Themen aufgespannt, die man gemeinsam bearbeitet, und so wird etwa evident, dass in der Partnerschaft Rollenteilungen für aufwendige Aufträge im öffentlichen Raum produktive Ergänzung sein können. Andererseits zeichnen die *Playboys* ein Bild der jungen Andraschek vor, das in den von ihr nachbearbeiteten Filmen des kürzlich verstorbenen Vaters weiterentwickelt wird. Zum einen ist da der Film *Der du bist …*, 1980, den der ehemalige Profifotograf und Hobbyfilmer Widmar Andraschek Ende der Siebzigerjahre auf Super-8-Film gedreht und geschnitten hatte. Die Tochter Iris, damals ungefähr 17 Jahre alt, bewegt sich, in ein weißes Kleidchen gehüllt, durch eine von Land Art inspirierte metaphorische Landschaft. Anfangs erinnert das Set an das Paradies. Schnell geschnittene Kamera und experimentelle Musik begleiten das schöne Mädchen vom Zeitpunkt ihres ersten Erwachens in unberührter Natur. Dann aber folgt eine immer hektischer werdende Flucht vor den Zugriffen fremder männlicher Hände, die in trauriger Selbsterkenntnis im zerbrochenen Spiegel endet. Auch im zweiten Film *High-Speed* flieht eine mit der Natur in Einklang stehende, erotische junge Frau vor einer männlichen, beschleunigten und maschinellen Welt. Beide Filme weisen deutliche Bezüge zu Vorstellungen des Weiblichen als das Prinzip des Mütterlichen und Erdverbundenen auf. Von griechischer Mythologie bis zu David Hamiltons Ästhetik weisen sie Parallelen eines Naturverständnisses auf, das der Frau als Muse und Modell Eigenschaften des Ursprünglichen, Unberührten und Reinen zuerkennt. Andrascheks 2009 entstandene Arbeit *Der Muse reichts* (die übrigens von ihrem Vater filmisch dokumentiert wird) könnte quasi als Antwort auf das Rollenverständnis der vorhergehenden Generation gelten. Wesentlicher aber scheint die Verbindung von Mythologie, Religion und Ritual, die in den beiden Filmen als szenische Bilder auftauchen und über das fehlerhafte analoge Medium Film die Frage nach dem Menschenbild zwischen Natur und technischer Entwicklung aufrollen.

Mit *30 Reasons a Girl Should Call It a Night* (2011) erstellt Andraschek fast 40 Jahre nach den *Playboys* eine Arbeit, die einer nächsten Generation des Abbilds jugendlicher Sexualität nachgeht. Der Posterfächer, den Andraschek aus

In the Klagenfurt exhibition, Andraschek is a very persistent tracer of her own history, going on a quest for her artistic influences. On the one hand, the dialogical show with Hubert Lobnig expands on subjects they work on together, making evident, for instance, that in a partnership, the division of roles can be a productive addition to the more extensive assignments in public space. The *Playboys*, on the other, sketch the picture of a young Andraschek that is advanced in the post-edited films of her recently deceased father. The first movie is *Der du bist …* (1980), shot and edited by the former professional photographer and amateur filmmaker Widmar Andraschek on Super 8 at the end of the 1970s. His daughter Iris, aged about 17 at the time, is dressed in a little white dress and moves through a metaphorical landscape inspired by land art. At first the set resembles paradise. A fast-paced montage and experimental music accompany the beautiful girl from the moment she first awakes amid untouched nature. What follows then, however, is an ever more frantic escape from the grasp of strange male hands that ends with sad self-awareness in a broken mirror. The second one, *High-Speed*, also features a sensual young woman in sync with nature fleeing from a male, accelerated and mechanical world. Both films contain clear references to the perception of womanhood as the concept of motherliness and closeness to nature. From Greek mythology to the aesthetic of David Hamilton, they exhibit parallels in an understanding of nature, which assign the woman as a muse and model the attributes of being primordial, untouched and pure. Andraschek's work from 2009, *Der Muse reichts* (The Muse Has Had It; documented on film, by the way, by her father), may be considered an answer to the prior generation's understanding of roles. What seems to be yet more significant is the conjunction of mythology, religion and ritual, which appear in the two films as scenic images and, through the imperfect, analogue medium of film, raise the issue of the conception of man between nature and technological progress.

With *30 Reasons a Girl Should Call It a Night* (2011), Andraschek has created a piece that, almost 40 years after the *Playboys*, explores a next generation in the image of adolescent sexuality. The multi-panel poster display, which Andraschek put together from images she had found on the web, uses pictures of youths under the influence of alcohol and drugs and deals with a phenomenon characteristic for the Facebook generation. What initially used to be a 'public' forum where young women and girls would deliberately post provocative photos of themselves garnered the attention of millions. It celebrated the display of angered and aggressive sexuality. Pictures of young women, vomiting, unconscious, with obscene phrases and images scribbled on them, are disturbingly reminiscent of rape victims. Going beyond a timid and 'pure' feminine eroticism, they are intended to be a provocation. They pointedly raise

im Netz gefundenen Aufnahmen von Jugendlichen unter dem Einfluss von Alkohol und Drogen zusammenstellt, widmet sich einem typischen Phänomen der Generation Facebook. Ursprünglich ein „öffentliches" Forum, in dem junge Frauen und Mädchen bewusst provokative Bilder von sich posteten, sorgte es millionenfach für Aufmerksamkeit. Eine Schau gereizter und aggressiver Sexualität wurde dabei zelebriert. Bilder von kotzenden, ohnmächtigen, mit obszönen Sprüchen und Bildern bezeichneten jungen Frauen, erinnern verstörend an Vergewaltigungsopfer. Jenseits einer schüchternen und „reinen" femininen Erotik, sind sie provozierend gemeint. Pointiert stellen sie die Frage nach der Freiwilligkeit und Kontrolle über den eigenen Körper. Der Umstand, dass die Betrachter/innen in der Ausstellung körperlich an die Bilder im Fächer herantreten müssen, legt den Fokus auf den Akt des Darbietens und Konsumierens. Ebenso fetischisiert wie verletzlich, verweist Andrascheks Sammlung auf ein grundsätzliches Problem des voyeuristischen Blicks. Gerade im Netz und in dessen unendlicher Vervielfachung führt er zum endgültigen Verlust des Gegenübers sowie der Kontrolle über das eigene Bild. Barbara Steiner spricht von destruktiven Gemeinschaften, deren Aus- und Einschlussmechanismen neue Rituale generieren.[6] In *30 Reasons a Girl Should Call It a Night* schreiben sich diese direkt in die Haut der Dargestellten ein. Absichtlicher Dermographismus nennt sich dieser neue Kult, der wie ein rituelles Tattoo von der Mutprobe erzählt, der man sich unterzogen hat. Eine verwandte Form des „Bezeichnens" bzw. Überschreibens findet in Andrascheks Filmmaterial selbst statt. In *Chongqing* und *Sekundäre Wildnis* (beide 2017) bearbeitet sie die Bilder von umgesiedelten Bauern und ihren alternativen Gärten in der chinesischen Millionenmetropole und von Biobauern in Österreich auf zweierlei Ebenen: Ihre Aufnahmen sind Bildkompositionen, die sich an Traditionen der dokumentarischen Fotografiegeschichte abarbeiten, sich an Traditionen der Sachlichkeit orientieren und eine Verwandtschaft etwa mit österreichischen Positionen wie Manfred Willmann eröffnen. Durch ungewöhnliche Bildrealitäten und Eingriffe am Material und im Prozess selbst werden sie dann aber aufs Subtilste verfremdet.

„Die Spuren auf meinen Fotos sind immer mit Absicht herbeigeführt. Ich arbeite schon immer mit selbstgebauten Filtern und Linsen, alten Brillengläsern, deren Dioptriestärke das Foto beeinflusst. Bei den analogen Fotografien zum Beispiel ist das, was auf dem Positiv zu sehen ist, auch am Negativ. Es gibt also keine digitale Nachbearbeitung. Manchmal ist es auch wie zeichnen oder malen (und ich beeinflusse das Bild, indem) ich oft etwa Farbe auf die Optik schmiere."[7] Wenn sie zerkratzte Linsen, Farbfilter oder andere analoge Mittel einsetzt, um „reale Spuren" ins Bild aufzunehmen, betont Andraschek die Spuren und Risse des bildgebenden Prozesses. Sie folgt in ihren Arbeiten

the question of voluntariness and of the control over one's own body. The fact that visitors at the exhibition, in order to see the pictures in the panel display, have to physically step closer puts the emphasis on the act of presentation and consumption. As fetishised as they are vulnerable, Andraschek's collection points to a fundamental problem of the voyeuristic gaze. Particularly on the internet and in its infinite multiplication, it leads to the irrevocable loss of the vis-à-vis and of the control over one›s own image. Barbara Steiner writes of communities with a destructive "esprit de corps", whose mechanisms of in- and exclusion initiate new rituals.[6] In *30 Reasons a Girl Should Call It a Night*, these inscribe themselves directly into the skin of those portrayed. Intentional dermatographism is the name of this new trend that, just like a ritual tattoo, tells of a test of courage one has undergone. A related form of overwriting or 'signing' takes place in Andraschek's own film material. For *Chongqing* and *Sekundäre Wildnis* (Secondary Wilderness; both from 2017) she works on two levels: on the one hand, the images of relocated farmers and their alternative gardens in the Chinese megapolis and of organic farmers in Austria are visual compositions that work off the historic traditions of documentary photography. Following the traditions of Objectivity, they display an affinity with Austrian positions, e.g. Manfred Willmann. On the other hand, she utilises unusual pictorial realities and by intervening into the material and the process itself, they seem alienated in most subtle ways.

"These traces in my photos are always deliberately caused. I have always been working with self-made filters and lenses, old eyeglass lenses, the diopter strength of which has an effect on the photo. In the case of the analogue photographs, for instance, what can be seen in the positive image is also in the negative. There is no digital post-processing. Sometimes it also resembles drawing or painting (with me influencing the picture) by smudging paint on the lens."[7] By using scratched lenses, colour filters, or other analogue tools in order to incorporate "real traces" into the picture, Andraschek emphasises the traces and cracks of the imaging process. On a formal level, but also on the levels of reality and content, her works therefore track down the residues of history. Even forgotten and repressed ones.[8]

In a recent group of works dealing with the art object and the significance of collecting as much as of forgetting and repressing, Andraschek reacts specifically and concretely to the museum space. In the new installation *Vorbesitz keine Angabe Verbleib nach 1945 fehlt* (Previous Owner Not Specified Whereabouts after 1945 Unknown), she refers to the collection on site, picking an object that she interprets and sounds out with her drawings. *I am/mein Mund, meine Zunge,* meine Zunge (I am/my mouth, my tongue; 2018), in which Andraschek interprets a sculpture from the collection

Katrin Bucher-Trantow

somit formal, aber auch real und inhaltlich den Ablagerungen der Geschichte. Auch den vergessenen und verdrängten.[8]

Konkret auf den musealen Ort reagiert Andraschek in einer letzten Gruppe von Arbeiten, die sich dem Kunstobjekt und der Bedeutung des Sammelns, aber auch des Vergessens und Verdrängens widmen. In der neuen Installation *Vorbesitz keine Angabe Verbleib nach 1945 fehlt* nimmt sie Bezug auf die lokale Sammlung und wählt ein Objekt aus, das sie mit ihren Zeichnungen interpretiert und befragt. Ganz ähnlich funktioniert die Arbeit *I am / mein Mund, meine Zunge* (2018), in der Andraschek eine Skulptur aus der Sammlung der Alten Galerie des Joanneums interpretiert. Die Zeichnung, die Andraschek unter die Schutzmantelmadonna aus dem 14. Jahrhundert legt, entstand während einer Reihe von Zeichennachmittagen mit Frauen der Notschlafstelle der Caritas in Graz, einem Ort des Schutzes. Andraschek übersetzt die persönlichen Erzählungen und nutzt dabei die „utopische Dimension der Zeichnung",[9] um die im Zuge von Gesprächen mit geflüchteten Frauen auf dem Papier aufgezeichneten und niedergeschriebenen Notizen in eine eigene Zeichnung zu übersetzen, die fragmentiert, fokussiert und assoziativ verbindet: Über einem zusammengezimmerten Gestell aus Altholz legt sich die Grafitzeichnung auf Transparentpapier. Das Ganze fungiert als Sockel für eine Madonnenskulptur (1350/60) aus der Sammlung der Alten Galerie. In einer großen Komposition, deren Abschluss zwei hölzerne Fußmodelle bilden, baut Andraschek ein verletzliches und gleichzeitig hoffnungsvolles Werk über die Fragilität des Seins. *I am / mein Mund, meine Zunge* macht Teile der persönlichen Erlebnisse in der Zeichnung und als Text sichtbar und kollektiv erfahrbar. Eindrücklich bezeugen etwa die von der Originalzeichnung kopierten bedrohlich dunklen Tannen und die einsame Gestalt dazwischen die schlimmsten 14 Tage einer Frau auf der Flucht. Sie verbinden sich formal und inhaltlich mit dem afghanischen Hochzeitscollier darunter ebenso wie mit den ornamentalen Gesichtern der Schutzsuchenden unter Marias Mantel. Für die Ausstellung *Glaube Liebe Hoffnung* im Kunsthaus Graz entstanden, widmet sich Andrascheks Arbeit hier der Barmherzigkeit, einer weiteren stereotyp femininen Eigenschaft. Jenseits einer simplen Bestätigung oder Verneinung schafft es Andraschek, die Notwendigkeit von Empathie für das Leid anderer herauszuschälen, die jenseits des Geschlechts, aber auch jenseits der Nationalität das Bedürfnis nach Schutz als etwas primär Menschliches erfahren lässt.

Ebenso museumsanalytisch zu lesen ist ein museales Schubladenelement voller Nachbildungen von aus Syrien geraubten Mosaiken, die Andraschek der Zeichnung des sogenannten „Polenteppich" gegenüberstellt. Diesen persischen Teppich, der seit den Nachkriegswirren als verschollen gilt, hatte Göring wie so viele andere Schätze

of the Joanneum museum's Alte Galerie, operates in a quite similar way. The drawing that Andraschek places underneath the 14th century Virgin of Mercy is the result of a series of drawing afternoons with women from the Caritas emergency shelter in Graz, a place of protection. Andraschek translates the personal tales, using the "utopian dimension" of drawing.[9] She transfers the notes she had sketched and written down on paper during her conversations with displaced women, into a drawing of its own that fragments, focuses and creates associative connections: the pencil drawing is applied on transparent paper, over a frame made out of old wood. The ensemble functions as a pedestal for a Madonna sculpture (1350/60) from the collection of the Alte Galerie. In a grand composition that is rounded off by two wooden foot models, Andraschek constructs a vulnerable yet simultaneously hopeful piece on the fragility of being. *I am / mein Mund, meine Zunge* works as a physical as much as an intellectual confrontation. As narrative drawing and expressive sculpture, it makes parts of highly personal experiences visible and collectively experienceable. The ominously dark fir trees and the lone figure in between that have been copied off the original drawing, for example, bear impressive witness to a woman's worst 14 days on the run. Formally and as regards content, they connect to the Afghan wed-ding necklace underneath as well as to the ornamental faces of those seeking protection under the Virgin's cloak. Created for the exhibition *Faith Love Hope* at Kunsthaus Graz, Andraschek's work here deals with compassion, another stereotypically feminine quality. Going beyond a simple confirmation or rejection, Andraschek manages to make evident the necessity of empathy for other people's suffering, causing the need for protection to be perceived, beyond gender, but also beyond nationality, as something primarily human.

Another piece that has to be interpreted as an analysis of the museum is a museum drawer filled with replicas of mosaics looted from Syria, which Andraschek juxtaposes with a drawing of the so-called 'Polenteppich' (Polish Carpet). This Persian rug, which has been presumed lost since the post-war turmoils, was one among so many other treasures Göring had confiscated, traded in for Jewish property, or simply robbed for his collection during World War II. In the archives of the German Historical Museum, the whereabouts of the carpet, which got the name 'Polenteppich' from Göring's archives, are still registered as unknown since 1945.

The three-part video installation *Sapun Ghar* also documents an old tradition that is threatened with extinction by the chaos of war: the archaic production of the centuries-old Aleppo soap. Having discovered it on a trip to Istanbul as a soap hailing from the already destroyed bazaar of Aleppo, today Andraschek imports the soap from the Syrian-Turkish border area near the town of Gaziantep

während des Zweiten Weltkrieges für seine Sammlung enteignet, gegen jüdischen Besitz eingetauscht oder schlicht geraubt. In den Archiven des Deutschen Historischen Museums gilt der Teppich, der die Bezeichnung „Polenteppich" in den Archiven Görings bekam, seit 1945 nach wie vor als verschollen.

Auch die dreiteilige Videoinstallation *Sapun Ghar* dokumentiert eine alte Tradition, die in Gefahr ist, durch Kriegswirren zu verschwinden: die archaische Herstellung der jahrhundertealten Aleppoeseife. Auf einer Reise nach Istanbul vor einigen Jahren als Seife aus dem bereits zerstörten Bazar von Aleppo entdeckt, importiert Andraschek die Seife heute aus dem syrisch-türkischen Grenzgebiet nahe der Stadt Gaziantep, wohin sich die syrischen Seifensiederfamilien seit 2012 zurückgezogen – und ihre Produktion wieder aufgenommen – haben. Dort, wo klimatische Voraussetzungen und das Vorkommen von Lorbeer und Oliven das Weiterführen der Seifenerzeugung ermöglichen, wird diese jahrhundertealte Herstellungtradition nach der Flucht weitergeführt und als identitätsstiftendes Kulturgut im Exil erhalten. In einer Installation aus mehreren Hundert mild duftenden Seifenblöcken sind sie zu olivgrünen ornamentalen Mustern zusammengebaut und formt zusammen eine dreidimensionale Zeichnung der durch den Krieg verlorenen Stadt. Die archaisch anmutenden, anfangs grünen, dann sandfarbenen Blöcke scheinen aus einer vergangenen Zeit zu stammen. Als händisch gefertigte Seife aus Lorbeeröl, Olivenöl, Soda und Wasser sind sie ein wertvolles, sagenumwobenes Naturprodukt, das seine erste Erwähnung 1000 Jahre vor Christus auf assyrischen Steintafeln findet. Mit verschlungenen Stempeln aus arabischen Schriftzeichen erinnern sie an die alte Heimat Aleppo, die heute nahezu völlig zerstört ist, und sind ein Beweis kultureller Kontinuität. Die Wiederaufnahme der Seifenherstellung bedeutet, die Erstarrung des Kriegs abzuschütteln und in den überlebenswichtigen Kreislauf von Arbeit in jahreszeitlicher Produktion, Vertrieb und Erwerb wieder einzusteigen. Für den Shop des Kunsthauses machte Andraschek *Sapun Ghar* auch als die Ware, die sie ist, zugänglich.

Mit dem Vertrieb würdigte sie damit nicht nur eine jahrhundertealte Tradition, sondern gab dem Museum auch eine neue Möglichkeit im künstlerischen Prozess einen aktiven Part zu übernehmen und für das Leben in prekären Verhältnissen Unterstützung zu bieten.

Den Ablagerungen der Geschichte zu folgen, kann einem zum Auftrag werden. Zur inneren Suche und zum gestalterischen Drang. Andrascheks kreativer Prozess weicht Normen auf und widmet sich dabei zuerst den Bildern einer gerechten, natürlichen oder körperlich erfahrbaren Realität, um sie auf ihre Brüchigkeit zu untersuchen. Seien es die erwähnten „abgründigen" Pornohefte,

where the Syrian soap boiler families have retreated to – and where they have resumed production. It is in this place that, where climatic conditions and the existence of laurel and olives allow for the continuation of soap manufacturing. As an identity-forming cultural heritage, this centuries-old tradition is preserved in exile and has carried on after fleeing from home. In an installation comprising several hundreds of mild smelling soap blocks, these are assembled into olive green ornamental patterns, forming, if taken together, a three-dimensional drawing of the city lost in the war. The archaic looking blocks, green at first, then sand coloured, seem to be from a bygone era. As soaps that are made by hand with laurel oil, olive oil, soda and water, they are a precious, mythic natural product that was first mentioned on Assyrian stone tablets 1000 years before the birth of Christ. Adorned with winding seals consisting of Arabic letters, they remind of their old, now almost completely destroyed home of Aleppo, and are evidence of cultural continuity. To resume the soap production means to shake off the numbness of war and to return into the vital circle of seasonal production work, distribution and acquisition. For the Kunsthaus shop, Andraschek also provided access to the merchandise that *Sapun Ghar* is.

The sale of the products was not only her acknowledgement of a centuries-old tradition, but also a new opportunity for the museum to assume an active role in an artistic process, and to give support to lives in precarious conditions.

Tracking down the residues of history can become a mission. An inner quest and creative desire. Andraschek's creative process undermines conventions, devoting itself initially to images of a just, natural or physically experienceable reality, in order to then examine their fragility. Whether it is the above-mentioned 'abysmal' porn mags, drawings of displaced women's fateful tales, adaptations of her father's artistic work, or portrait series of communities or organic farmers in Lower Austria, or of relocated farmers in China: the inquiring gaze is always committed to reality and unconditionally personal. Just like through scratched glass, it is subjectively broken and autobiographically tinged.[10]

„For now we see through a glass, darkly; but then face to face: now I know in part; but then shall I know even as also I am known."[11]

Katrin Bucher-Trantow

Zeichnungen von Schicksalserzählungen geflohener
Frauen, Adaptierungen der künstlerischen Arbeit
ihres Vaters oder Porträtserien von Kommunen und
Biobauern in Niederösterreich oder von umgesiedelten Bauern in China: Immer ist der forschende Blick
realitätsbezogen und bedingungslos persönlich. Wie
durch zerkratztes Glas, ist er subjektiv gebrochen
und autobiografisch gefärbt.[10]

*„For now we see through a glass, darkly; but then
face to face: now I know in part; but then shall I know
even as also I am known."*[11]

1 Iris Andraschek im Gespräch mit Stella Rollig, in: *Iris Andraschek, Passion of the Real,* Wien 2012, S. 165.
2 Ebd., S. 165.
3 Barbara Steiner, „Ětre-en-Commun", in: Iris Andraschek, *Passion of The Real,* Wien 2012, S. 155.
4 Vgl. Iris Andraschek, *Passion of the Real,* Wien 2012.
5 Auch die seit Anfang des 20. Jahrhunderts immer wieder auftauchenden alternativen Lebensentwürfe von Kommunen um Künstler-Propheten von Karl Wilhelm Diefenbach bis Otto Muehl hatten ihre Schwierigkeit mit dem Begriff der Naturverbundenheit, wie die zahlreichen Pädophilie-Vorwürfe bezeugen.
6 Barbara Steiner, „Ětre-en-Commun", in: Iris Andraschek, *Passion of The Real,* Wien 2012, S. 157.
7 Iris Andraschek, aus einer E-Mail an die Autorin, 8.9.2018.
8 Inhaltlich etwa paradigmatisch in *Tell these people who I am* (2011), in der die Pädagoginnen und Schulgründerinnen Olly Schwarz (1877–1960), Gisela von Camesina de San Vittore (1865–unbekannt) und die Keramikerin der Wiener Werkstätte Vally Wieselthier (1895–1945) als drei die Wiener Geschichte prägende Frauen aus der Anonymität herausgehoben werden. Mit drei Frästeppichen, die an den Orten der jeweiligen Wiener Wirkungsstätten den Boden bezeichnen, werden sie buchstäblich zum Grund, auf dem die Menschen der Stadt gehen, sich entwickeln und nach deren „Muster" sie denken und sehen.
9 Iris Andraschek im Gespräch mit Stella Rollig, in: Iris Andraschek, *Passion of the Real,* S. 166.
10 Eigentlich sind die Bilder, die du mitbringst schon subjektiv gebrochen" - ebd., S. 165 f.
11 *The Holy Bible,* King James Version, Corinthians 13:12. In der deutschen Übersetzung der Lutherbibel heißt es: „Wir sehen jetzt durch einen Spiegel in einem dunkeln Wort; dann aber von Angesicht zu Angesicht. Jetzt erkenne ich's stückweise; dann aber werde ich erkennen, gleichwie ich erkannt bin."

1 Iris Andraschek, in an interview with Stella Rollig, in: *Iris Andraschek. Passion of the Real,* Vienna 2012, p. 170.
2 Ibid., p. 170.
3 Barbara Steiner, "Being-In-Common", in: Iris Andraschek. *Passion of The Real,* Vienna 2012, p. 160.
4 Comp. *Iris Andraschek. Passion of the Real,* Vienna 2012.
5 The alternative ways of life that have cropped up time and again since the beginning of the 20th century, of communes revolving around artist-prophets ranging from Karl Wilhelm Diefenbach to Otto Muehl, have also had their troubles with the notion of closeness to nature, as numerous accusations of paedophilia attest to.
6 Barbara Steiner, "Being-In-Common", in: Iris Andraschek, *Passion of The Real,* Vienna 2012, p. 162.
7 Iris Andraschek, in an email to the author, 8/9/2018.
8 One paradigmatic example as regards content is *Tell these people who I am* (2011), in which the pedagogues and school founders Olly Schwarz (1877–1960) and Gisela von Camesina de San Vittore (1865–unknown) and the Wiener Werkstätte ceramist Vally Wieselthier (1895–1945) are lifted out of anonymity as three women who have left their mark in the history of Vienna. In the shape of three engraved carpets labelling the floor in front of their respective place of activity in Vienna, they literally become the ground the people of the city walk on, evolve on, and the 'pattern' of who they follow in their thinking and seeing.
9 Iris Andraschek, in an interview with Stella Rollig, in: Iris Andraschek. *Passion of the Real,* Vienna 2012, p. 171.
10 "Actually, the images that you capture have always been subjectively broken." - ibid., p. 170.
11 *The Holy Bible,* King James Version, Corinthians 13:12.

Katrin Bucher-Trantow

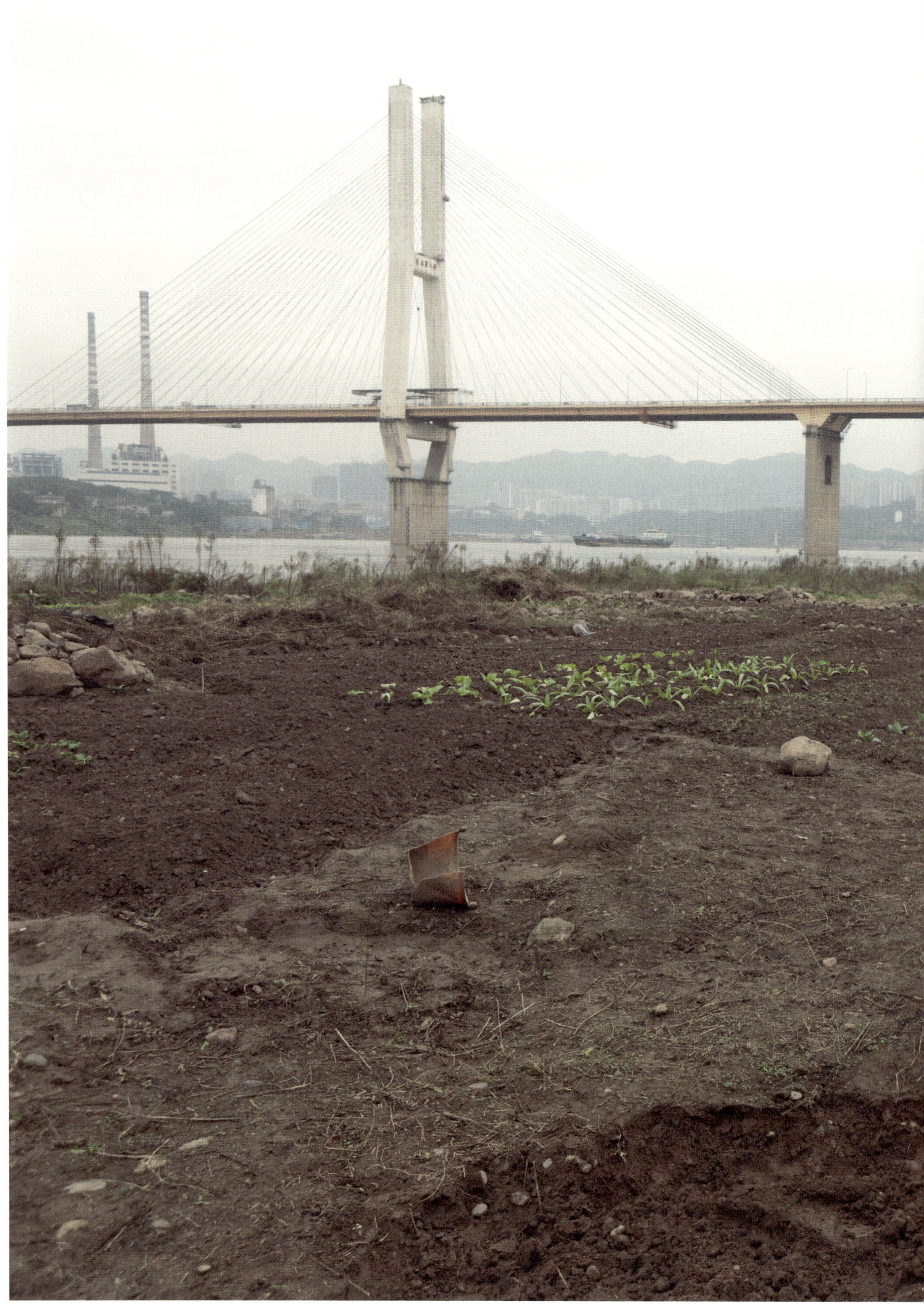

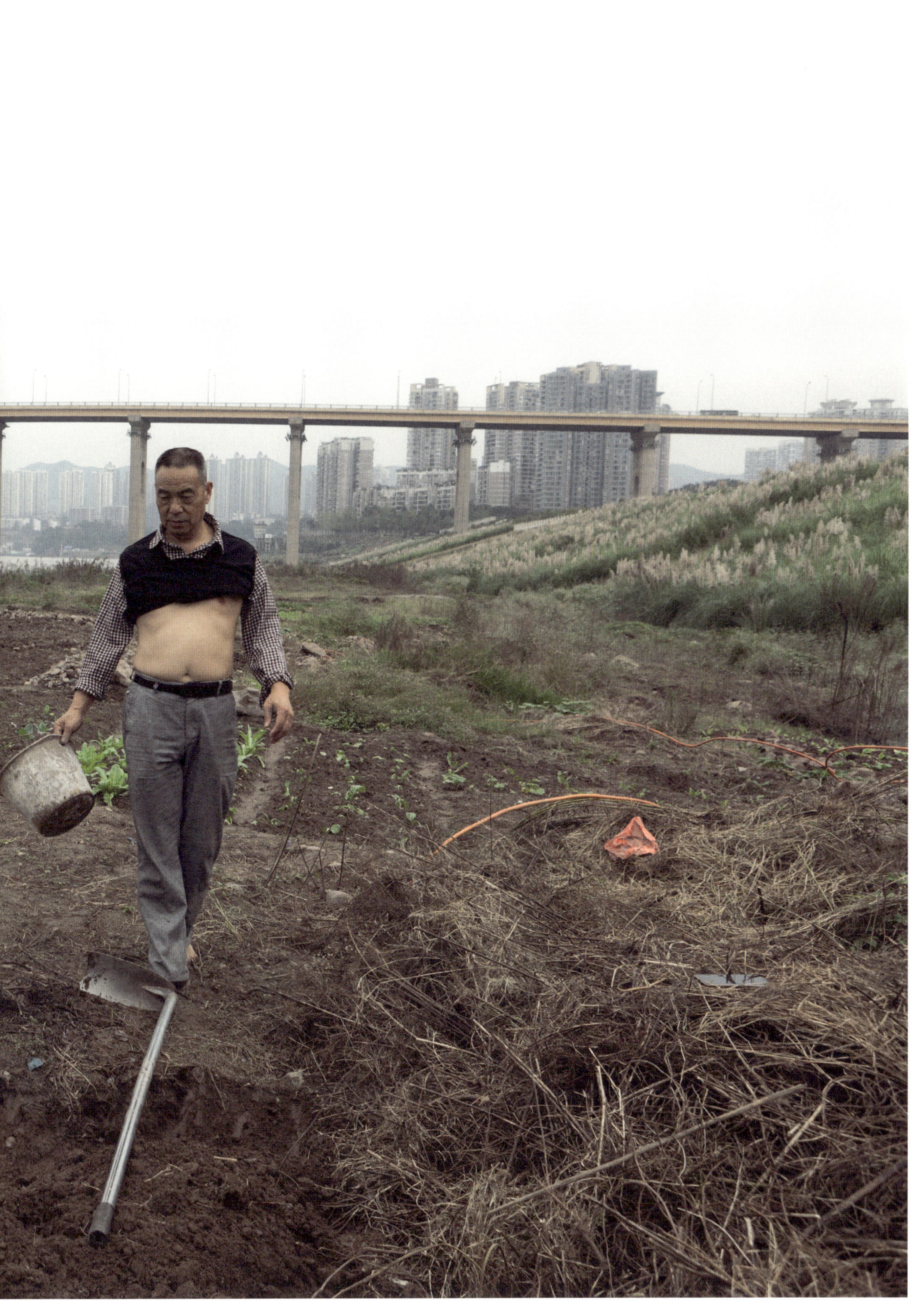

Fragile Territorien / Chongqing
Installation, Fotografien
2017/18

Die Fotoserie ist das Dokument einer Begegnung mit einer anderen Mentalität und zeugt von der Resilienz als allgemeiner Fähigkeit von Menschen und Kulturen. Während eines Aufenthaltes in China traf Iris Andraschek Menschen, die, ihrer Herkunft als Bauern gemäß, zwischen den Hochhäusern der 30-Millionen-Megacity Chongqing Gemüse anpflanzen und auf den Dächern Hühner halten. Diese Kleinstlandwirtschaft sichert ihr materielles, aber auch ihr kulturelles Überleben. Der Hinterhof einer Firma, die Ausstattungsaufträge ausführt, hat sich wiederum über die Jahre verdichtet. Vieles davon ist verfallen, überwuchert von Pflanzen. Dazwischen wird in Töpfen und Kanistern Gemüse gezogen. Die Nutzung von natürlichen Ressourcen gilt auch für die Wahl des Ausstellungsdisplays: Alte Bambusstangen werden zum Gerüst für Fotografien.

Fragile Territories / Chongqing
Installation, photographs
2017/18

The photo series is a document of the confrontation with a different mentality and is evidence that resilience is a universal ability of people and cultures. On a stay in China, Iris Andraschek met people who, in line with their peasant origins, plant vegetables in between the high-rise buildings of the 30-million megapolis Chongqing and keep chickens on the roofs. Micro-farming guarantees their material but also their cultural survival. Meanwhile, the backyard of a set design contractor has become packed over the years. Much of it has deteriorated, is overgrown with plants. Vegetables are being grown in between, in pots and canisters. The use of natural resources also applies to the choice of the exhibition display: old bamboo poles have been turned into a stand for photographs.

Iris Andraschek

S./pp. 66–75
Fotografien aus der Serie /
Photographs from the series
Fragile Territorien
Unterschiedliche Formate / Various dimensions

S./pp. 77–83
Fotografien aus der Serie /
Photographs from the series
Chongqing
Unterschiedliche Formate / Various dimensions

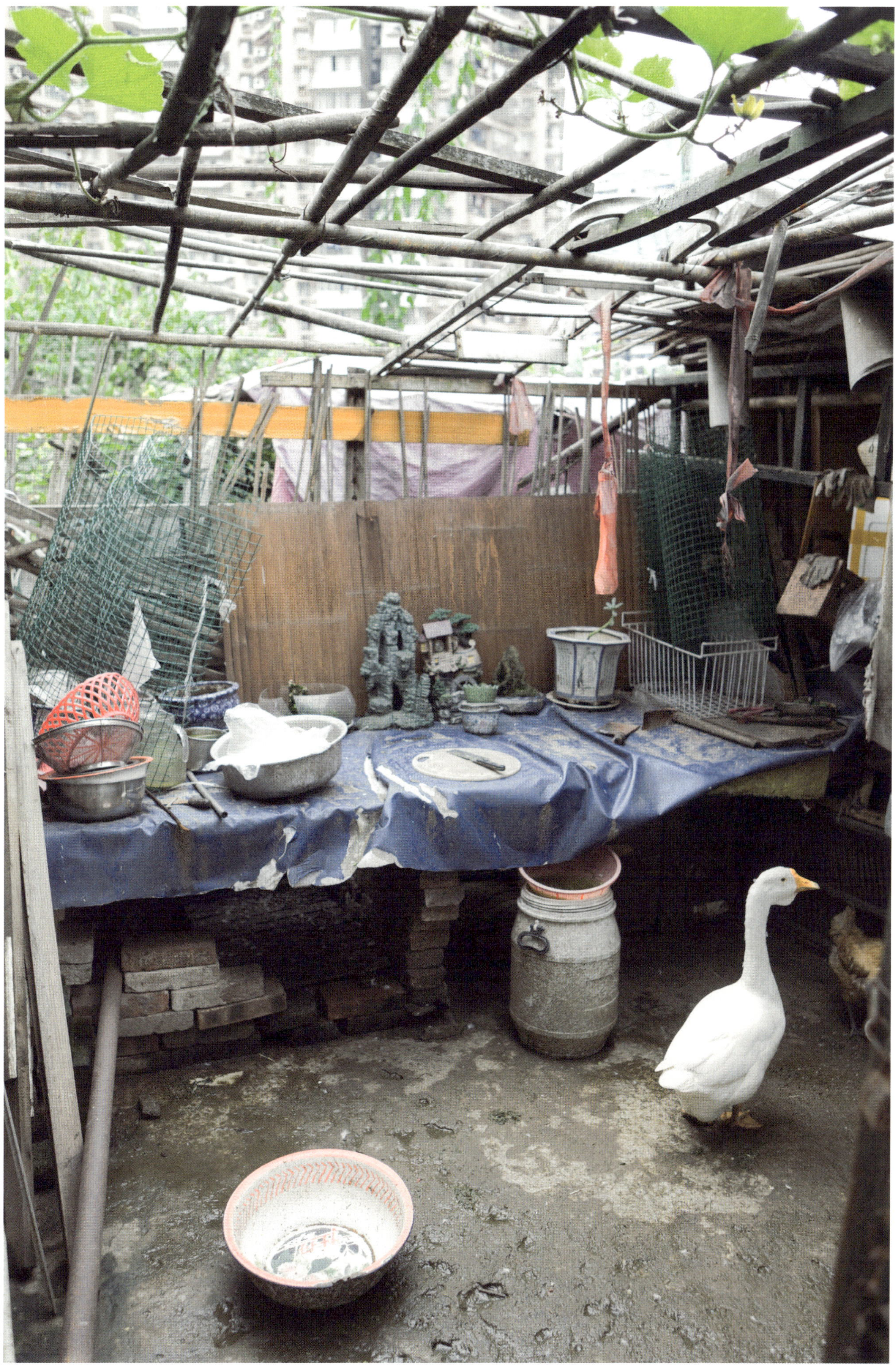

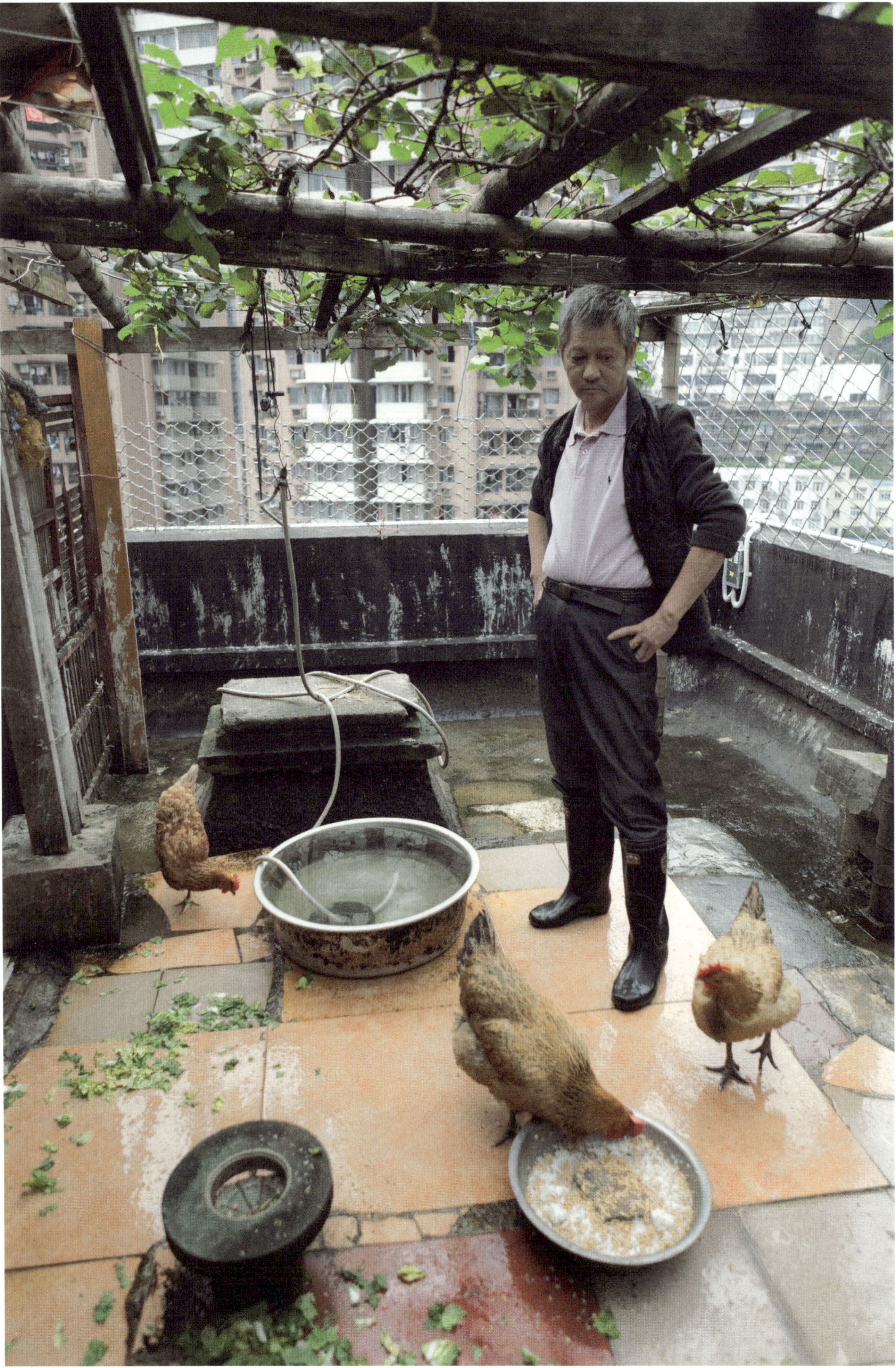

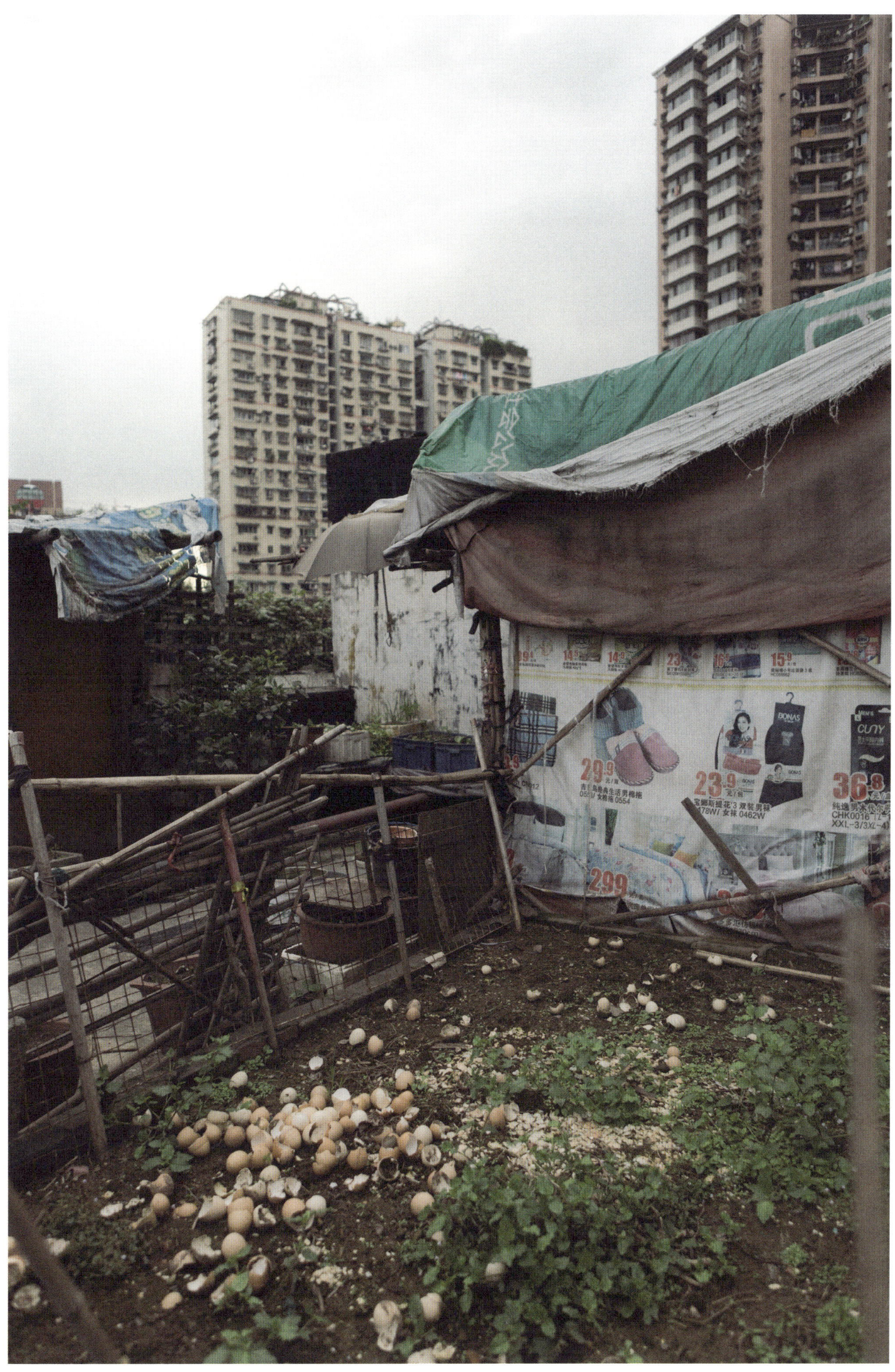

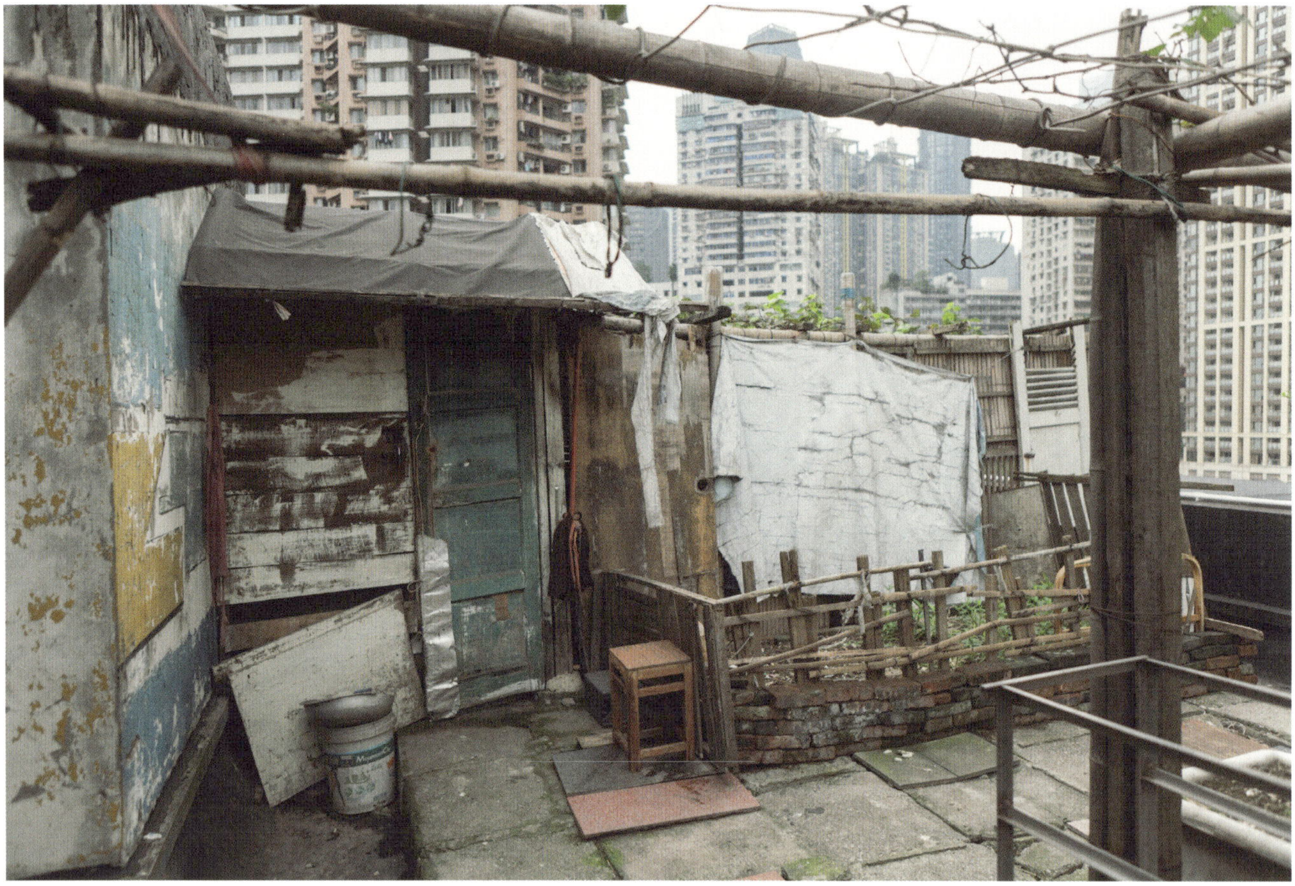

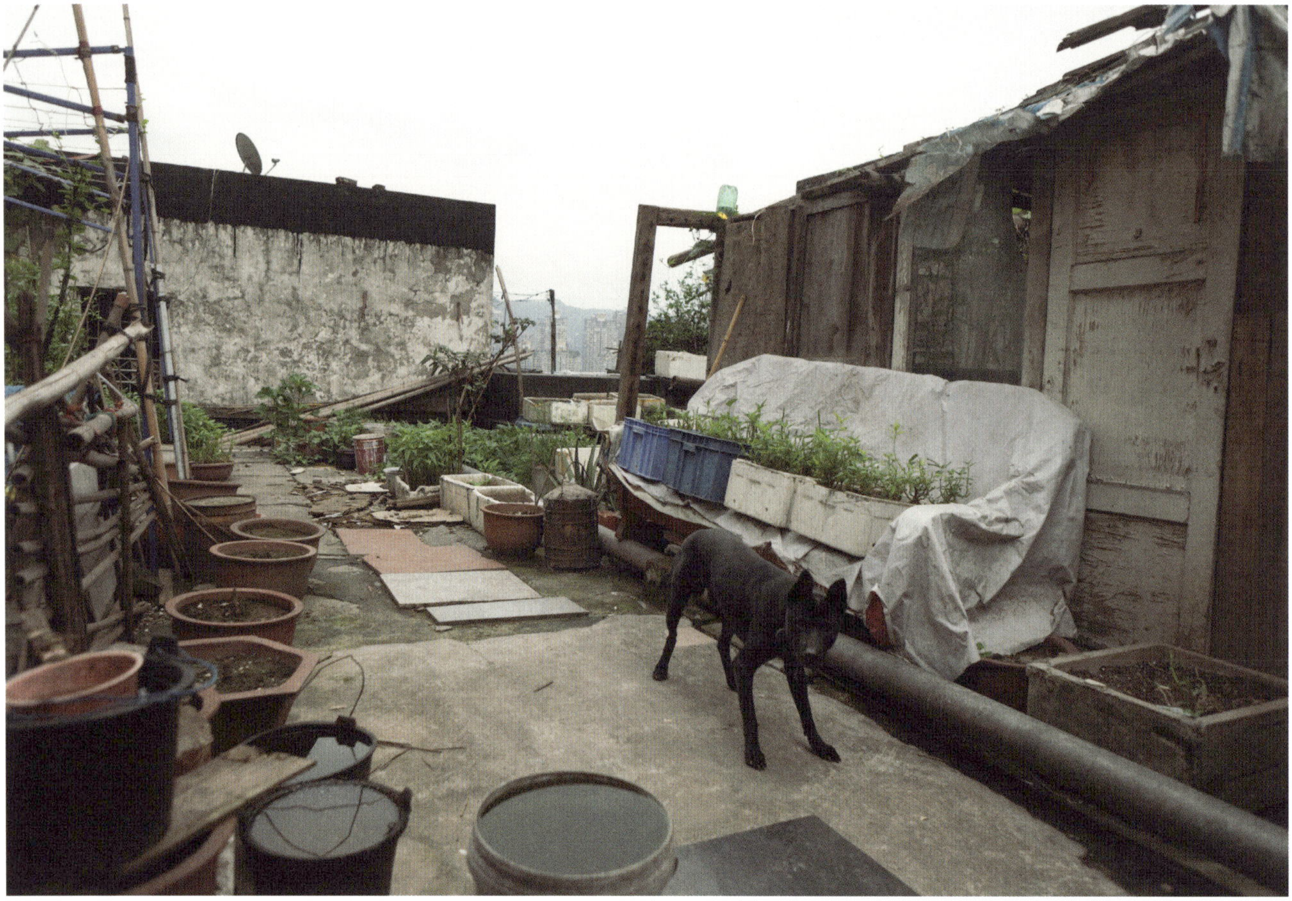

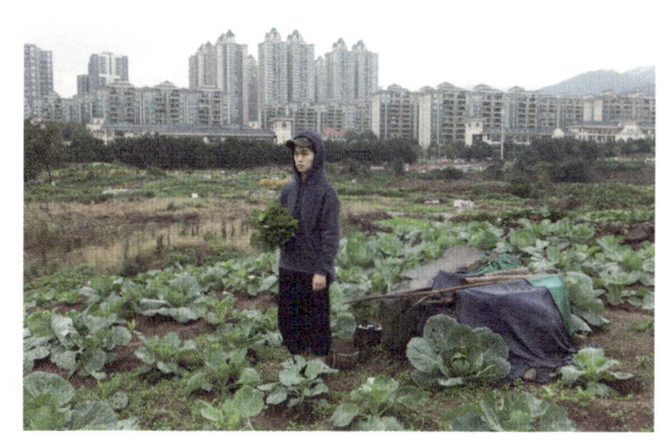

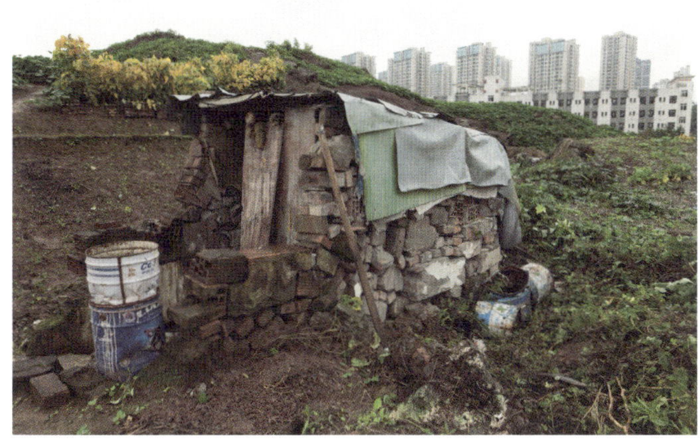

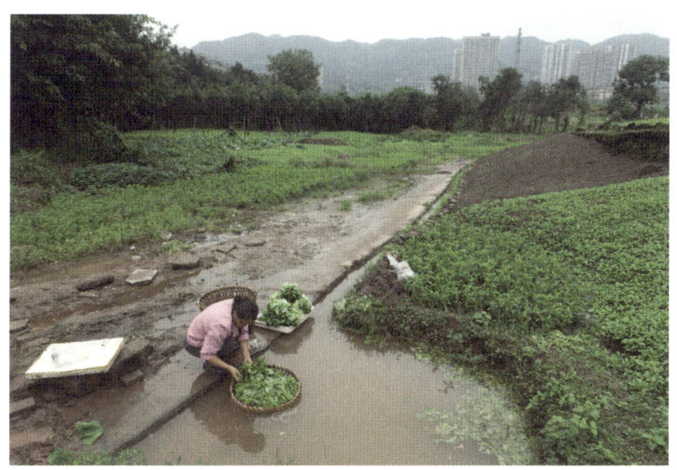

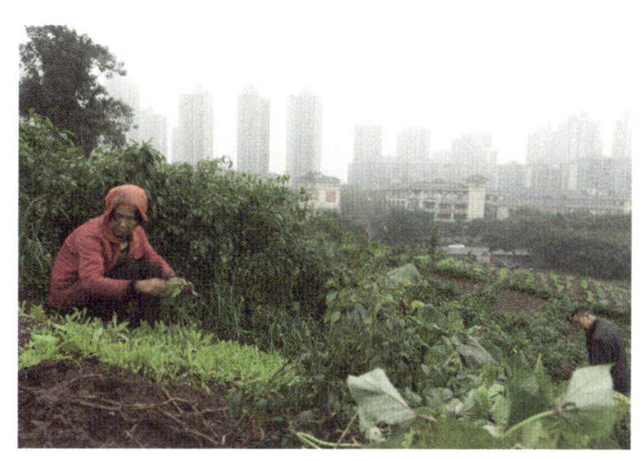

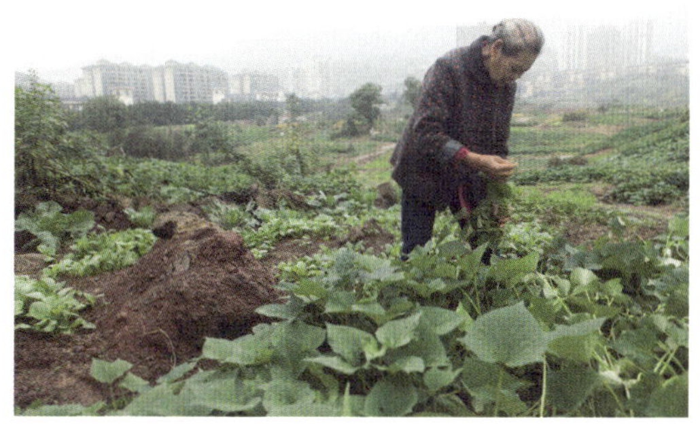

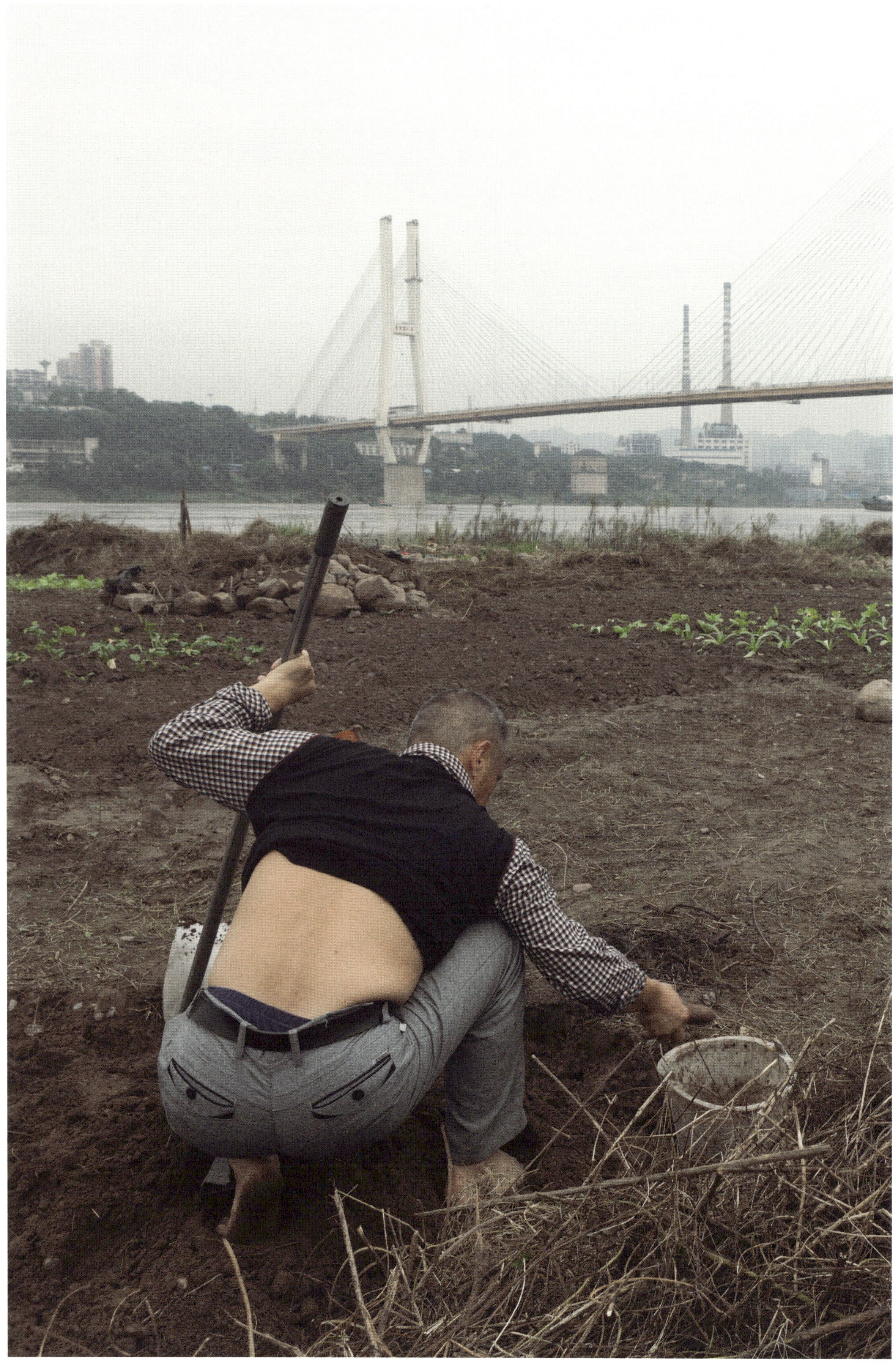

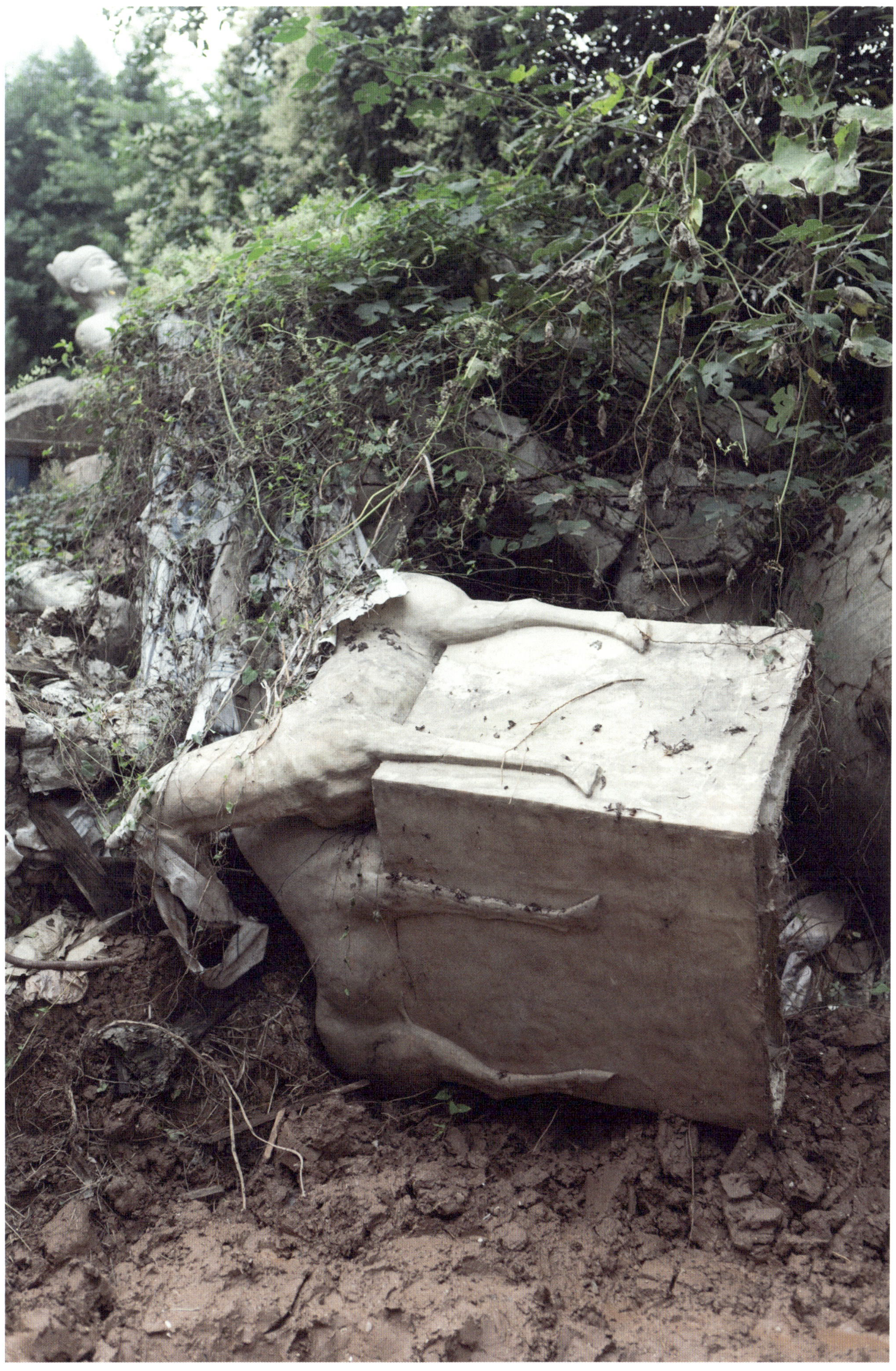

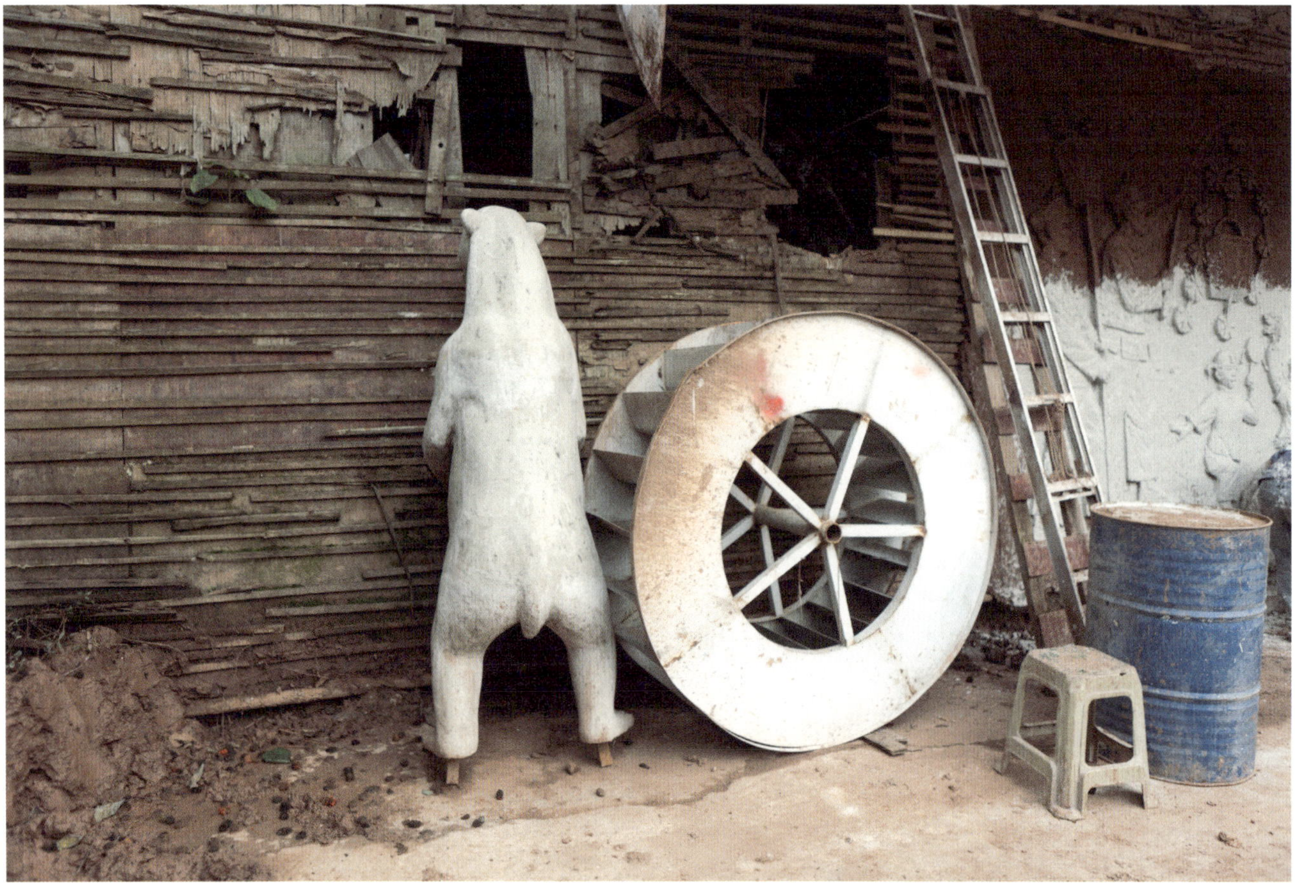

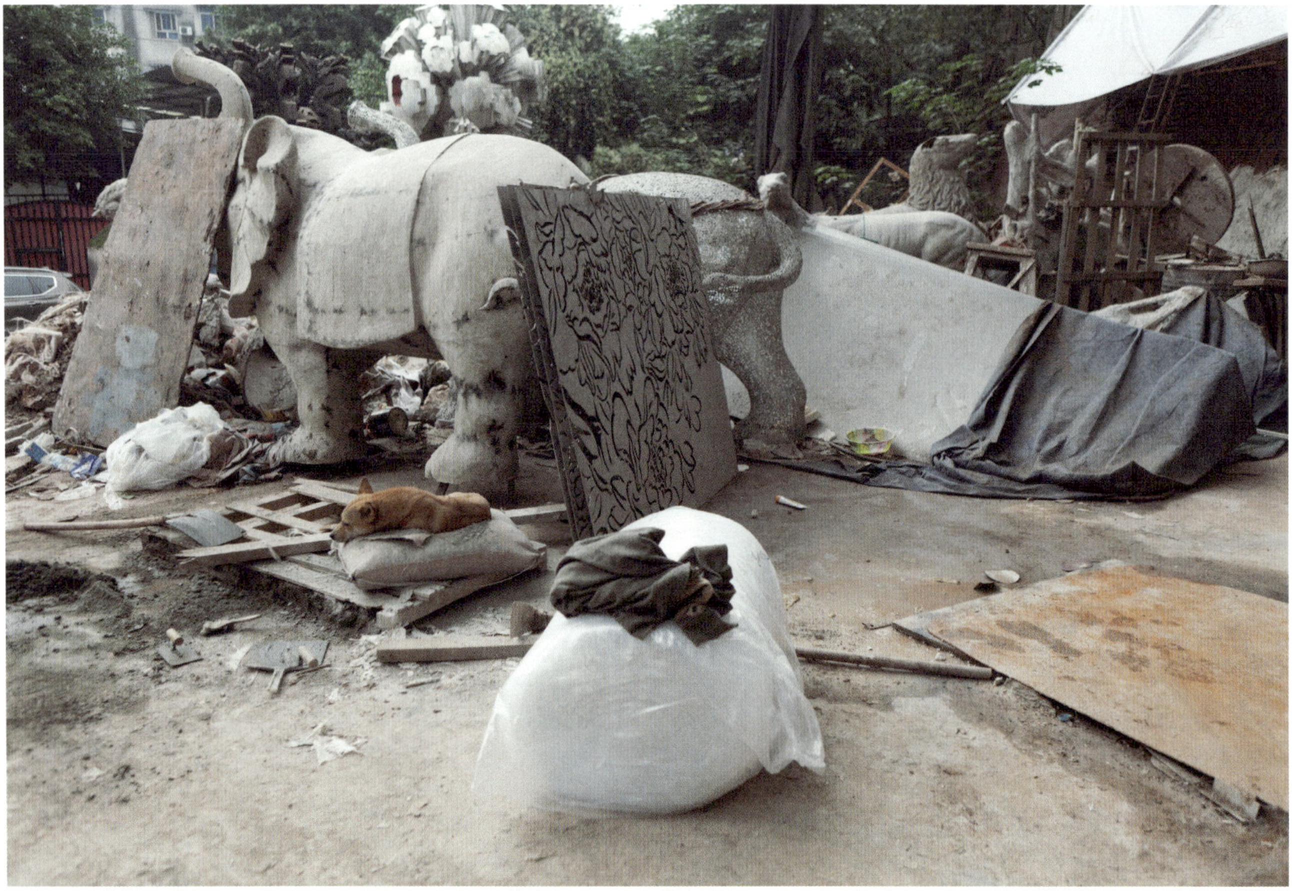

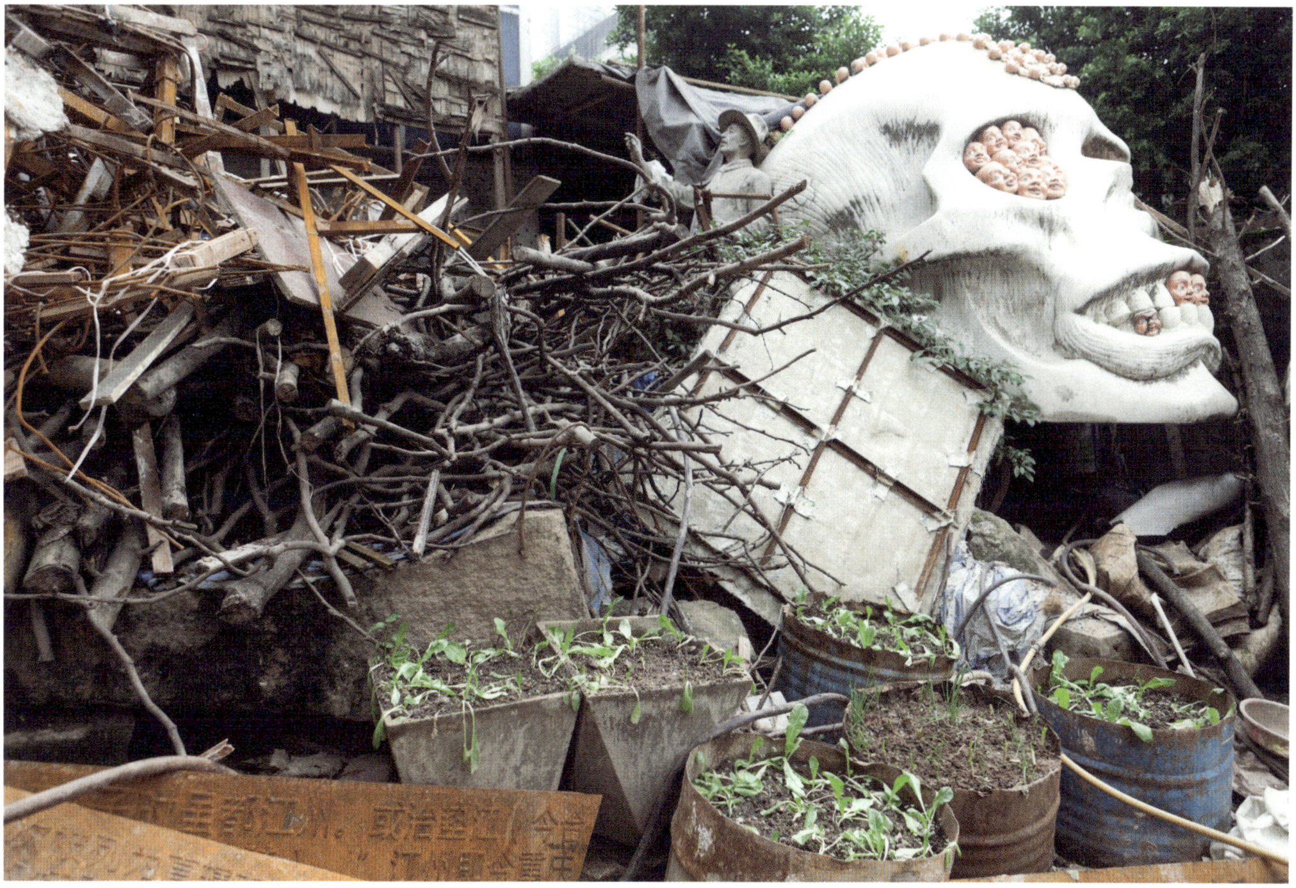

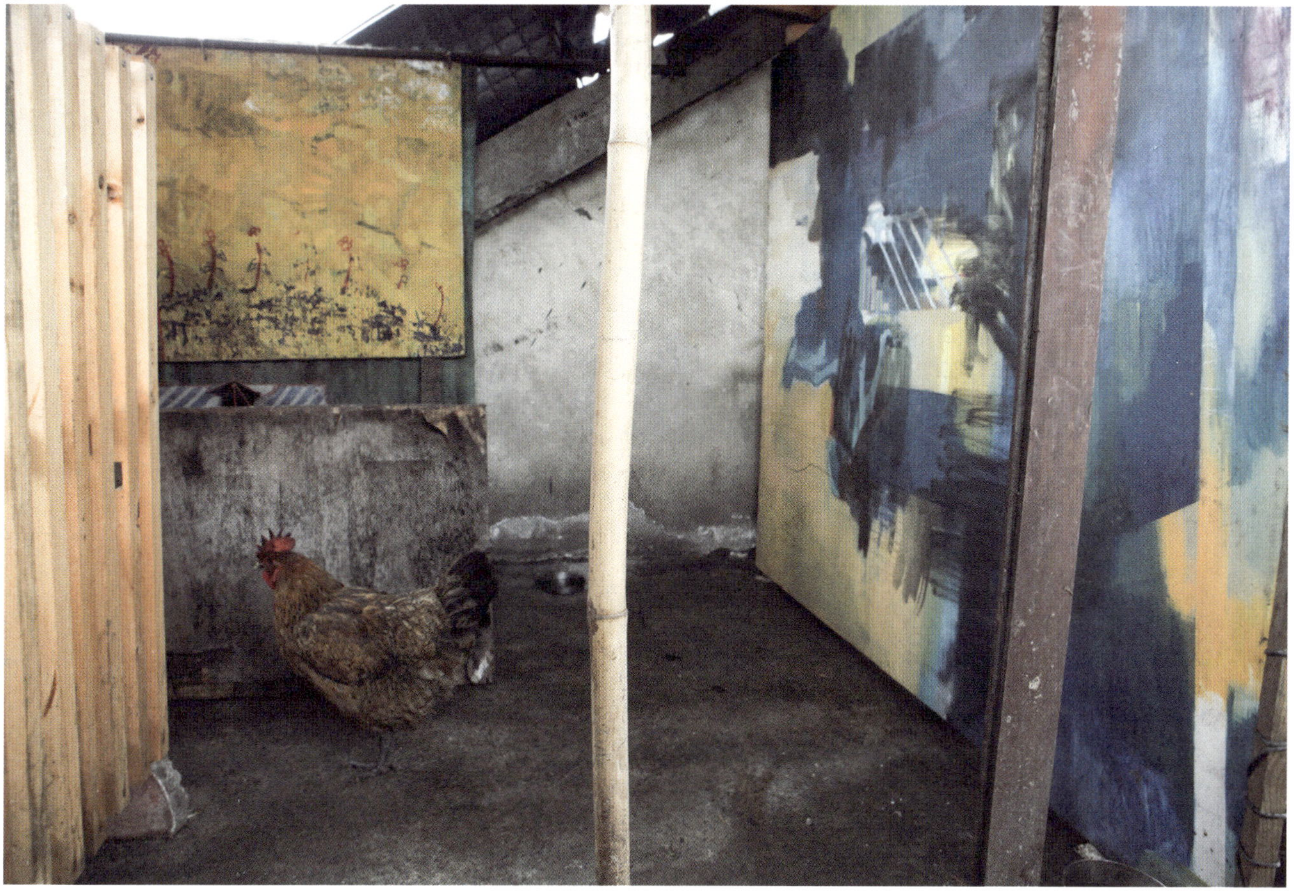

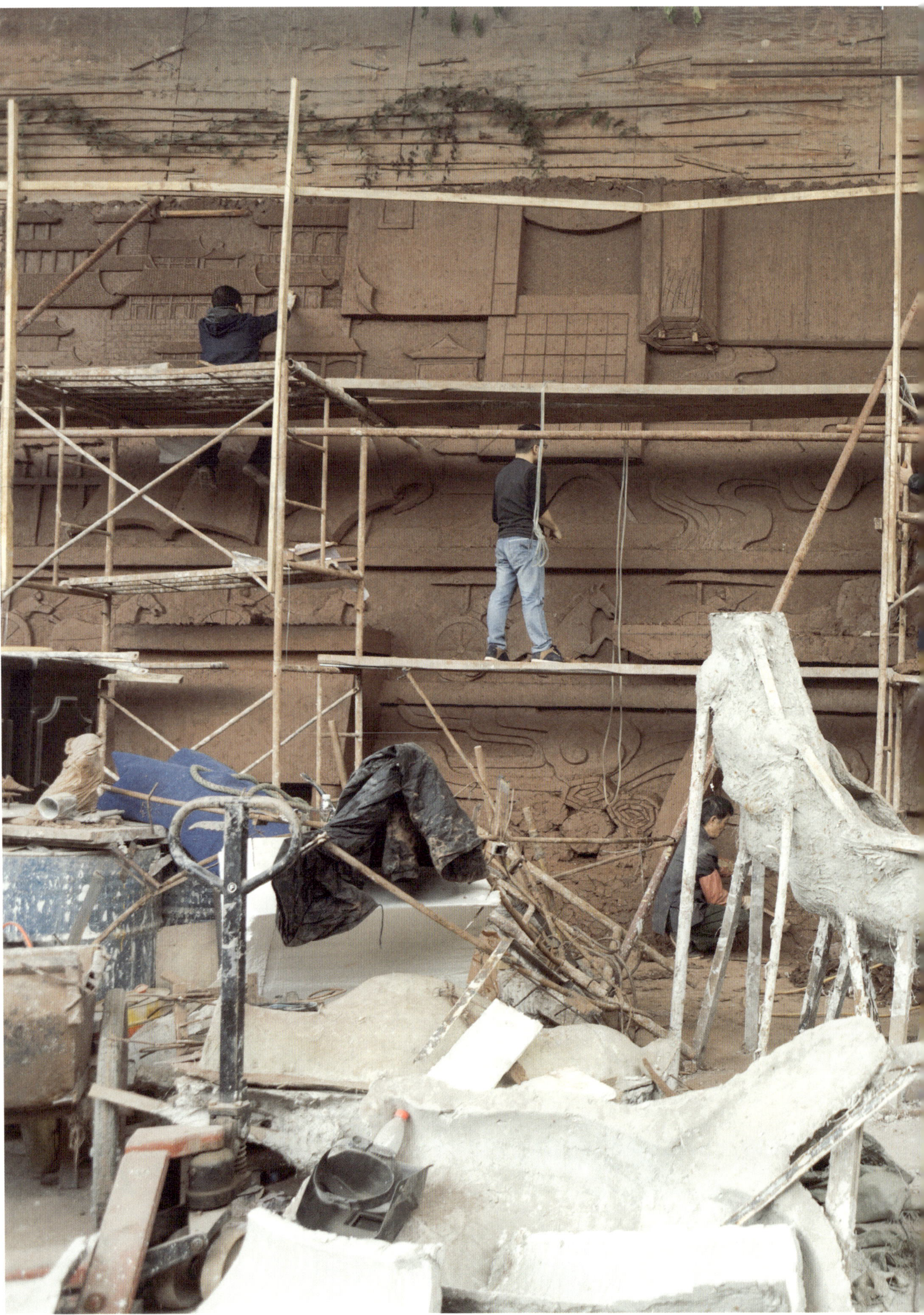

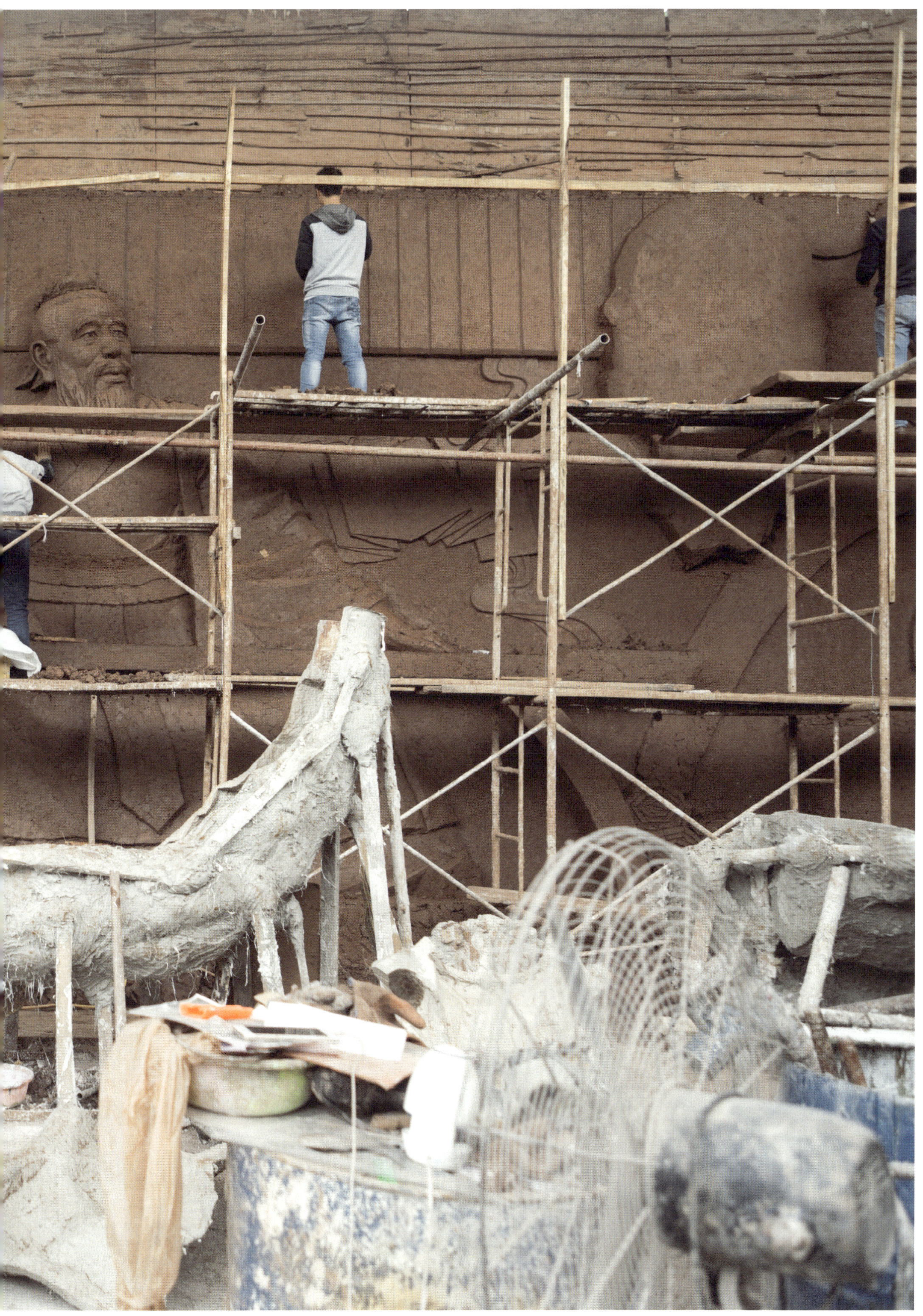

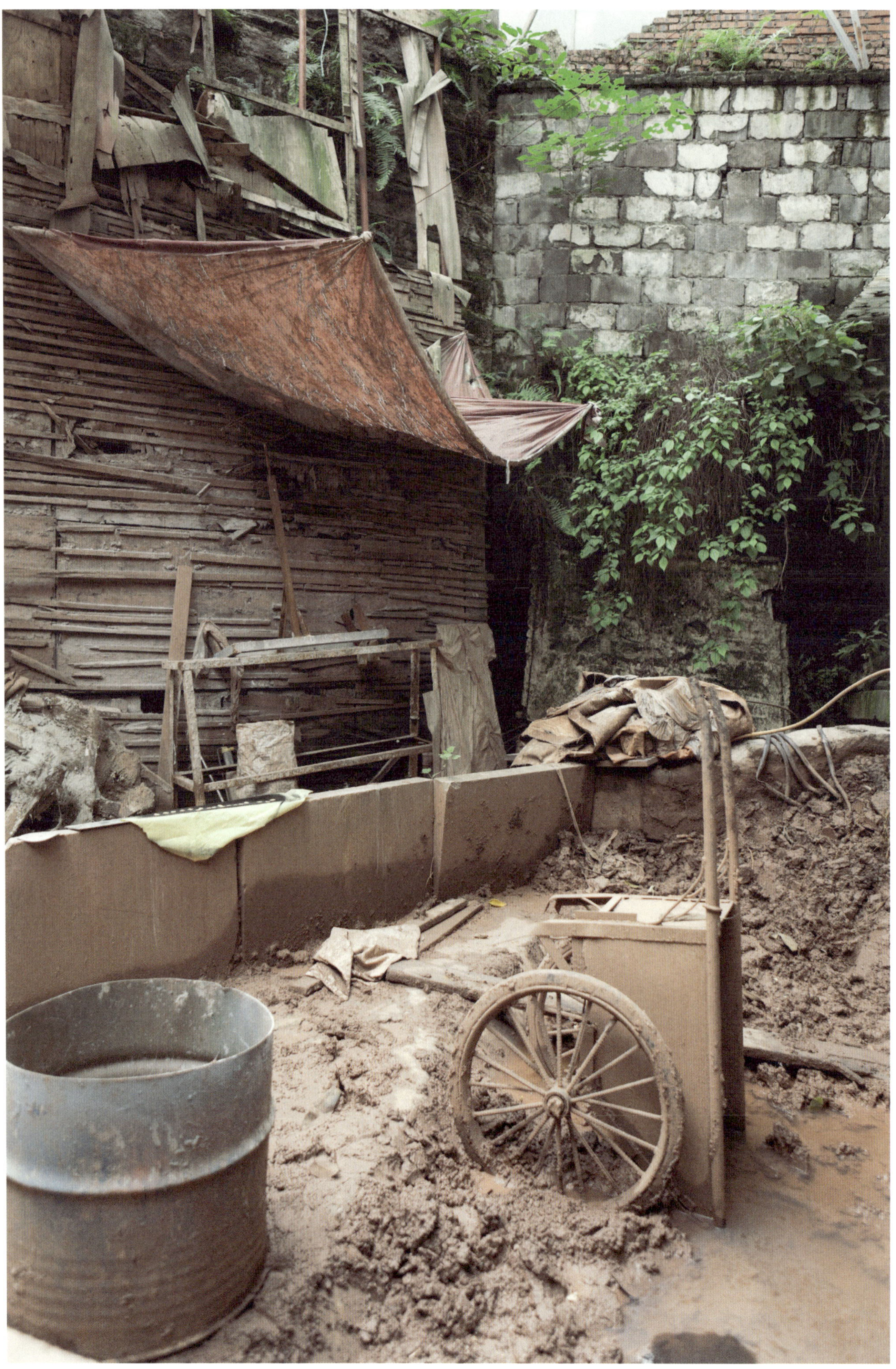

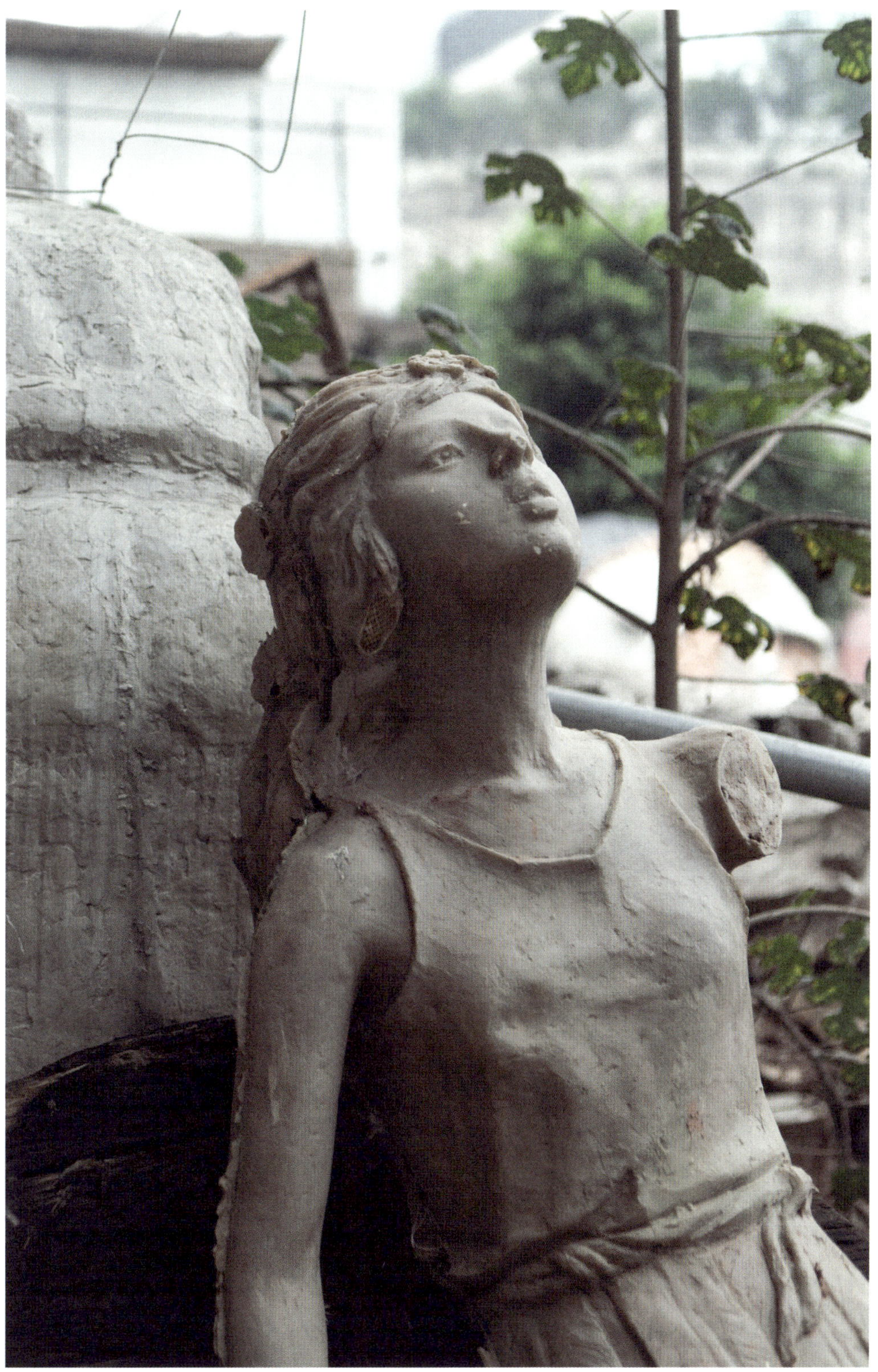

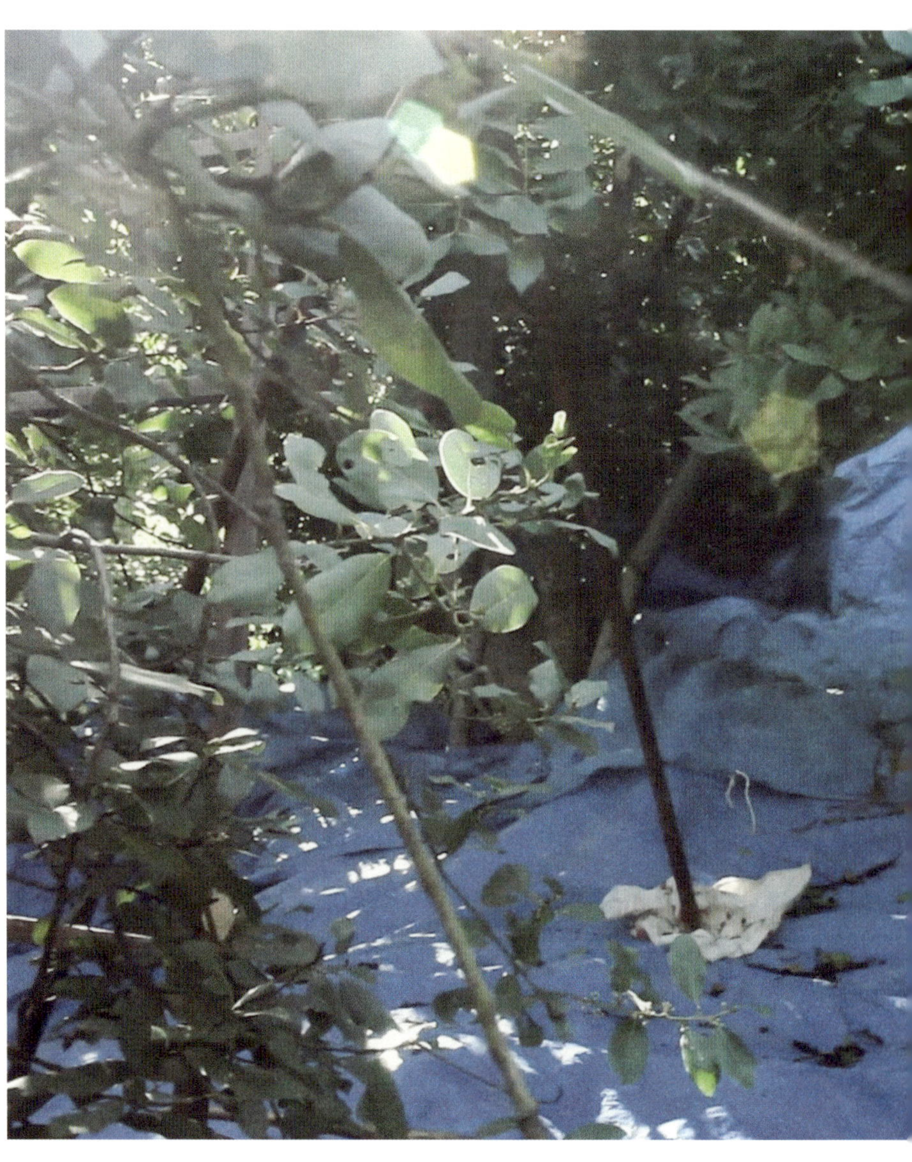

S./pp. 84/85
Videostill/video still
... factis modo laurea ramis adnuit utque visa est agitasse cacumen / ... der Lorbeer nickte mit den neuentstandenen Ästen und schien den Wipfel wie ein Haupt zu bewegen. (Ovid, Metamorphosen), 2018
[... the laurel nodded its branches, recently made and seemed to have shaken its top as a head. (Ovid, Metamorphoses)]
Video, Sound/Video, sound, 9:04 min

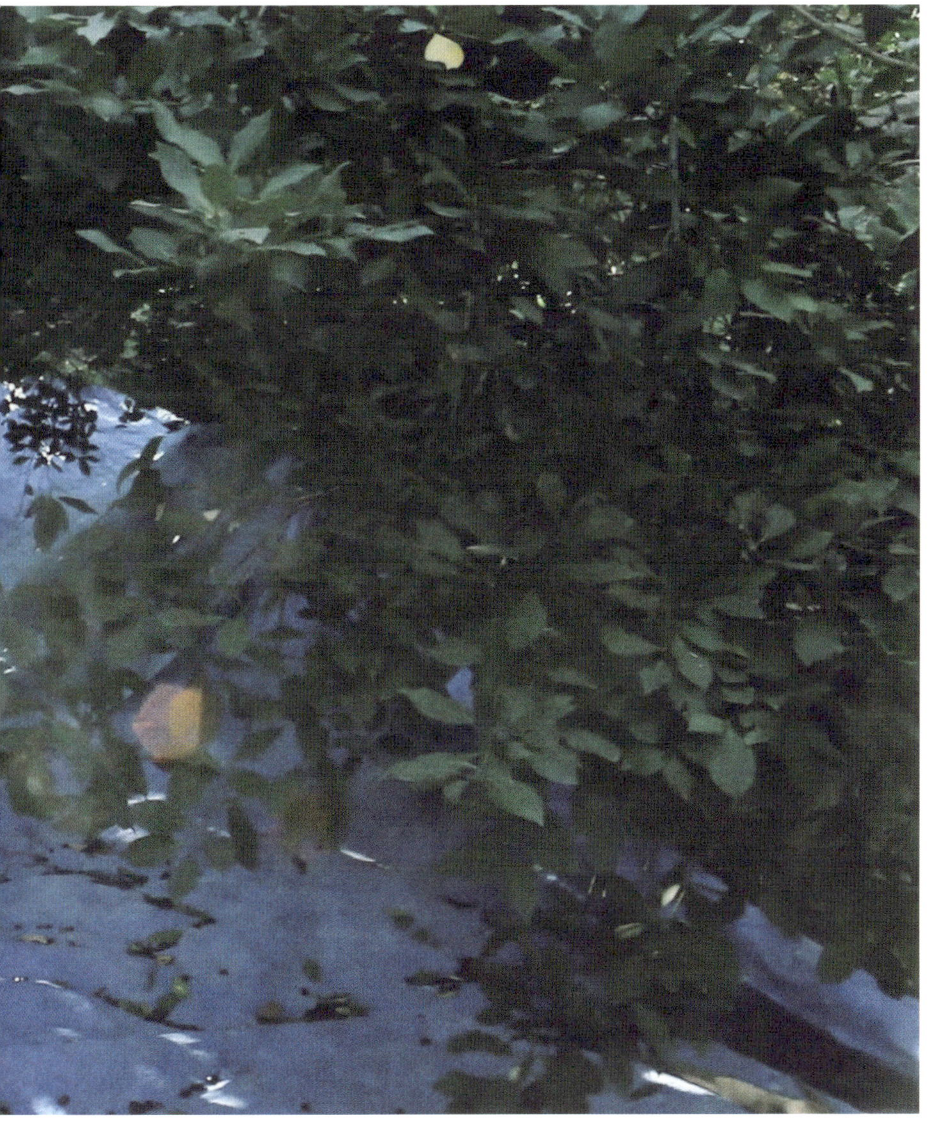

Sapun Ghar
Installation, Zeichnung, Video,
Fotografien
2017/18

Sapun Ghar, Seife aus Aleppo, wird aus
kostbarem Lorbeer- und Olivenöl in jahrhun-
dertealter Tradition hergestellt. Aufgrund
des Kriegs in Syrien wird sie derzeit unweit der
Grenze im türkischen Exil produziert.
    Auf mehreren Reisen in
die türkisch-syrische Grenzregion entstanden
drei Videoarbeiten und Fotografien, die den
Gewinnungsprozess der Rohstoffe, u.a. die
Ernte der Früchte des Lorbeerbaumes, die auch
von Daphne und ihrer Verwandlung auf der
Flucht vor Apoll zu erzählen scheint, zeigen,
sowie den Produktionsprozess der Seife.
Erzählungen von Menschen auf der Flucht und
im Exil liegen auch den Zeichnungen auf
Transparentpapier zu Grunde. Iris Andraschek
hat die Texte als Schriftbänder in die ornamentalen Arabesken um die Gesichter in den
Porträts geschlungen.
    Aus den roh und archa-
isch wirkenden Sapun-Ghar-Blöcken hat
die Künstlerin Teile des zerstörten historischen
Souks von Aleppo als Modell nachgebildet.

Sapun Ghar
Installation, drawing, video,
photographs
2017/18

Sapun ghar, soap from Aleppo, is made with
precious laurel oil and olive oil, using a
centuries-old traditional method. Due to the
war in Syria, it is now produced in exile in
Turkey, not far from the border.
    Several trips to the
Turkish-Syrian border region produced
photographs and three video works. They
show how the raw materials are obtained,
e.g. the harvest of the fruits of the laurel tree,
which also seems to tell the story of Daphne
and her metamorphosis while fleeing from
Apollo, and show the soap's manufacturing
process. Stories of fleeing and exiled people
also form the basis of the drawings on transparent paper. Iris Andraschek has turned the
texts into ribbons of writing, wound into the
arabesques around the faces in the portraits.
    Using the crude and
archaic looking sapun ghar blocks, the artist
has recreated parts of the destroyed historical
souk of Aleppo in the form of a model.

Iris Andraschek

S./pp. 87–89
*… they closed the border at that time. It's still
closed until now*, 2016
*… we all left next day together. The whole
family. Father, mother, me and my brothers.
So we came …*, 2016
*So when it happened, started happening,
we were just viewers from the outside*, 2016
12 C-Prints kaschiert, Seide, Wachskreide/
12 mounted C-prints, silk, wax pastels,
79 × 54,5 cm

S./pp. 92–94
It was difficult at the beginning, 2016
It's all very old, 2016
Broken Ornament #2, 2016
Bleistift, Vellum/Pencil, vellum, 42 × 31 cm

S./pp. 95–97
BODIES. He feels great joy!, 2016
Gutachten müssen Auftraggeber machen, 2016
Yes, three years ago I left Syria, 2016
Bleistift, Vellum, Kreide/Pencil, vellum,
pastels, 89 × 53 cm

S./p. 98
Bombed and shelled by air force, 2016
Bleistift, Vellum/Pencil, vellum, 42 × 31 cm

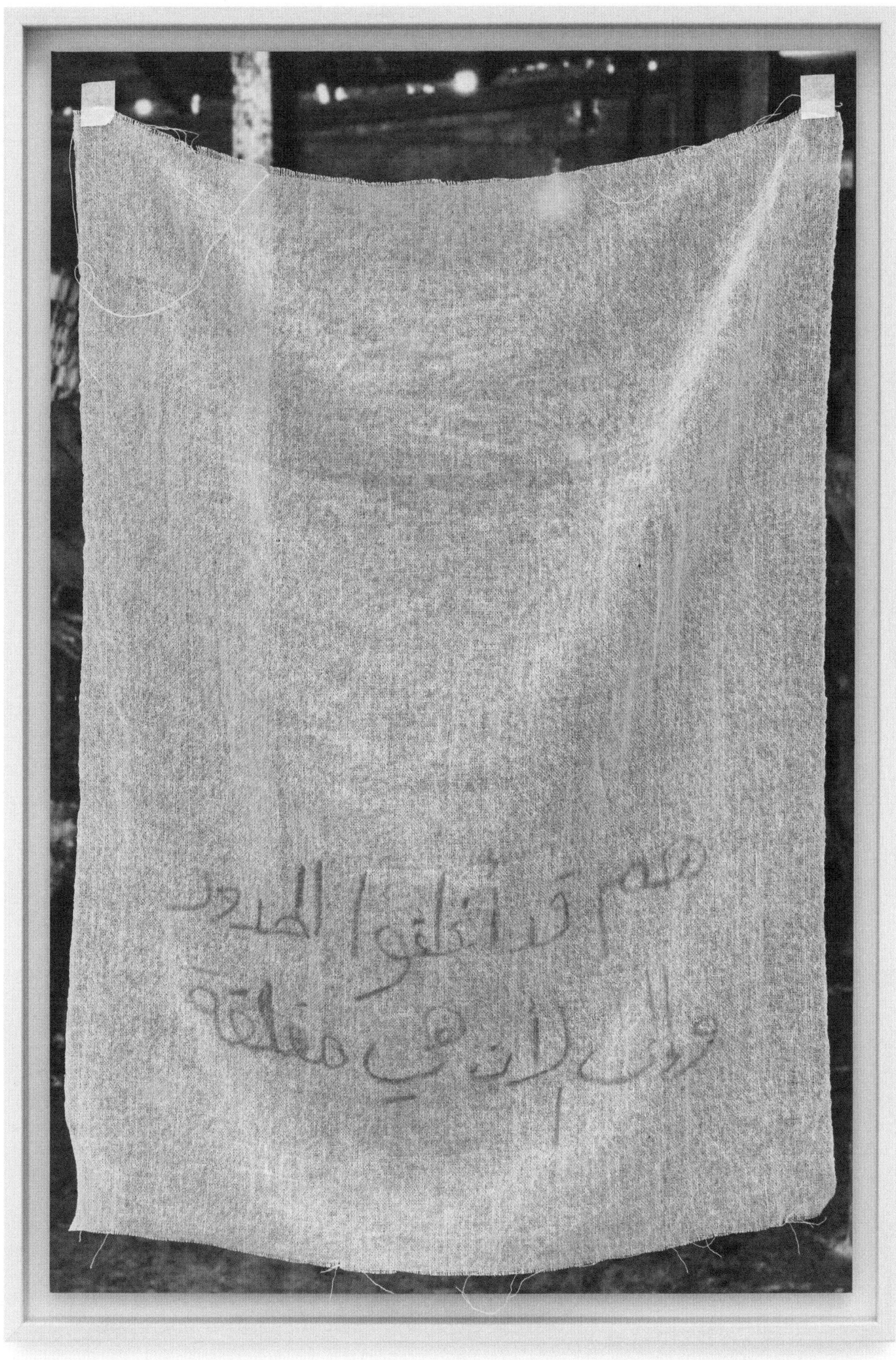

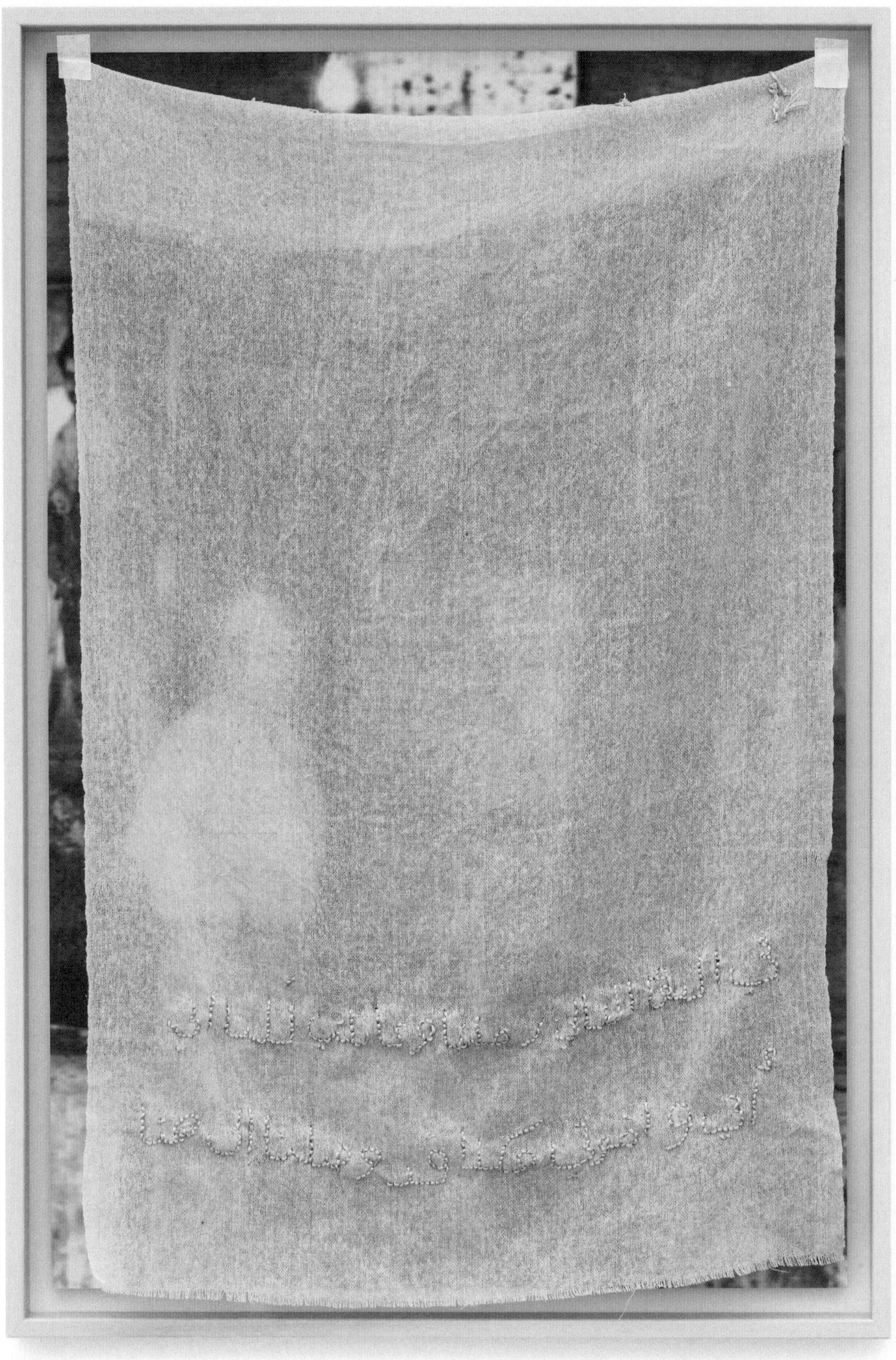

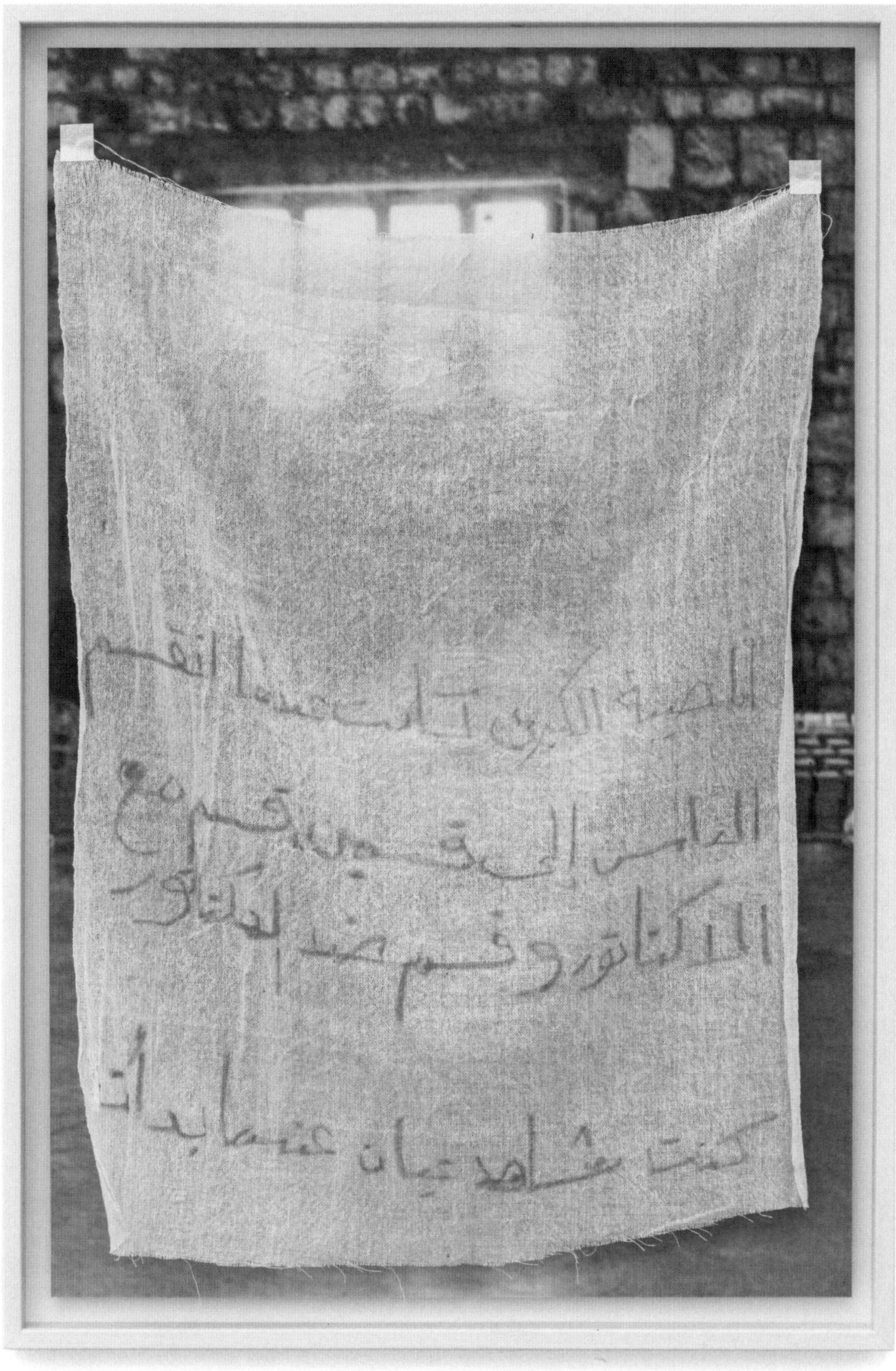

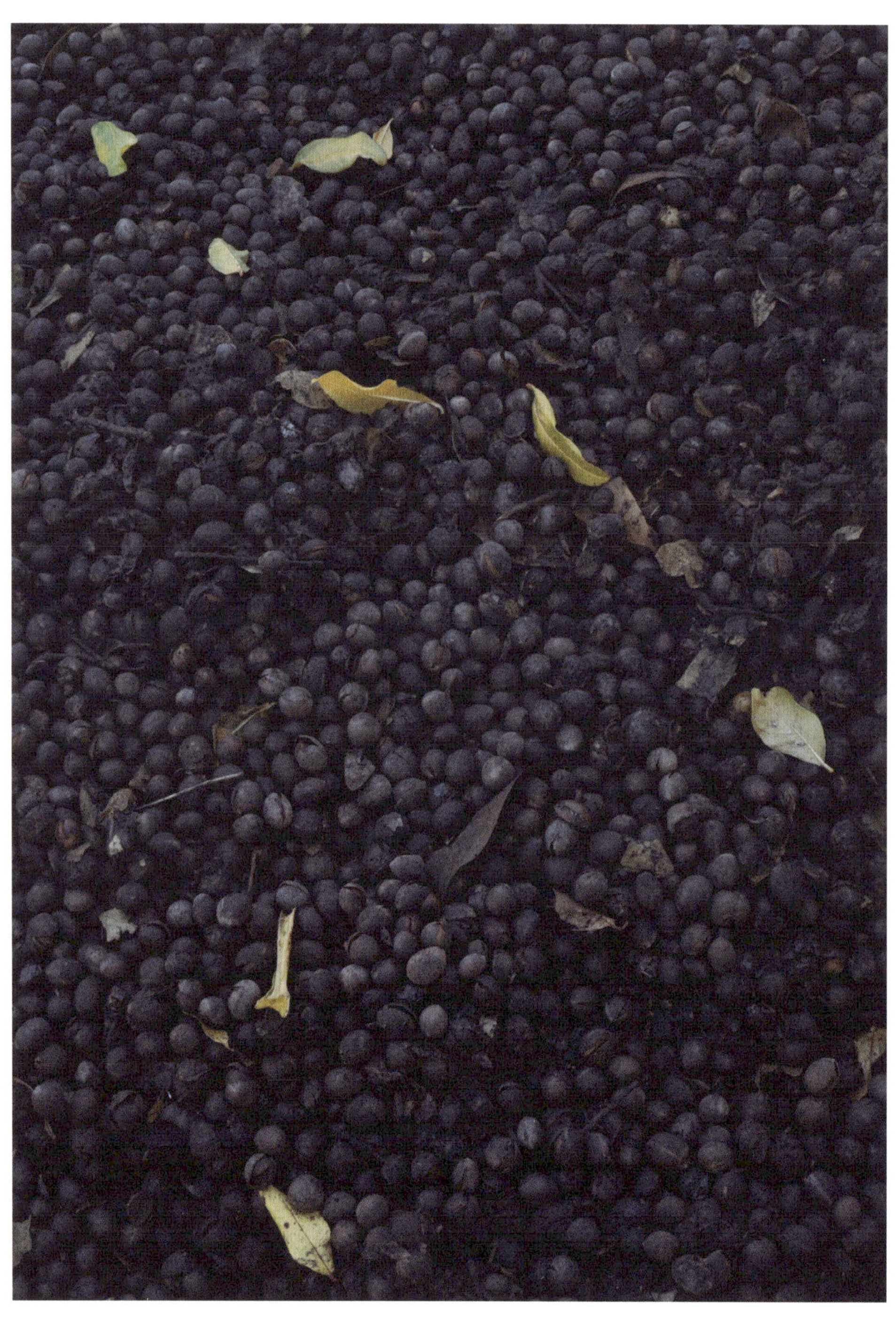

Sapun Ghar, 2017
C-Print, 122 × 81 cm

S./p. 91
*… it is difficult by the borders if they are like
helpful or not*, 2016
Bleistift, Vellum, Calamagrostis getrocknet /
Pencil, vellum, dried calamagrostis,
122 × 81 cm

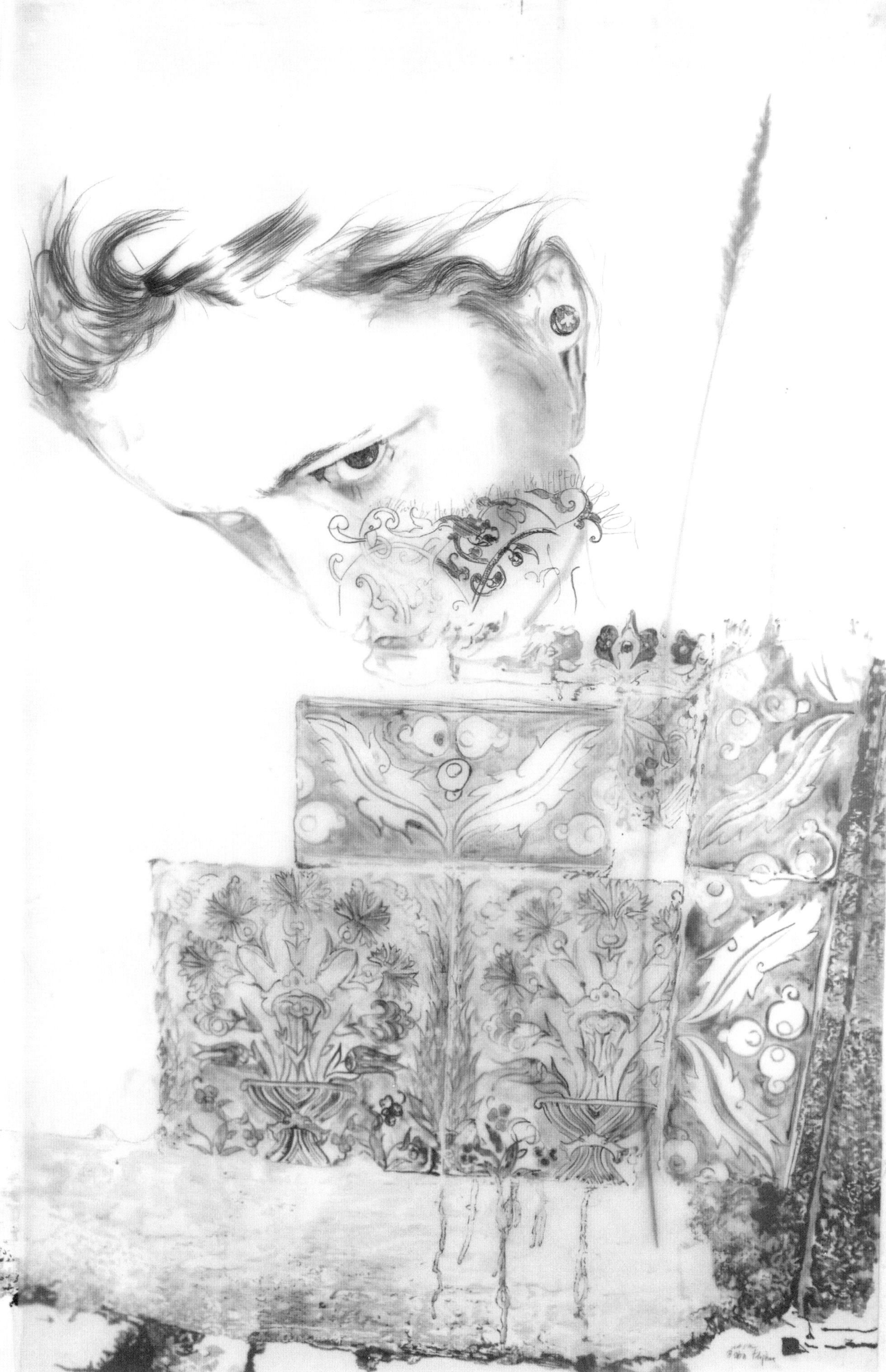

Most of the people who know

Most of the people who know the ingredients of this [soap]
of course they use it, but some people don't know, they
don't know the Aleppo Soap and it's benefits.
They may use another kind of soaps.
Same as all the people around the world, for sure
there are so many people who don't know this.
So many people don't know that this soap is 100% natural,
olive oil, laurel oil —
But when they use it.
It was difficult at the begining. The factory here is not the same as the
factory in Syria, they had to restart again and make
[re-edit] the factory in the beginning. until it became the
same as the syrian factory.
The turkish people, they helped. They welcomed them here in Turkey.
And they helped very much. The factory here stopped ten years ago.
And there is another reason: This factory here stopped ten years ago.
Abandoned. So the syrian people came and activated this factory.
they feel in moving to here they protect – keep it going – keep it alive
Before the war they used to export to France, Italy, Germany – Europe.
When the war began there customers in Europe they still need this product, this soap
And so they are very happy to move here to Turkey to produce
and welcomed it the customers in Europe and all over the world.

Soap

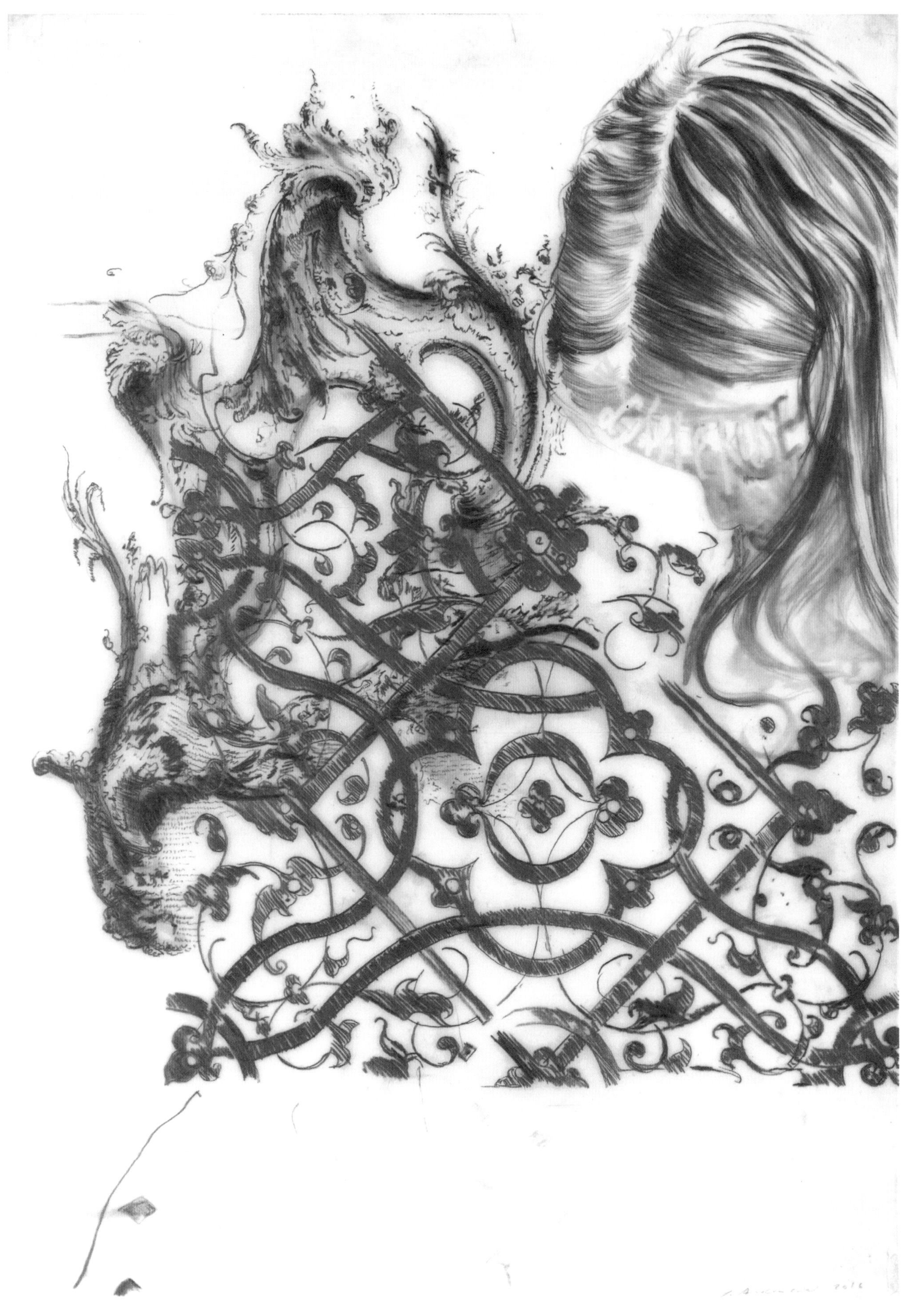

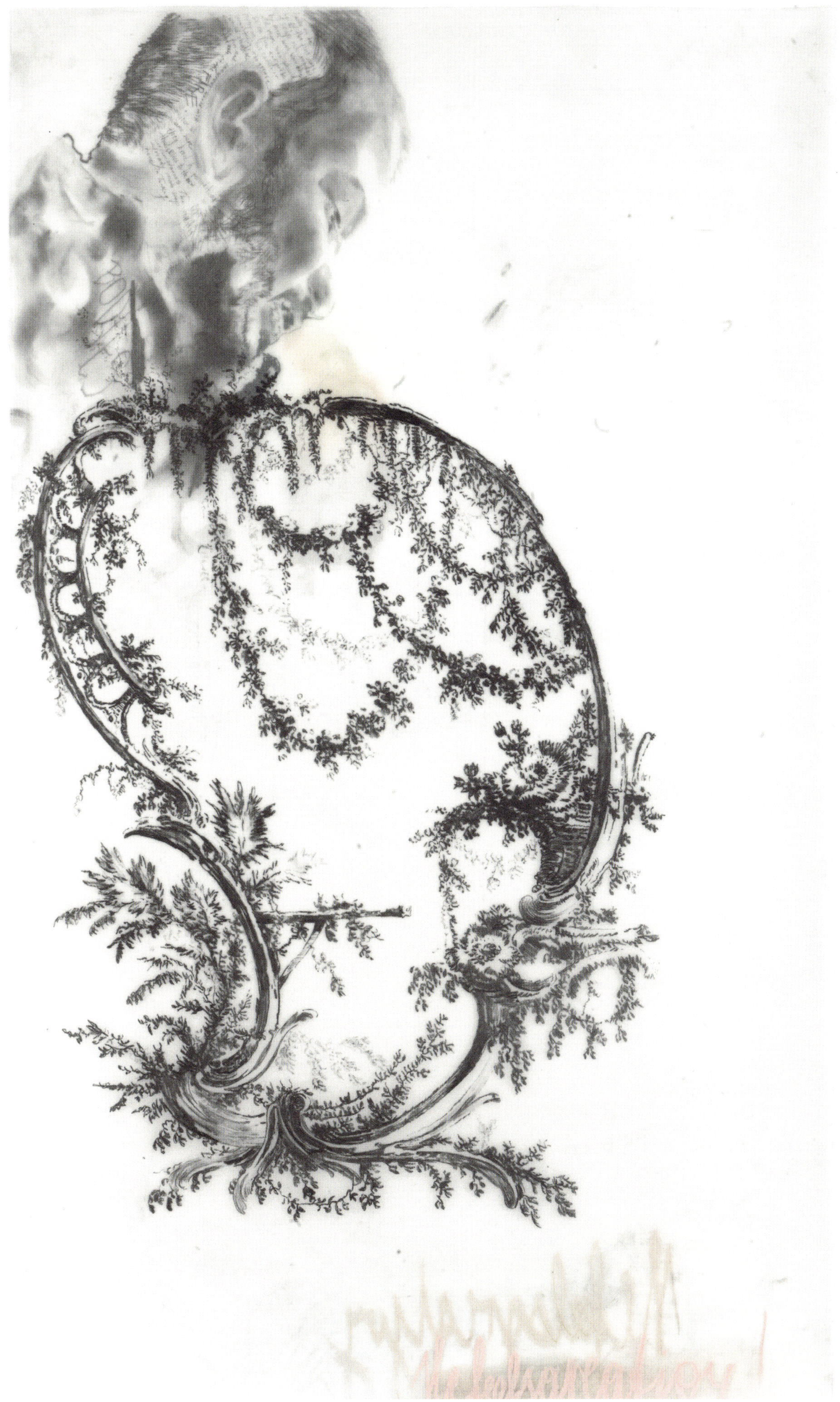

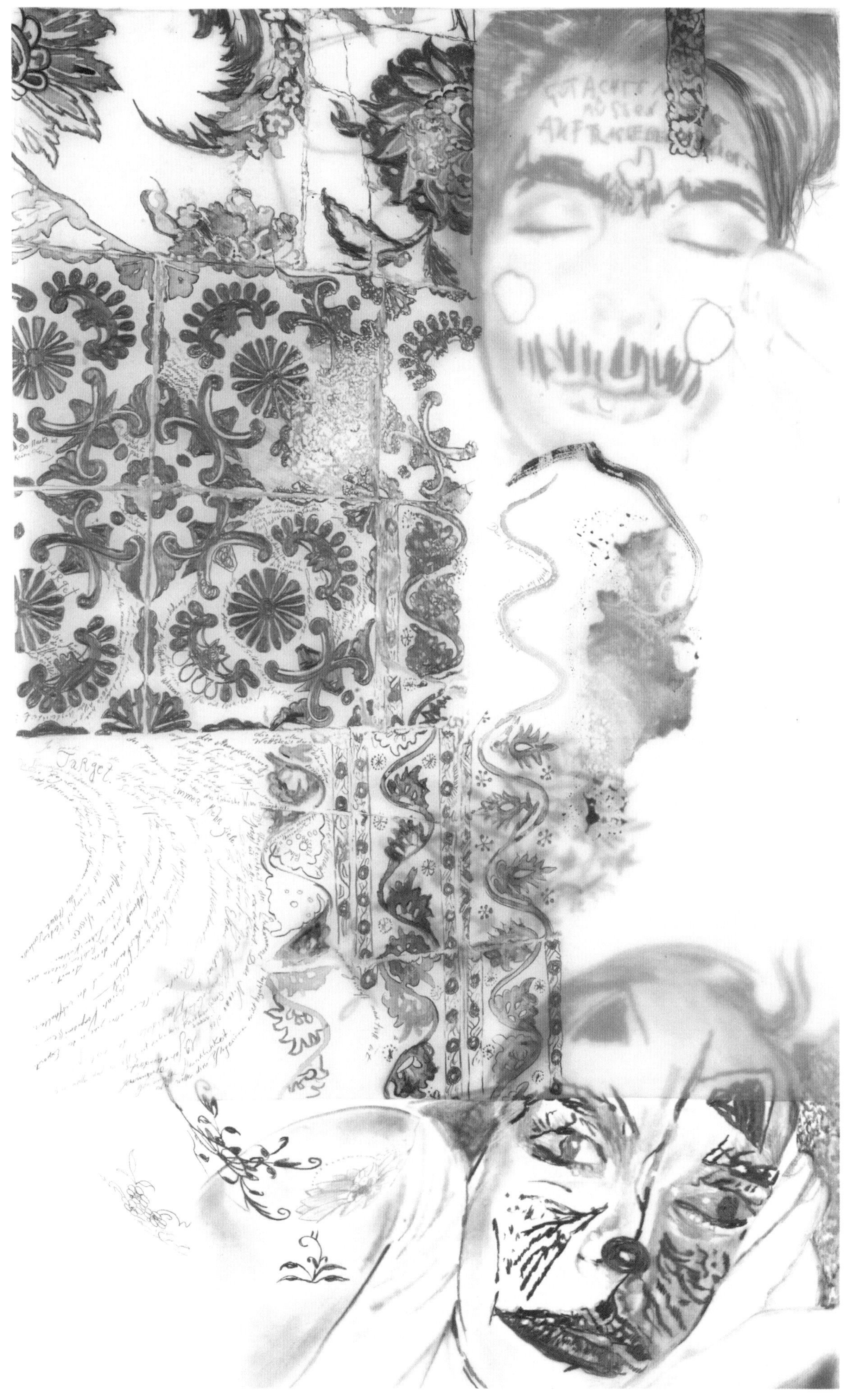

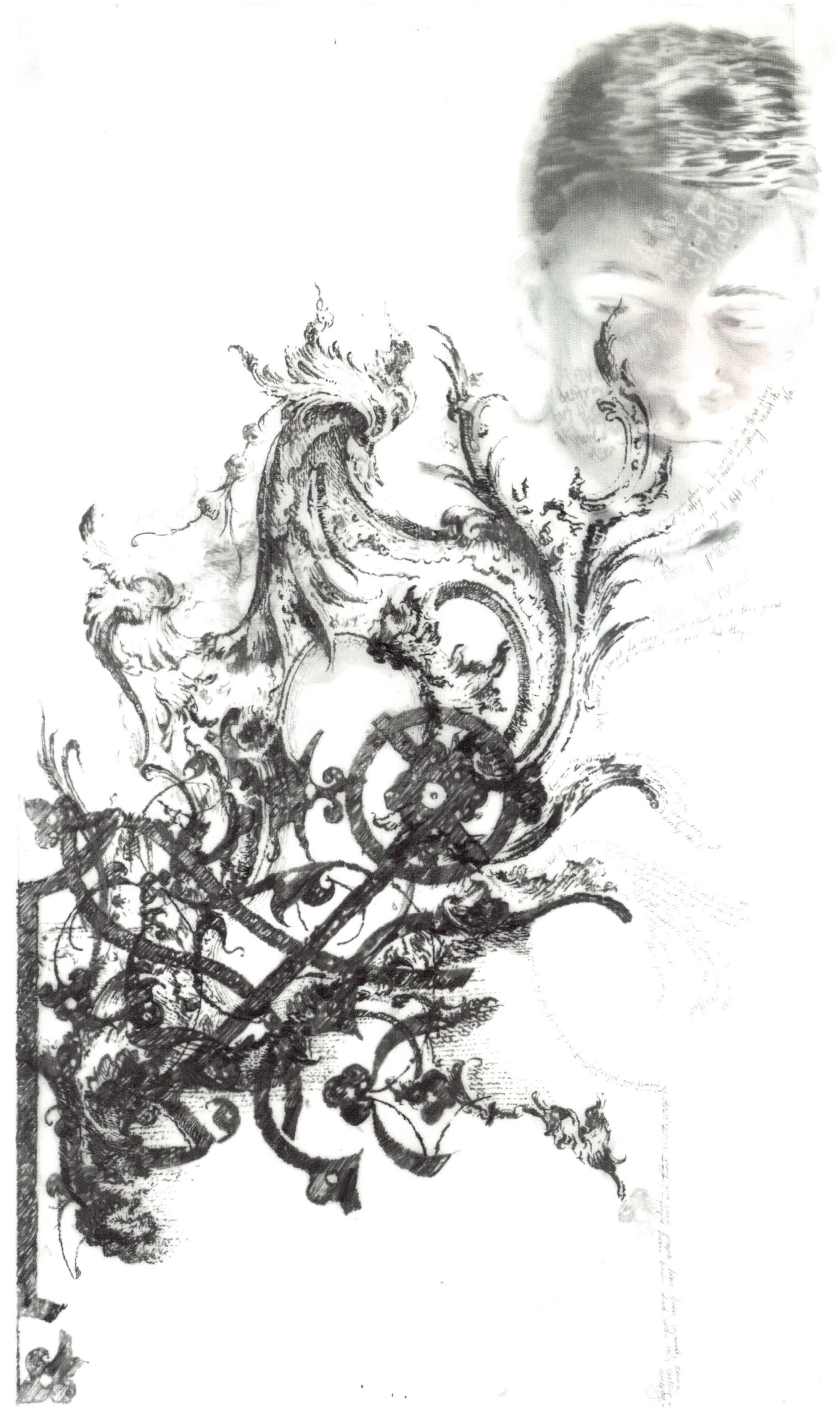

Most of them have been destroyed.
Have been bombed and shelled.
Bombed and shelled by the air force.

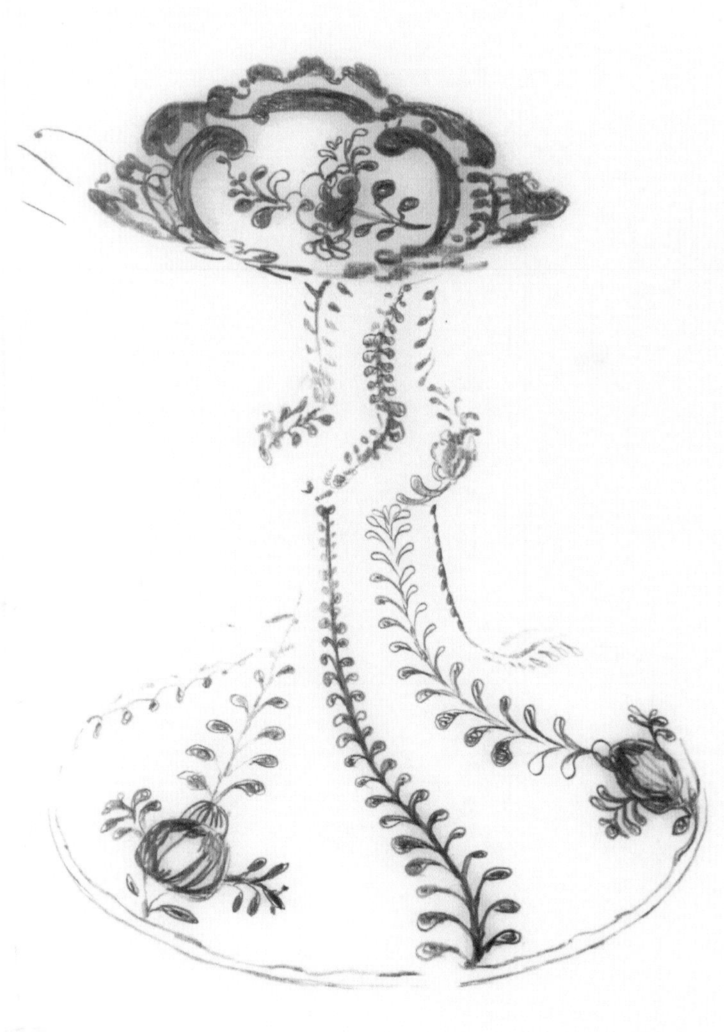

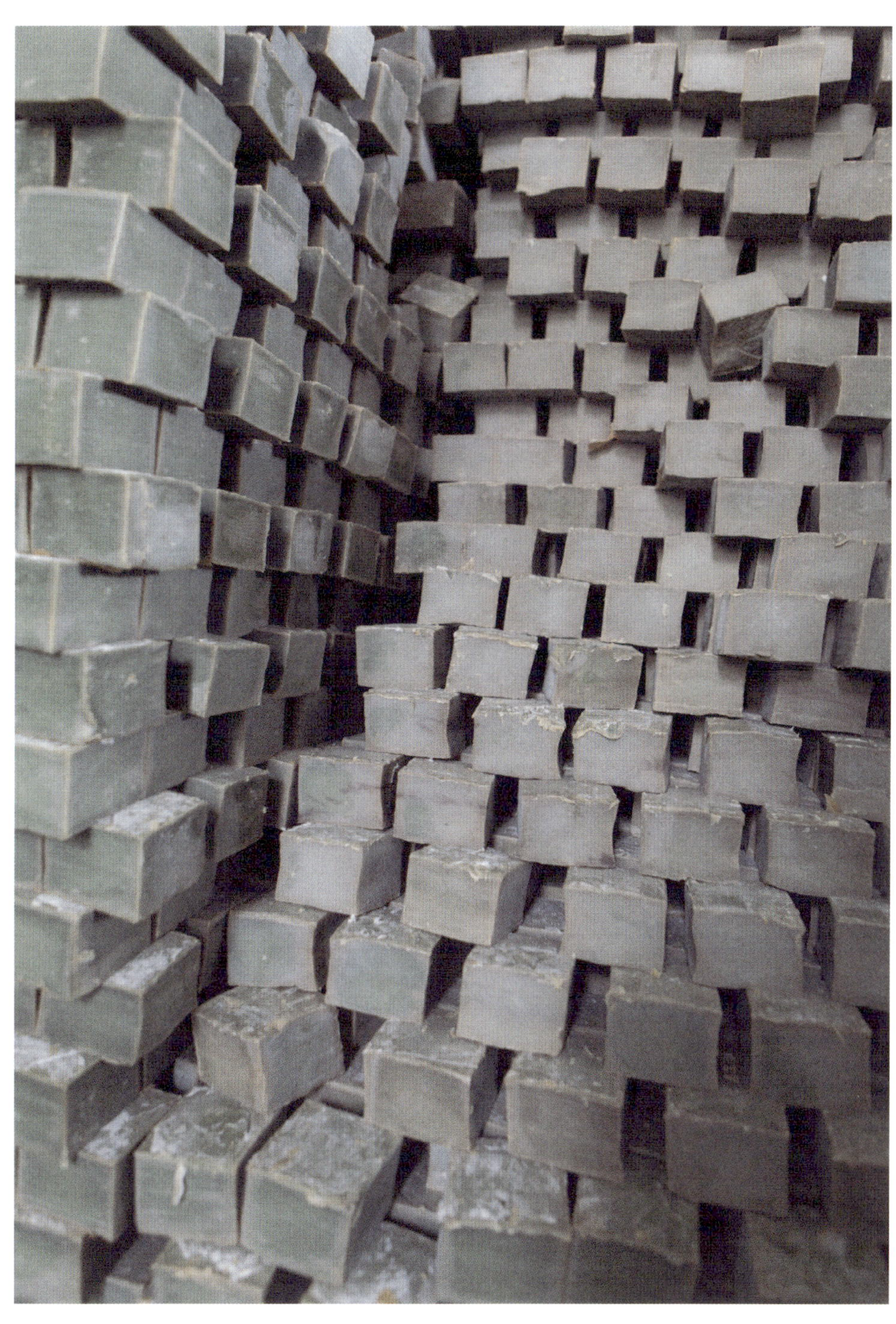

Sapun Ghar, 2017
C-Print, 45 × 30 cm

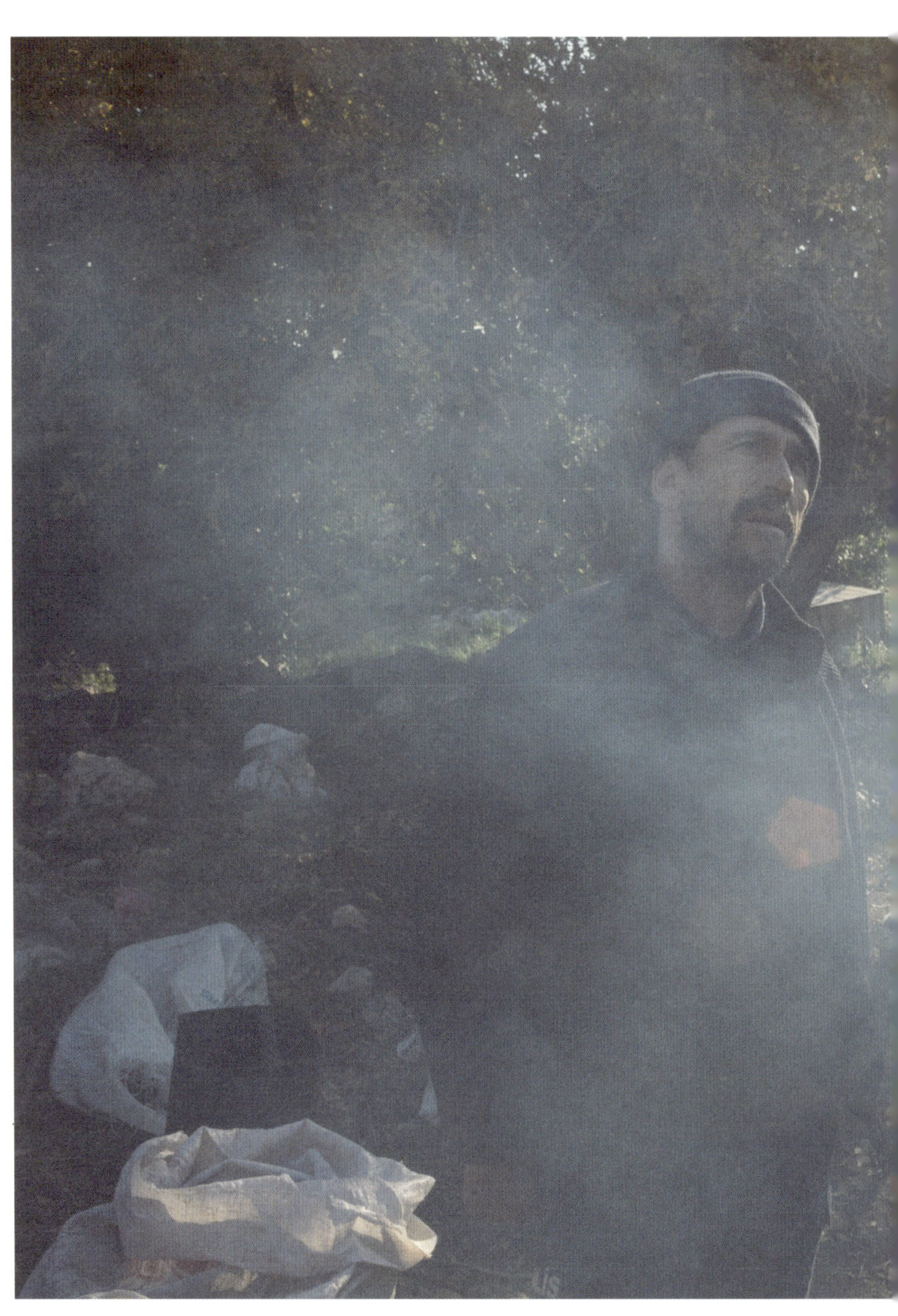

Sapun Ghar, 2017
C-Print, 50 × 75 cm

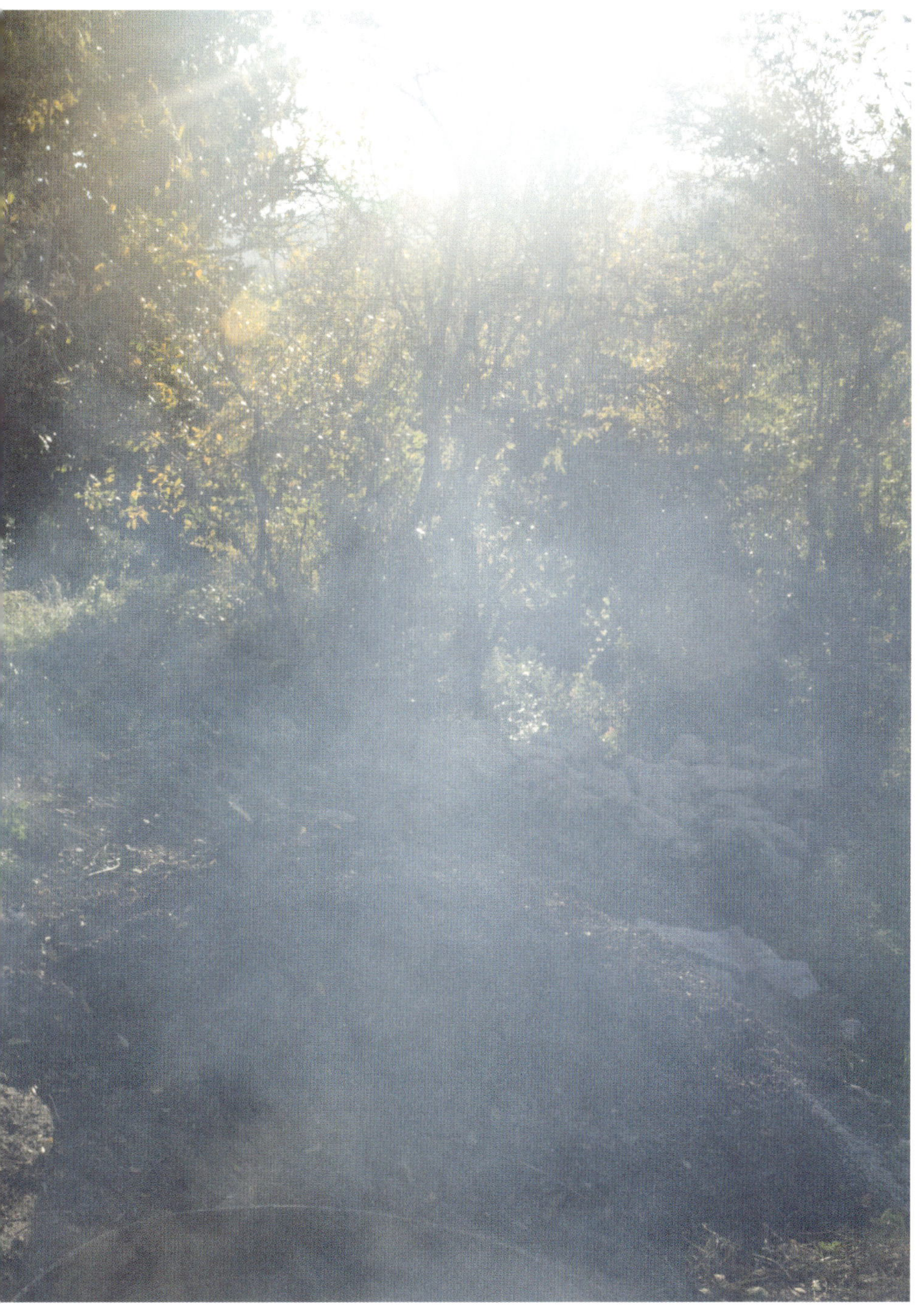

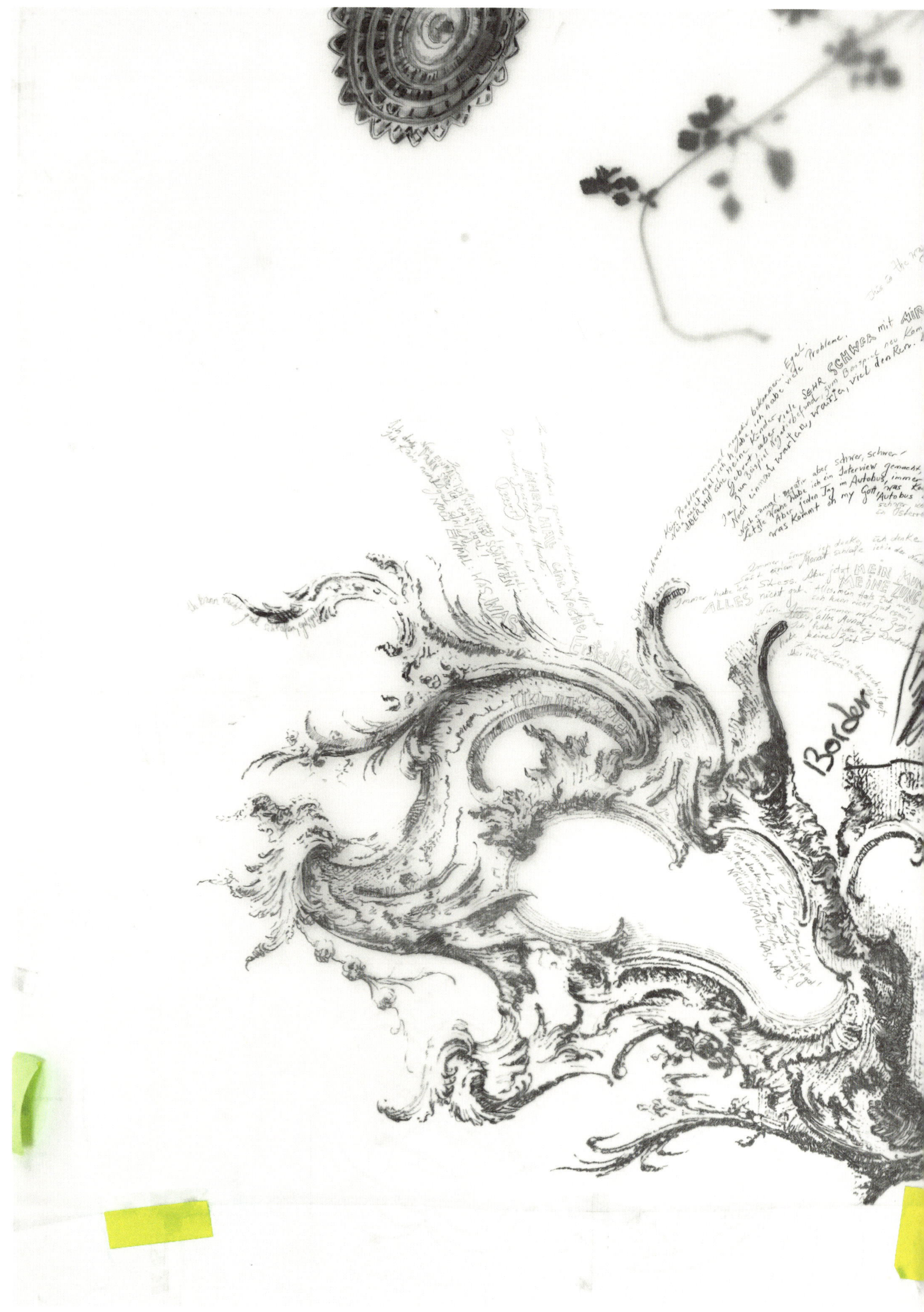
Border

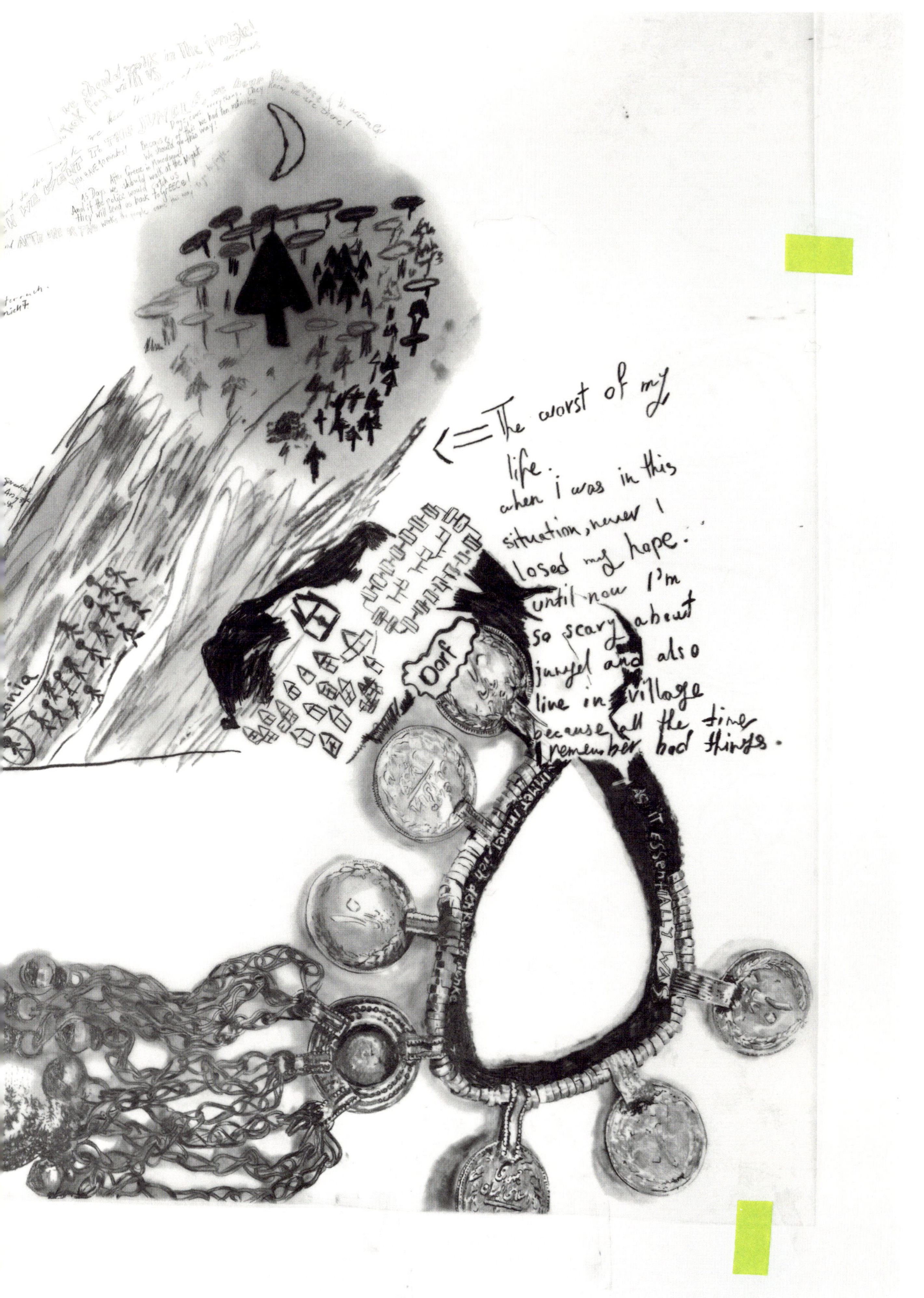

⟵ The worst of my life. when i was in this situation, never I losed my hope.. until now I'm so scary about jungel and also line in village because all the time remember bad things.
Dorf

I am / mein Mund, meine Zunge
Installation, Zeichnung
2018

Eine gotische Madonnen-Figur beschützt
Frauen und ihre Geschichten in der kon-
fliktbeladenen Gegenwart. Sie steht auf einer
großen Zeichnung Andrascheks, die über
einem Tischgestell fließend drapiert wurde.
Erzählungen und Zeichnungen von Frauen
in traumatisierenden Lebensumständen, die
der Künstlerin während der Zusammenarbeit mit der Beratungsstelle DIVAN und der
Notschlafstelle Graz anvertraut wurden,
handeln von Flucht oder häuslicher Gewalt.
Davon zeugen die Schriftbänder zwischen
den präzisen Zeichnungen eines afghanischen
Hochzeitscolliers, aber auch eines zertrüm-
merten Schädelfunds aus dem Neolithikum.
Es gibt, der Madonna hingestellt, ein Paar
Füße, afrikanische Fundstücke zwischen Flucht
und Ruhe.

I am / my mouth, my tongue
Installation, drawing
2018

A Gothic Madonna protects women and
their stories from the conflict-laden present.
It stands on a large-format drawing by
Andraschek that is gracefully draped over
a table frame. Stories and drawings of women
in traumatising life conditions, told to the
artist during the co-operation with the
counselling centre DIVAN and the emergency
shelter in Graz, deal with flight or domestic
violence. They are present in the ribbons of
writing between the precise drawings of an
Afghan wedding necklace, but also of the
smashed remains of a skull from the Neolithic
Age. Placed beneath the Madonna, there is
a pair of feet, African finds between flight and
peace.

S./pp. 102/103
I am / mein Mund, meine Zunge, 2018
Zeichnung, Ausschnitt / Drawing, detail

S./pp. 106–109, 112–114
S./p. 108 mit / with Sonya und / and Saba
I am / mein Mund, meine Zunge, 2018
Zeichnung, Brombeerblätter, Bauhaus-
madonna aus Föhrenholz, Metalldose und
Stoffpolster, afrikanische Holzfüße, Ausschnitt /
Drawing, bramble leaves, Bauhaus Madonna,
pine wood, paint can and bean bag, 84 cm,
African wooden feet, detail

S./pp. 110/111
Zeichnung von / drawing by Adela, Hasti,
Muskan, Saba, Sohaila, Sonya für / for
I am / mein Mund, meine Zunge, 2018
Brombeerranke / Bramble tendril,
80 × 107 cm

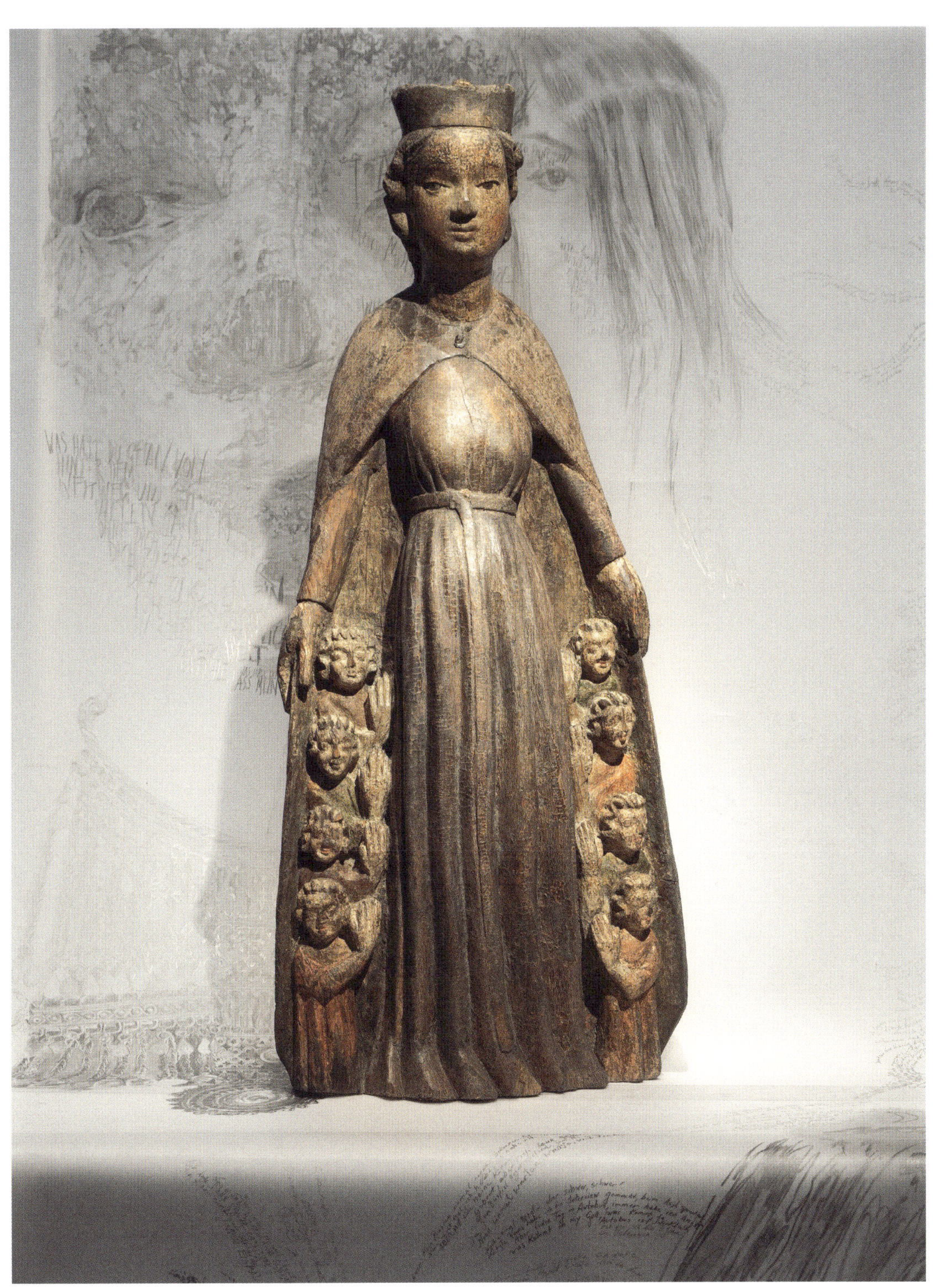

I am / mein Mund, meine Zunge, 2018
Schutzmantelmadonna, 1350/60, Fichtenholz /
Madonna of Mercy, 1350/60, spruce wood, 84 cm
Universalmuseum Joanneum, Alte Galerie, Graz
Zeichnung, Graphit, Vellum /
Drawing, graphite, vellum, 318 × 122 cm
Fichtenholztisch / Spruce wood table,
171 × 124 × 60,5 cm
Schraubzwingen, Holzfüße / Screw clamps,
wooden feet

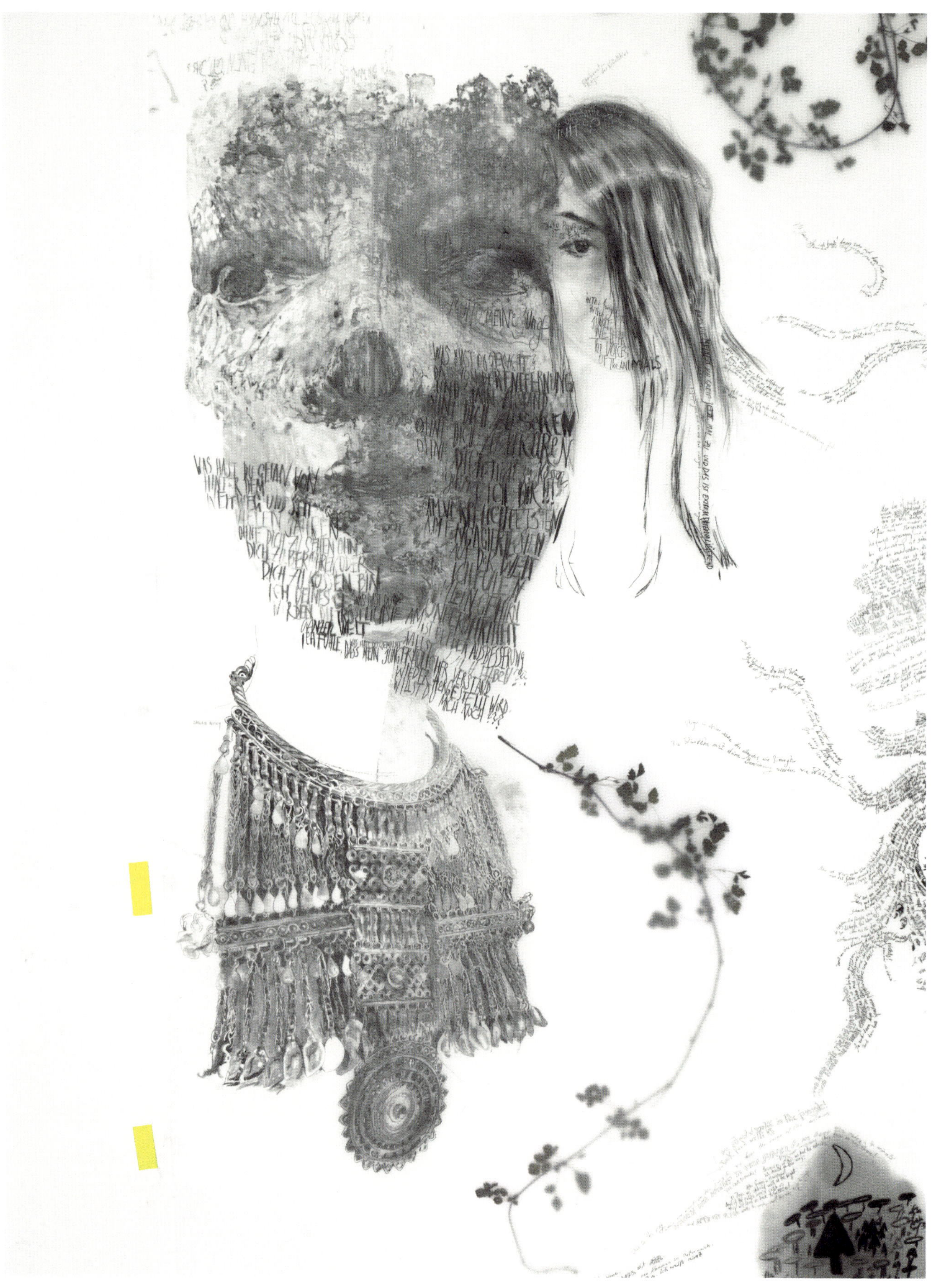

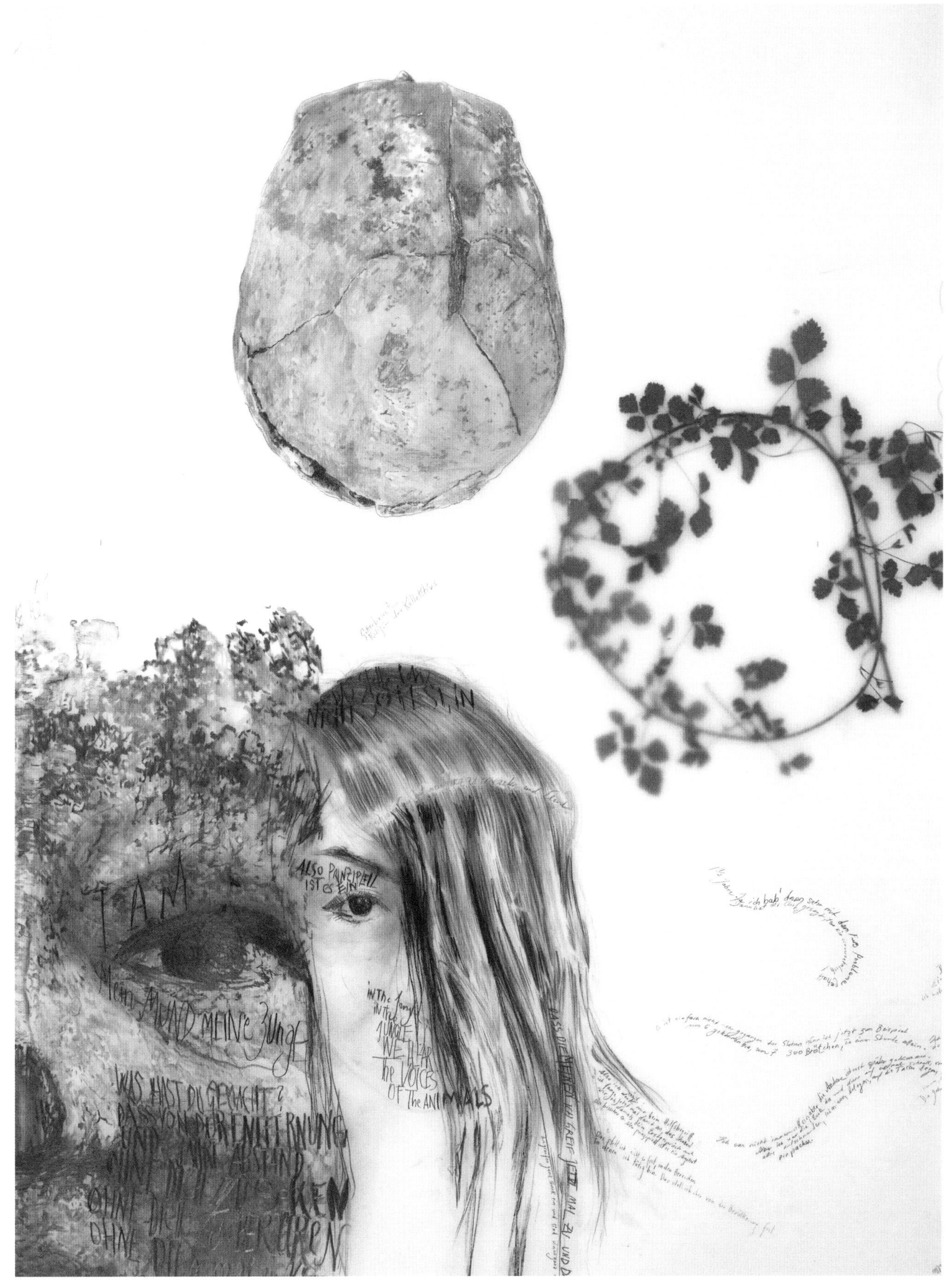

I AM
ALSO PRINZIPIELL IST ES EIN
IN The Jungle
IN The Jungle
WE HEAR
The VOICES
OF The ANIMALS
NICHT GOTTES IN

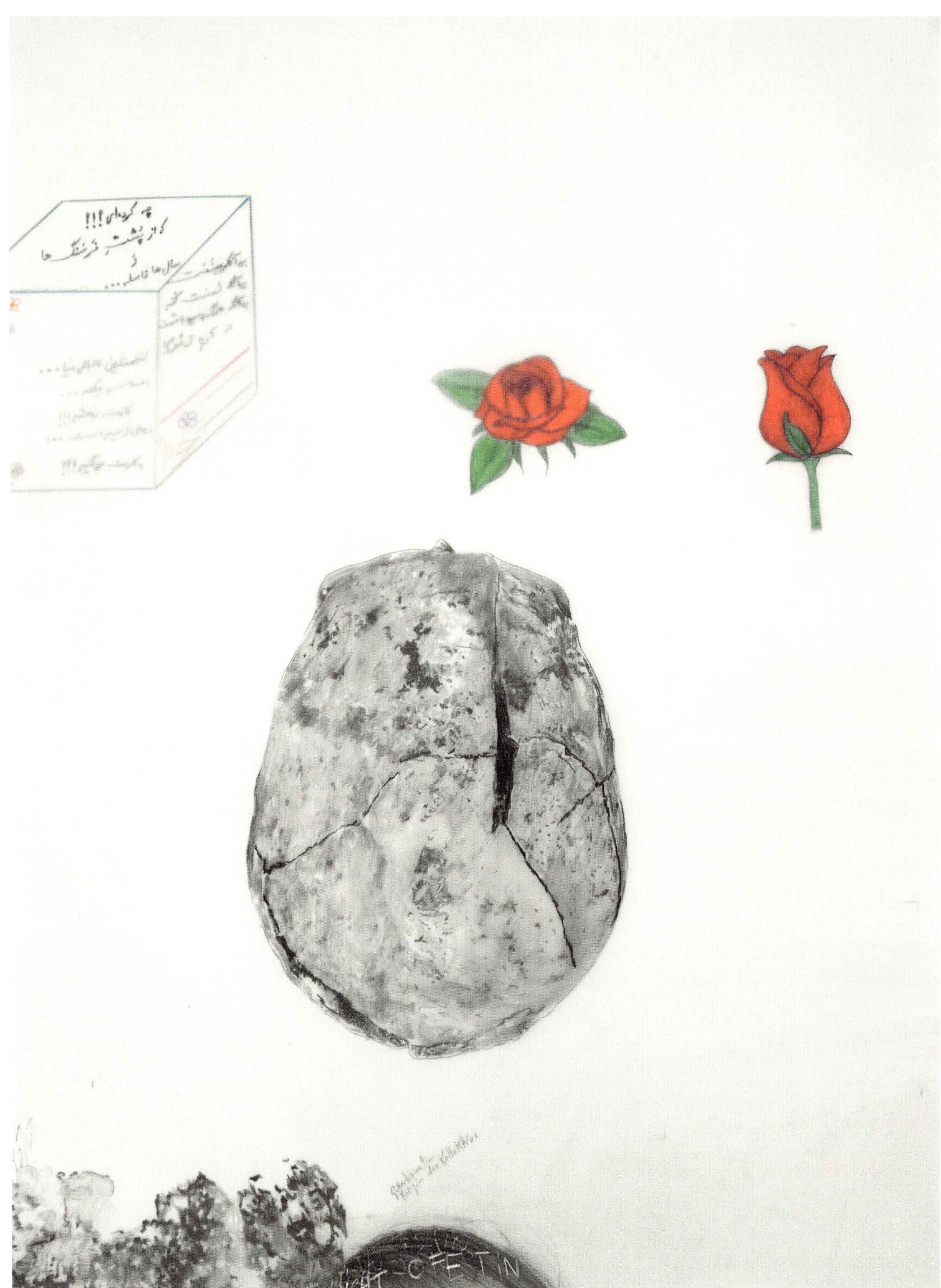

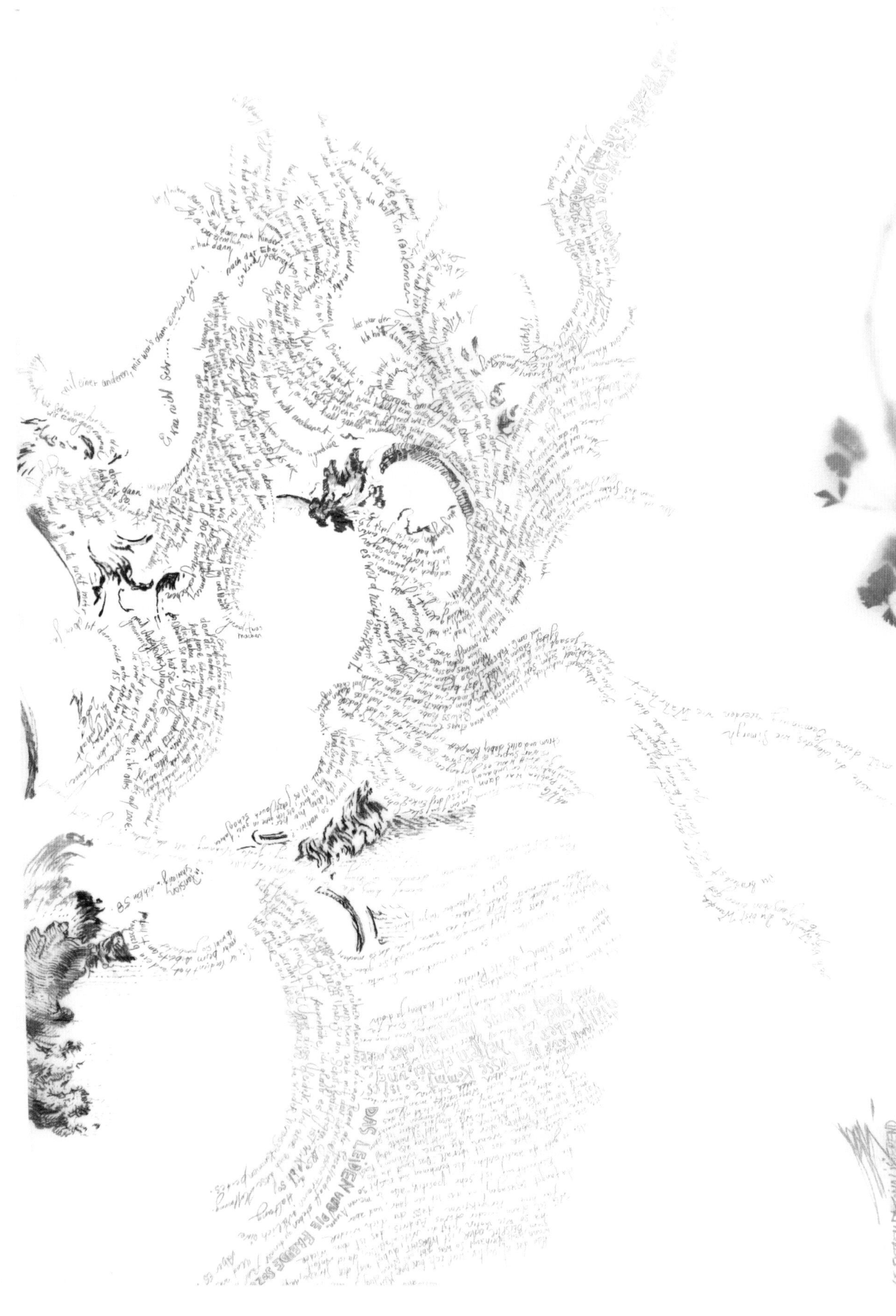

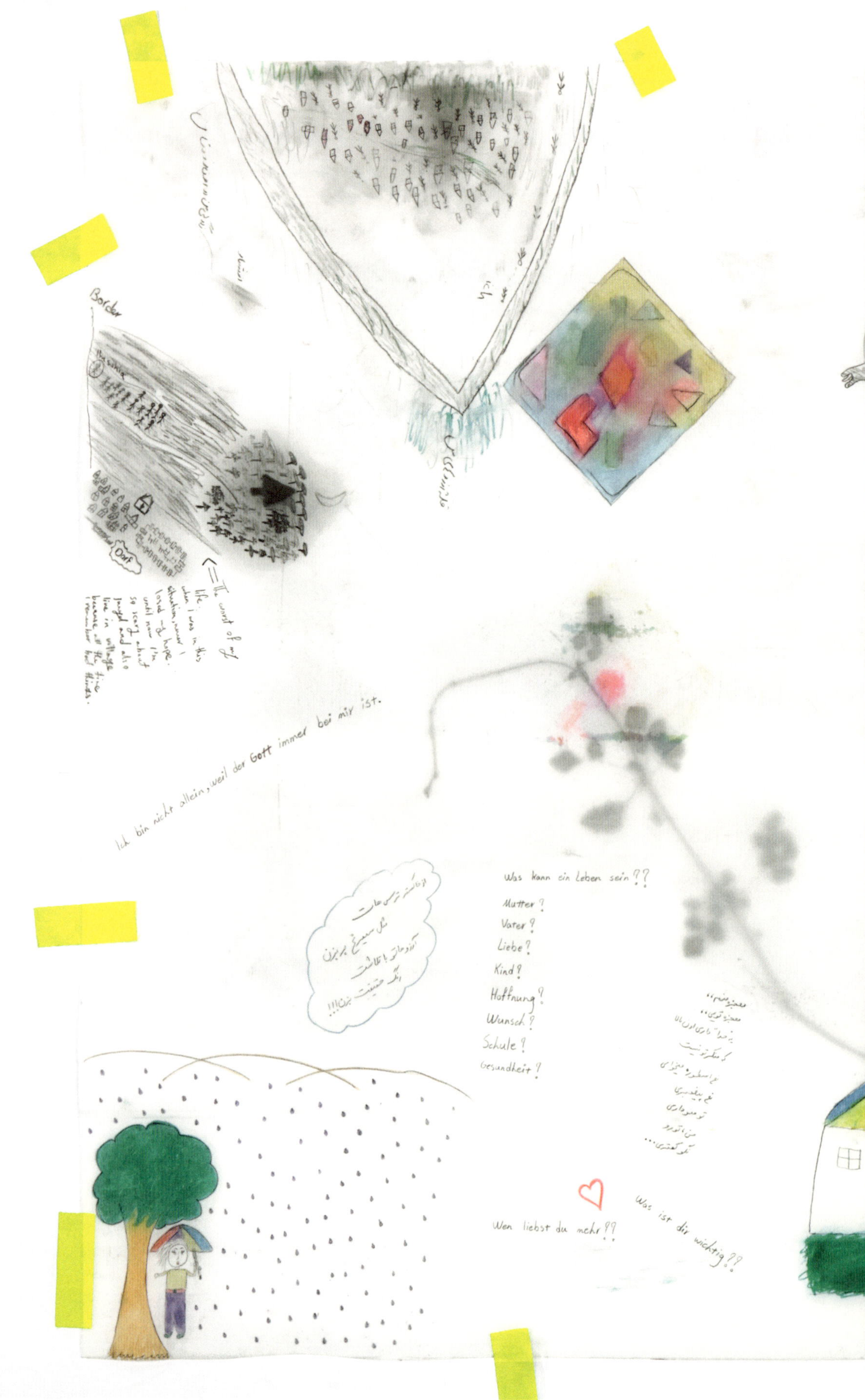

Border
Dorf
=> The worst of my
life, when i was in this
situation, never i
lost the hope.
until now i'm
so scary about
myself and also
live in village
because all the fire
i remember had flinds.
Ich bin nicht allein, weil der Gott immer bei mir ist.
Was kann ein Leben sein ??
Mutter ?
Vater ?
Liebe ?
Kind ?
Hoffnung ?
Wunsch ?
Schule ?
Gesundheit ?
Wen liebst du mehr ??
Was ist dir wichtig ??

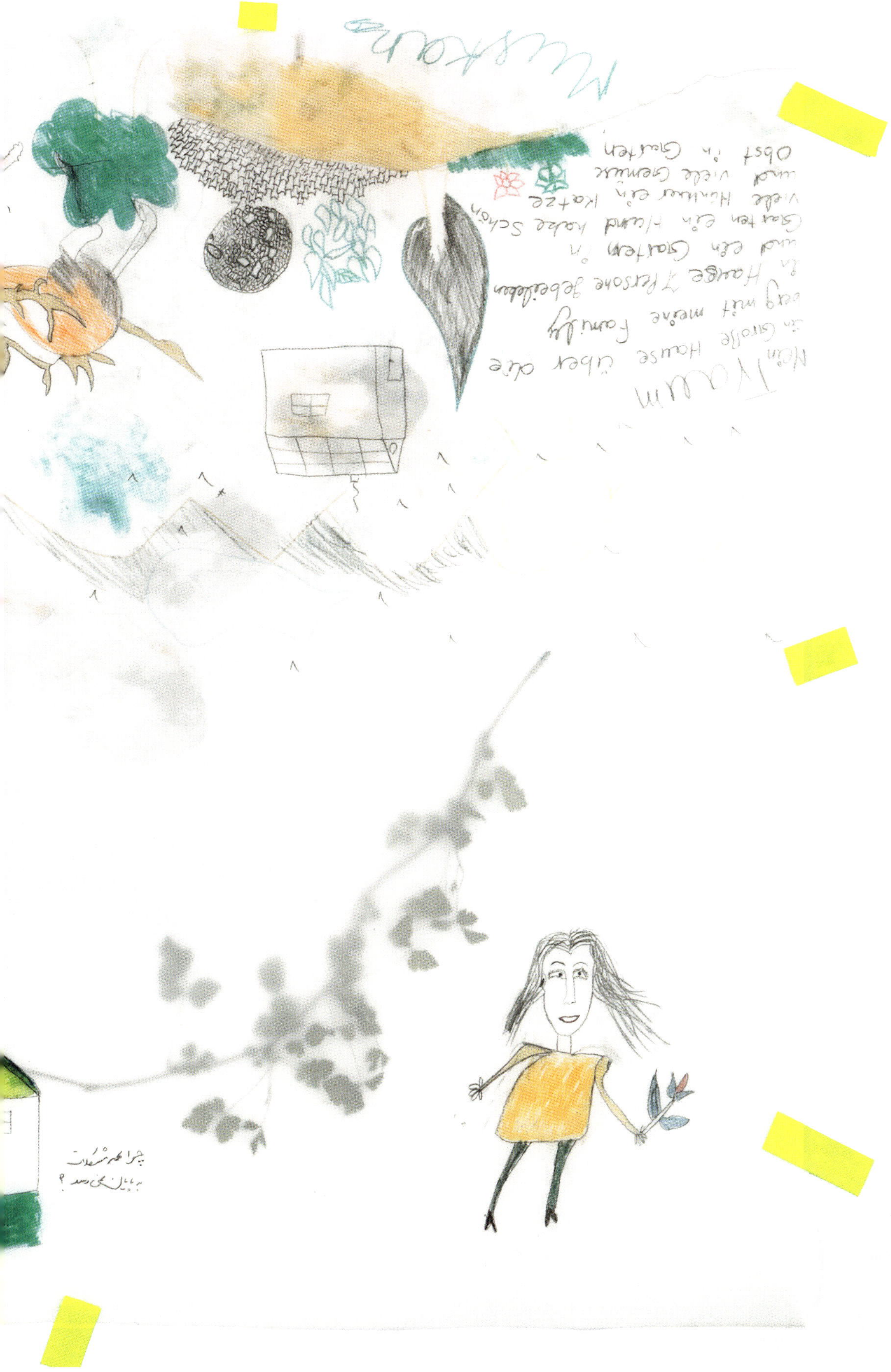

Mein Traum
ein Große Hause über die
berg mit meine Family
in Hause 7 Persone gebeileben
und ein Garten in
Garten ein Hund habe Schön
viele Hühner ein Katze
und viele Gemüse
Obst in Garten

Muskan

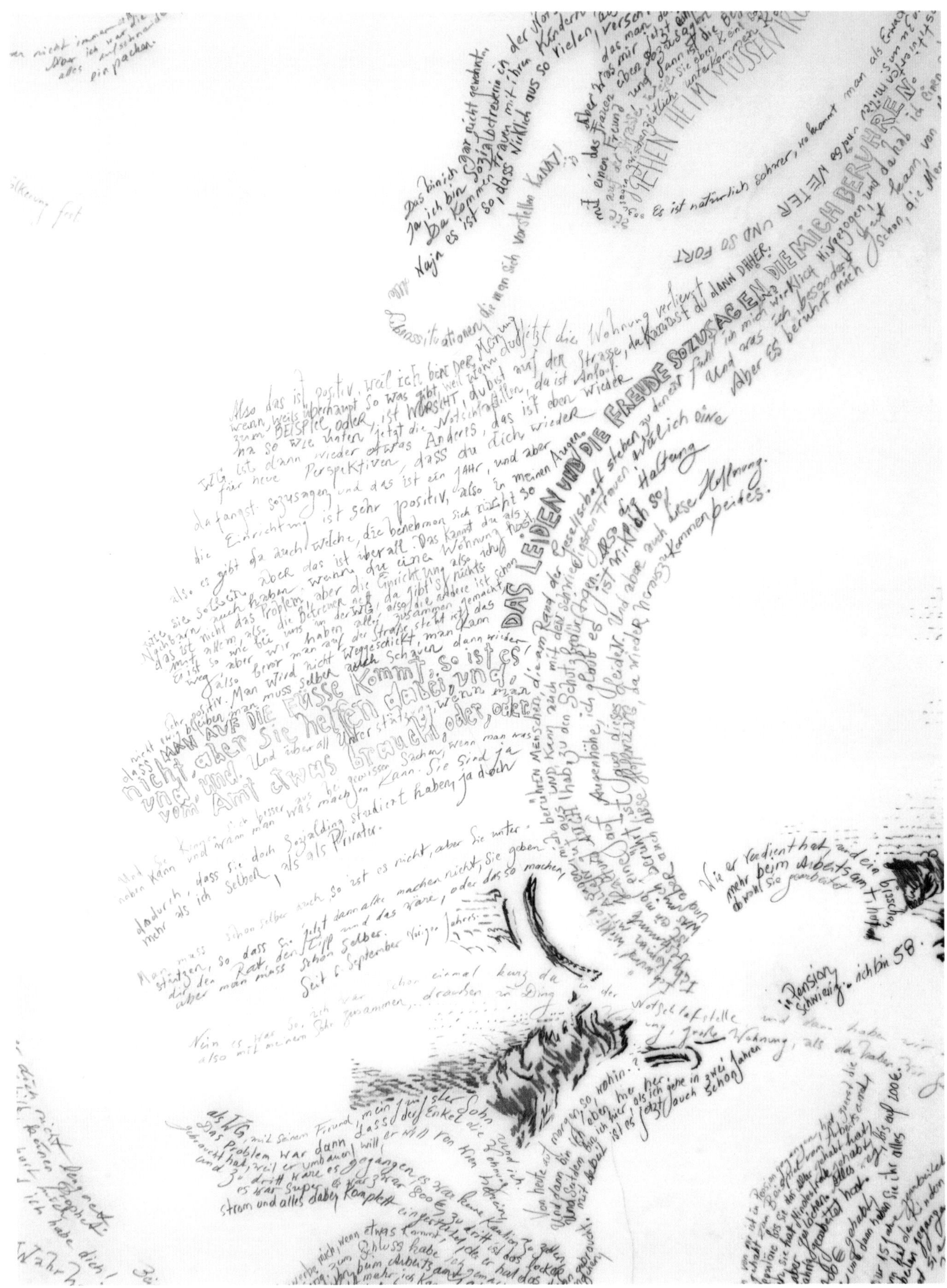

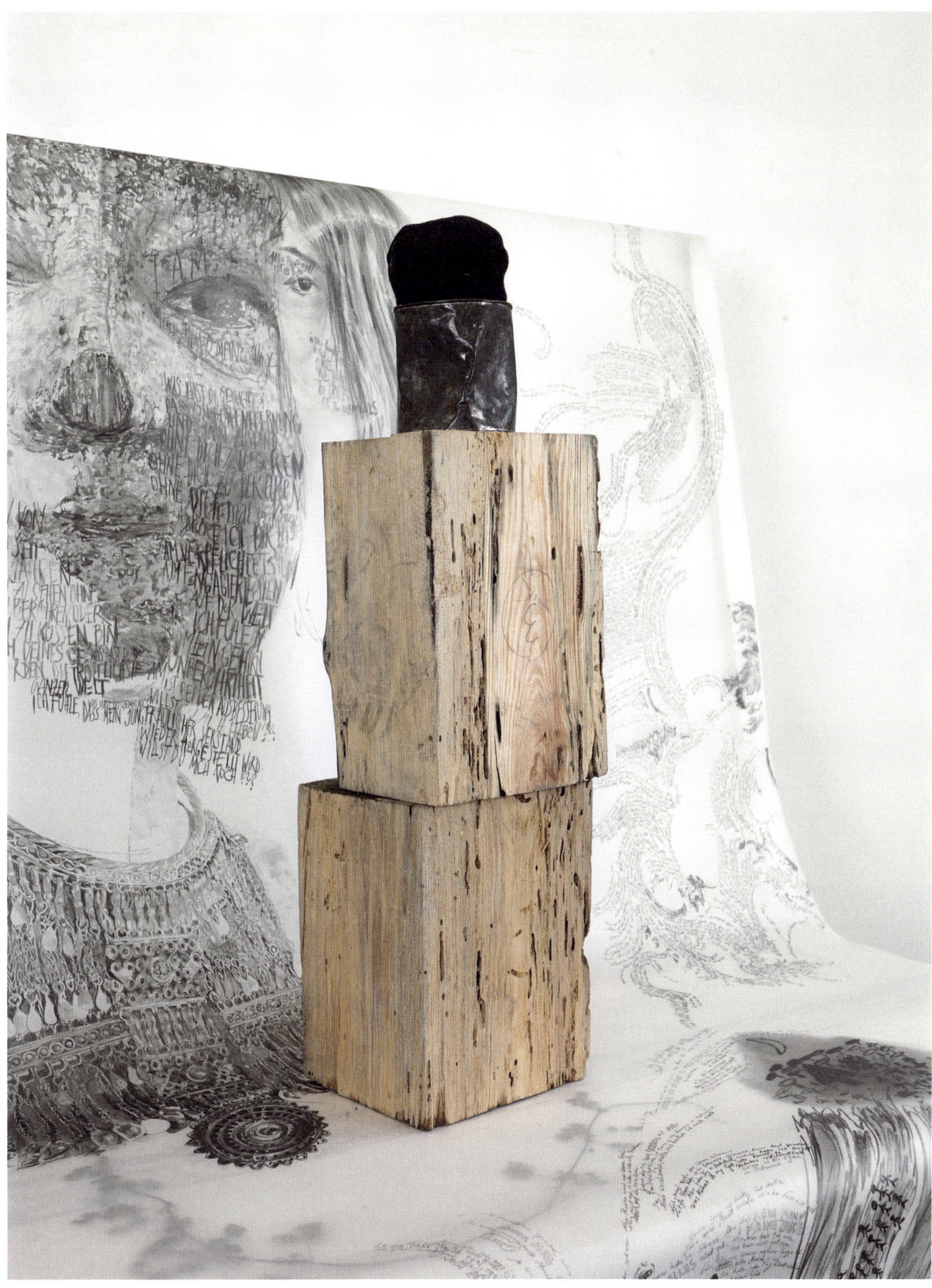

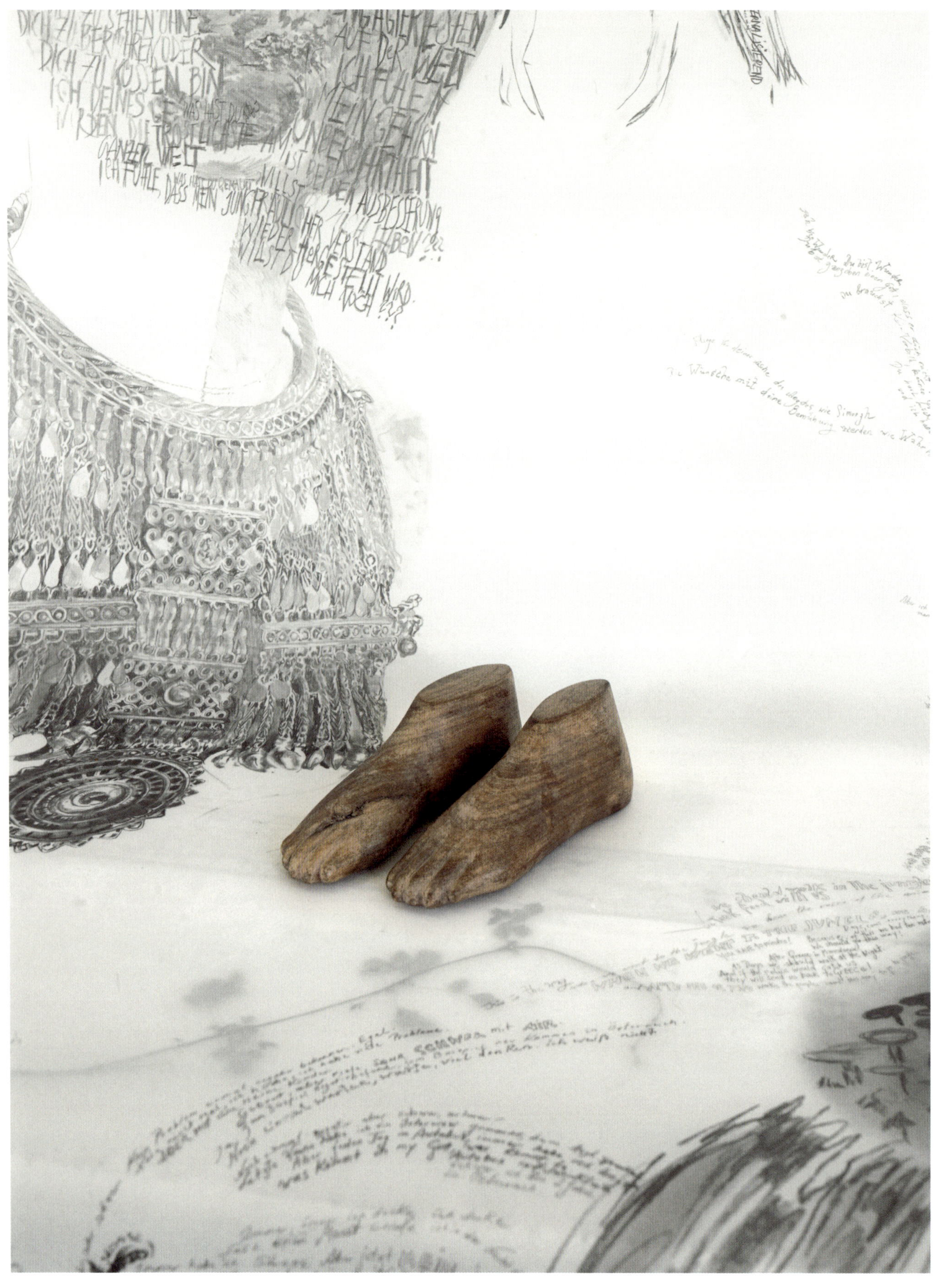

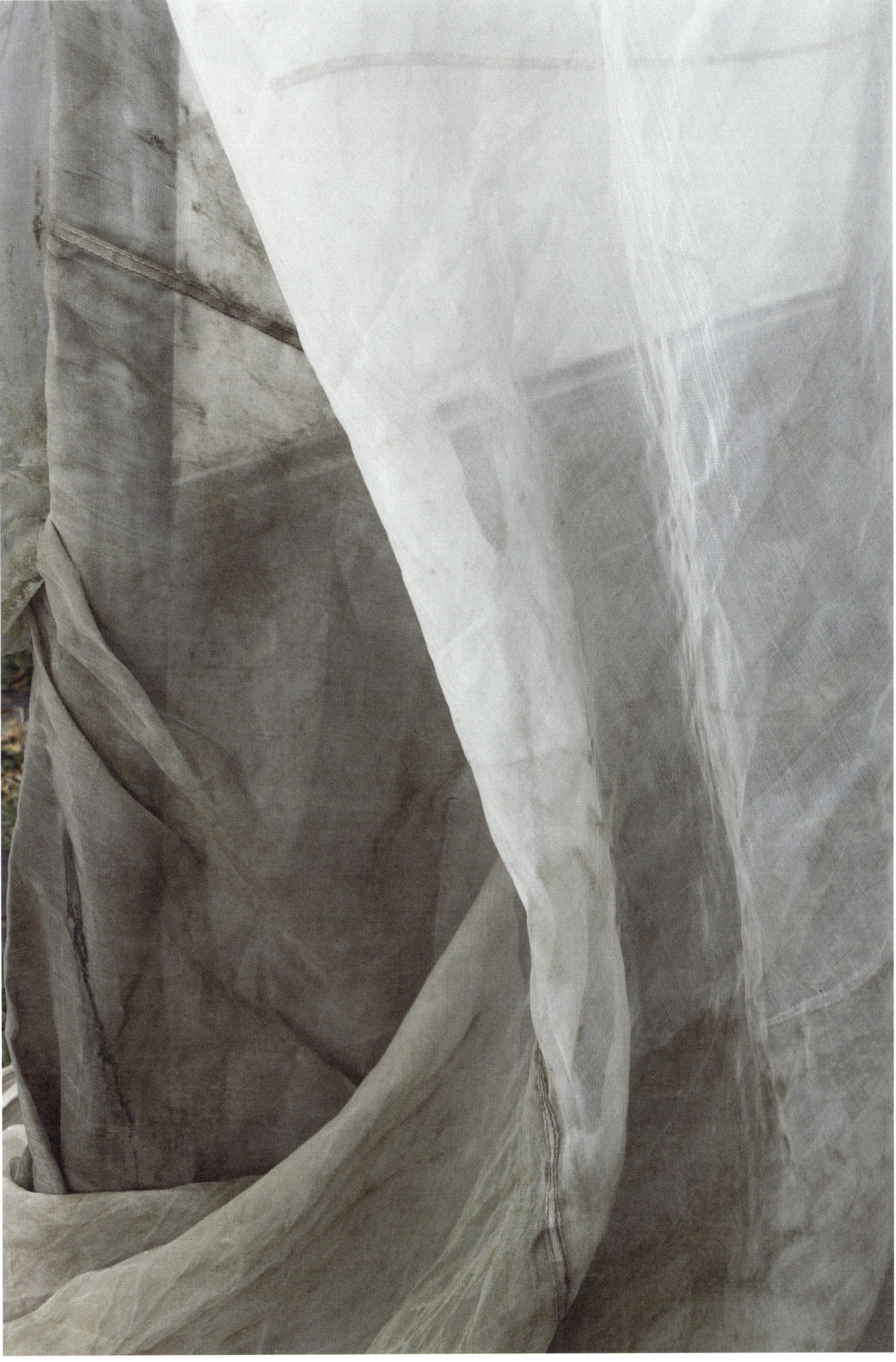

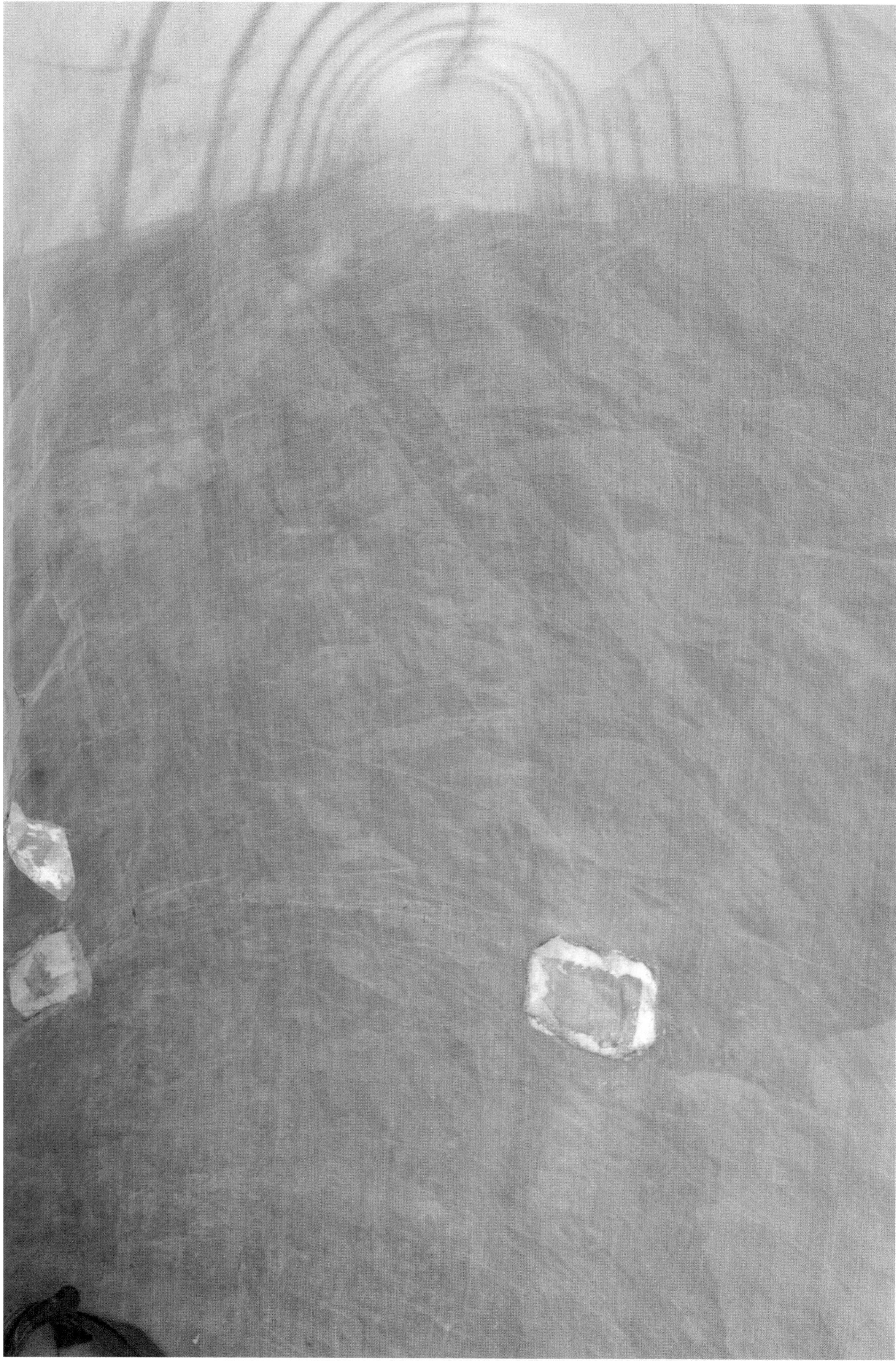

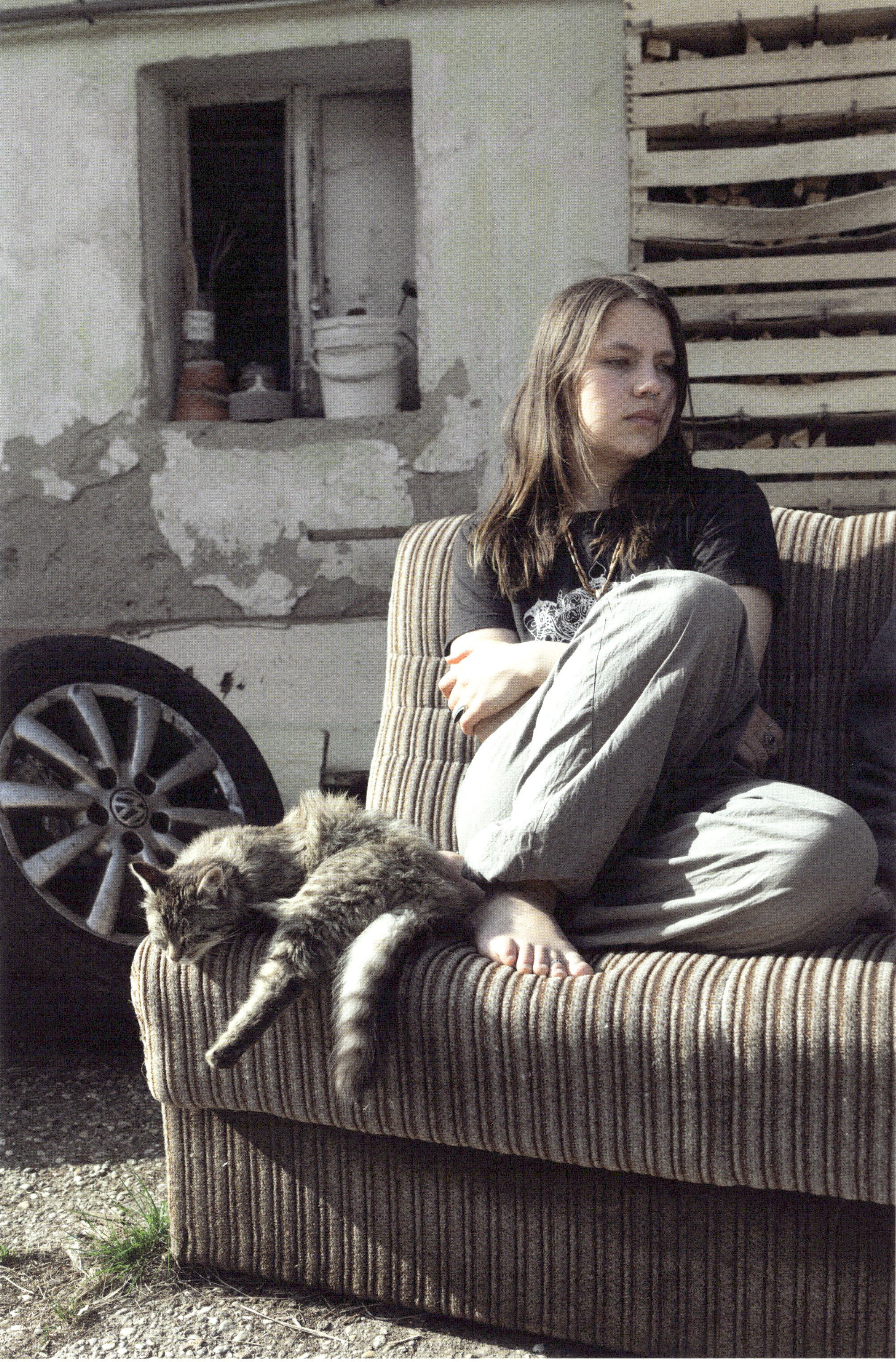

Sekundäre Wildnis
Installation, Fotografien, Video
2017

Sekundäre Wildnis ist ein Begriff, der heutzutage „Natur" in ihrer Verfasstheit im Anthropozän, im Stadium der generellen Überformung durch den Menschen definiert. Als Titel
der Fotoserie und Installation bezeichnet er
ein Lebensgefühl von Menschen, die als
Lebensmittelproduzent_innen in der alternativen Landwirtschaft gesellschaftliche
Nischen-Räume bewohnen. Die Ausstrahlung
dieser Personen und Orte und der direkte
Zugang, die Verbundenheit der Künstlerin mit
dieser wilden Lebensform, lassen „Chaos"
wieder als Beginn des „Kosmos" erscheinen.

Secondary Wilderness
Installation, photographs, video
2017

Secondary wilderness is a term that today
defines 'nature' in its state in the Anthropocene, at a stage of universal reshaping by
mankind. As the title of the photo series and
installation, it denotes an attitude towards
life in people who, being food producers in
the alternative farming sector, inhabit societal
niche spaces. The appeal of these persons
and places and the direct access, the connection the artist finds with this untamed way
of life, make 'chaos' come forth again as the
beginning of the 'cosmos'.

S./pp. 117–128
Fotografien aus der Serie/
Photographs from the series
Sekundäre Wildnis, 2017
Unterschiedliche Formate/Various dimensions

Iris Andraschek

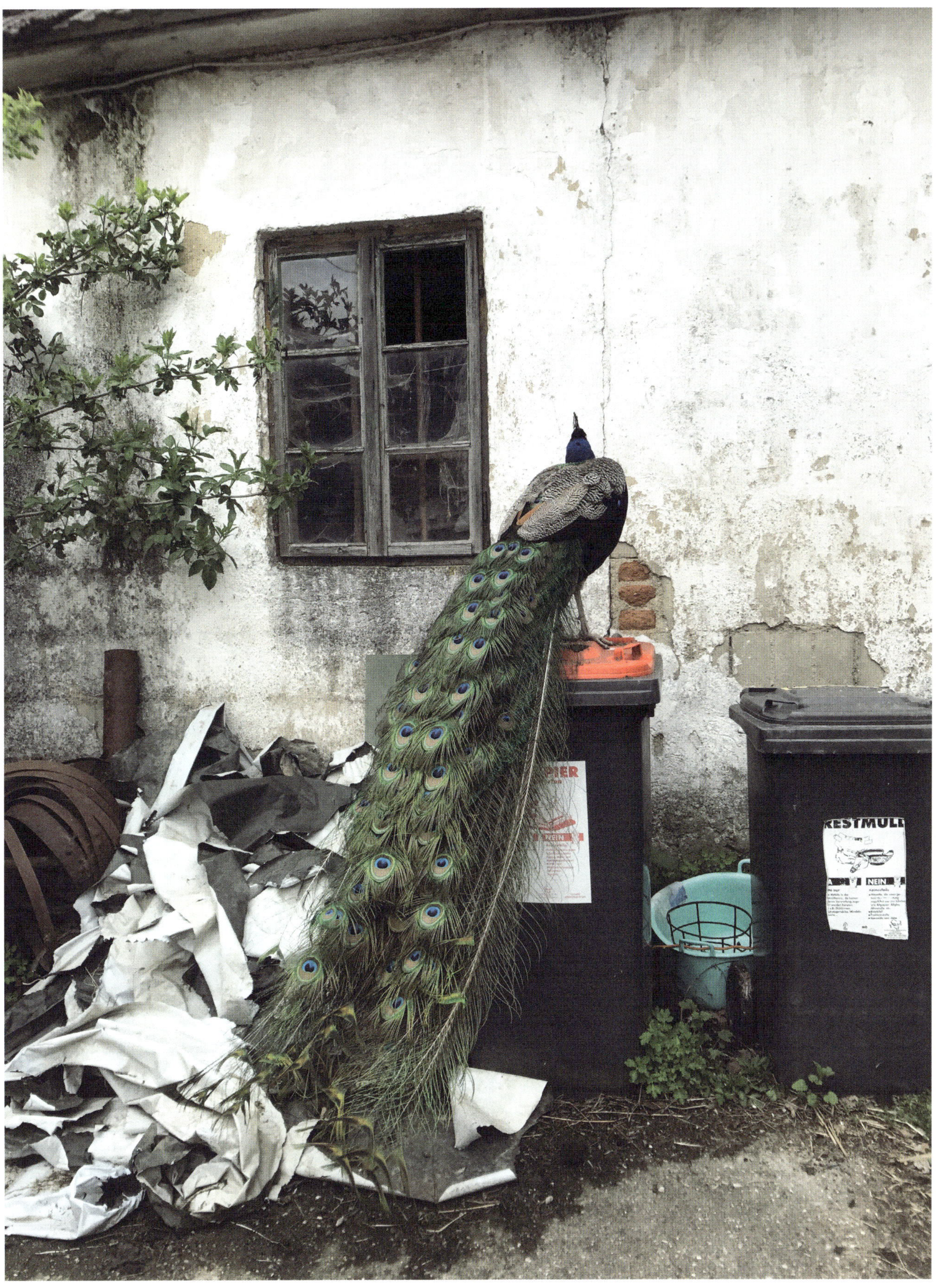

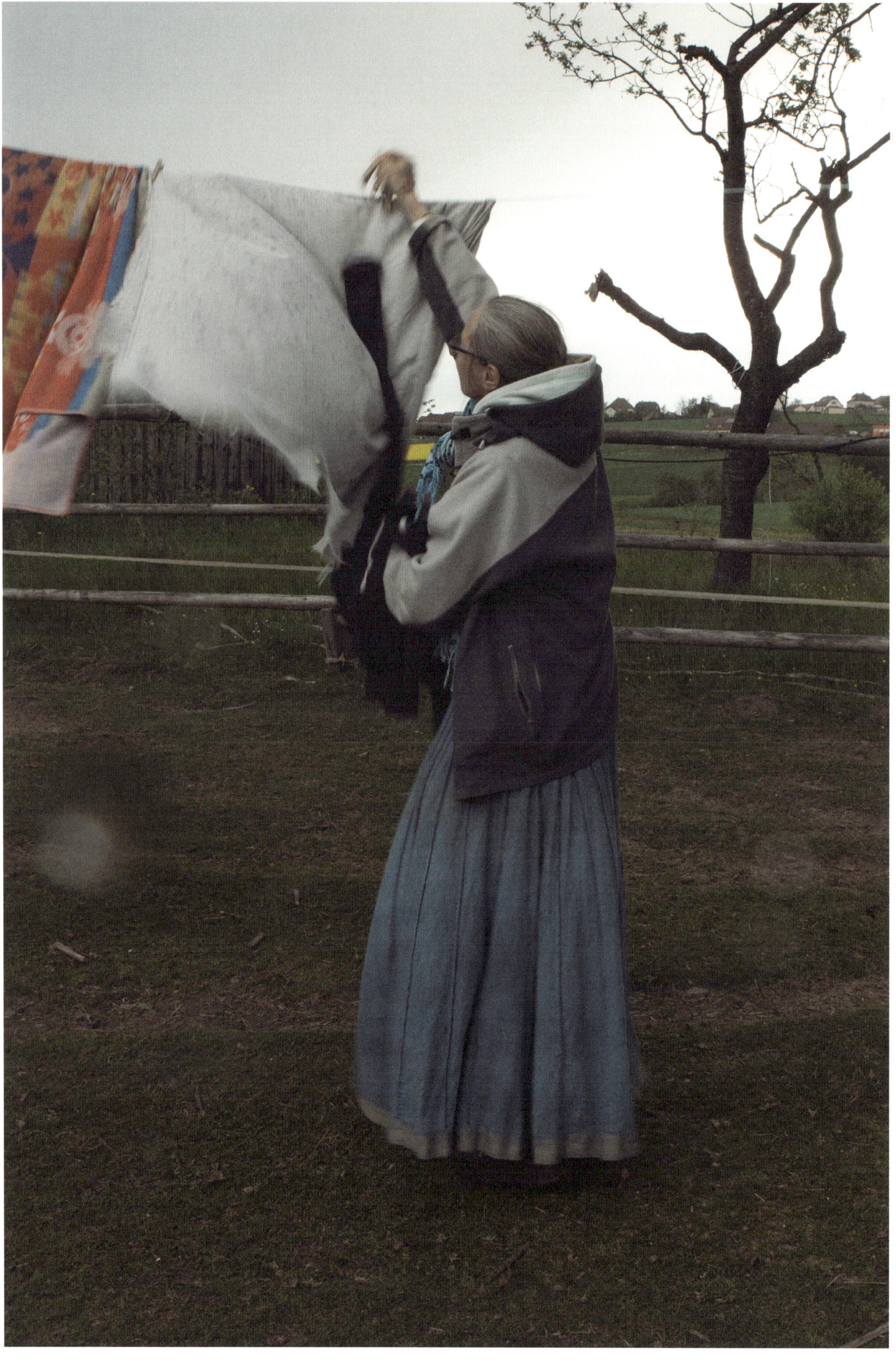

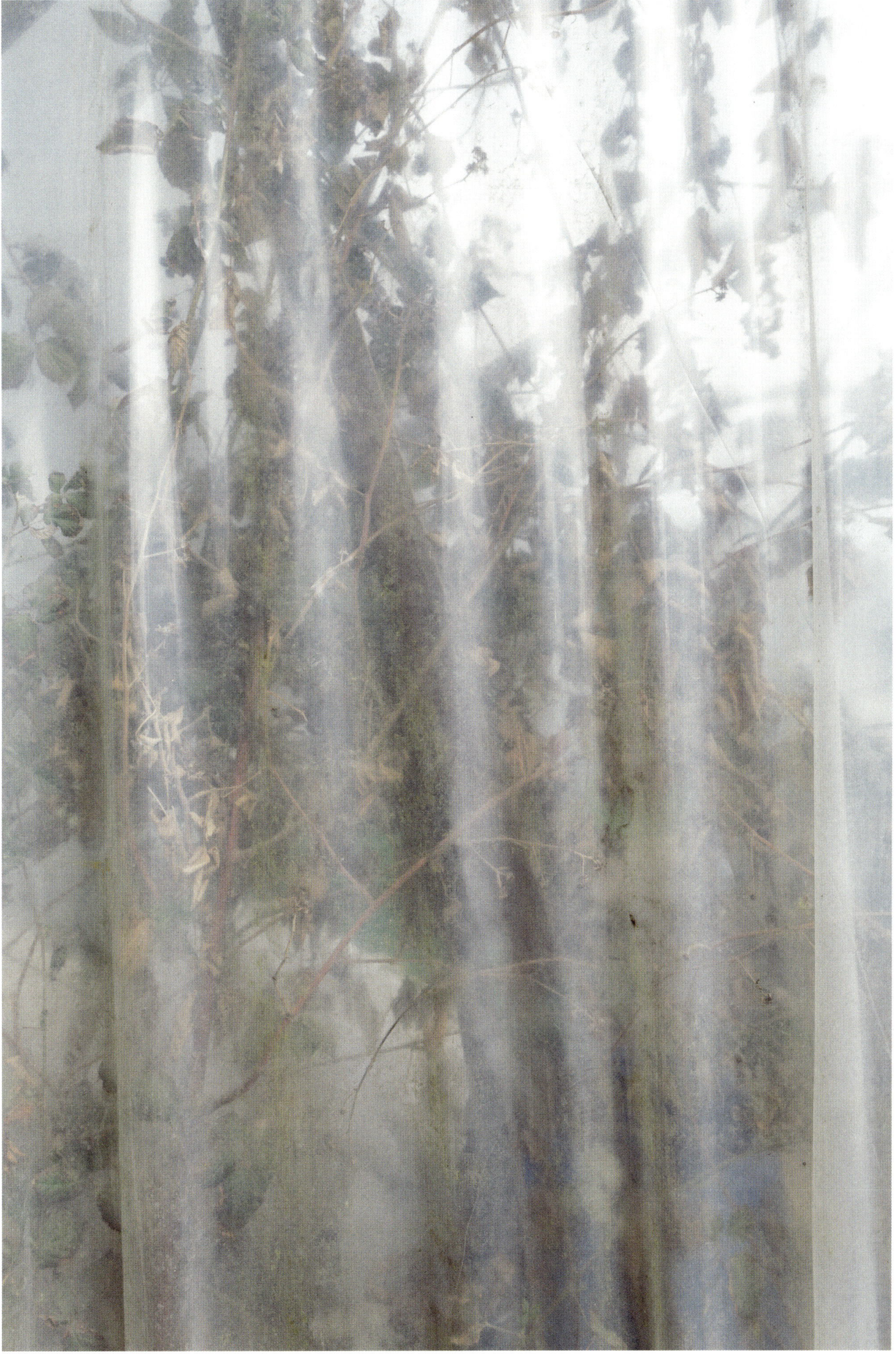

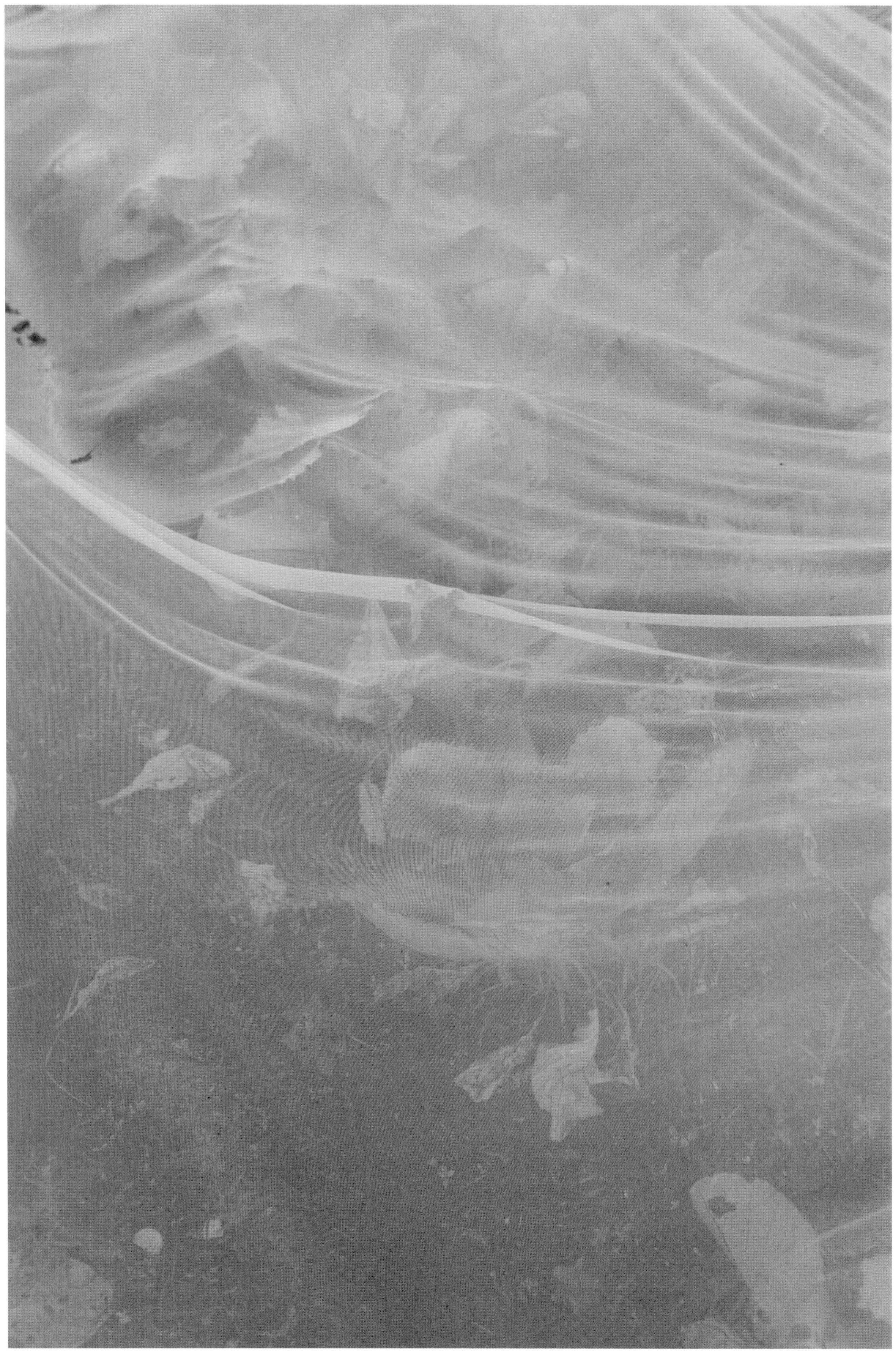

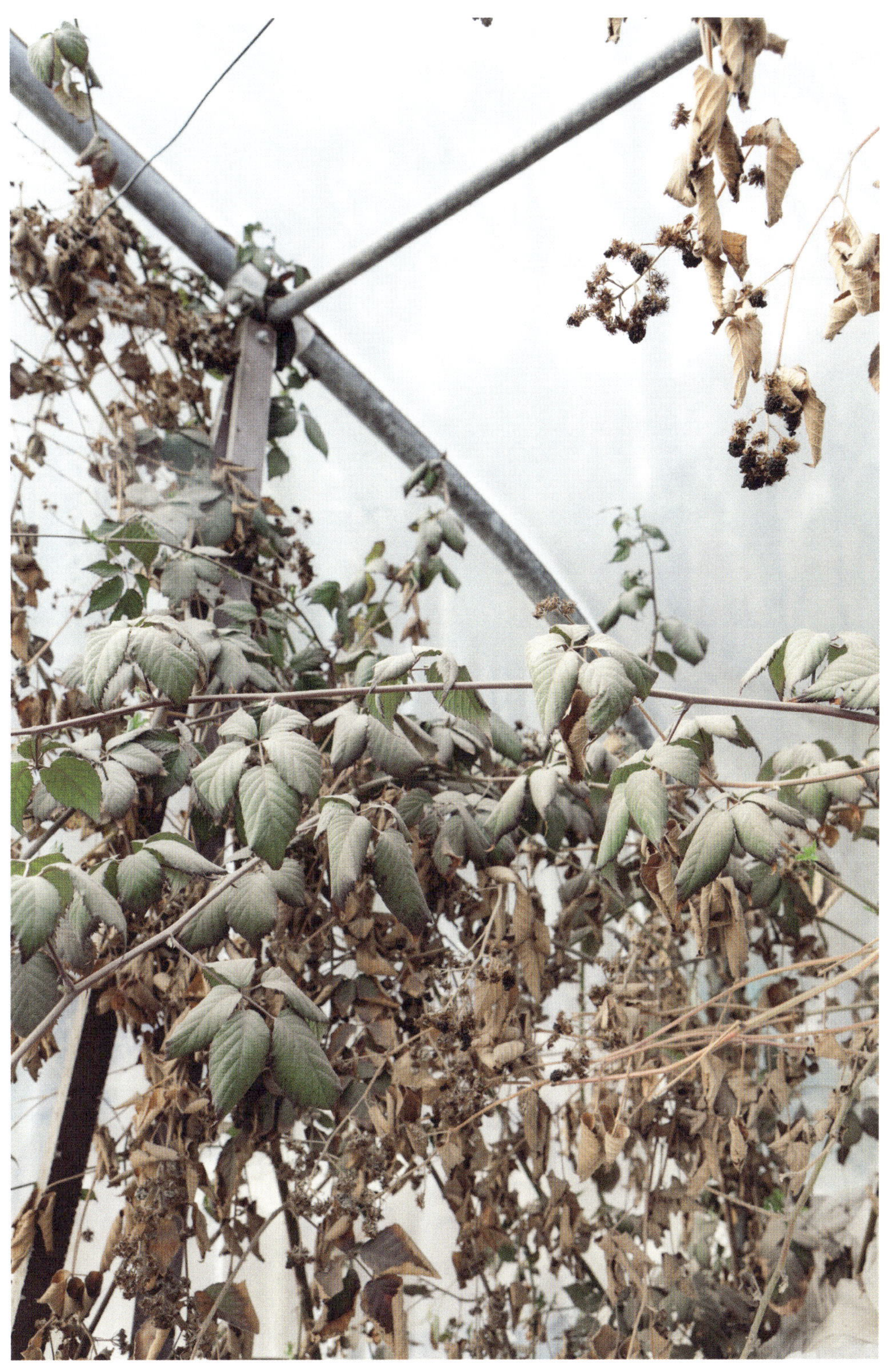

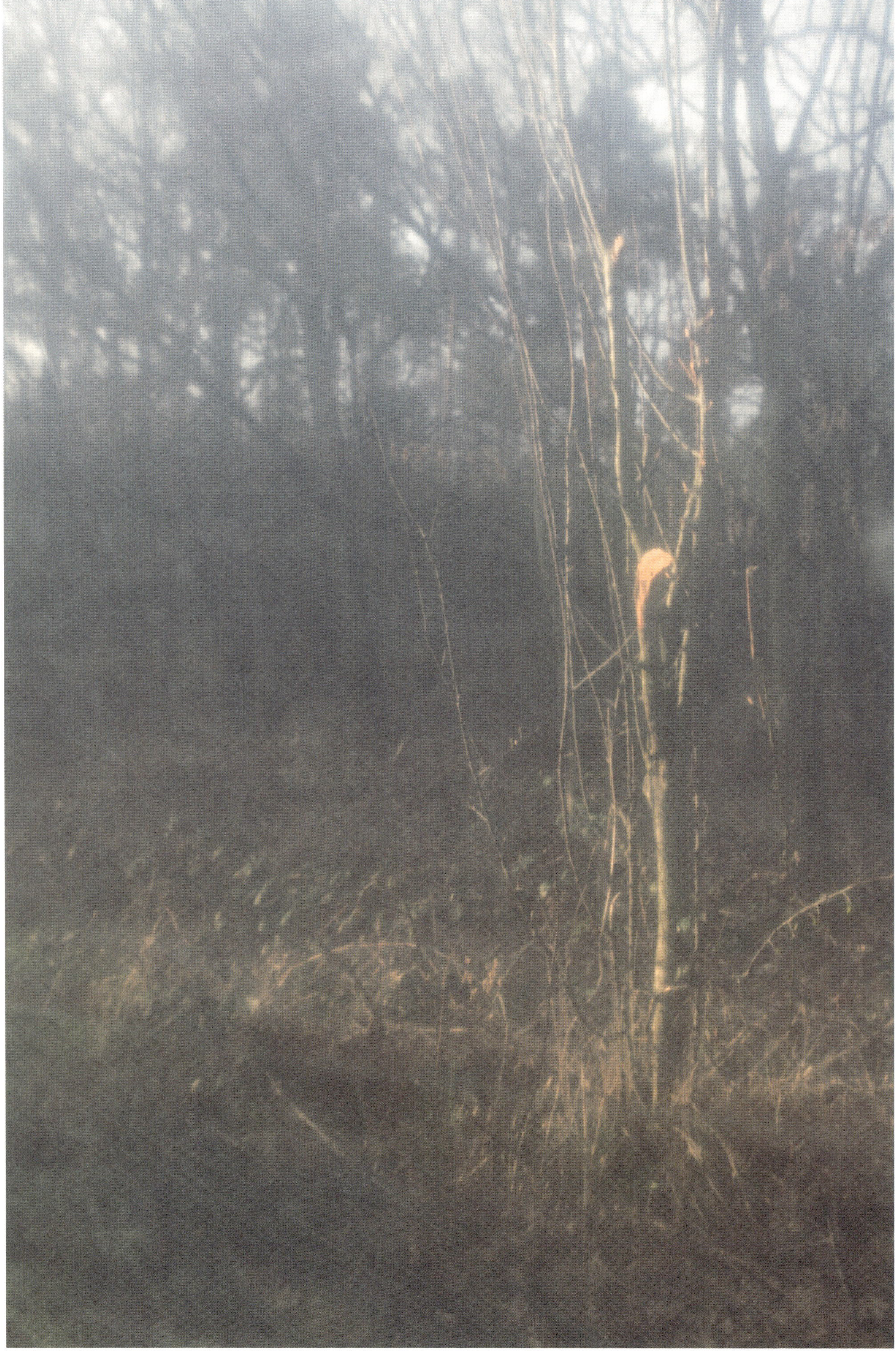

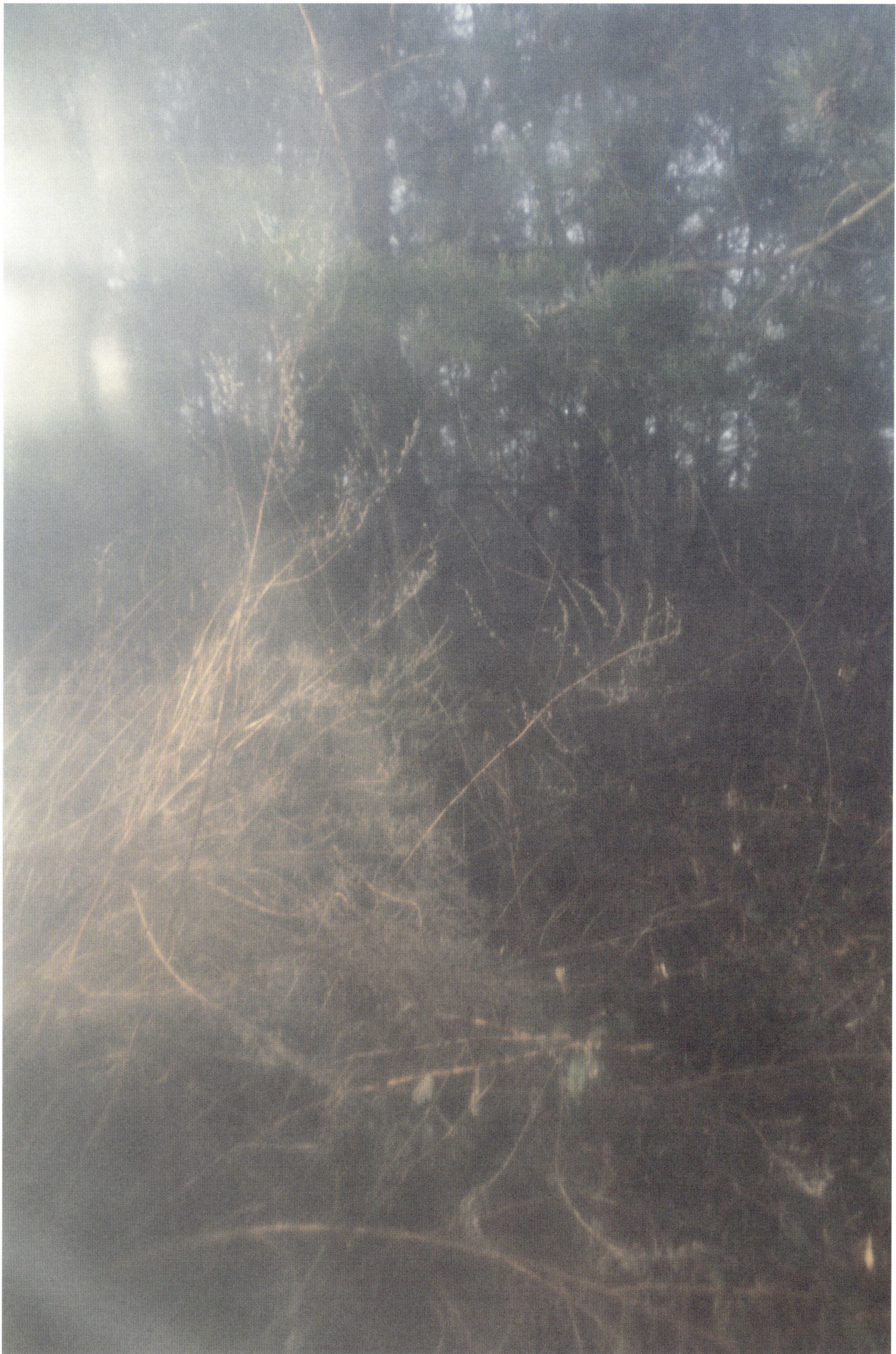

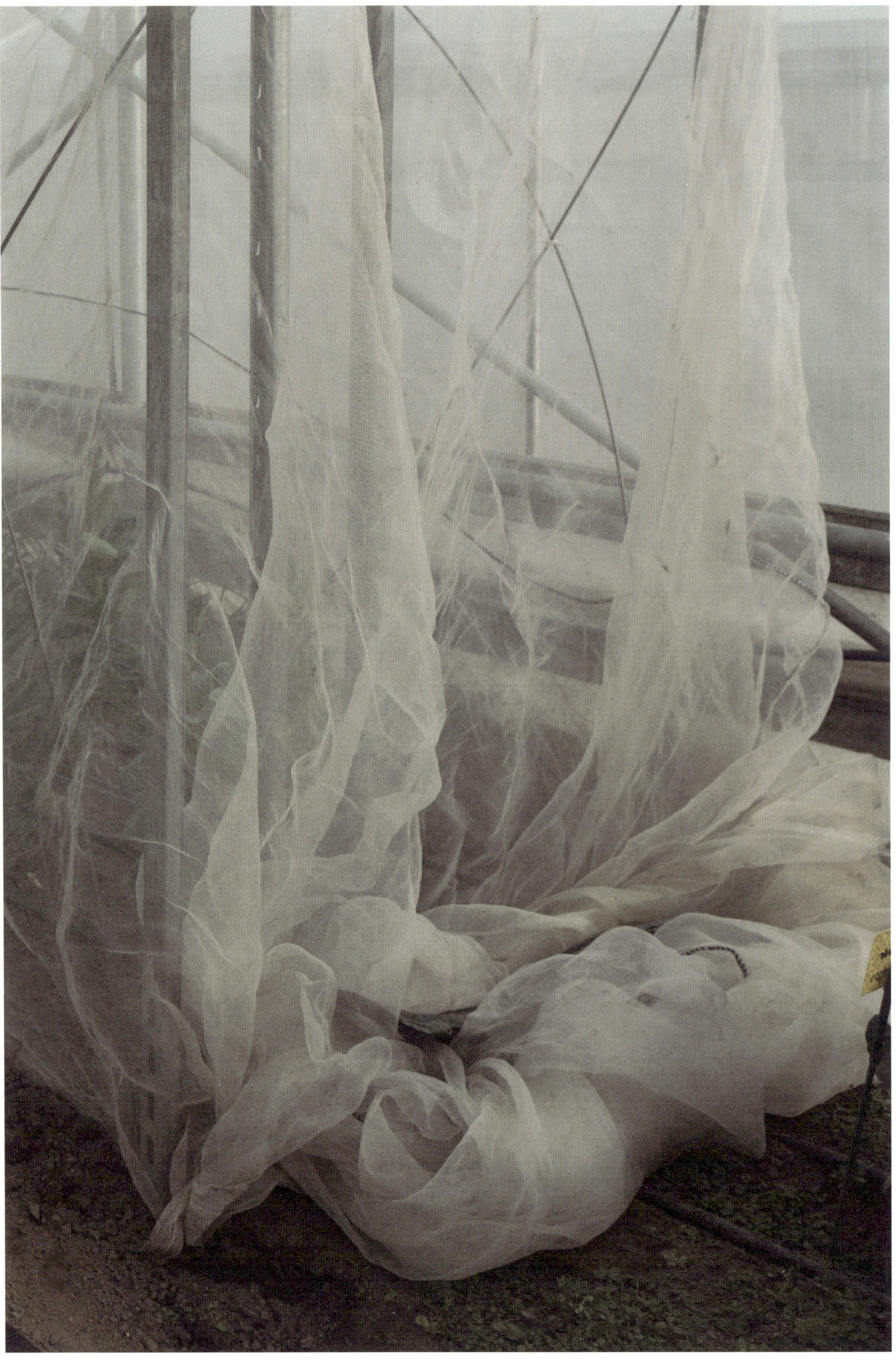

Playboy I, 1976
Playboy II, 1976
Installation, Zeitschrift, Zeichnung
2018

Iris Andraschek gestaltete 1976 gemeinsam
mit einer Freundin im Alter von 13 Jahren zwei
Ausgaben des „Playboy", die allen Kriterien
eines vollwertigen Männer-Magazins gerecht
werden, jedoch zugleich Artikel, Kommentare,
Tests und Beratung auf eine kindlich „femi-
nistische" Metaebene heben. Sie klebten hand-
geschriebene und ausgeschnittene Texte und
Bilder zusammen, zeichneten und schrieben,
machten improvisierte Hefte daraus. Durch
die Collage der beiden Mädchen schimmern
die verschiedenen Porno-, Sex- und Aufklä-
rungsformate der Zeit durch. Die Zeitschriften
scheinen die aufgeladene Stimmung jener
Zeit, die Projektionen und Wünsche der Mädchen wiederzugeben.

Playboy I, 1976
Playboy II, 1976
Installation, magazine, drawing
2018

In 1976, at the age of 13, Iris Andraschek and
a girlfriend created two editions of "Playboy",
which live up to all the criteria of a full-fledged
men's magazine but simultaneously lift
articles, commentaries, reviews and advice to
the kid's version of a 'feminist' meta level. They
glued together handwritten and cut-out texts
and pictures, drew and wrote, made impro-
vised mags. The period's various porn, sex and
sex education formats shine through in the
collage of the two girls. The magazines appear
to reflect the charged atmosphere of the time,
and the girls' projections and desires.

S./pp. 131–138
Playboy I, 1976
Original, Papier, Collage, verschiedene
Materialien, 24 Seiten /
Paper, collage, various materials,
24 pages, 30 × 22 cm

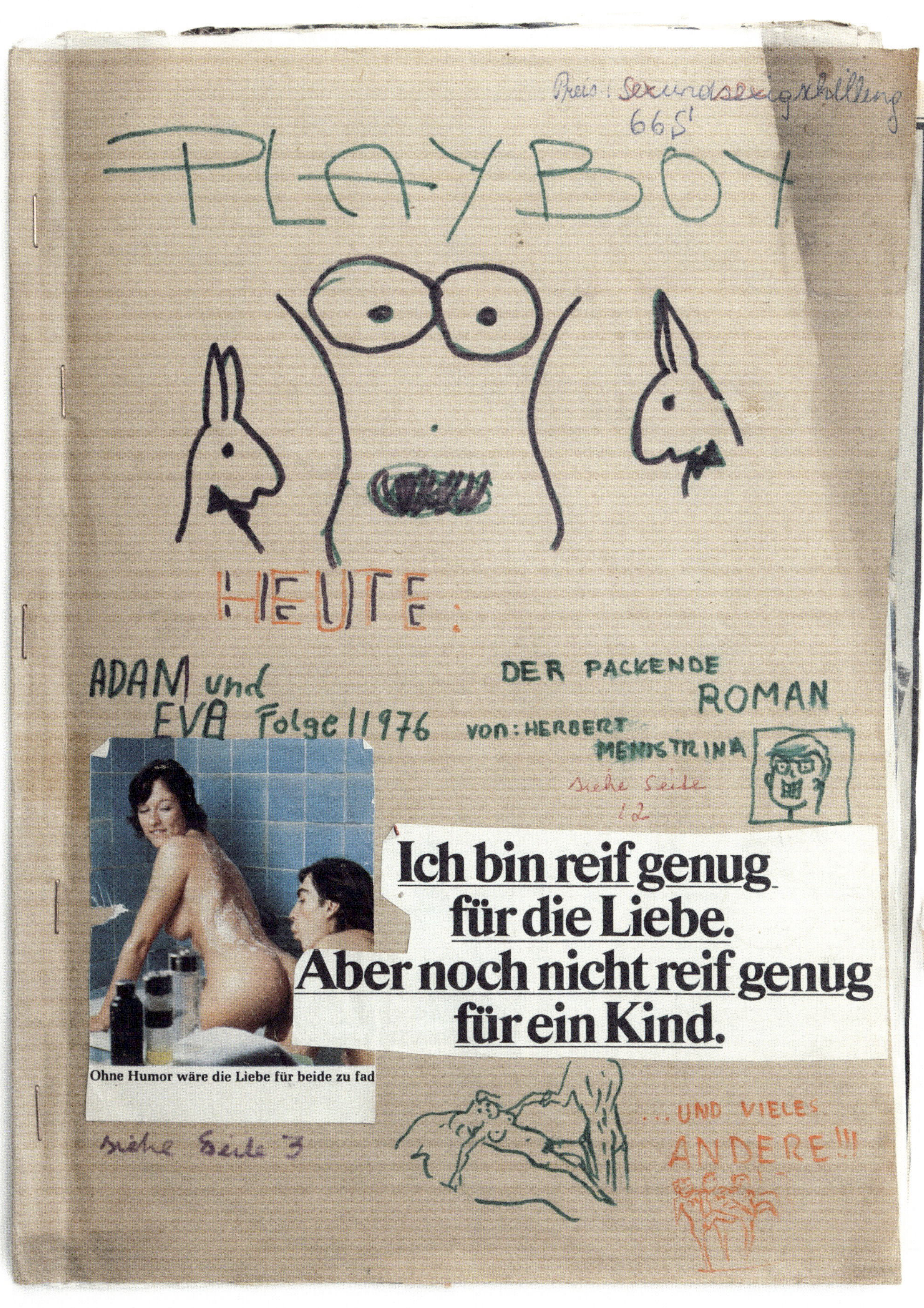

Preis: sexundsexigschilling
66 S
PLAYBOY
HEUTE:
ADAM und
EVA Folge 11976
DER PACKENDE
ROMAN
von: HERBERT
MENISTRINA
siehe Seite
12
Ich bin reif genug
für die Liebe.
Aber noch nicht reif genug
für ein Kind.
Ohne Humor wäre die Liebe für beide zu fad
siehe Seite 3
...UND VIELES
ANDERE!!!

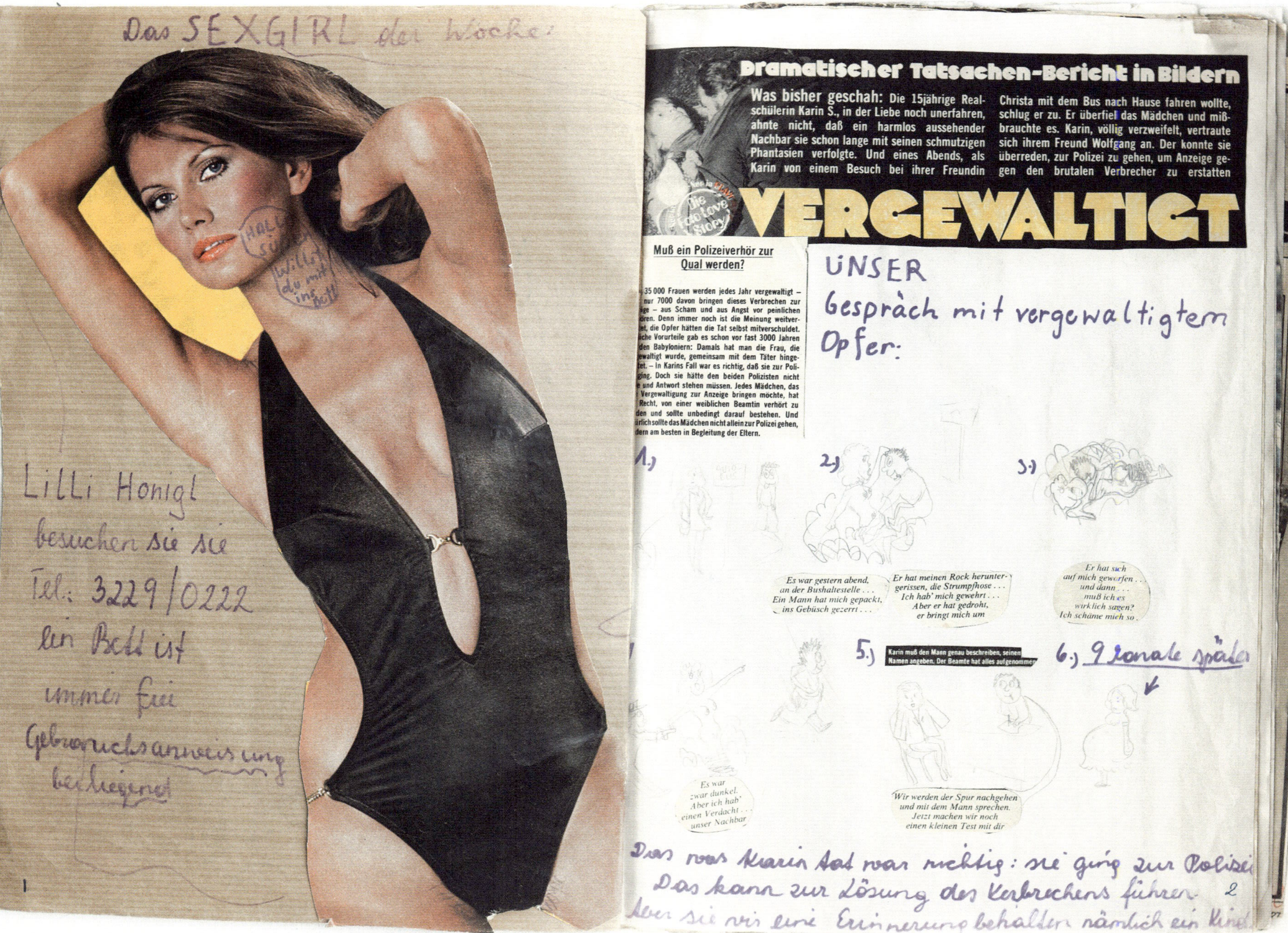

Dramatischer Tatsachen-Bericht in Bildern

Was bisher geschah: Die 15jährige Realschülerin Karin S., in der Liebe noch unerfahren, ahnte nicht, daß ein harmlos aussehender Nachbar sie schon lange mit seinen schmutzigen Phantasien verfolgte. Und eines Abends, als Karin von einem Besuch bei ihrer Freundin Christa mit dem Bus nach Hause fahren wollte, schlug er zu. Er überfiel das Mädchen und mißbrauchte es. Karin, völlig verzweifelt, vertraute sich ihrem Freund Wolfgang an. Der konnte sie überreden, zur Polizei zu gehen, um Anzeige gegen den brutalen Verbrecher zu erstatten

VERGEWALTIGT

Muß ein Polizeiverhör zur Qual werden?

35 000 Frauen werden jedes Jahr vergewaltigt – nur 7000 davon bringen dieses Verbrechen zur Anzeige – aus Scham und aus Angst vor peinlichen Fragen. Denn immer noch ist die Meinung weitverbreitet, die Opfer hätten die Tat selbst mitverschuldet. Solche Vorurteile gab es schon vor fast 3000 Jahren bei den Babyloniern: Damals hat man die Frau, die vergewaltigt wurde, gemeinsam mit dem Täter hingerichtet. – In Karins Fall war es richtig, daß sie zur Polizei ging. Doch sie hätte den beiden Polizisten nicht Rede und Antwort stehen müssen. Jedes Mädchen, das eine Vergewaltigung zur Anzeige bringen möchte, hat das Recht, von einer weiblichen Beamtin verhört zu werden und sollte unbedingt darauf bestehen. Und natürlich sollte das Mädchen nicht allein zur Polizei gehen, sondern am besten in Begleitung der Eltern.

ADAM und EVA

Helena war mit Stefan befreundet, aber Stefan kannte Anke immer noch nicht. Das sollte sich bald ändern; denn eines Tages erschien sie in der Reitschule. War es Zufall, war es Berechnung? Stefan gab ihr das wildeste und ungebärdigste Pferd. Natürlich warf der Gaul die Reiterin aus dem Sattel, und wie im Film, landete sie in den Armen von Stefan. Das gefiel den beiden so gut, daß sie sich in den nächsten Tagen häufiger in den Armen lagen.

Als nach einiger Zeit Helena bei Anke ihr Herz ausschüttete und ihr mitteilte „mein Freund betrügt mich", hatte Anke keine Ahnung, wer dieser Freund war, noch viel weniger wußte sie, daß sie selbst es war, die ihre Freundin mit Stefan betrog. Aber auch das kam sehr bald heraus.

Anke erinnert sich: „Ich war wieder einmal bei Helena, und sie schimpfte auf ihren Freund. Sie tobte und stampfte mit ihren Füßen auf, daß ihre Katzen sich ängstlich verkrochen. Ja, und dann hörte ich plötzlich ein Motorrad vor dem Haus. Ich dachte nichtsahnend, das hört sich genauso wie Stefans Motorrad an. Wenig später drehte sich der Schlüssel im Schloß, und Stefan stand vor uns.

Das war schon eine ziemlich irrsinnige Situation. Zuerst verstand ich überhaupt nichts, aber dann begann ich allmählich klarer zu sehen. Auch Helena erfaßte die Lage. Nur Stefan hatte keine Ahnung. Er schrie mich an: ‚Warum spionierst du mir nach?' Da hörte ich Helena ganz ruhig sagen: ‚Hier spioniert niemand, du verstehst nichts!'

Stefan erinnert sich heute nicht gern daran, was die beiden Frauen ihm damals zu sagen hatten.

Aber Anke ist heute noch dankbar, daß ihre Freundin Helena keinen Augenblick geglaubt hat, daß Anke sie bewußt hintergangen habe.

Anke war viel zu verliebt, um Stefan seine doppelgleisige Liebesbeziehung nachzutragen. Von nun an waren die beiden täglich zusammen. Heute sind es nun schon drei Jahre.

Stefan ist stolz darauf, daß er seiner Anke in dieser Zeit nie untreu geworden ist, obwohl es ihm seine Reitschülerinnen nicht immer ganz leicht machen. Anke arbeitet mittlerweile als Kunsterzieherin an einer Schule. Zusammen haben die beiden sich eine Altbauwohnung eingerichtet, die sie mit vielen Bildern, Skulpturen und einem Palmengarten sehr individuell eingerichtet haben.

Stefan profitiert von Ankes künstlerischer Begabung. Er hilft ihr bei der Arbeit, und seit einiger Zeit fertigt er selbst figürliche Glasreliefs an.

Manchmal betrachten Anke und Stefan das Porträt, das Anke von ihm gezeichnet hat, ohne ihn zu kennen.

„Für uns ist alles, was wir machen, von zbestimmt. Trotzdem scheuen wir nicht, Meinungsverschiedenheiten auszutragen"

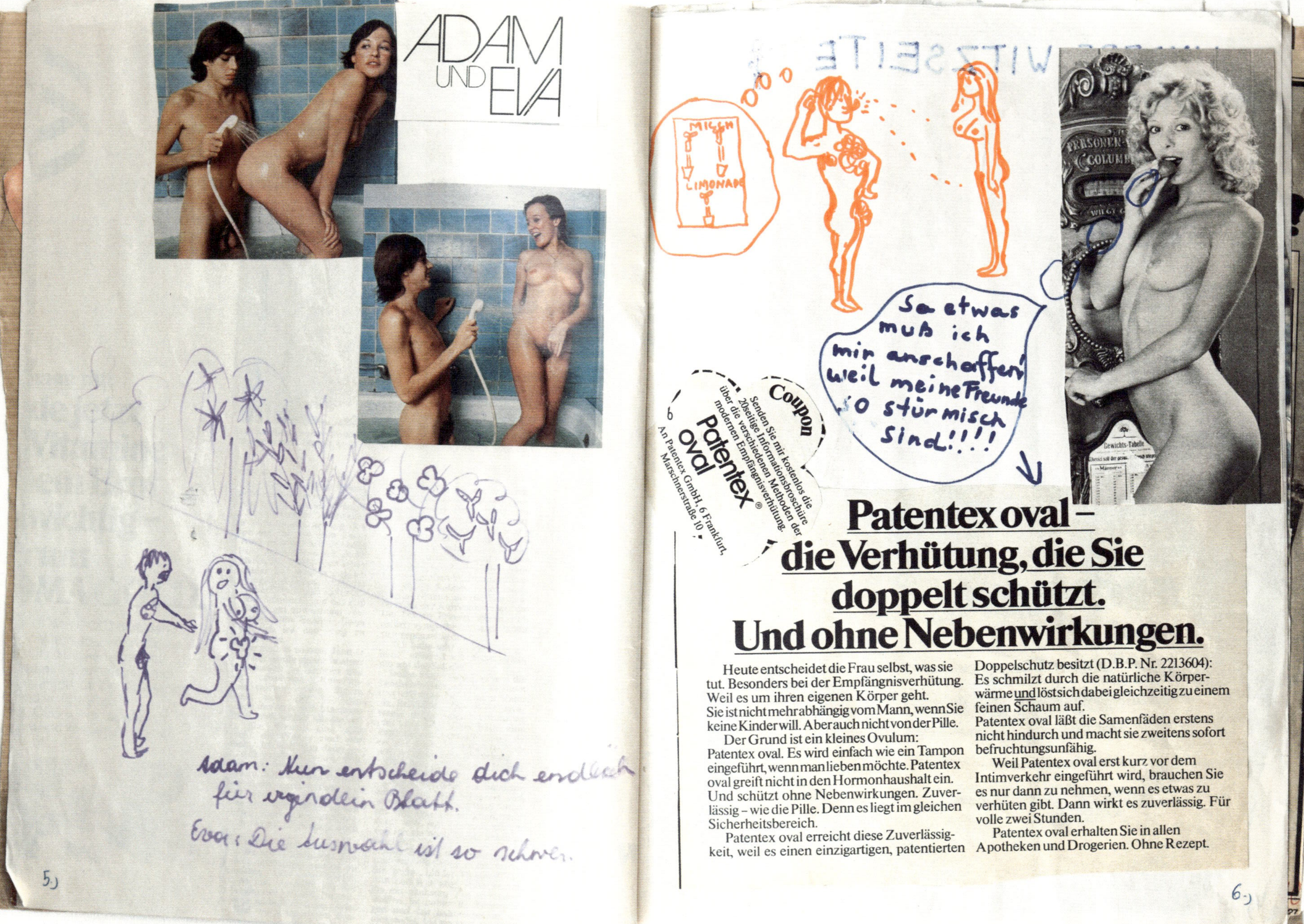

ADAM UND EVA

Adam: Nun entscheide dich endlich für irgendein Blatt.
Eva: Die Auswahl ist so schwer.

WITZSEITE

MILCH
LIMONADE

So etwas muß ich mir anschaffen, weil meine Freunde so stürmisch sind!!!!

Coupon
Senden Sie mir kostenlos die 20seitige Informationsbroschüre über die verschiedenen Methoden der modernen Empfängnisverhütung.
Patentex® oval
An Patentex GmbH, 6 Frankfurt, Marschnerstraße 10

Patentex oval –
die Verhütung, die Sie
doppelt schützt.
Und ohne Nebenwirkungen.

Heute entscheidet die Frau selbst, was sie tut. Besonders bei der Empfängnisverhütung. Weil es um ihren eigenen Körper geht. Sie ist nicht mehr abhängig vom Mann, wenn Sie keine Kinder will. Aber auch nicht von der Pille.

Der Grund ist ein kleines Ovulum: Patentex oval. Es wird einfach wie ein Tampon eingeführt, wenn man lieben möchte. Patentex oval greift nicht in den Hormonhaushalt ein. Und schützt ohne Nebenwirkungen. Zuverlässig – wie die Pille. Denn es liegt im gleichen Sicherheitsbereich.

Patentex oval erreicht diese Zuverlässigkeit, weil es einen einzigartigen, patentierten Doppelschutz besitzt (D.B.P. Nr. 2213604): Es schmilzt durch die natürliche Körperwärme und löst sich dabei gleichzeitig zu einem feinen Schaum auf. Patentex oval läßt die Samenfäden erstens nicht hindurch und macht sie zweitens sofort befruchtungsunfähig.

Weil Patentex oval erst kurz vor dem Intimverkehr eingeführt wird, brauchen Sie es nur dann zu nehmen, wenn es etwas zu verhüten gibt. Dann wirkt es zuverlässig. Für volle zwei Stunden.

Patentex oval erhalten Sie in allen Apotheken und Drogerien. Ohne Rezept.

Ihr Reitlehrer Hengsberger belästigt
mich immer, erzählt uns Fräul. Caroline Ihr
Andreasloch-Schwingungen 12–14 J und eifersüchtig

daher Ihren Hengst:
Ich war neulich im Garer Reitstall reiten.
Als der Reitlehrer der Sattelgurt festzog,
zog machde dabei der Konventicul auf
und griff ihnen. Dann zog er mir
die Bluse aus, und begann zu streichen
in ein Kammerl. Dein Kammerl schon
schwule ganz eifer-
süchtig hindern und
auf Rennsteina ich
meinen empfindlichsten
Stelle Ihren Sache
als gelbe Flüssig-
keit rauszpritzde. Er
hat mein Pferd völlig
verletzt, was soll ich
machen?
Caroline antwortet:
Sie sollten Ihren Hengst-
leschwein und den
Reitlehrer auch.

Er weiß nicht, daß ich noch Jungfrau bin

Fräulein Heidrun W., 19, schreibt:
Mit meinen 19 bin ich noch ohne jede Erfahrung, also Jungfrau. Mein Freund, 23, weiß das nicht. Er sagt, für ihn käme nur ein Mädchen in Frage, das schon andere gehabt hatte. Nur so könnte die Liebe Bestand haben, weil die Neugier nach dem anderen später erwachen würde. Und das meint er ernst. Er drängt mich natürlich, mit ihm intim zu werden, doch ich habe mich bisher entziehen können. Ich habe Angst davor, nicht nur, weil alles herauskäme, sondern überhaupt. Diese Angst hatte ich schon immer.

Beate Hengsberger antwortet:
Die Angst vor dem „erstenmal" ist ganz natürlich. Sie werden sie überwinden, wenn Ihre Liebe und das Verlangen stärker ist. Zuvor aber sollten Sie Ihrem Freund sagen, wie es um Sie steht, weil der Vollzug Verständnis und Rücksicht erfordert. Er irrt übrigens. Erfolgt die Defloration im Zustand der Reife –, wie bei Ihnen –, dann erweckt sie meist eine besonders tiefe und beständige Zuneigung.

Sie will nur Sex und keine Zärtlichkeit

Herr Rudi T., 24, schreibt:
Auf einer Party wurde mir eine attraktive Frau vorgestellt, in die ich mich Hals über Kopf verliebte. Sie ist 30, also sechs Jahre älter als ich. Ich brachte sie in meinem Wagen zu ihrer Wohnung und flehte sie geradezu an, mich mitzunehmen. Doch sie lehnte ab. Sie gab mir noch nicht einmal den erbetenen Kuß, sondern nur ihre Telefonnummer und sagte, ich könne sie ja gelegentlich anrufen. Das tat ich dann auch zwei Tage später.
Sie erwartete mich leichtbekleidet, und ich war hungerissen von ihrem schönen Körper. Das sagte ich auch, und so kamen wir gleich zur Sache.
Schon damals hätte mir auffallen müssen, daß sie mich nicht küßte und meine Zärtlichkeiten abwehrte. Aber ich war ja wie im Rausch. Auch beim Abschied gab es keinen Kuß, sie sagte nur, ich könne ja wiederkommen, wenn ich mag. Und ich kam wieder.
Bei diesem zweitenmal bemerkte ich wohl ihre Sprödigkeit, und ich fragte, weshalb sie so wäre. Sie gab mir keine Antwort. Als ich dann fragte, ob sie mich liebe, sagte sie nur: „Sonst warst du ja nicht hier". Das machte mich richtig glücklich. Aber immer war und ist es wie beim erstenmal. Kein Streicheln oder Küssen ihrerseits, und auch meine Liebkosungen bereiten ihr beinahe Unbehagen. Ich leide darunter, denn ich bin ein Romantiker. Ich schmuse gern, möchte streicheln und küssen und vor allem, daß meine Liebe erwidert wird. Das sagte ich ihr auch, doch sie zuckte nur mit ihren Schultern. Ja, so sagte sie, dann wäre ich wohl doch nicht der richtige Mann für sie. Das aber will ich sein und bleiben. Auch daß ich meine Verlobung ihretwegen gelöst habe (beinahe vergaß ich zu schreiben, daß ich mit einer anderen verlobt war), nimmt sie wie selbstverständlich hin. Ich verstehe das alles nicht.

Beate Hengsberger antwortet:
Die sexuelle Ichbezogenheit dieser Frau werden Sie durchbrechen. Die körperliche Vereinigung ist für sie nur eine erwünschte Art der Selbstbefriedigung, zu der Sie als Objekt dienen. Ein Objekt, das den Vorteil hat, Gefühle zu zeigen, zu bewundern, zu verzichten und zu leiden. Insofern sind Sie schon der Richtige für sie, doch diese Frau ist ganz gewiß die falsche Partnerin für einen Romantiker.

Wenn Probleme Sie belasten, wenden Sie sich an
Beate Hengsberger
Bei der Kapelle 18
3580 HORN N.-Ö.
Tel.: 02982/2849

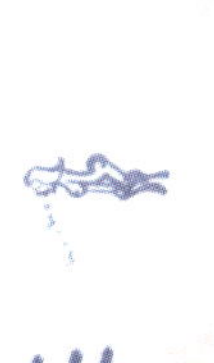

„Noch nicht mal 'nen vernünftigen Schneemann kannste bauen!"

„Bei diesem Sauwetter weiß man wirklich nicht, was man anpacken soll!"

„Dein Doppel-Rittberger ist aber einsame Spitze…!"

TOM FORBES 76

Wie erreiche ich den Höhepunkt in der körperlichen Liebe?

Laut BRAVO-Umfrage, bei der bekanntlich 100 000 Jugendliche im Alter von 12 bis 20 Jahren mitgemacht hatten, wollen 28% aller Jungen und 30% aller Mädchen diese Frage von Dr. Korff beantwortet haben. Bei den männlichen Lesern am meisten die 13- bis 14jährigen (32%). Bei den weiblichen wird die Frage, wie man zum Höhepunkt kommt, am häufigsten von den 19jährigen (44,2%) gestellt. Auch dieser Auskunft geht Dr. Korff nicht aus dem Wege, umso mehr als diese große Umfrage auch bewiesen hat, daß Ihr das Wissen um die sexuellen Dinge nicht gleich in die Tat umsetzt. Die meisten jungen Leute von heute haben ihr erstes Erlebnis zwischen 17 und 19 Jahren

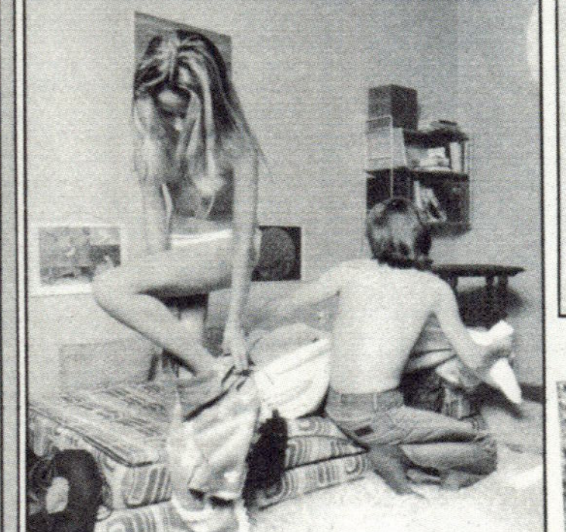

„Was muß ich eigentlich machen, damit es bei uns beiden zur sexuellen … kommt?" fragen sich viele Liebespartner. Aber wer so fragt, macht schon den entscheidenden Fehler'

Barbie schläft mit Uwe. Zuerst hatte sie gar nicht mit ihm schlafen wollen, dann hat er sie dazu überredet. Das erste Mal hat sie Angst, ist verkrampft und hat nicht viel davon. Doch sie ist nicht enttäuscht. Es wird schon klappen, denkt sie, und Uwe hofft das gleiche. Aber auch die nächsten Male klappt es nicht.

Was klappt nicht? Barbie erlebt nichts, was sie als besonders schön oder hinreißend empfinden könnte. Das Zusammenschlafen kommt ihr zwar sehr intim und zärtlich vor, aber manchmal tut's ihr etwas weh.

Bei Uwe ist das anders, da klappt's immer. Er kommt jedesmal zum Höhepunkt. Barbie ist allmählich enttäuscht. Sie denkt: Mit Uwe klappt's nicht, sicher liegt's an ihm. Uwe kommt sich auch vor wie ein Versager. Weil er es nicht geschafft hat, Barbie zum Höhepunkt zu bringen.

Obwohl sich beide lieben und das Miteinanderschlafen die Erfüllung ihrer Liebesbeziehungen sein sollte, sind sie nun unsicher geworden. Und das muß nicht sein.

Das ewige Problem: Klappt es, oder klappt es nicht?

Geschlechtsverkehr oder Miteinanderschlafen oder Bumsen, oder wie man es auch nennen mag, wird oft daran gemessen, ob jeder die volle Befriedigung erreicht, wie er es erwartet hat. „Bei uns klappt es", heißt es dann. Bleibt irgend etwas aus, das heißt, tritt die richtige Befriedigung nicht ein, wird gesagt: „Bei uns klappt es nicht."

Hier einige Aussagen von Jungen und Mädchen, bei denen es nicht geklappt hat:

Gisela: „Ich glaub', der brachte es einfach nicht …" – Werner: „Ob ich auf eine warte, die Erfahrungen hat?" – Uwe:

„Ich gab erst mal auf und zog mich zurück …" – Susanne: „Ich traute mich überhaupt nicht mehr und hatte Angst …" – Wolf-Dieter: „Ich wußte, ich war ein Versager, und das deprimierte mich fürchterlich …" – Angela: „Ich dachte, bei mir würde es vielleicht nie klappen und ich wär' frigide …".

Weil dieses Problem sehr häufig ist, muß darüber gesprochen werden!

„Was muß ich eigentlich machen, damit es auch bei uns zum Höhepunkt kommt?" so fragt, schafft eigentlich

die Voraussetzung, daß es womöglich nicht klappt. Warum? Weil es übertrieben ist, sofort ans Ziel zu denken, nämlich: möglichst sicher, möglichst garantiert und möglichst schnell den Höhepunkt zu erreichen.

Wahrscheinlich geht diese Vorstellung von einem jungenhaft-männlichen Denken aus. Gewöhnlich merken Jungen ihren Sexualtrieb besonders stark. Die männliche sexuelle Potenz zwischen 16 und 21 Jahren ist so hoch wie sonst nie im Leben.

Wie sieht die sexuelle Erregung beim Jungen aus?

Er bekommt häufig ein steifes Glied. Bei den unterschiedlichsten Situationen: Wenn er eine aufregende Frau sieht, Pornofotos anschaut, an ein nacktes Mädchen denkt, wenn er sieht, wie andere zärtlich zueinander sind, wenn er ein Mädchen anfaßt und sie an sich drückt, oder wenn er angefaßt oder sogar am Glied berührt wird. Oft kommt die Erregung auch von innen heraus, ohne äußeren Reiz, einfach deshalb, weil im Körper die sexuelle Spannung sehr groß ist.

In Gang gesetzter Sexualtrieb zeigt sich beim männlichen Geschlecht körperlich sofort: Das Glied wird steif. Und dann ist es zur Berührung noch viel empfänglicher, egal ob es beim Onanieren, Petting oder Geschlechtsverkehr ist. Der Höhepunkt kommt dann ziemlich sicher. Die Lustgefühle und der Samenerguß („es kommt bei ihm") treten ein und dann folgt die angenehme Entspannung.

So erlebt ein Mädchen die sexuelle Erregung:

Ein Junge kann sich kaum vorstellen, daß das bei Mädchen anders ist, daß es da nicht so schnell geht. Er streichelt sie an Brust, Schamlippen und Scheide und denkt: Gleich wird sie soweit sein, gleich wird es bei ihr kommen! Oder wenn er sein

Glied in ihrer Scheide hat und es hin und her bewegt. Es ist für ihn nahezu sicher, daß sein Höhepunkt kommt. Aber er weiß nicht, woran es liegt, wenn es beim Mädchen nicht so einfach geht.

Eines aber ist sicher: Mädchen können genausoviel sexuelle Gefühle haben wie Jungen, genauso

schöne, und sogar mehrmals nacheinander zum Höhepunkt kommen.

Es wäre gut, wenn Mädchen wüßten, wie es bei ihnen zum Höhepunkt kommt. Es ist besser für sie, über ihren Körper, über ihre sexuellen Gefühle, wo und wie und wann sie am meisten fühlen, Bescheid zu wissen. Der

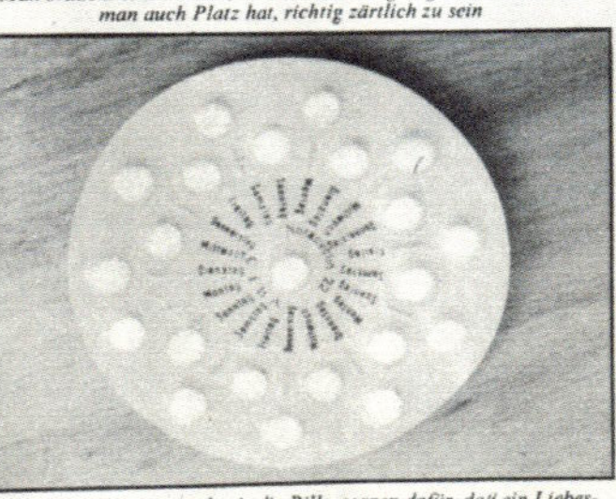

Auch diese 4 Dinge gehören dazu

Man braucht einen Raum, in dem man völlig ungestört ist und wo man auch Platz hat, richtig zärtlich zu sein

Man darf auch nicht unter Zeitdruck lieben. Gefühle und Empfindungen gehen nicht ruck zuck

Sichere Verhütungsmittel, wie die Pille, sorgen dafür, daß ein Liebespaar keine Angst vor ungewollter Schwangerschaft haben muß

Man darf auch keine Angst haben, daß nach der körperlichen Vereinigung die Liebe zu Ende sein könnte

Junge kann das nicht wissen, er kann das nur entdecken, und zwar allein durch ein Mädchen.

Manche Mädchen meinen, es wäre genug, den jungen Mann möglichst schnell zu befriedigen. Das hätte er gern, und darauf käme es auch an. Solche Mädchen bleiben dann mit ihren eigenen Gefühlen hintenan; sie

Bitte umblättern

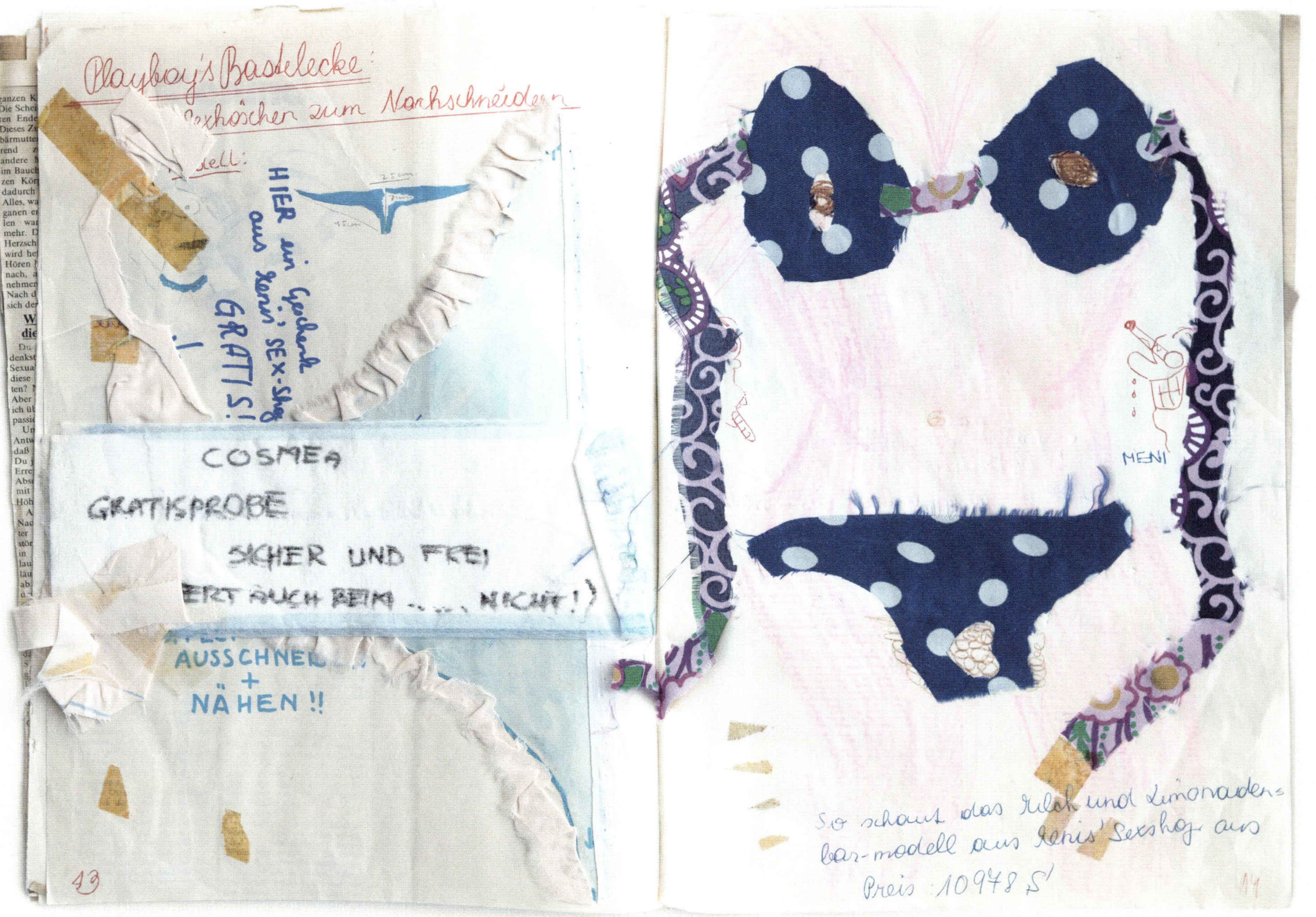
Playboy's Bastelecke:
...xhöschen zum Nachschneidern
...dell:
HIER ein Geschenk
aus Renis' SEX-Shop
GRATIS!
COSMEA
GRATISPROBE
SICHER UND FREI
(...ERT AUCH BEIM ..... NICHT!)
AUSSCHNEI... + NÄHEN!!
43
MENI
So schaut das Julek und Limonaden-
bar-modell aus Renis' Sexshop aus
Preis: 10978 S!
11

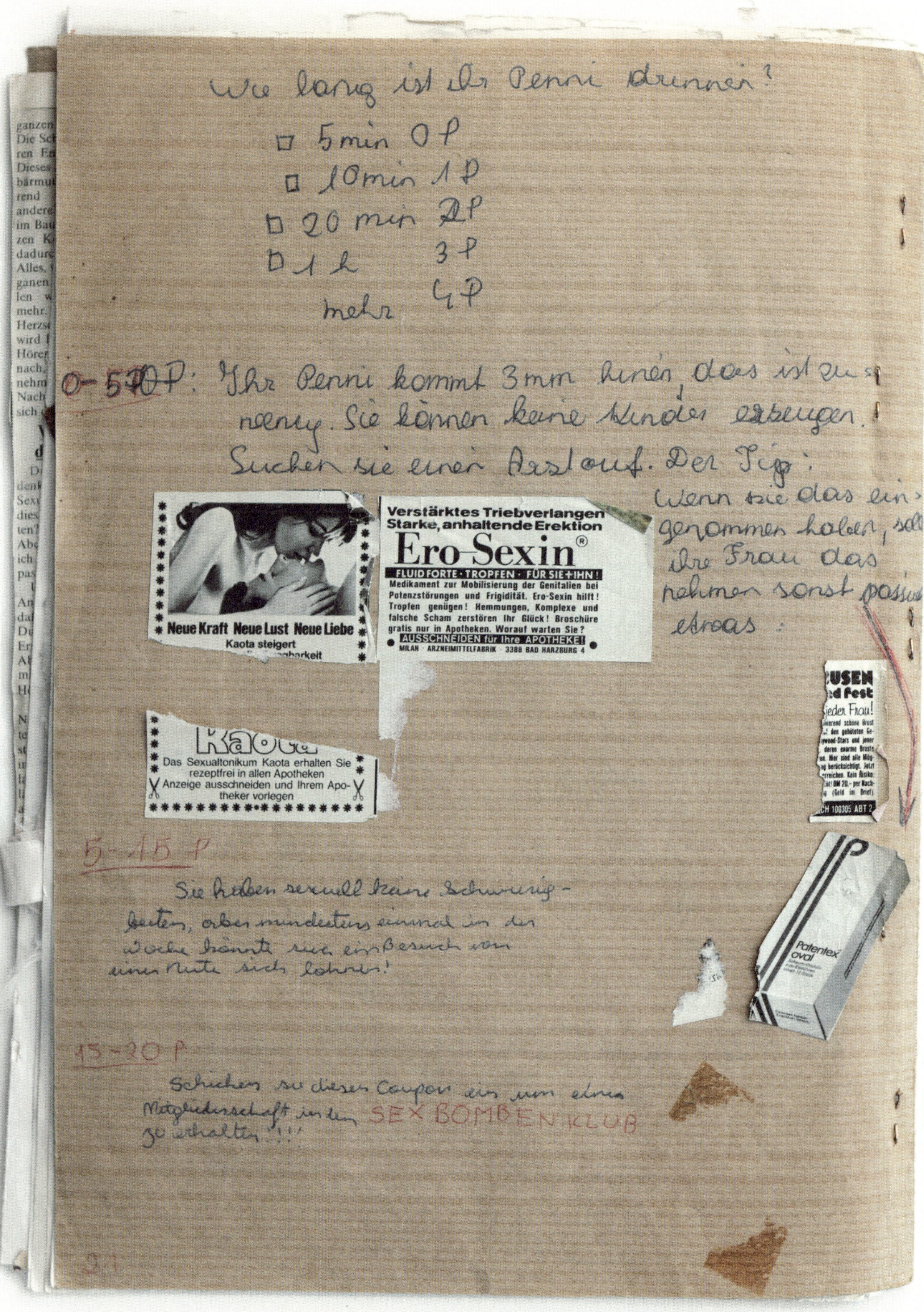

Wie lang ist Ihr Penni drinnen?

☐ 5 min 0 P
☐ 10 min 1 P
☐ 20 min 2 P
☐ 1 h 3 P
  mehr 4 P

0–5 P: Ihr Penni kommt 3mm hinein, das ist zu wenig. Sie können keine Kinder erzeugen. Suchen sie einen Arzt auf. Der Tip: Wenn sie das eingenommen haben, soll ihre Frau das nehmen sonst passiert etwas:

5–15 P

Sie haben sexuell keine Schwierigkeiten, aber mindestens einmal in der Woche könnte sich ein Besuch von einer Nutte sich lohnen!

15–20 P

Schicken sie diesen Coupon ein um eine Mitgliedsschaft in den SEX BOMBEN KLUB zu erhalten!!!

Stets in Bewegung bleiben.
Der Raum, das Bild
und deren Wahrnehmung
im Werk
von Hubert Lobnig

Always Staying In Motion.
Space, the Picture,
and Their Perception
in the Oeuvre
of Hubert Lobnig

Günther Oberhollenzer

Malerei und Raum

Die Kunst von Hubert Lobnig in ihren Inhalten und
Themen sowie in den angewandten Medien und
Techniken zu beschreiben ist ein herausforderndes
Unterfangen. Die Interessengebiete sind vielfältig
und reichen von gesellschaftspolitischen Reflexionen
über partizipative Projekte bis zu formalästhetischen Fragestellungen. Die Umsetzung ist multimedial. Die „klassische" Malerei spielt aber stets
eine wichtige Rolle. Sie war von Anfang an da und
begleitet den Künstler als eine Art Grundsprache
und -ausdrucksform.

Seine in Eitempera gemalten
Bilder begreift Lobnig als „Verräumlichungsstrategien". Lange Zeit malte er mit reduziertem Form- und
Farbrepertoire vereinfachte Architekturen und ausschnitthafte Interieurs als flüchtig wirkende Konstruktionen des menschlichen Subjekts. In neuen Werken
richtet sich sein Blick auf daraus entnommene, zum
Teil abstrahierte Details: Flächen wölben sich in den
Raum, vielfältige Muster auf (Zement-)Fliesen, Stoffen
oder orientalisch anmutenden Teppichen erhalten
durch perspektivische Kürzungen Tiefe und Körper.
Der Künstler malt ausgebleichte oder ruinös wirkende
Ornamente und lässt sie als Fundstücke im Kontext
eines Ortes, eines Raumes erscheinen, oder komponiert – inspiriert von Schildern und Plakaten – provokante Schriftbilder mit Textzeilen wie „Kunst und
Revolution" und „Ornament und Verbrechen". Neben
der Entwicklung einer eigenständigen, unverkennbaren Bildsprache und dem Interesse an den vielfältigen Beziehungen von Fläche, Raum und Ornament
spielen auch inhaltliche Überlegungen eine Rolle.
Inhalt und Form bedingen einander. Die (figurative)
Form ist nie Selbstzweck.

Lobnig denkt bei seinen
Arbeiten den (Ausstellungs-)Raum mit und reagiert
bewusst auf vorhandene Lichtbedingungen und den
Standpunkt der Betrachterinnen und Betrachter. Man
muss die Bilder förmlich ergehen, sich ihnen von
verschiedenen Seiten nähern, um sie erfassen zu können – und wird daran scheitern. Die Oberfläche der
in zurückhaltenden Grautönen gemalten Bilder verändert sich nämlich je nachdem, in welchem Blickwinkel das Publikum sich zu ihnen befindet oder wie
das Licht auf sie fällt. Erzielt wird dieser schimmernde
Effekt durch Verwendung einer silbrigen Aluminiumfarbe, wie sie in der Dachdeckerei als UV-Schutz
verwendet wird. Sie wird aus Alu-Pigment hergestellt
und enthält Bitumen als Bindemittel (eine natürlich
vorkommende oder aus Erdöl gewonnene teerartige
Masse). Die Farbe hat die Eigenschaft, bei Gegenlicht
hell zu werden, im Schräglicht hingegen dunkel. Hängen die Bilder z. B. gegenüber von Fenstern, liegt ein
metallisch reflektierender Glanz auf ihnen, bei wenig
Licht erscheinen sie in einem zart matten Farbton. Der
Blickwinkel der Betrachterinnen und Betrachter und
das Licht des Umraums beeinflussen somit nachhaltig
das Erscheinungsbild. „Lobnigs Malerei geht nicht der

Painting and Space

Describing the art of Hubert Lobnig in its contents and
subjects and also in the media and techniques
employed is a challenging undertaking. His areas of
interest are manifold, ranging from sociopolitical
reflections to participatory projects to formal aesthetic
issues. The implementation takes place in multiple
media. 'Classical' painting always plays an important
part, however. It has been with him since the start
and has been a constant companion as a kind of basic
language and mode of expression.

Lobnig considers the pictures
he paints in egg tempera to be "spatialisation strategies". For a long time, he used a reduced repertoire
of forms and colours to paint simplified architectures
and parts of interiors as the human subject's seemingly fleeting constructs. In recent works, his look has
turned to details taken from this context that are
abstracted to some extent: surfaces bulge into space,
perspective shortenings give depth and body to a
wide variety of patterns on (cement) tiles, fabrics or
oriental-looking rugs. The artist paints faded or ruined
looking ornaments, creating, in the context of a site,
of a space, the impression that they are findings, or he
composes—inspired by signs and posters—provocative typographic images, with text lines such as
"Kunst und Revolution" (art and revolution) or "Ornament und Verbrechen" (ornament and crime). Apart
from the development of an autonomous and distinctive visual language and the interest in the multifaceted relations between surface, space and ornament,
content considerations also play a role. Content and
form are mutually dependent. The (representational)
form is never an end in itself.

In his works, Lobnig keeps
the (exhibition) room in mind, consciously responding
to the light conditions at hand and the beholders'
viewpoint. You positively have to walk these pictures,
have to approach them from different angles, in order
to get a grasp of them—and you will fail. Because
the surface of the pictures painted in subtle shades of
grey is going to change depending on the viewing
angle between them and the audience and on how
light is falling on them. This shimmering effect is
accomplished by using a silvery aluminium paint commonly used for UV protection in roofing. It is produced from an aluminium pigment and contains
bitumen (a tarlike mass found in nature or won from
crude oil) as a binding agent. This paint has the
property that it turns bright against the light, and dark
in oblique light. If the paintings, for instance, hang
opposite a window, then there will be a metallically
reflecting gloss on them, with low light giving them
a gently muted colour shade. So the perspective of
the beholders and the light of the surrounding space
have a substantial influence on the look and feel.
As David Komary poignantly wrote: "Lobnig's painting
does not explore the 'what' of that which his pictures
represent but rather the 'how' of the way in which they

Frage nach dem *Was* des Bildes nach, sondern dem *Wie* seiner Wahrnehmung", schreibt David Komary treffend.[1] Dem Künstler gelingt das Kunststück, einem statisch ruhenden Medium wie der Malerei eine ephemere Wirkung zu verleihen, eine instabile Bildlichkeit, die aus der Flüchtigkeit der Erinnerung zu schöpfen scheint.

Malerei und Virtualität

Waren es mit Fliesen und Teppichen noch analoge Muster aus unserer Alltagswelt, so nähert sich Lobnig in einem weiteren Werkblock der malerischen Interpretation unserer virtuellen Gegenwart. Der Künstler gab das Wort „Rodtschenko" bei einer Google-Bildersuche ein (Alexander Michailowitsch Rodtschenko, geboren 1891 und gestorben 1956, war ein russischer bzw. sowjetischer Maler, Grafiker, Fotograf und Architekt) und übertrug jenen Moment malerisch auf die Leinwand, als noch nicht alle Abbildungen auf der digitalen Bilderleiste sichtbar waren.

Jeder kennt diesen kurzen Augenblick – oder bei schlechter Internetverbindung kann es auch länger dauern – bis ein Suchergebnis zu sehen ist: Es erscheinen zuerst monochrome Farbfelder in unterschiedlichen, meist zarten Farbtönen, eine Verheißung, dass hier bald ein gesuchtes Bild aufpoppen wird. In Lobnigs malerischer Umsetzung erinnern die Rechtecke beinahe an Farbfeldmalerei oder auch an ein Mosaik, unterbrochen durch figurative Formen jener Abbildungen, die bereits zu sehen waren. Das Werk steht am Beginn einer Reihe mit ähnlich gelagerten kunsthistorischen Suchbegriffen. Lobnig interessiert sich für das Zufallsprinzip einer Internetsuche – das dann gar nicht so zufällig ist, da etwa der Ort bzw. der Computer, von dem aus die Suche gemacht wird, das Ergebnis nachhaltig beeinflussen –, insbesondere aber dafür, wie Künstlerinnen und Künstler und ihre Werke online aufscheinen, in Dialog zueinander gesetzt werden und welche Bezüge sich daraus ergeben. Gleichzeitig ist seine abstrahierende malerische Umsetzung auch eine Reflexion frei nach Walter Benjamins Essay über *Das Kunstwerk im Zeitalter seiner technischen Reproduzierbarkeit:* Wie begegnen wir dem traditionellen Medium der Malerei in einer digitalen, sich ständig kopierenden und reproduzierenden Bilderflut? Wie werden grundsätzlich Kunstwerke im virtuellen Raum rezipiert? „Der schützende Rahmen des Museums ist keiner mehr. Die Kunst ist mobil geworden, sie wird handyfiziert", diagnostiziert Hanno Rauterberg in *Die Zeit* die gegenwärtige Debatte über streitbare Kunst und die neue Form ihrer Rezeption.[2] Lobnig transformiert die digitalen Abbildungen in ein analog gemaltes, mosaikartig aufgebautes Bild. Doch was bedeutet das für Inhalt und Form der ursprünglichen Kunstwerke? Wie nehmen wir diese in Lobnigs malerischer Interpretation wahr? Fragen, die jeder Betrachter, jede Betrachterin selbst für sich beantworten muss.

are perceived."[1] The artist accomplishes the feat of lending to a statically idle medium like painting an ephemeral appeal, a volatile imagery that seems to draw from memory's fleeting nature.

Painting and Virtuality

While tiles and carpets still represented analogue patterns from our everyday world, another set of works sees Lobnig undertaking the painterly interpretation of our virtual present. The artist entered the word "Rodtschenko" into a Google image search (Aleksander Mikhailovich Rodchenko, born in 1891, died in 1956, was a Russian resp. Soviet painter, graphic artist, photographer and architect) and, using the means of painting, he transferred onto the canvas the very moment when not all the images were yet visible on the digital image bar.

Everybody knows that short moment—or, in case the internet connection is bad, it might be a longer one—until a search result can be seen: monochrome coloured fields in different, mostly soft shades appear beforehand, the promise that soon a sought-after image will be popping up in that place. In Lobnig's pictorial implementation, these rectangles almost remind of colour field painting or of a mosaic, disrupted by figurative forms of those images that were already visible. The work is the beginning in a series revolving around similar art historical search terms. Lobnig's interest is in the random principle of an internet search—which turns out not to be all that random, since the location, for example, or the computer from which the search is made have a substantial effect on the results—but especially in how artists and their works are displayed online, are put in a dialogue with each other, and in what the resulting connections are. At the same time, his abstracting pictorial implementation is also a reflexion loosely based on Walter Benjamin's essay about *The Work of Art in the Age of Mechanical Reproduction:* How do we encounter the traditional medium of painting in a digital, ever self-copying and reproducing flood of images? How, in principle, are works of art received in virtual space? "The protective frame of the museum has ceased to exist. Art has become mobile, it is becoming mobile-ified," is Hanno Rauterberg's diagnosis in the newspaper *Die Zeit* of the current discourse on combative art and the new form of its reception.[2] Lobnig transforms the digital reproduction into an analoguely painted picture structured similar to a mosaic. But what does that mean for content and form of the original works of art? How do we experience them in Lobnig's painterly interpretation? Those are questions that every beholder has to answer for themselves.

Günther Oberhollenzer

Malerei und Erinnerung

Am Nachmittag des 18. September 1979 detonierte
eine Bombe in dem im Rathaus der Stadt Völkermarkt
untergebrachten Heimatmuseum. Der Haupttäter
Luka Vidmar wurde lebensgefährlich verletzt, seine
Komplizin Marina Blaj erlitt schwere Verletzungen,
ebenso der Museumsbedienstete Karl Karpf. Vidmar
und Blaj waren Agenten des jugoslawischen Ge-
heimdienstes UDBA und Teil des eigens für die Aktio-
nen in Südkärnten gegründeten Sonderkommandos
„Sora". Bereits in den Jahren zuvor hatte es Anschläge
auf einen Strommasten, ein Partisanendenkmal
oder auch auf das Büro des Kärntner Heimatdienstes
in Klagenfurt gegeben. Lobnig kann sich noch gut
an das Bombenattentat auf das Heimatmuseum seiner
Geburtsstadt erinnern, er war in unmittelbarer Nähe,
als es geschah. Ein prägendes Erlebnis. „Dort wurde
Geschichtsfälschung betrieben", so der Künstler, „eine
antislowenische Haltung, die vor allem die deutsch-
kärntnerische Seite propagierte". Fotoaufnahmen von
damals zeigen das große Loch, das in das Gebäude
gerissen wurde, sowie die wilde Zerstörung in den
Ausstellungsräumen.

      Dokumentarische Abbildun-
gen der damaligen Zerstörung sind Grundlage für eine
malerische Auseinandersetzung. Der Künstler redu-
ziert das Setting in einem beinahe zeichnerischen Stil
auf wesentliche Details. Wieder arbeitet er mit zart
schwarzgrauen Tönen und verwendet eine Grundfarbe,
die im Licht blendet und die Malerei instabil werden
lässt. Zusätzlich belegt er die Oberfläche mit einer
dünnen Weißschicht, die die Darstellung leicht ver-
schleiert und vernebelt. Die Malereien lassen dabei an
Erinnerungsfetzen oder Traumbilder denken, die man
nicht mehr genau benennen, begreifen kann, deren
Gehalt und Gestalt vor dem inneren Auge verschwom-
men, unklar und nebulös geworden ist.

In situ: Das MMKK, ein Ort mit Geschichte(n)

Häufig untersucht Lobnig private und öffentliche
Räume auf ihre Diskursfähigkeit und Durchlässigkeit.
In zwei eigens für die Ausstellung entstandenen
Arbeiten thematisiert der Künstler die Geschichte
des Ausstellungsortes, der sogenannten „Burg",
eines bedeutenden historischen Baus aus der Refor-
mationszeit – wie auf der Homepage des MMKK
nachzulesen ist. Architektur ist stets mit Geschichte
aufgeladen, ein Raum immer mehr als nur Beton-
mauer, Verputz und Holz. Und so ist auch das Museum
kein neutraler, steriler *White Cube*, sondern ein Raum
mit (verborgenen) Geschichten.

      Das Gebäude hatte im Laufe
der Zeit ganz unterschiedliche Funktionen und
Aufgaben und genau diesen möchte der Künstler
nachspüren. Es war Schule, Residenz und Wohnsitz
des Burggrafen, Amtsgebäude und auch Sitz des
Landeshauptmanns. 1928 eröffnete dort die Kärntner
Landesgalerie, doch mit dem Anschluss Österreichs

Painting and Memory

On the afternoon of 18 September 1979, a bomb deto-
nated in the museum of local history situated in
the town hall of the Carinthian town of Völkermarkt.
The principal offender, Luka Vidmar, suffered life-
threatening injuries, his accomplice, Marina Blaj, was
seriously injured, as was the museum employee
Karl Karpf. Vidmar and Blaj were agents of the Yugo-
slav intelligence service UDBA and members of
"Sora", a special unit founded specifically for activities in southern Carinthia. In the years before there
had already been attacks on a power pole, a partisan
monument, or on the offices of the Kärntner Heimat-
dienst association in Klagenfurt.

      The memory of the bomb
attack on his birth town's museum of local history is
still very much alive with Lobnig, he was in the vicinity when it happened. A formative experience. "History was falsified in that place," the artist says, "an
anti-Slovenian attitude propagated first and foremost
by the German-speaking Carinthian side." Photos
from those days show the big hole blown out of the
building as well as the violent destruction inside
the exhibition rooms.

      Documentary pictures of the
devastation at the time are the basis for a pictorial
examination. Employing an almost graphic style, the
artist reduces the setting to essential details. He
once again works with subtle blackish grey shades
and uses a basic colour that glares in the light and
makes the painting become volatile. He also covers
the surface with a thin layer of white that slightly
shrouds and obscures the image. That way, the paintings make think of fragments of memory or images
from dreams you can no longer describe or compre-
hend exactly, the substance and shape of which
have blurred, become unclear and hazy before the
inner eye.

In Situ: The MMKK, a Place of (Layered) History

Lobnig frequently examines private and public spaces
for their capacity for discourse and their permeability.
In two works created specifically for the exhibition,
the artist addresses the history of the exhibition site,
the so-called 'Burg', a prominent historical building
from the Reformation era—as can be read on the
web-site of the MMKK. Architecture is always historically charged, a room always more than concrete
walls, plaster and wood. Therefore, the museum is no
neutral, sterile *white cube* either, but rather a space
of (hidden) stories.

      Over the course of time,
the building has had a wide variety of functions and
missions, which are precisely what the artist aims
to look into. It used to be a school, the residence and
abode of the burgrave, official building, and also
office of the governor. The Kärntner Landesgalerie
was opened there in 1928. After the annexation of

an Hitler-Deutschland richtete 1938 die Geheime Staatspolizei (Gestapo) in der „Burg" ihre Zentrale ein, wodurch es zur Räumung und Schließung der Galerie kam. Erst 1965 wurde die Kärntner Landesgalerie in neu adaptierten Räumen wiedereröffnet. Anfang der 2000er Jahre kam es zu einer Generalsanierung und 2003 eröffnete das Museum Moderner Kunst Kärnten. Lobnigs Interesse gilt besonders der Zeit des Nationalsozialismus. Es ist schwer vorstellbar, dass an dem Ort, vielleicht sogar genau in jenen Räumlichkeiten, in denen wir uns heute der inspirierenden Begegnung mit zeitgenössischer Kunst widmen, Menschen durch die Gestapo verhört und wohl auch grausam gefoltert wurden.

Viele, die schon Kunstwerke gehängt haben, kennen den Trick: Man klebt unter das Bohrloch ein Kuvert und fängt so den Wandstaub auf. Lobnig hat in der Vergangenheit, bei diversen Ausstellungsaufbauten in Museen, Galerien und Off-Spaces, immer wieder den Ziegel-, Stein- oder Betonstaub in solchen Kuverts aufbewahrt, diese dann verklebt, mit dem Ort der Bohrung bezeichnet und signiert. In der Ausstellung des MMKK sind neue Kuverts mit dem eingeschlossenen Bohrstaub der dortigen Wände zu sehen. Sie lassen in ihrem Erscheinungsbild an archäologische Funde oder auch eine restauratorische Bestandsanalyse denken, beinhalten sie doch die unterschiedlichen (Farb-)Schichtungen der Wand, die symbolisch für jeweils eine bestimmte Zeitspanne stehen. Geschichte ist in den Mauern gespeichert, Lobnig macht sie nicht unbedingt sicht-, wohl aber spürbar.

Eine zweite Arbeit legt den Fokus auf den Innenhof des Museums – heute genützt als ein Durchgang bzw. eine Abkürzung von einer Straße zur anderen, oder auch als ein Ort des Verweilens mit Veranstaltungen wie Filmvorführungen und Konzerten. Ein Scheinwerfer, montiert auf der Arkadenbrüstung, verfolgt die Bewegung der Passanten und verweist durchaus unangenehm und beklemmend auf die Vergangenheit des Hauses, auf eine Zeit, in der Verfolgung und Denunziation an der Tagesordnung standen.

Lobnig geht es in den zwei so unterschiedlichen *in-situ*-Arbeiten nicht um eine Offenlegung der Historie im Sinne einer Dokumentation mit Daten, Fakten und Hintergründen. Vielmehr möchte er durch das Erfühlen des geschichtsträchtigen Ortes dessen wechselhafte wie auch erschreckende Historie wachrufen und zum Nachdenken anregen.

Wahrnehmungs- und Erinnerungsmaschinen

Emotionen möchte Lobnig auch in einer aufwendigen Filmprojektion hervorrufen, die sich mit einem Ereignis auseinandersetzt, das in den späten 1970er Jahren in Klagenfurt für ziemliches Aufsehen sorgte: Im Juni 1979, parallel zum stattfindenden Bachmannwettbewerb, der als zu etabliert kritisiert wurde, besetzten

Günther Oberhollenzer

Austria by Nazi Germany, however, the Gestapo (Secret State Police) installed their headquarters in the 'Burg', causing the gallery to be cleared and closed down. It took until 1965 for the Kärntner Landesgalerie to reopen in newly renovated premises. A complete refurbishment took place at the beginning of the 2000s, with the Museum of Modern Art Carinthia opening in 2003. Lobnig is particularly interested in the time of National Socialism. It is hard to picture the Gestapo interrogating and probably also brutally torturing people in a place, maybe even in the very rooms where today we devote ourselves to the inspiring encounter with contemporary art.

Many of those who have hung artworks know this trick: you tape an envelope beneath the drill hole to catch any dust. In the past, on the occasion of various exhibition setups in museums, galleries and off spaces, Lobnig has frequently kept the brick, stone or concrete dust in such envelopes, has gummed them up, labelled them with the place of drilling and signed them. The MMKK exhibition features new envelopes, with the enclosed drilling dust from the walls on site. In their appearance they remind of archaeological finds or a restoration status analysis, since they contain the wall's various (colour) layers that each symbolically represent a certain period of time. History is saved in the walls, with Lobnig not necessarily making it visible, but certainly tangible.

The focus of the second work is on the courtyard of the museum—used today as a passageway or shortcut from one street to the other, or also as a place to linger, with events like film screenings and concerts. A spotlight mounted on the parapet of the arcade tracks the movements of the passers-by, referring in a quite uncomfortable and disquieting manner to the building's past, to a time when persecution and denunciation were the order of the day.

With these two quite different in-situ works, Lobnig does not intend a laying bare of history in the sense of a documentation with dates, facts and background. By giving a feeling of this site steeped in history, he rather wants to evoke its layered and also terrifying history, and to be thought provoking.

Perception and Memory Machines

Lobnig also intends to evoke emotions with an elaborate film projection dealing with an event that caused quite a stir in Klagenfurt in the late 1970s: in June 1979, parallel to the Bachmannwettbewerb, a literature competition criticised as too established, literati and musicians squatted the house neighbouring the event location. The artist was too young to actively take part, but he followed the events with great interest. His brother-in-law, however, the writer and philosopher Arnulf Ploner, was directly involved, recording the events on a Super 8 film. For almost a

Literatinnen und Literaten, Musikerinnen und Musiker
das Nachbarhaus des Veranstaltungsorts. Der
Künstler selbst war noch zu jung, um sich aktiv daran
zu beteiligen, doch er verfolgte das Geschehen mit
regem Interesse. Sein Schwager, der Literat und Philo-
soph Arnulf Ploner, war hingegen unmittelbar dabei
und hielt das Geschehen auf einem Super 8-Film fest.
Das leerstehende Gebäude in der Reitschulgasse
zwischen Künstlerhaus und Stadthaus diente fast ein
Jahr lang als Aufenthalts- und Veranstaltungsort.
Die Besetzung war mit der Forderung verknüpft, ein
zweisprachiges Kultur- und Kommunikationszentrum
für alle zu errichten. Hauptsächlich im Sommer und
Herbst 1979 fanden eine große Anzahl an Konzerten,
Lesungen und Diskussionen im Haus und dem vor-
gelagerten Garten statt. Im März 1980 wurde das be-
setzte Gebäude geräumt und später in das sogenannte Europahaus, einen von der Stadt geführten Ort
mit Künstlerwohnungen, Büros und Ausstellungsräumen, umgewandelt.

Historische Ereignisse wie das
Bombenattentat in Völkermarkt oder hier nun die
Hausbesetzung in Klagenfurt (ein „Kärntner Gegen-
öffentlichkeitsprojekt", so Lobnig) verknüpft der
Künstler subtil mit dem Beginn seiner persönlichen
politischen Bewusstseinswerdung und seiner heutigen Lebensrealität. Vergangenheit und Gegenwart
sind miteinander verwoben, historische und aktuelle
Geschehnisse bedingen einander.

Lobnig projiziert, wie schon
bei früheren Arbeiten, den Film auf einen bewegten
Bildträger – ein komplexes Rotationsgerät mit neu
geschaffenem Glasobjekt, dessen Gläser wie Spiegel
die Bildeinheit in mehrere Fragmente aufsplittern
und sie mit dem umliegenden Raum interagieren
lassen. Die rasterartige Zerlegung führt zu einer
Vervielfältigung der Perspektive, zu Unregelmäßigkeit,
Abweichungen und Restbildern, die auf die dahin-
ter liegende Wand geworfen werden. Die Drehung
des kinetischen Objektes wie auch die vielfältigen
Spiegelungen erzeugen auch visuelle Störungen und
Artefakte, filmische Schärfen und Unschärfen, doch
sie verstärken in ihrem Erscheinungsbild gleichzeitig
die nostalgisch wirkende Patina des Filmes.

Ähnlich der irritierenden Blen-
dung durch die silberfarbige Malerei wird die Re-
präsentationsform des Bildes im Film hinterfragt und
destabilisiert, das Bild und der Bildgrund entzweit,
das Sein des Bildes und seine Erscheinung in dessen
Differenz hervorgehoben und betont. Ein wechsel-
volles Beziehungsgeflecht von Fläche, Raum und
Wand, von Ruhe und Bewegung, Einzelbild und Film,
Schatten und Licht.

Fotografische Erkundung: das Seebad Prora
auf Rügen

Die Menschen sind verschwunden. Die Umgebung ist
verwildert, Schutt liegt herum, in den Räumen blättert
der Putz von den Wänden. Auf Rügen, direkt vor der

year, the vacant building on Reitschulgasse between
Künstlerhaus and Stadthaus would serve as an
abode and event location. The squat was tied to the
demand for a bilingual cultural and community
centre open for all to be established. A great number
of concerts, readings and discussions took place
in the house and in the garden in front of it, most of
them in summer and autumn of 1979. In March 1980,
the squatted building was cleared and later turned
into the so-called Europahaus, a town-operated place
housing artist apartments, offices and exhibition
rooms.

In a subtle manner, the artist
associates historical events like the bomb attack in
Völkermarkt or the above mentioned squat in Klagenfurt (in Lobnig's words, a "Carinthian counter-public
project") with the beginning of his personal political
awareness and the current reality of his life. Past and
present are interconnected, historical and current
events are interdependent.

As he has already done in
earlier works, Lobnig projects the film on a moving
image carrier—a complex rotational device with
a newly created glass object, the glass and mirrors of
which split the image unit into several fragments
and make them interact with the surrounding room.
The raster-like decomposition leads to a multiplication of perspective, to inconsistency, discrepancies,
and residual images that are cast on the wall behind.
Both the turning of the kinetic object and the manifold reflections also produce visual disruptions and
artefacts, filmic sharpness and blur, but in their look
and feel, these simultaneously reinforce the nostalgic-
looking patina of the film.

Similar to the irritating glare of
the silver coloured painting, the form of representation of the image in the film is questioned and dest-
abilised, image and background are divided, and the
existence of the image and its appearance highlighted
and stressed in their difference. A changeful mesh
of relations, of surface, space and wall, of stillness and
motion, single image and film, shadow and light.

Photographic Exploration: The Prora Seaside Resort
on Rügen

The people are gone. The surrounding area is overgrown. Debris is lying around, the plaster peeling off
the walls inside the rooms. The KdF seaside resort
Rügen is located on Rügen, an island just off the coast
of the Baltic Sea. In construction between 1936 and
1939 and planned as a gigantomaniac complex where
the Nazi organisation 'Kraft durch Freude' (Strength
Through Joy) would provide holidays to around
20,000 people at once, it remained unfinished. The
start of World War II prevented the completion as a
seaside resort. The 'Colossus of Prora' is the heart
of the complex, initially consisting of eight identical
blocks in a row extending over a length of 4.5 kilometres. Three blocks, save for a few segments, were

Ostseeküste gelegen, befindet sich das KdF-Seebad Rügen. Zwischen 1936 und 1939 erbaut doch unvollendet geblieben, sollte es als gigantomanischer Komplex der NS-Organisation „Kraft durch Freude" rund 20 000 Menschen gleichzeitig Urlaub gewähren. Der Beginn des Zweiten Weltkrieges verhinderte die Fertigstellung als Seebad. Der „Koloss von Prora" ist der Kern des Komplexes und bestand aus ursprünglich acht auf einer Länge von 4,5 Kilometern aneinandergereihten baugleichen Blöcken. Drei Blöcke wurden zwischen 1945 und 1949 bis auf wenige Segmente zerstört, die fünf verbliebenen wurden zu einer monumentalen Kasernenanlage der DDR um- und ausgebaut. Über vier Jahrzehnte hinweg diente das Gelände militärischen Zwecken und war Sperrgebiet. Nach 1990 wickelte die Bundeswehr den Militärstandort ab, ein Großteil der ehemaligen Kasernen verfiel. Seit 2004 werden die Blöcke einzeln veräußert und zu Wohn- und Hotelanlagen oder auch einem Museum umgestaltet. Ein Großteil ist aber nach wie vor unbewohnt und in ruinösem Zustand.

Lobnig nähert sich dem monströsen Plattenbau, der als das längste Gebäude der Welt gilt, mit dem Medium der Fotografie und des Films. Er durchstreift die uniformen Zimmer und endlosen Gänge, die großzügigen Stiegenhäuser und hallenartigen Speisesäle. Der von Decken und Wänden abfallende Putz lässt die vielfältigsten Muster entstehen, die menschenleeren Räume erzeugen eine unheimliche Stimmung. Das einstige Seebad wird zu einem Ort der Erinnerung und des Gedächtnisses. Die alten Räume sind abgewohnt und leer. Doch die Leere ist mit Vergangenheit aufgeladen, jedes Zimmer erzählt eine eigene Geschichte. Der Mensch würde, so der deutsche Künstler Anselm Kiefer, „irrsinnig werden mit dem ganzen Wissen über den unseligen Lauf der Welt". Deshalb komme er in einem leeren Raum auf die Welt. Der Raum ist aber zugleich leer und voll: „So wie leere Fabrikhallen voll sind mit den Spuren und den Geräuschen vergangener Arbeit. Jedes leere Theater ist ein Raum voller Bilder, verdichteter Worte. Die volle Leere gleicht der lauten Stille."[3] Lobnig hat mit kargen Hotelzimmern, zugigen Stiegenhäusern und dunklen, beklemmenden Gängen schwermütige Bilder für die volle Leere gefunden – feinsinnige Referenzen an das Vergehen der Zeit, die Vergänglichkeit des Menschen und die von ihm geschaffenen Räume.

„Mein Blick, oder besser gesagt, mein Denken richtet sich immer stark auf Verhältnisse, Bewegungen, Beziehungsverhältnisse und Prozesse", sagt Hubert Lobnig.[4] Die Auseinandersetzung mit Besetzung und Wahrnehmung von Raum, die Hinterfragung des Bildes als Repräsentation von Welt gepaart mit beobachteten oder selbst erlebten Lebensrealitäten können als Konstanten in seinem Werk angesehen werden. In den Malereien, kinetischen Installationen, Film- und Fotoarbeiten reflektiert der Künstler über reale und imaginierte Räume, über ihre Aneignung und Nutzung, über ihre historische Aufladung und verborgene Geschichte. Lobnig begibt

demolished between 1945 and 1949, the remaining five were converted and expanded into a monumental GDR army barracks. For four decades, the grounds were reserved for military purposes and designated a restricted area. After the year 1990, the Bundeswehr liquidated the military site, a large part of the former barracks deteriorated. Since 2004, the blocks have been sold individually and have been transformed into housing and hotel complexes, or also into a museum. However, a large portion is still unoccupied and in a ruinous state.

Lobnig approaches the monstrous prefabricated building, which is considered the longest building in the world, through the mediums of photography and film. He wanders through the uniform rooms and endless corridors, the spacious stairwells and hall-like dining rooms. The plaster falling off the ceilings and walls gives birth to most diverse patterns, the rooms devoid of people create an eerie atmosphere. The old rooms are run-down and empty. Yet the emptiness is charged with the past, every room tells its own story.

It was the German artist Anselm Kiefer who said that human beings "would go mad if they possessed complete knowledge of the disastrous course of the world." Which is why they were born in an empty space. The space, however, was at once empty and full, "in the same way that empty factory buildings are full of the traces and sounds of past labours. Every empty theatre is a room full of images and consolidated words. Filled emptiness is like loud silence."[3] In barren hotel rooms, draughty stairwells and dark, disquieting corridors, Lobnig has found gloomy images for that filled emptiness—sensitive references to the passing of time, the transient nature of the human being and the spaces they create.

"My own view, or rather my thinking," says Hubert Lobnig, "is always strongly directed to developments, movements, relationships, and processes."[4] The examination of the connotation and perception of space as well as the scrutinisation of the image as a representation of the world, paired with realities of life known from observation or from first-hand experience, can be rated as constants in his oeuvre. In his paintings, kinetic installations, film and photo works, the artist reflects on real and imagined spaces, on their appropriation and utilisation, their historical charge and hidden history. Always staying in motion, Lobnig sets out to inquire about the cultural dimension of edifices and places, he interlinks past and present, contemporary history and personal memory, chaos and order, transience and beauty—and in the exhibition room, he makes his work enter into a dialogue with the surrounding space, and us into one that is ever exciting.

(The quotes by Hubert Lobnig are, if not mentioned otherwise, from personal conversations with the author, Vienna, summer 2018.)

Günther Oberhollenzer

sich, stets in Bewegung, auf Spurensuche nach der
kulturellen Dimension von Bauwerken und Orten,
er verwebt Vergangenheit und Gegenwart, Zeitge-
schichte und persönliche Erinnerung, Chaos und
Ordnung, Vergänglichkeit und Schönheit – und lässt
im Ausstellungsraum sein Werk mit dem Umraum
und uns Betrachterinnen und Betrachter in einen stets
spannungsvollen Dialog treten.

(Die Zitate von Hubert Lobnig stammen, falls nicht
anders angegeben, aus persönlichen Gesprächen mit
dem Autor, Wien im Sommer 2018.)

1 David Komary, „Im Schatten der Bildmatrix. Zur Interdependenz von Bild und Bilddispositiv bei Hubert Lobnig", in: *Hubert Lobnig. Realities of Life and Worlds of Things*, Schlebrügge.Editor, Wien 2013, S. 69–72, hier S. 70.

2 In dem Aufsatz „Sexismus in der Kunst: Ein Mann köpft eine Frau", untersucht Hanno Rauterberg die Auswirkungen der #MeToo-Debatte auf die Museen und die Forderung, dass anzügliche und gewaltsame Kunstwerke verschwinden sollen. www.zeit.de, Stand: 15.09.2018.

3 Dankesrede von Anselm Kiefer zur Verleihung des Friedenspreises des Deutschen Buchhandels 2008, in: *Anselm Kiefer. Ausgewählte Werke aus der Sammlung Grote*, Ausstellungskatalog Museum Frieder Burda, Baden-Baden, Wienand Verlag, Köln 2011, S. 134–143, hier S. 136.

4 Hubert Lobnig, zit. nach: Fragen an Hubert Lobnig von Stella Rollig, in: *Hubert Lobnig. Schlafende Hunde*, Katalog zur Ausstellung im Atelierhaus der Akademie der bildenden Künste Wien, Schlebrügge.Editor, Wien 2016, S. 104–107, hier S. 107.

1 David Komary, "In the shadow of the pictorial matrix. On the interdependence of image and image dispositif in the works of Hubert Lobnig", in: Hubert Lobnig. *Realities of Life and Worlds of Things,* Schlebrügge.Editor, Vienna 2013, pp. 69–72, cit. from p. 70.

2 "Der schützende Rahmen des Museums ist keiner mehr. Die Kunst ist mobil geworden, sie wird handyfiziert"—in his essay "Sexismus in der Kunst: Ein Mann köpft eine Frau", Hanno Rauterberg examines the impact of the #MeToo debate on museums and on the call for offensive and violent artworks to be removed. www.zeit.de [15/09/2018].

3 "Der Mensch würde irrsinnig werden mit dem ganzen Wissen über den unseligen Lauf der Welt. So kommt jedes Kind in einem leeren Raum auf die Welt. Und dieser leere Raum ist gleichzeitig leer und voll: so wie leere Fabrikhallen voll sind mit den Spuren und Geräuschen vergangener Arbeit. Jedes leere Theater ist ein Raum voller Bilder, verdichteter Worte. Die volle Leere gleicht der lauten Stille."—"Dankesrede von Anselm Kiefer zur Verleihung des Friedenspreises des Deutschen Buchhandels 2008", in: *Anselm Kiefer. Ausgewählte Werke aus der Sammlung Grote,* exhibition catalogue Museum Frieder Burda, Baden-Baden, Wienand, Cologne 2011, pp. 134–143, cit. from p. 136.

4 Hubert Lobnig, quoted in: "Questions to Hubert Lobnig asked by Stella Rollig", in: *Hubert Lobnig. Schlafende Hunde,* exhibition catalogue Atelierhaus der Akademie der bildenden Künste Wien, Schlebrügge.Editor, Vienna 2016, pp. 130–133, cit. from p. 133.

Günther Oberhollenzer

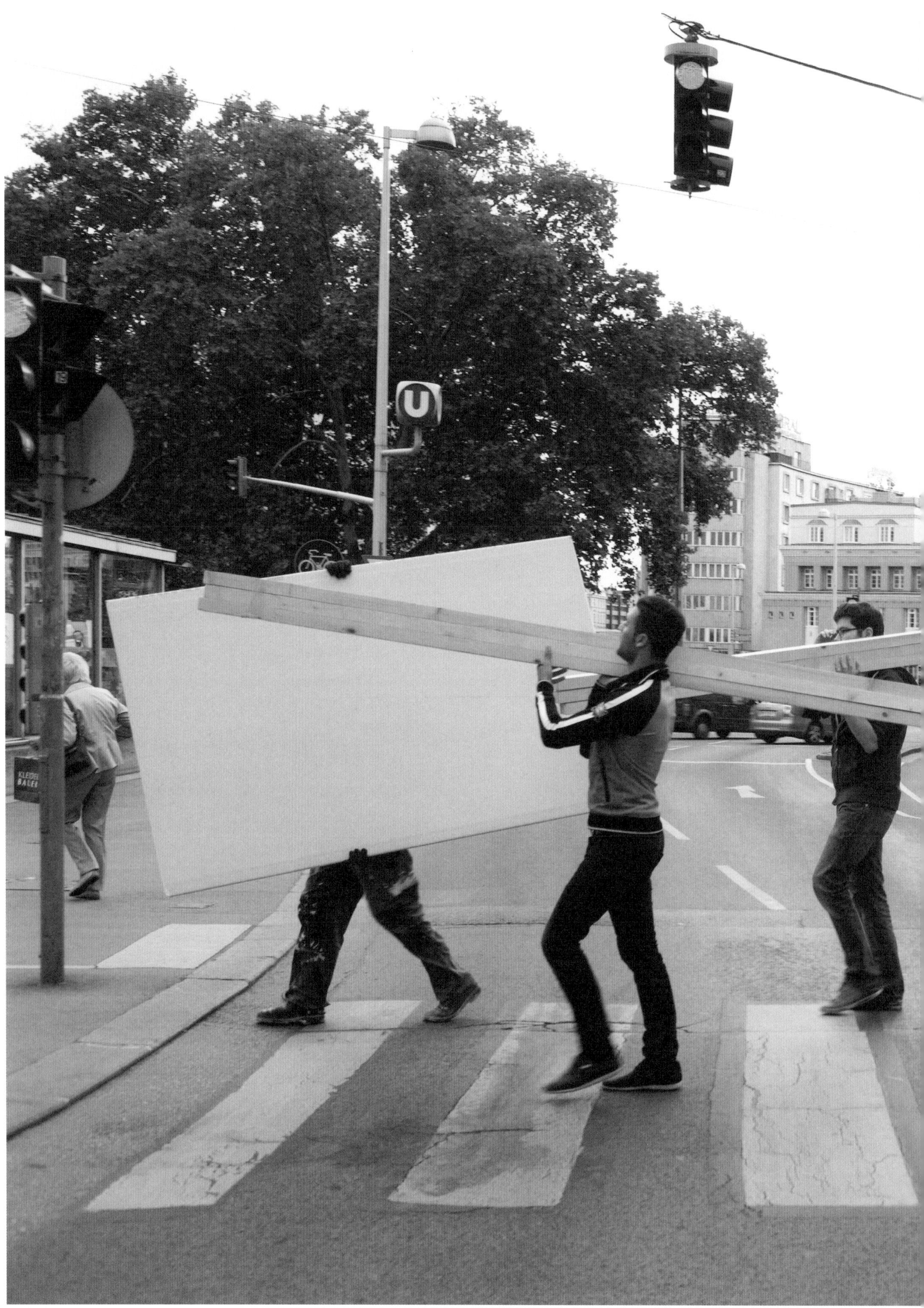

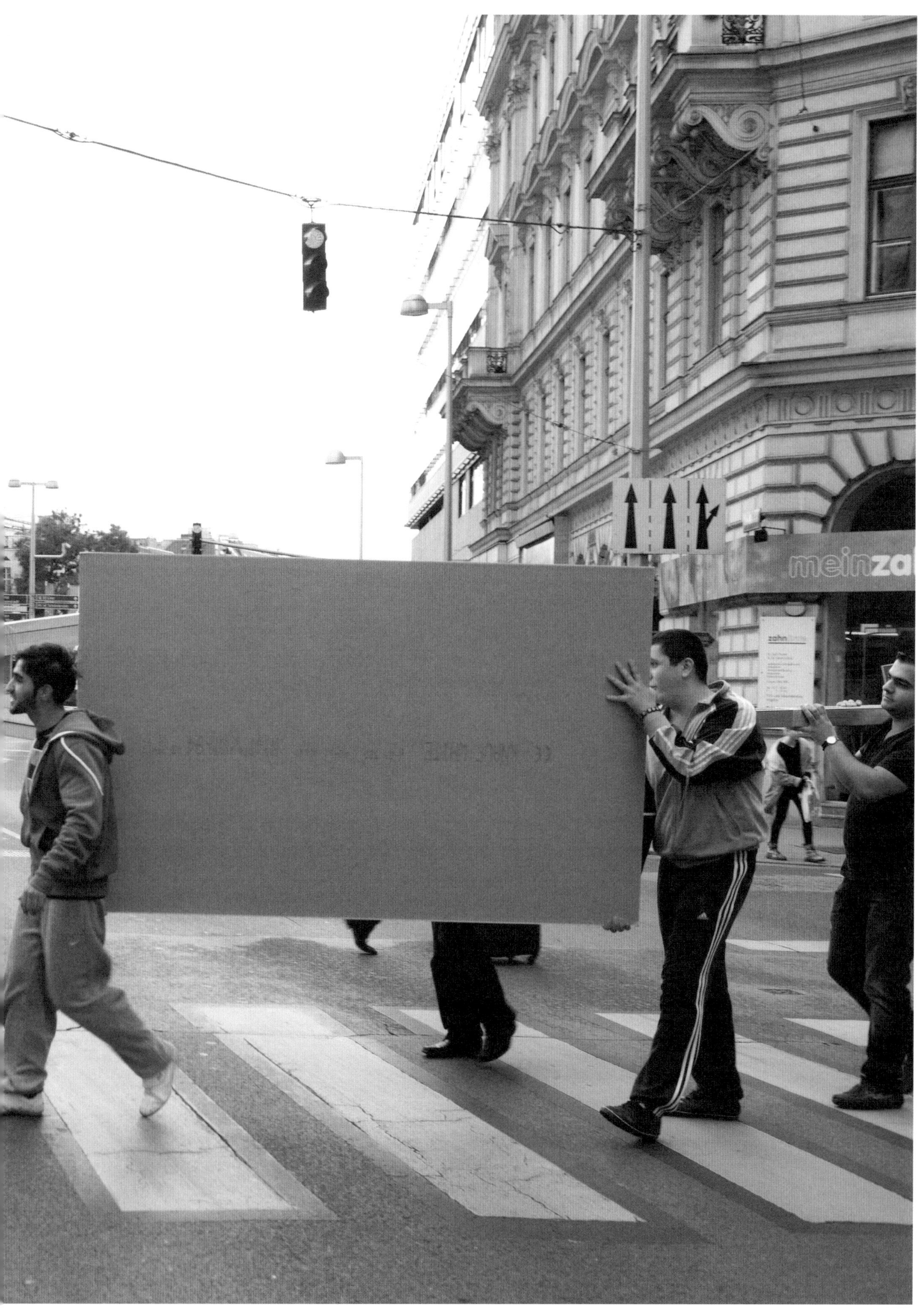

Die Baustelle
Installation, Video, Fotografie
2013

Der Umbau des Wiener Dommuseums war
Anlass für die Performance mit 16 Bau-
arbeitern. Sie wurden vom Künstler auf dem
sogenannten „Arbeiterstrich" angeheuert,
und trugen in Folge schwere Bauplatten und
anderes Baumaterial von einem Baumarkt
in der Peripherie in die Wiener Innenstadt. Im
leeren Museum wurde damit eine konstruk-
tive Skulptur errichtet, auf die anschließend
der Videofilm über die Trageaktion projiziert
wurde. Immer wieder liegen dabei gefilmte
Elemente über ihren realen Entsprechungen in
der Konstruktion.

     Die Arbeit erzählt von
zunehmender Verdichtung und Spekulation.
Sie war zugleich Protestmarsch und Prozes-
sion, ein selbstreferenzielles Lehrstück über
die Konstruktion von Geschichte.

The Construction Site
Installation, video, photography
2013

The remodel of Dommuseum Vienna provided
the occasion for a performance with 16 construction workers. They were hired by the artist
on the so-called 'Arbeiterstrich', a street cor-
ner where migrant day labourers gather. They
then carried heavy building panels and other
materials from a builders merchant on the peri-
phery to Vienna's city centre. Inside the empty
museum, these were used to build a construc-
tional sculpture, which the video about the
carrying action was subsequently projected
on. Time and again, filmed elements will come
to overlap with their real counterparts in the
construction.

     The work tells of in-
creased densification and speculation. Simultaneously, it was a protest march and proces-
sion, a self-referential lesson about the
construction of history.

Hubert Lobnig

S./p. 153
Installationsansicht/Installation view
Dreidimensionale Projektionswand aus den
getragenen Baumaterialien: Rigips, Staffeln/
Three-dimensional projection wall made
of the carried construction materials: plaster-
board, slats, 250 × 444 × 140 cm
Video „Die Baustelle", 2013
10:59 min

S./pp. 150/151, 154/155
Die Baustelle/The Construction Site, 2013
12-teilige Schwarz-Weiß-Fotoserie/
Series of 12 black and white photographs,
30 × 45 cm

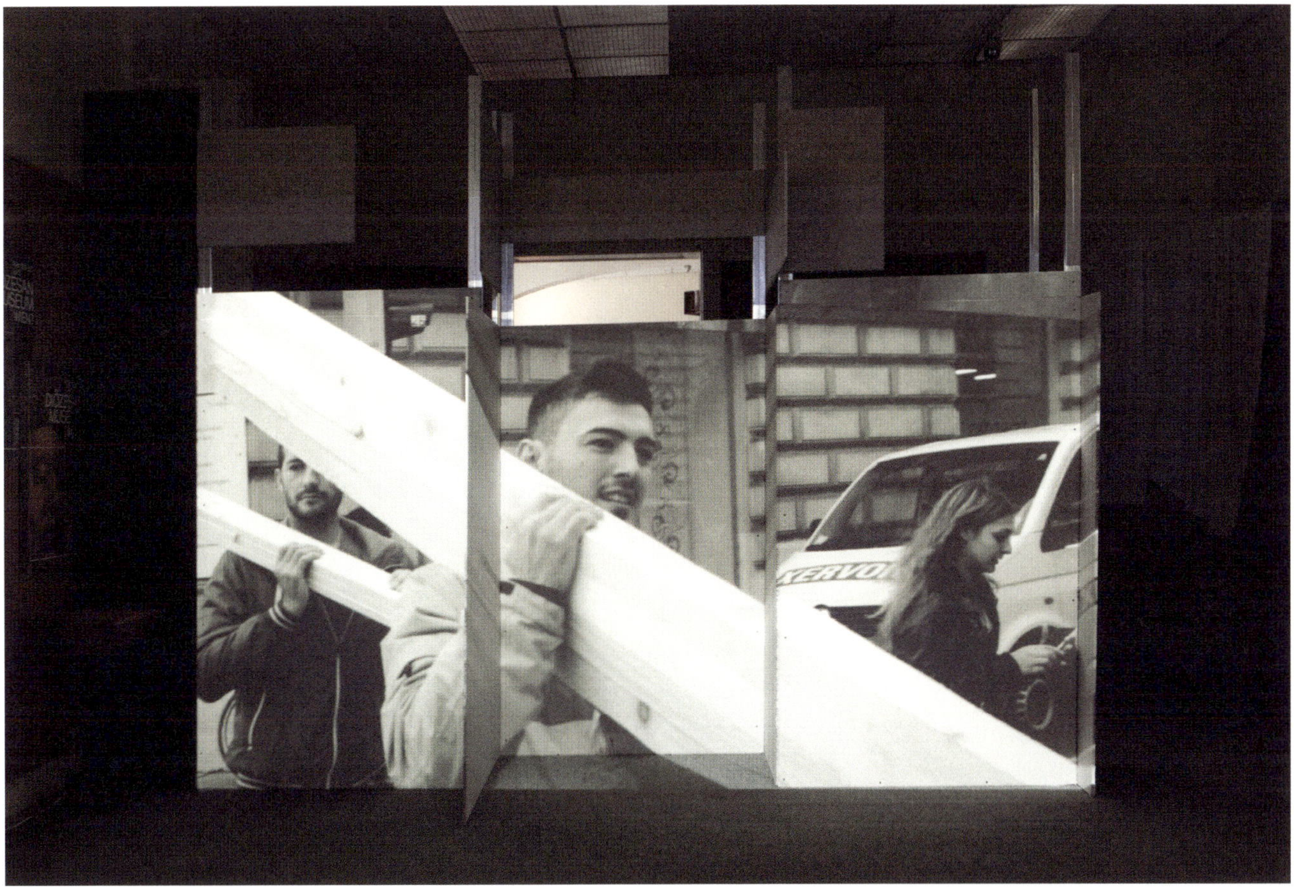

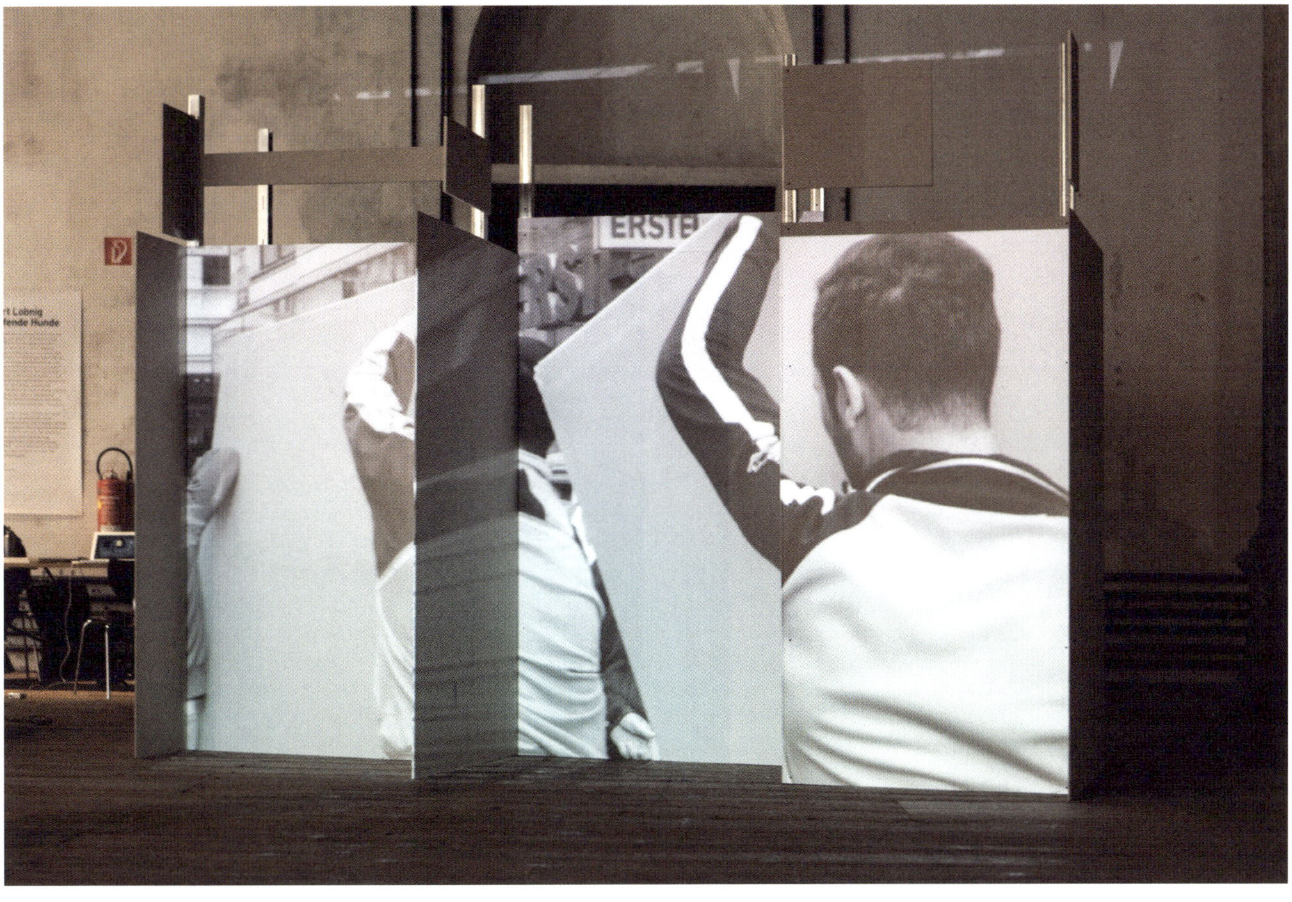

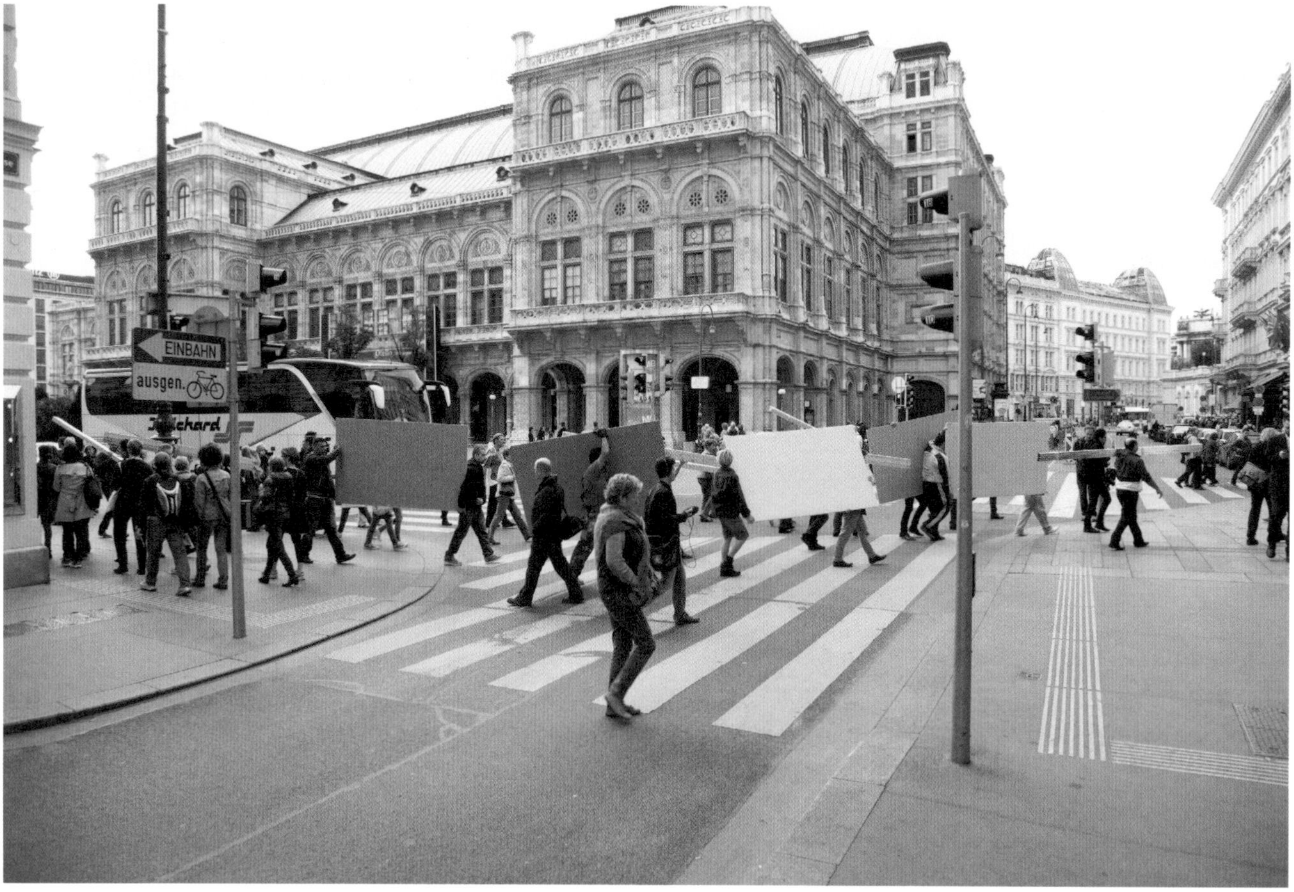
EINBAHN
ausgen.

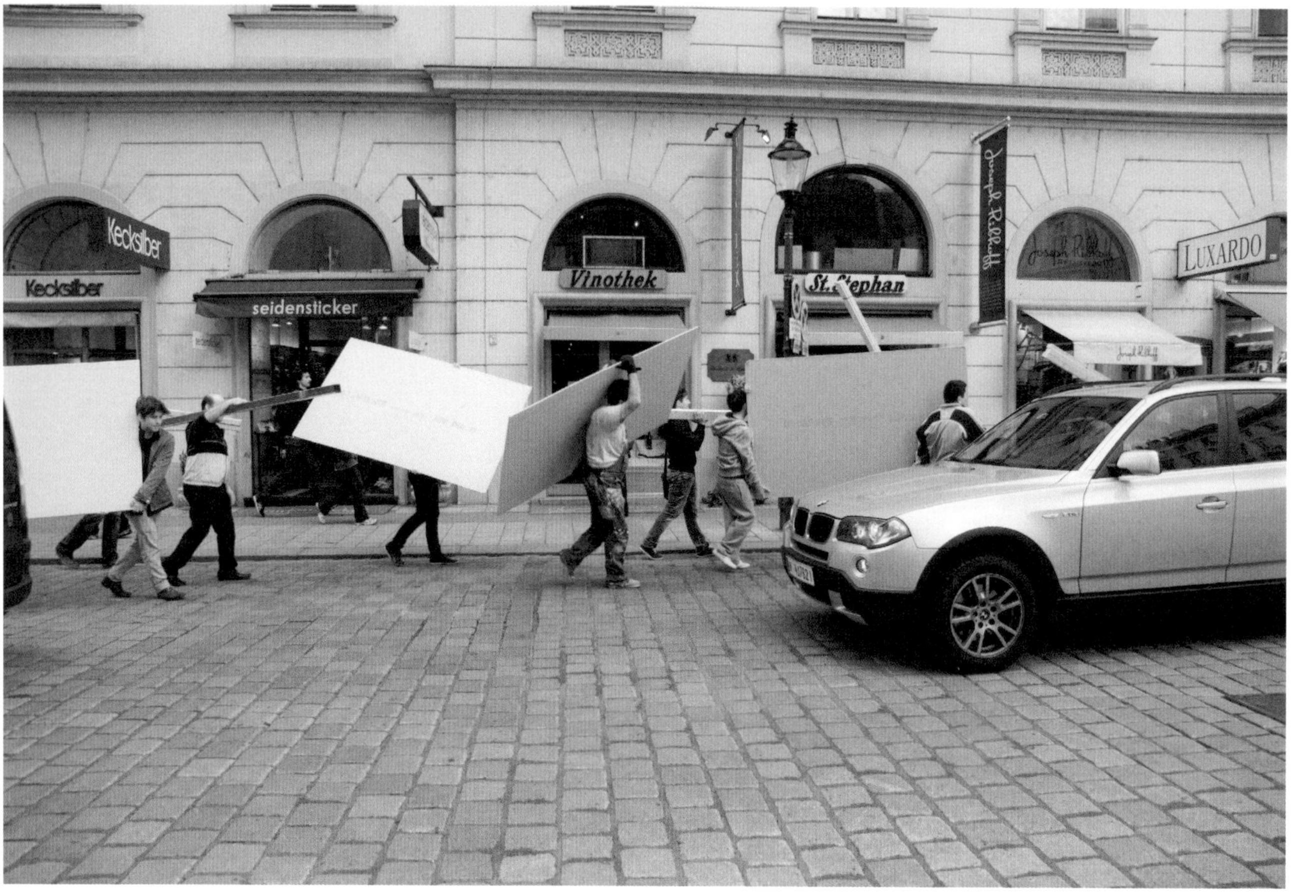
Kecksilber
Kecksilber
seidensticker
Vinothek
St. Stephan
LUXARDO

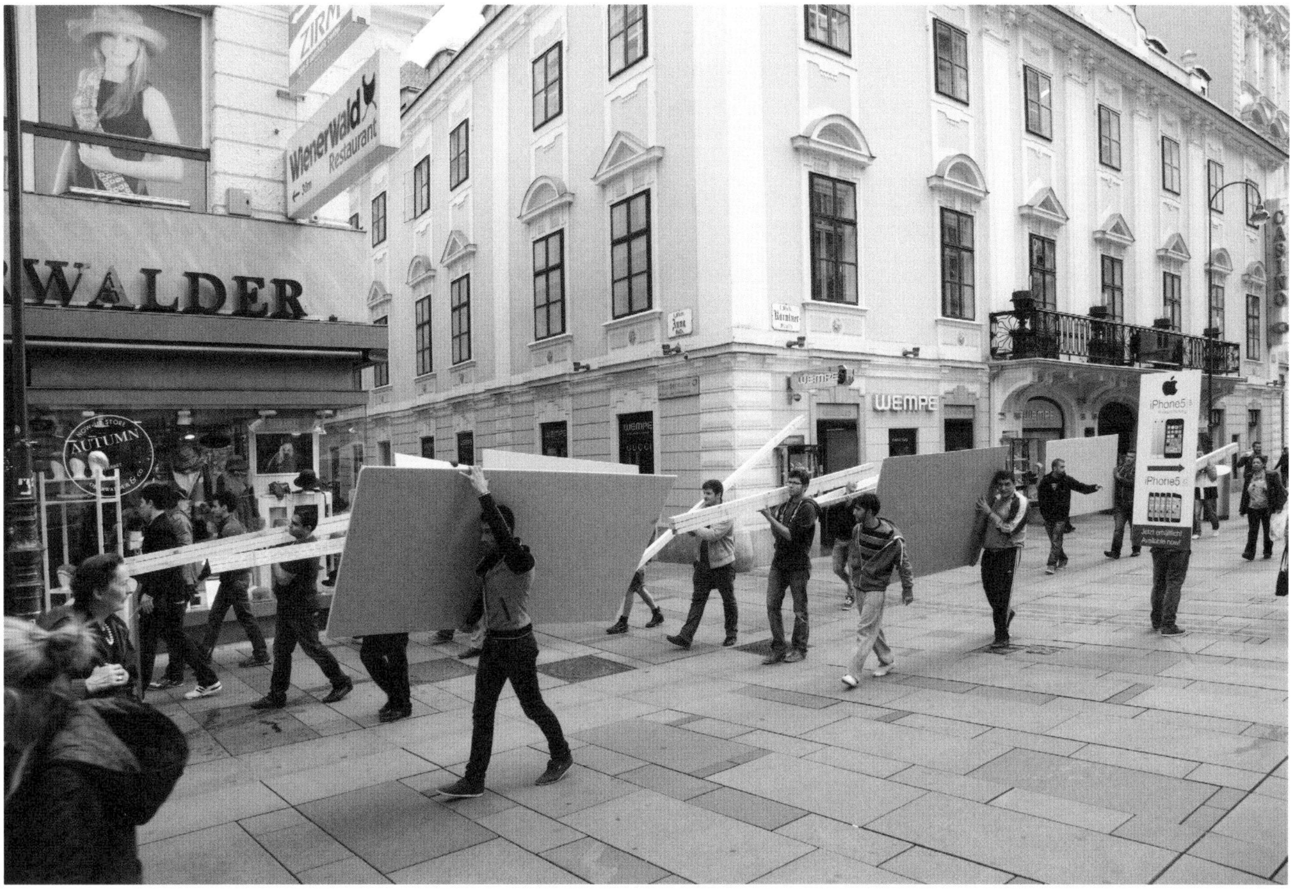
ZIRM
Wienerwald
Restaurant
WALDER
AUTUMN
WEMPE
WEMPE
iPhone5
iPhone5

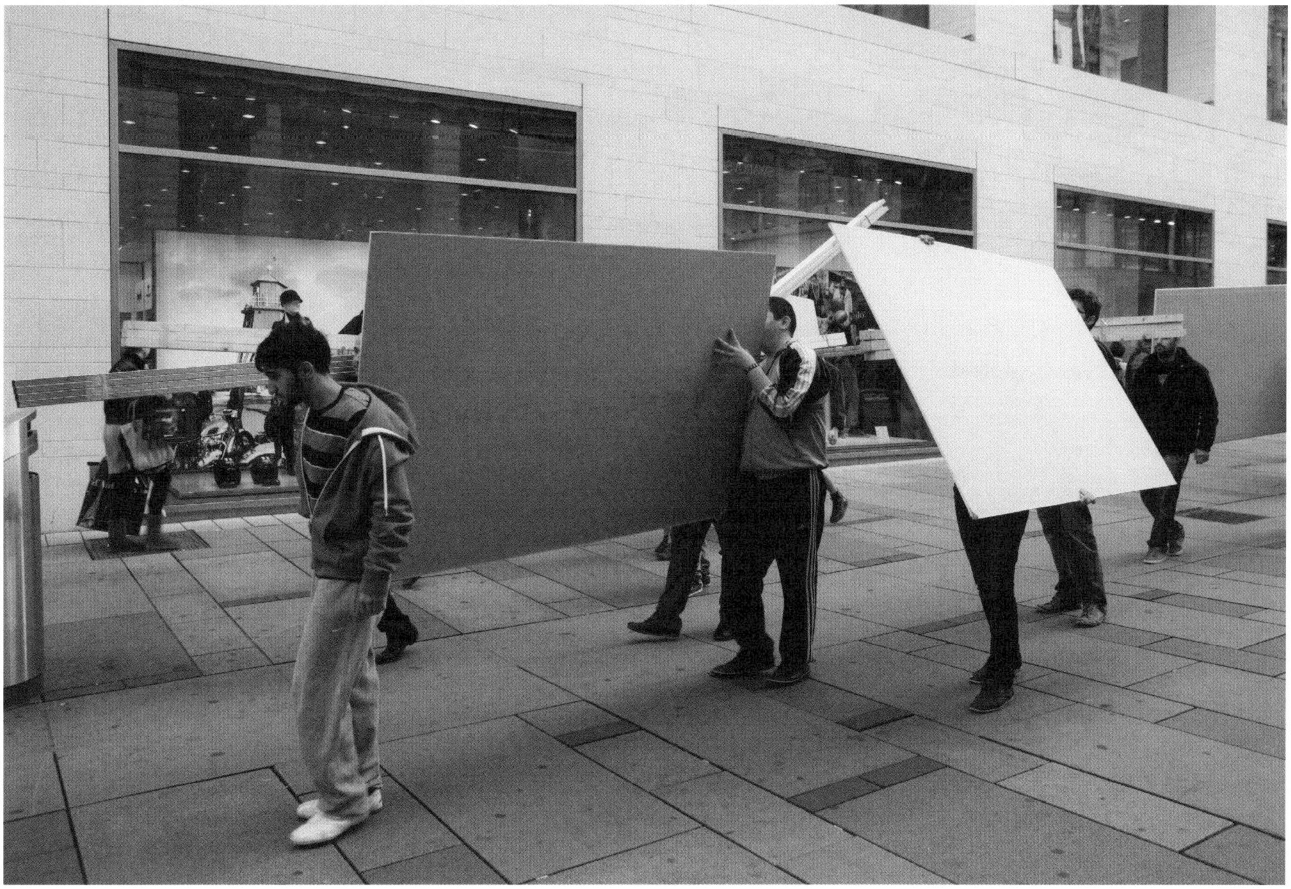

Das ist wirklich hier passiert
Installation, Video/
Film von Arnulf Ploder
2012

Ein sich drehendes Objekt, eine veritable Erinnerungsmaschine, reflektiert auf seinen Glasscheiben einen von Arnulf Ploder 1979 während einer Hausbesetzung in Klagenfurt gedrehten Super 8 Film. Die Besetzung zielte damals auf die Gründung eines selbstverwalteten Kultur- und Kommunikationszentrums ab. Das sich drehende Projektions-Objekt fragmentiert den Film, verspiegelte Flächen werfen die Bilder in den Raum. Wie damals der Filmemacher selbst Teil der Besetzung war, wird nun der Betrachter, die Betrachterin in das Geschehen involviert, wird Teil dessen, was hier wirklich passiert (ist).

This Really Happened Here
Installation, video/
film by Arnulf Ploder
2012

On its glass plates, a rotating object, a veritable memory machine, reflects a Super 8 film from 1979 made by Arnulf Ploder during a squat in Klagenfurt. The squat's objective was the establishment of a self-governing cultural and community centre. The rotating object fragments the film, reflecting surfaces cast the images into the room. Just as the filmmaker used to be part of the squat back then, it is now the beholder who becomes involved in the events, who becomes part of what really happens/happened.

Installationsansicht/Installation view
Das ist wirklich hier passiert, 2012
Rotierendes Projektionsobjekt: Glas, Spiegel, Motor
Super 8 Film „Reitschulgasse 4" von Arnulf Ploder, digitalisiert/
Rotating projection object: glass, mirror, motor
Super 8 film "Reitschulgasse 4" by Arnulf Ploder, digitised
10:01 min

S./pp. 158/159
Videostills aus „Reitschulgasse 4"
von Arnulf Ploder, digitalisiert/
Stills from "Reitschulgasse 4"
by Arnulf Ploder, digitised

Hubert Lobnig

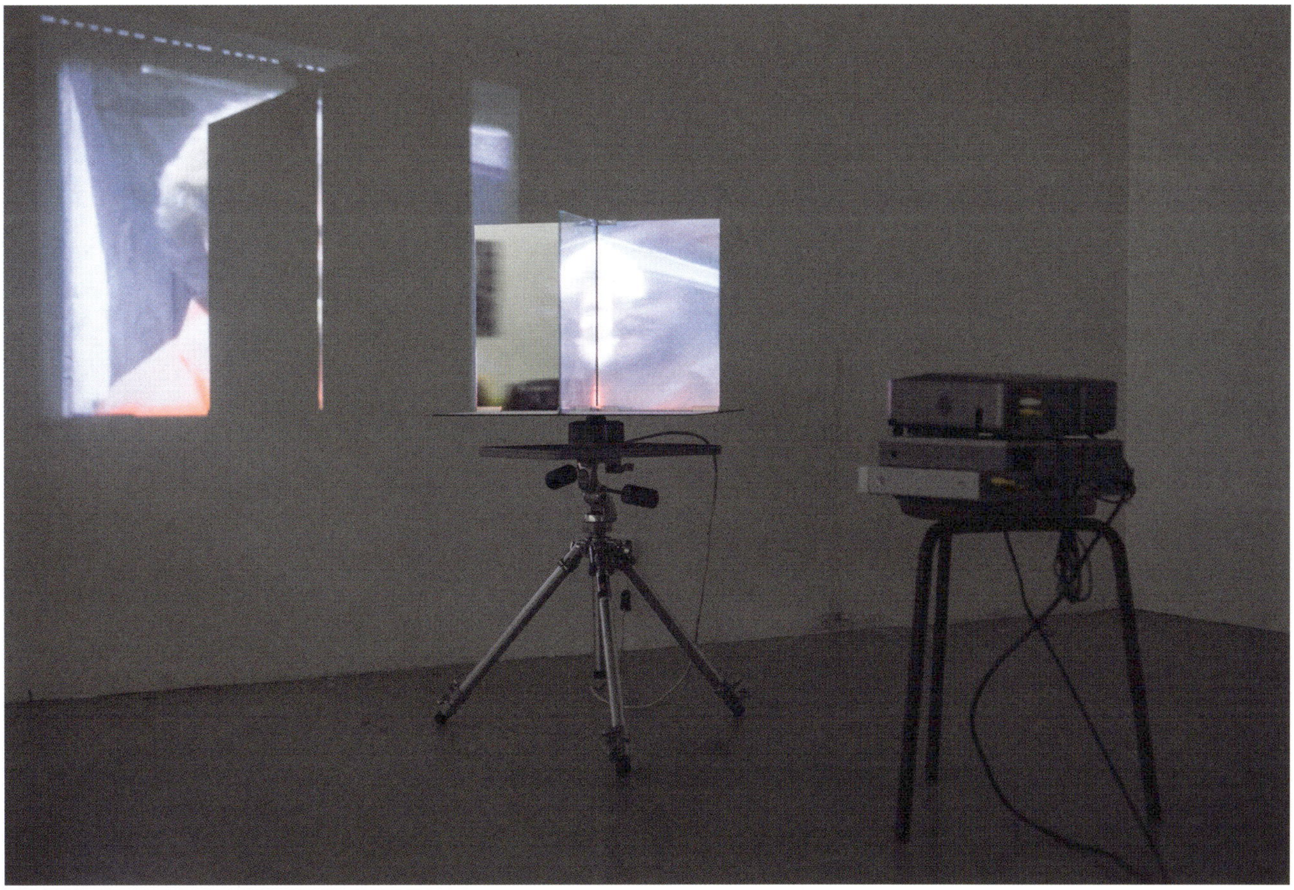

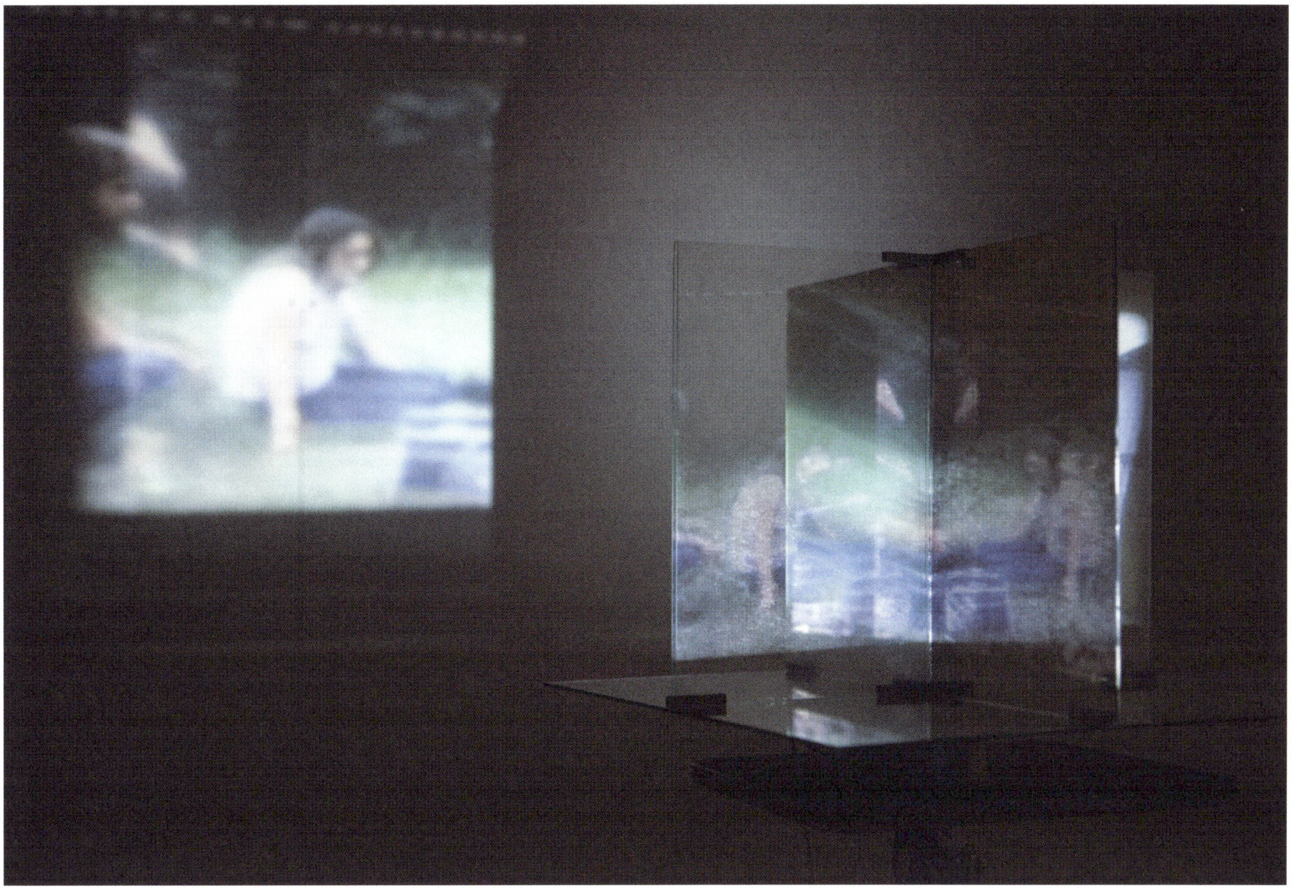

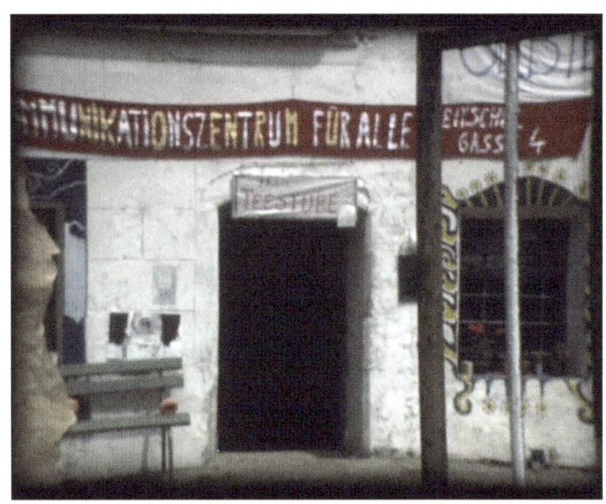
MMUNIKATIONSZENTRUM FÜR ALLE
EISCH
GASSE 4
TEESTUBE
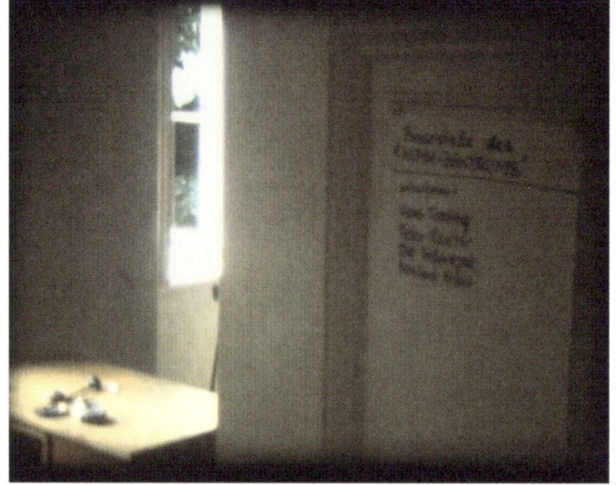
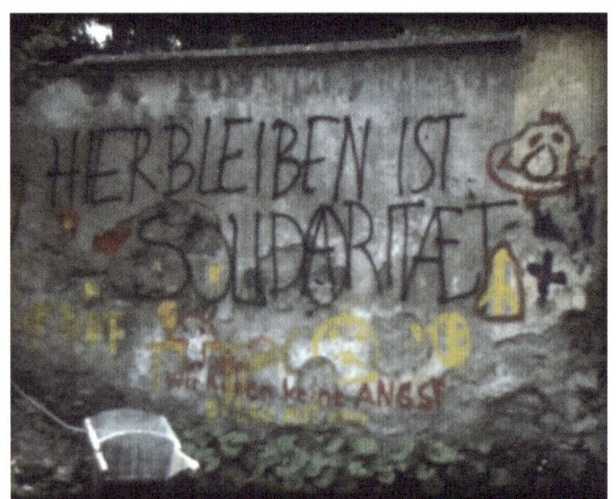
HERBLEIBEN IST
SOLIDARITÄT
Wir haben keine ANGST
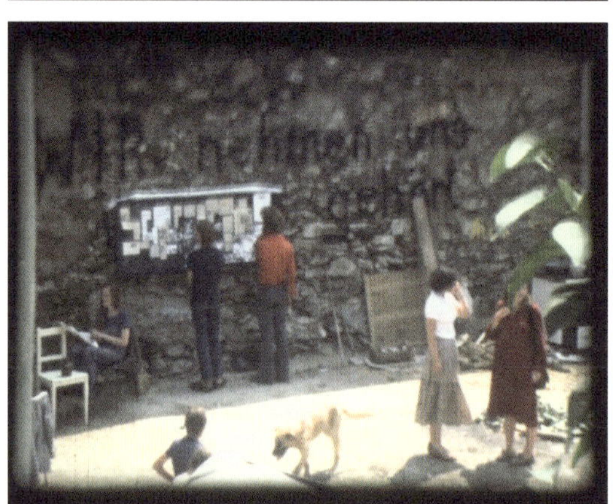
WIR nehmen uns
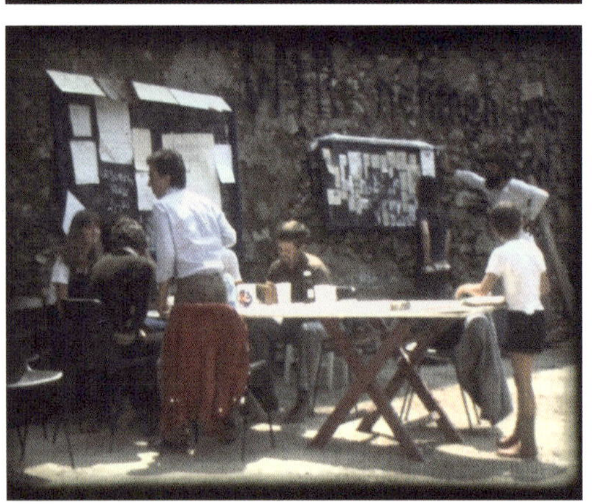
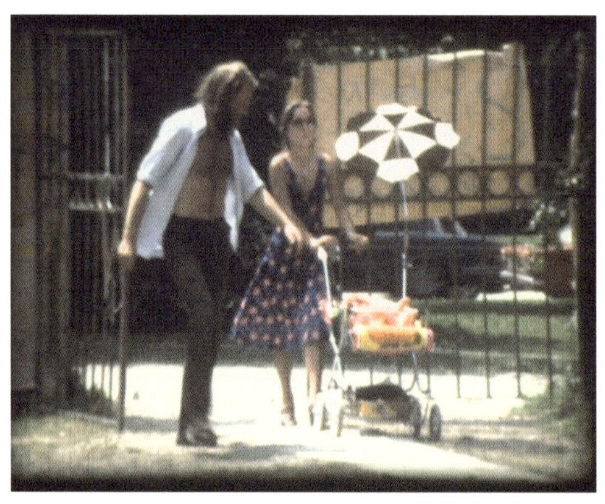
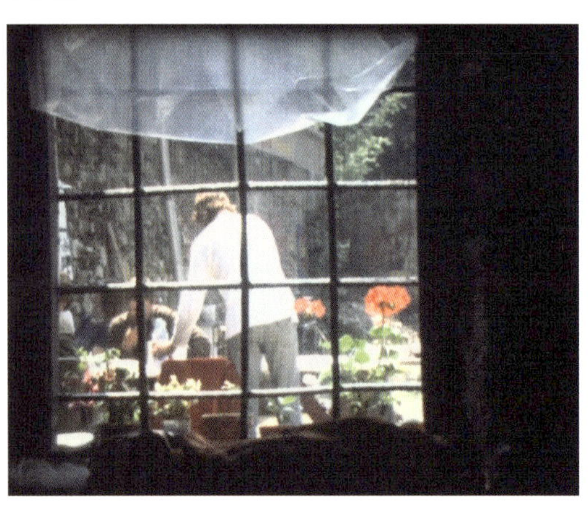
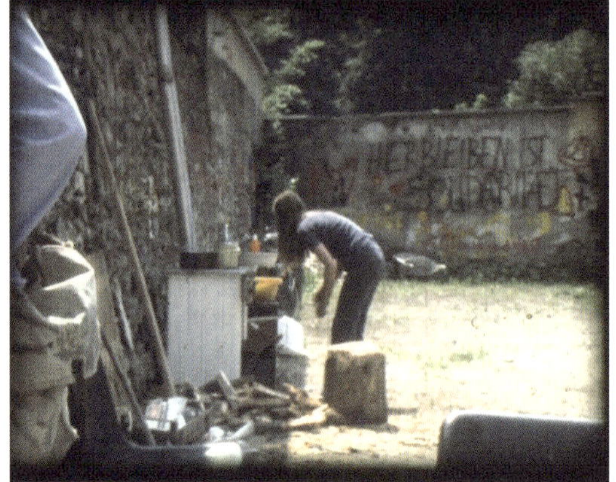
HERBLEIBEN IST
SOLIDARITÄT

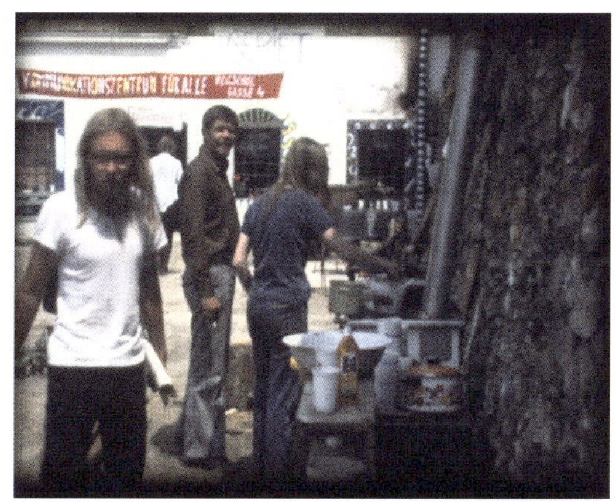
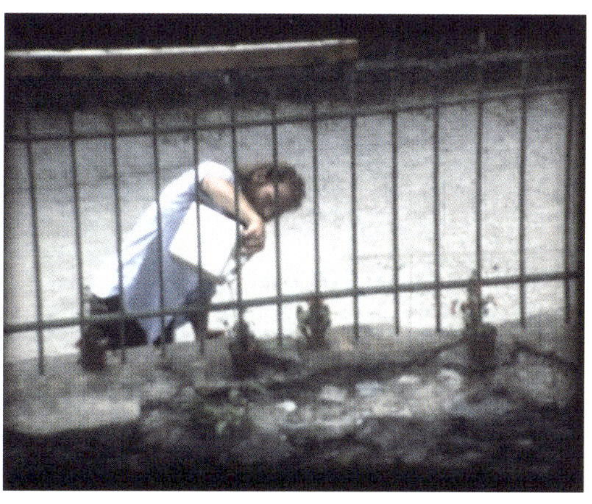
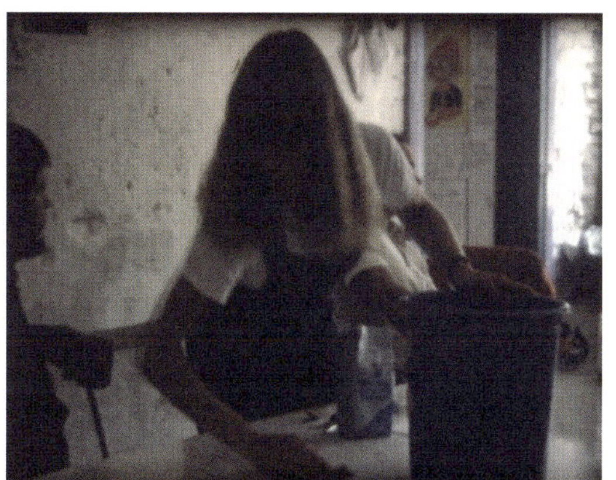
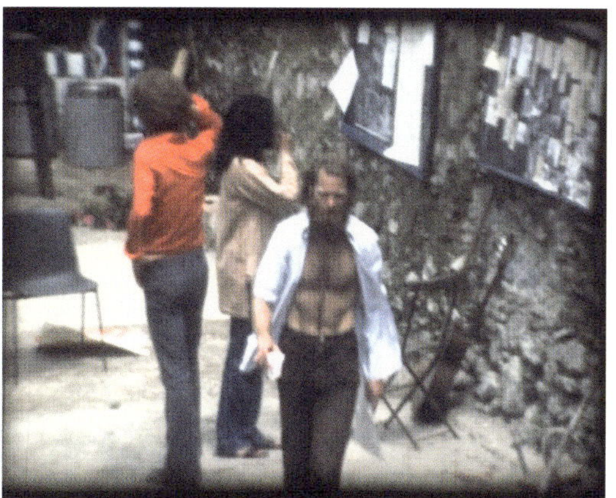
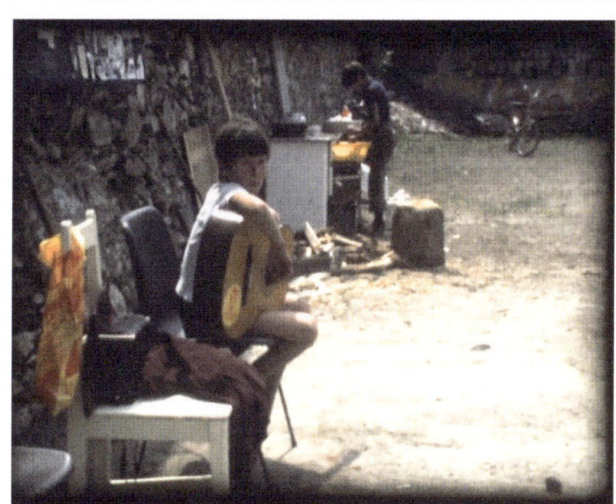
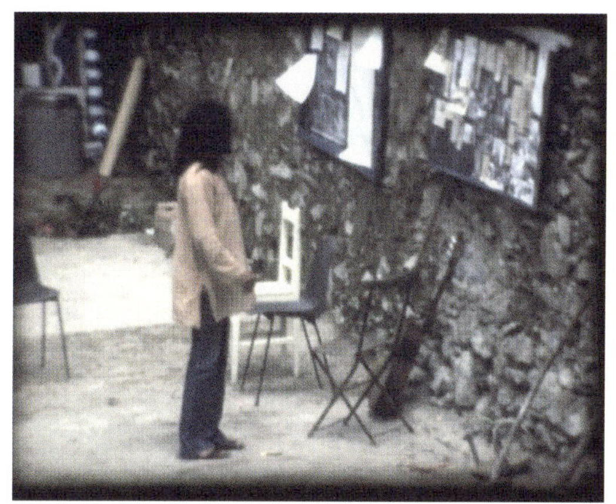
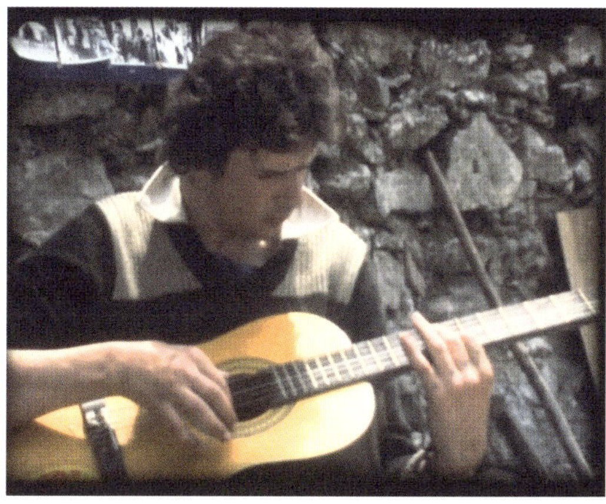
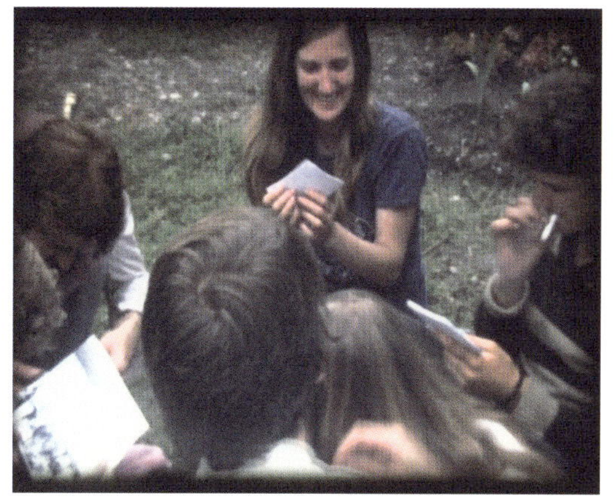

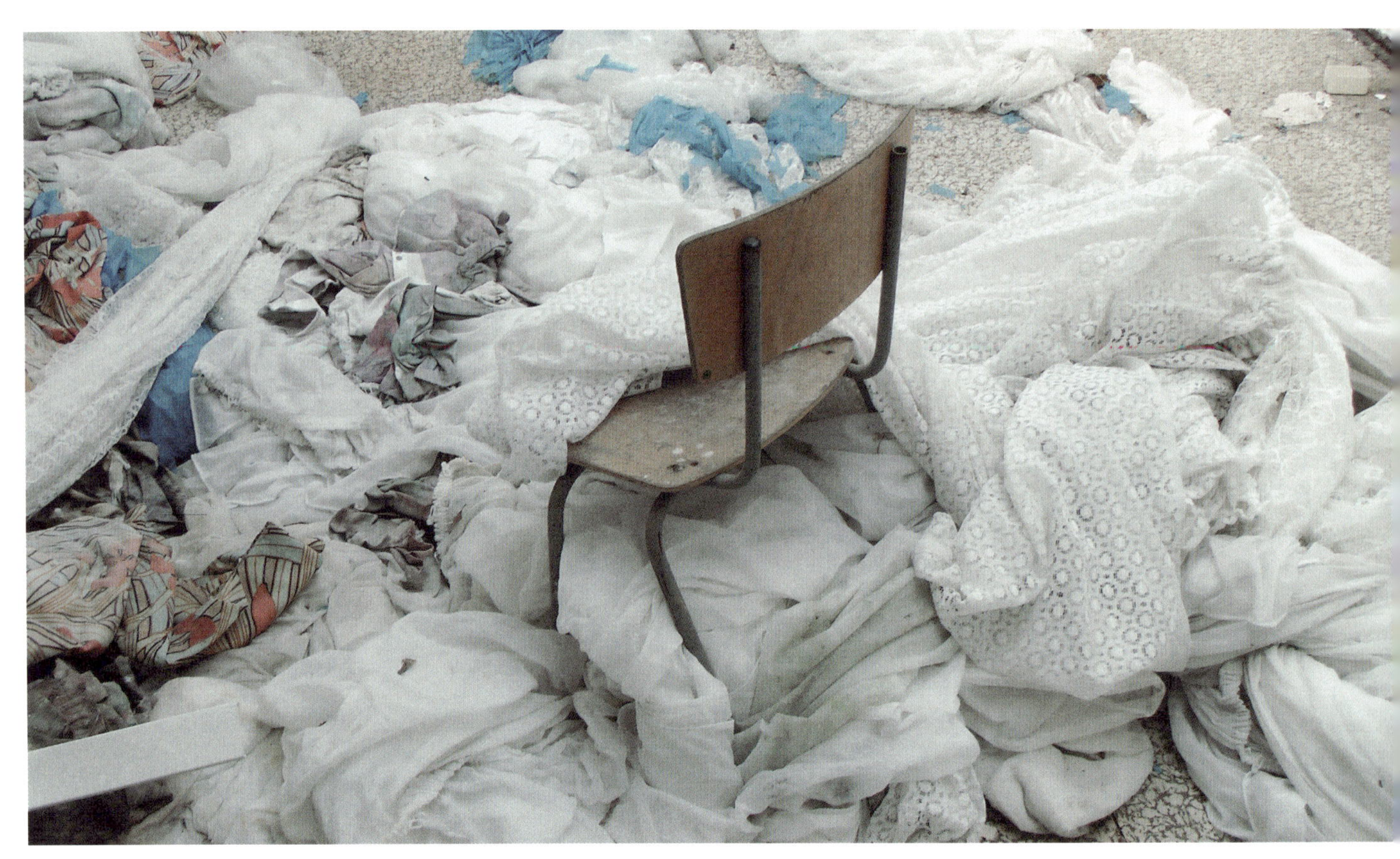

Videostills aus „Lost"
(DDR-Schule/Prora), 2016
Stills from "Lost" (GDR school/Prora), 2016

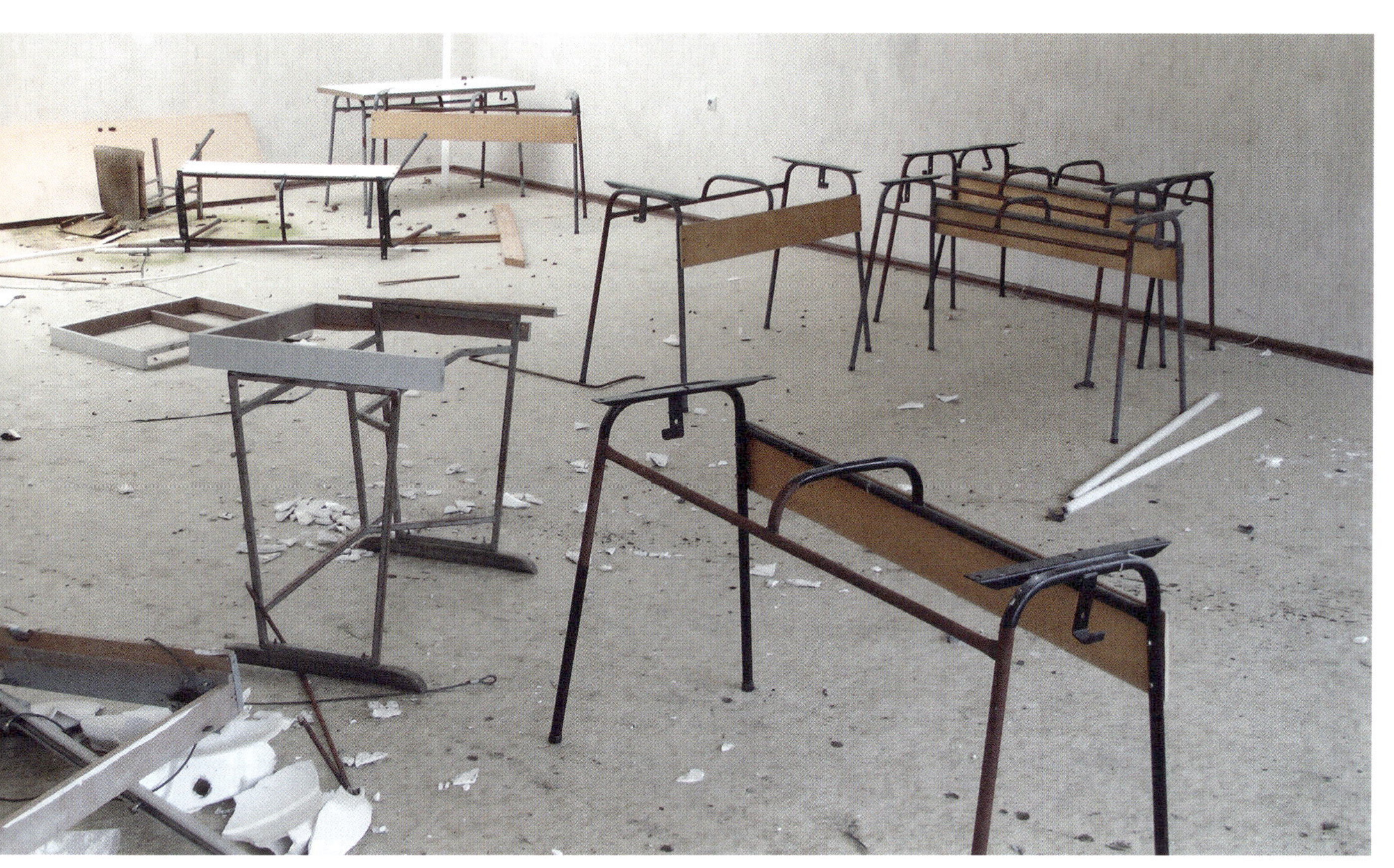

New Space for Projecting Video
Installation, Video
2016

Projiziert auf den Modell-Nachbau einer
begehbaren Skulptur des Konzept-Künstlers
Dan Graham sieht man Videosequenzen, die
in den Räumen einer verlassenen Schule in
Prora auf Rügen aufgenommen wurden. Einst
in der DDR gelegen, wurde das Gebäude
1989 aufgegeben und blieb wie eine Zeitkap-
sel seit damals unverändert. Die Schwenks
zeigen die ehemaligen Schulräume und deren
Verfall, und in den materiellen Resten seines
Bildungswesens wohl auch den Verfall eines
Systems.

New Space for Projecting Video
Installation, video
2016

Projected onto the model replica of a walkable
sculpture by the concept artist Dan Graham,
video sequences can be seen that were filmed
in the rooms of a deserted school in Prora on
Rügen. Once located in the GDR, the building
was abandoned in 1989 and, just like a time
capsule, has remained unchanged ever since.
The pan shots show the former classrooms
and their decay, and, in the physical remains of
its education system, arguably also the decay
of a regime.

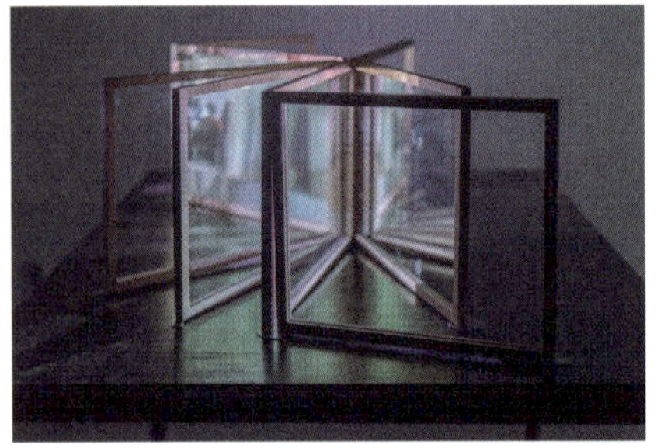

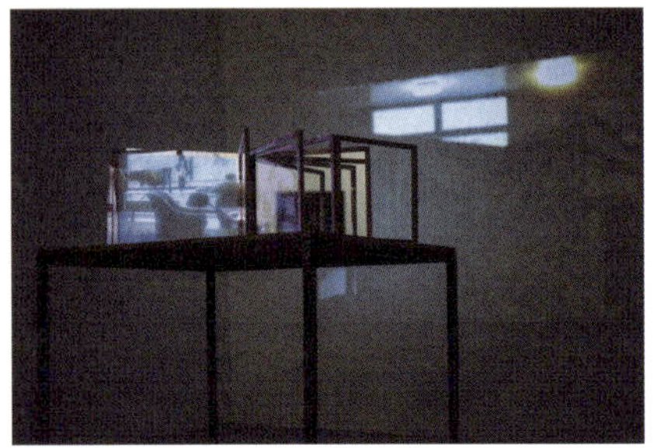

S./pp. 162/163
Installationsansichten/Installation views
New Space for Projecting Video, 2016
Tisch, Holzrahmen, Glas, Spiegel, mattiertes
Glas, Video „Lost" (DDR-Schule/Prora)/
Table, wooden frame, glass, mirror, matted
glass, video "Lost" (GDR school/Prora)
10:23 min

S./pp. 164–167
Stills aus dem Split-Screen-Video „Lost"
(DDR-Schule/Prora), 2016
Stills from the split screen video "Lost"
(GDR School/Prora), 2016

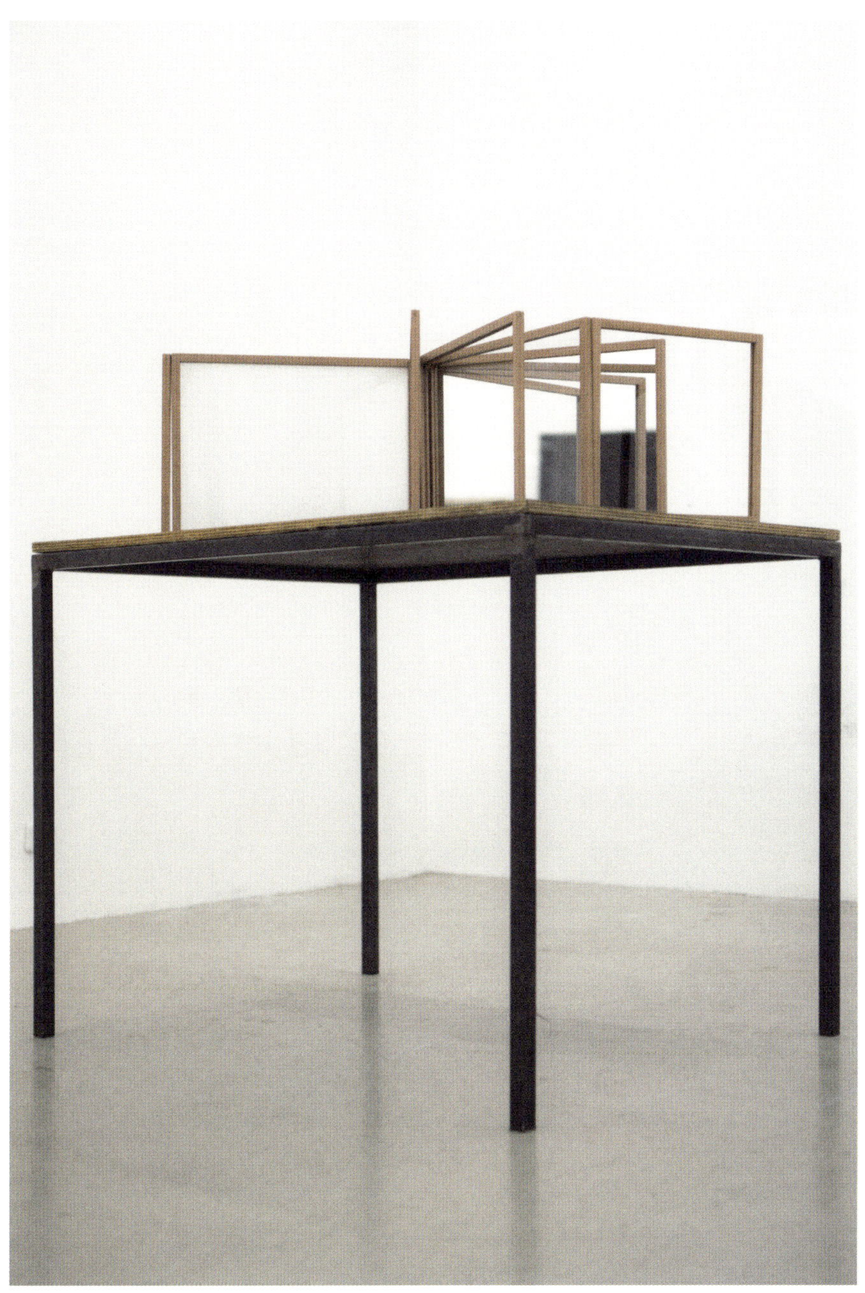

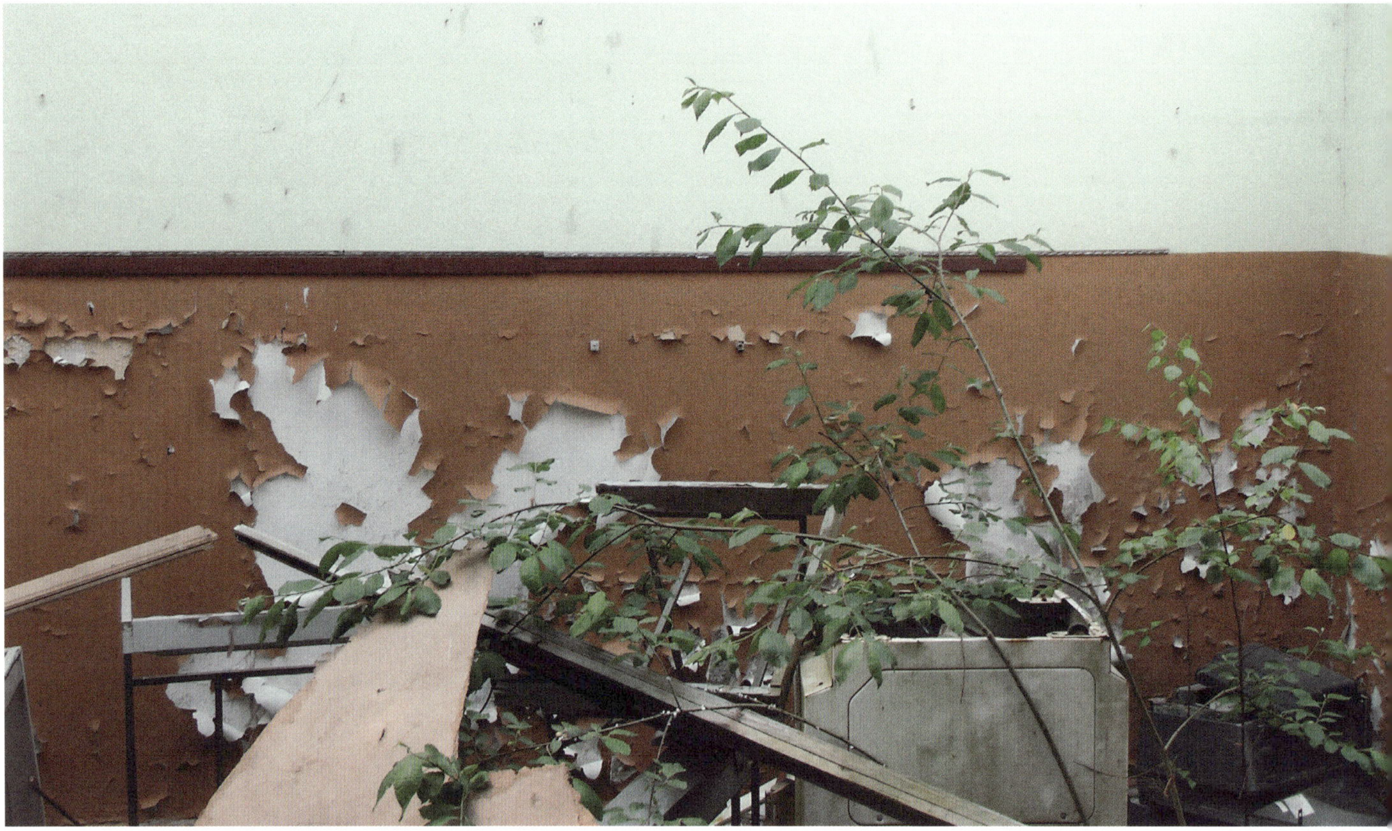

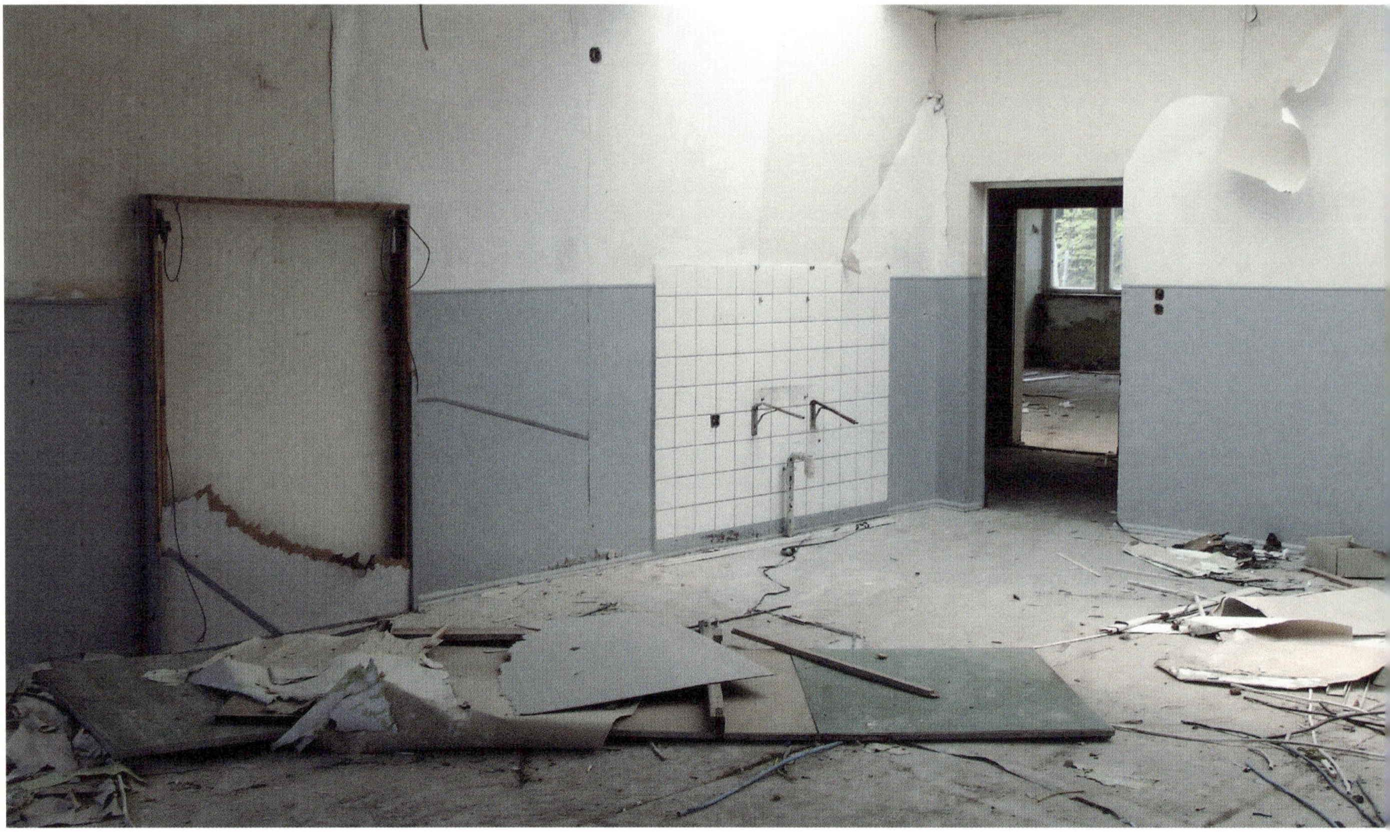

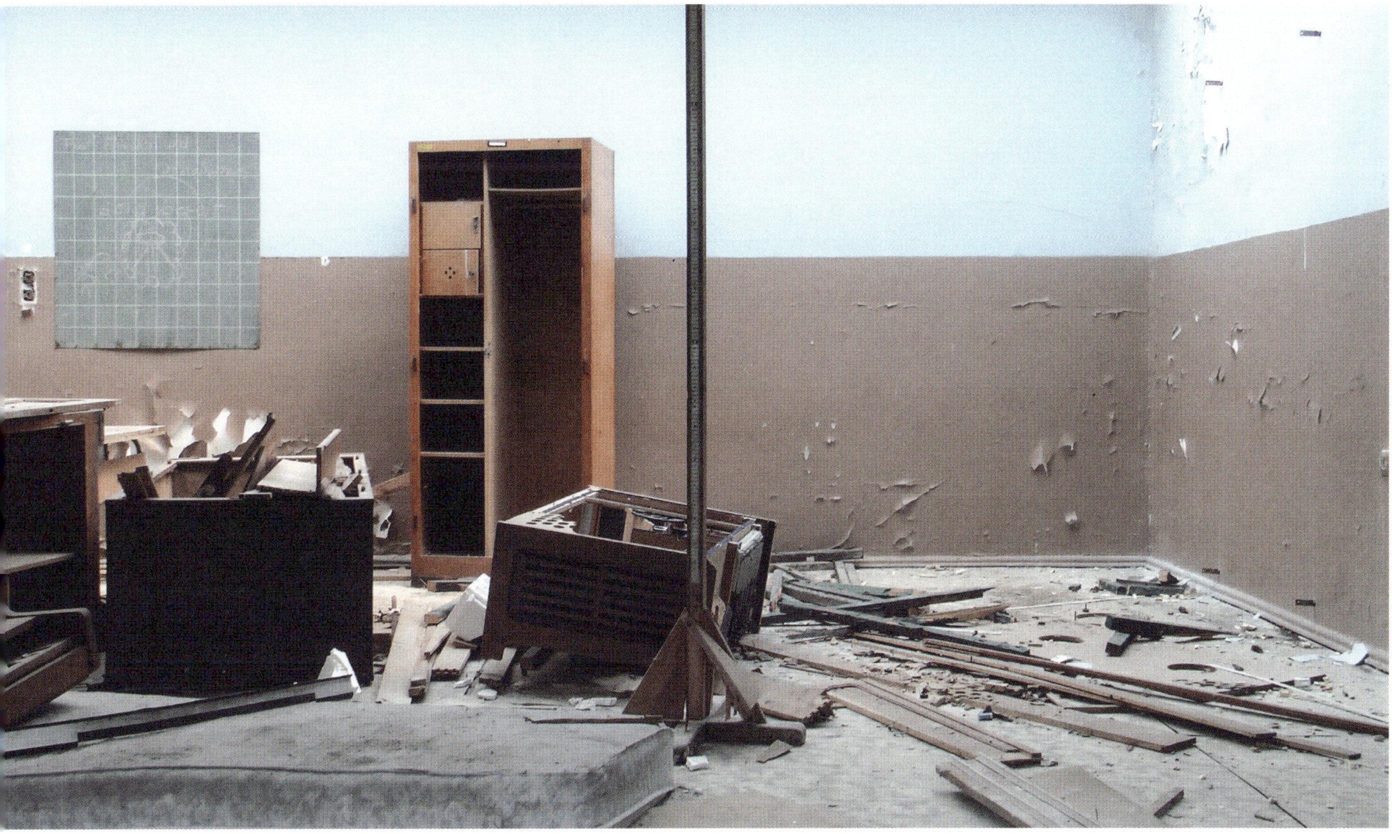

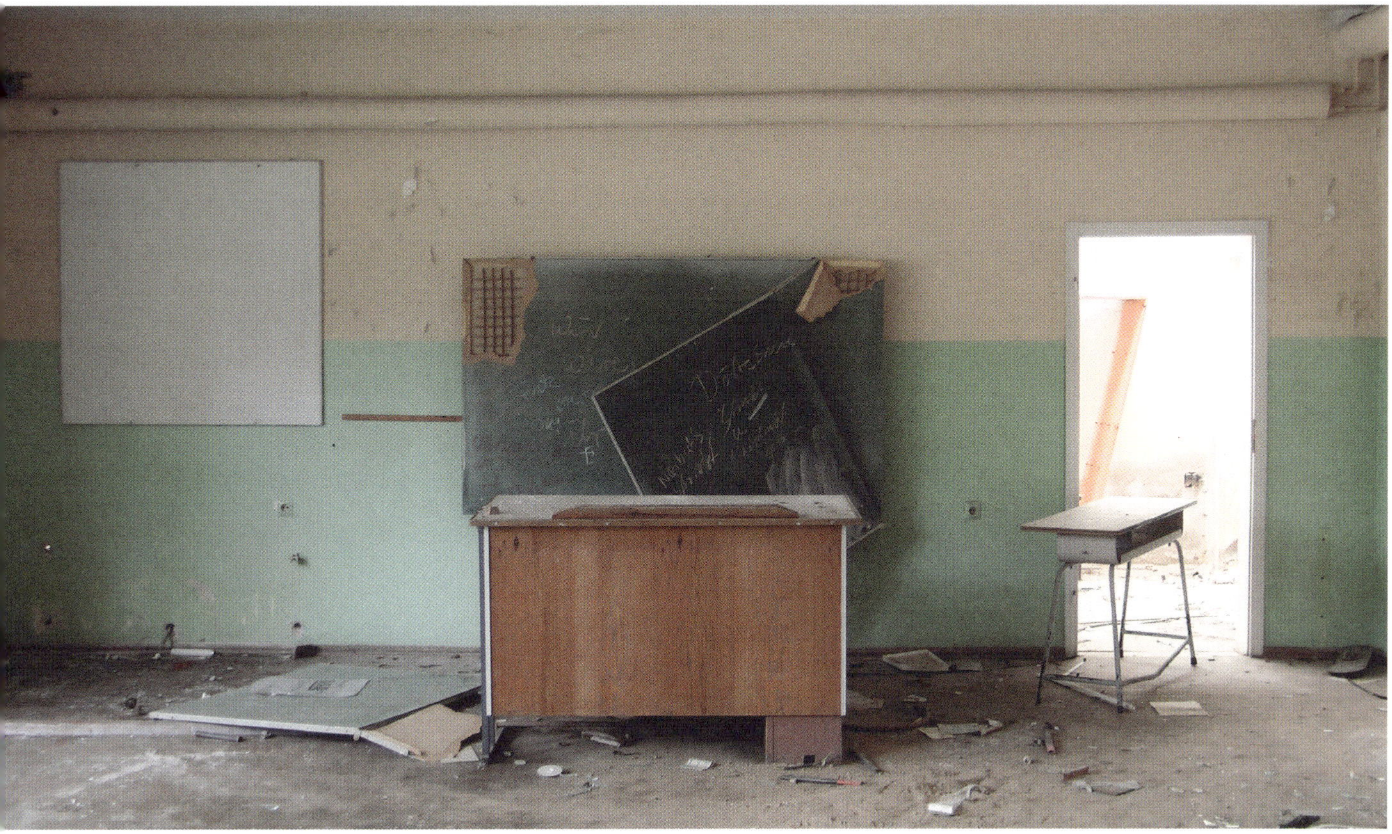

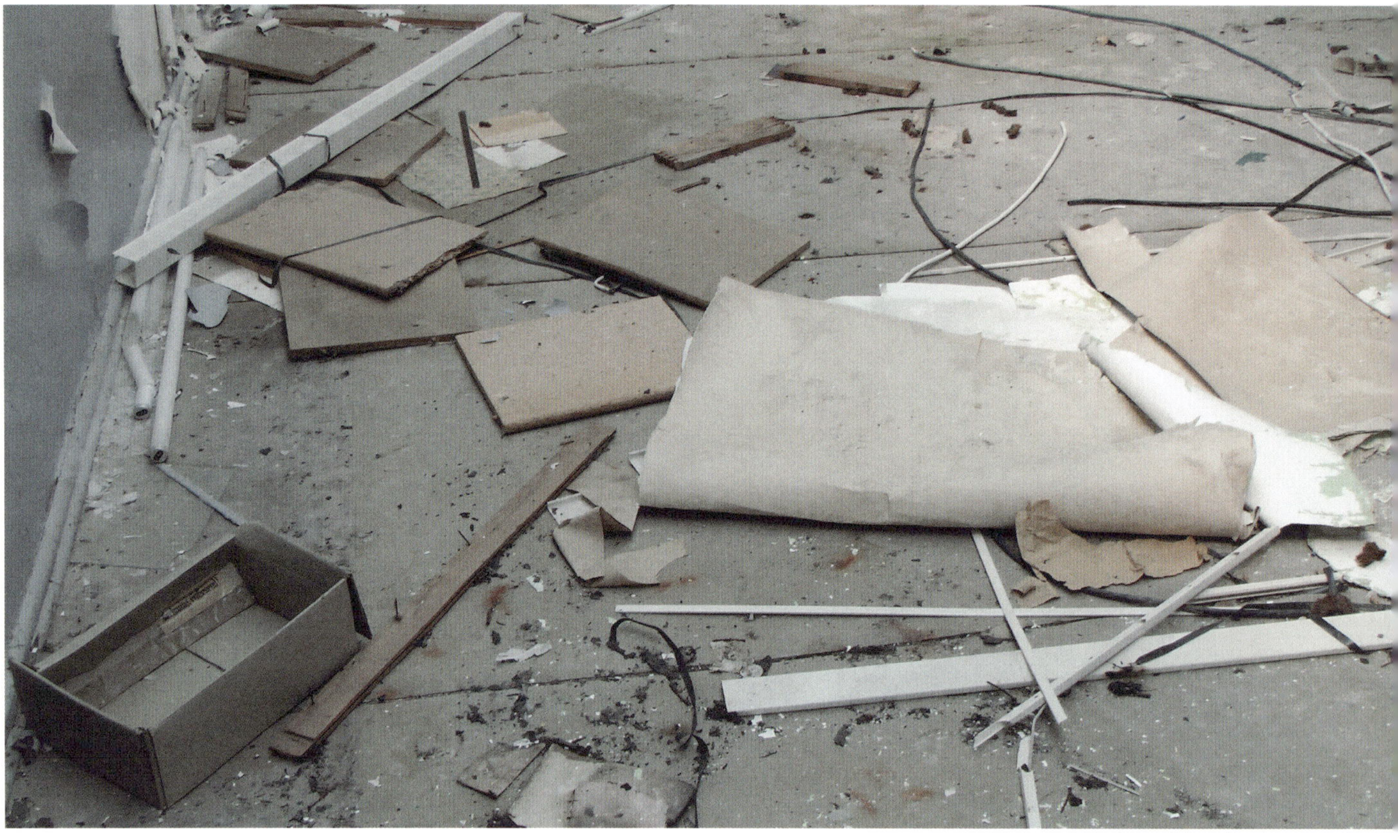

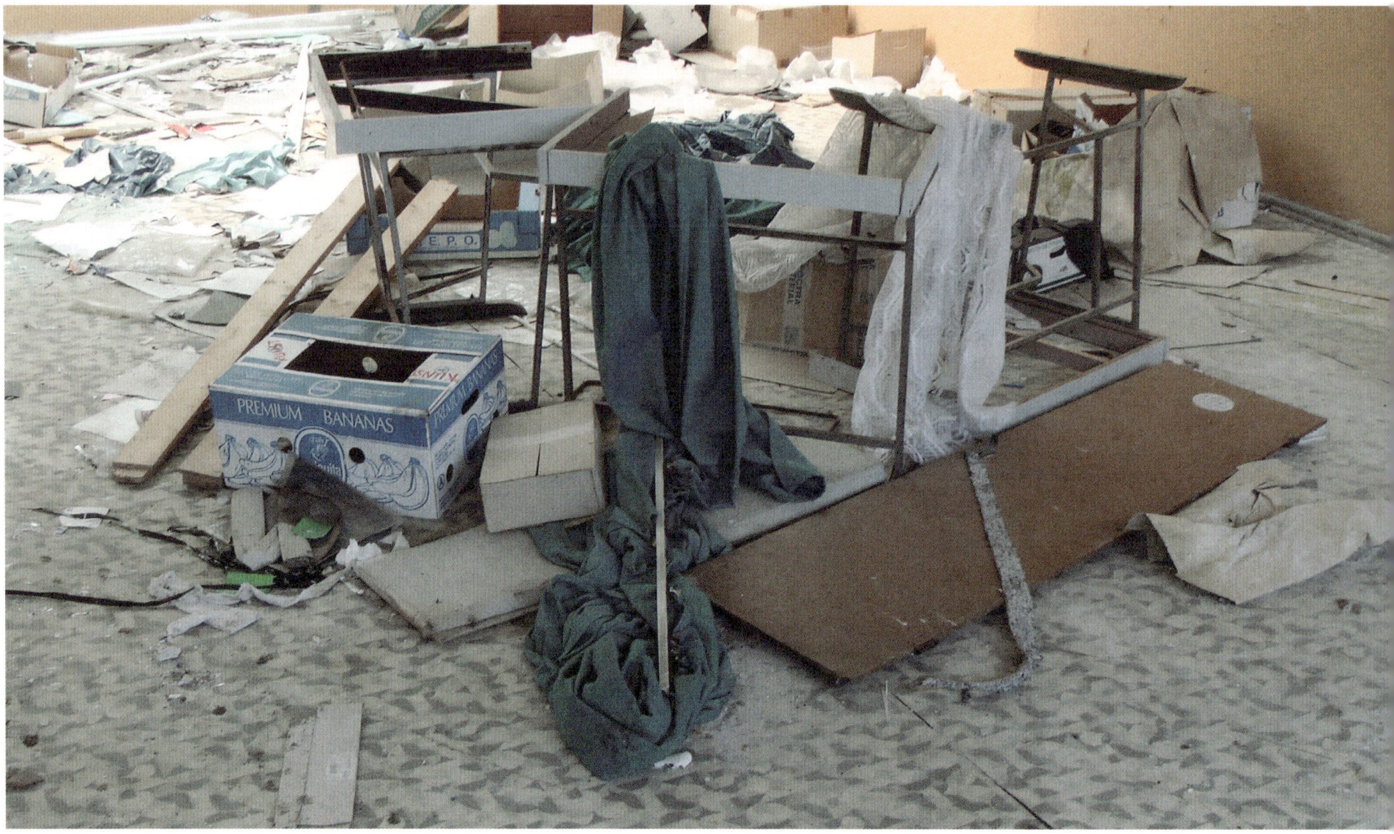

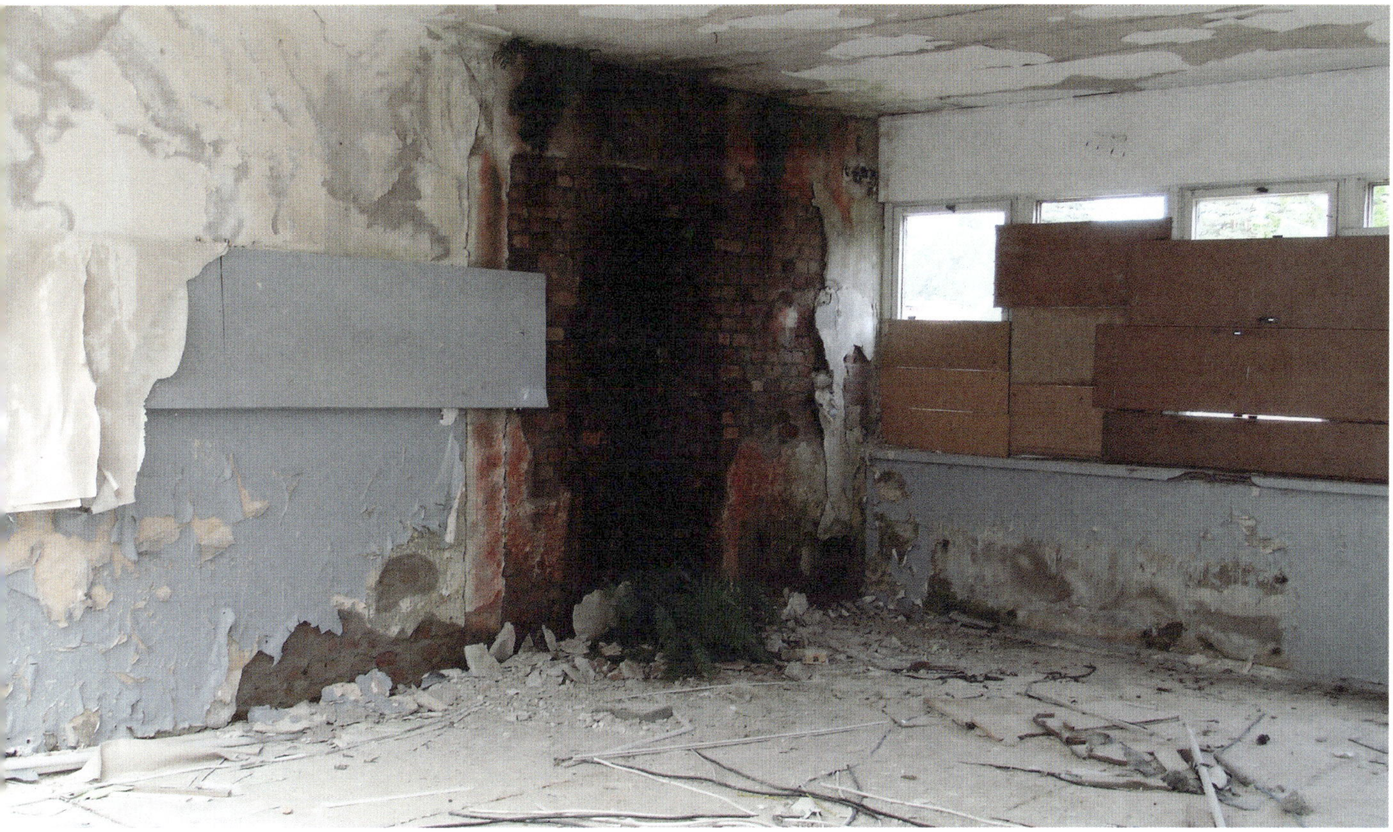

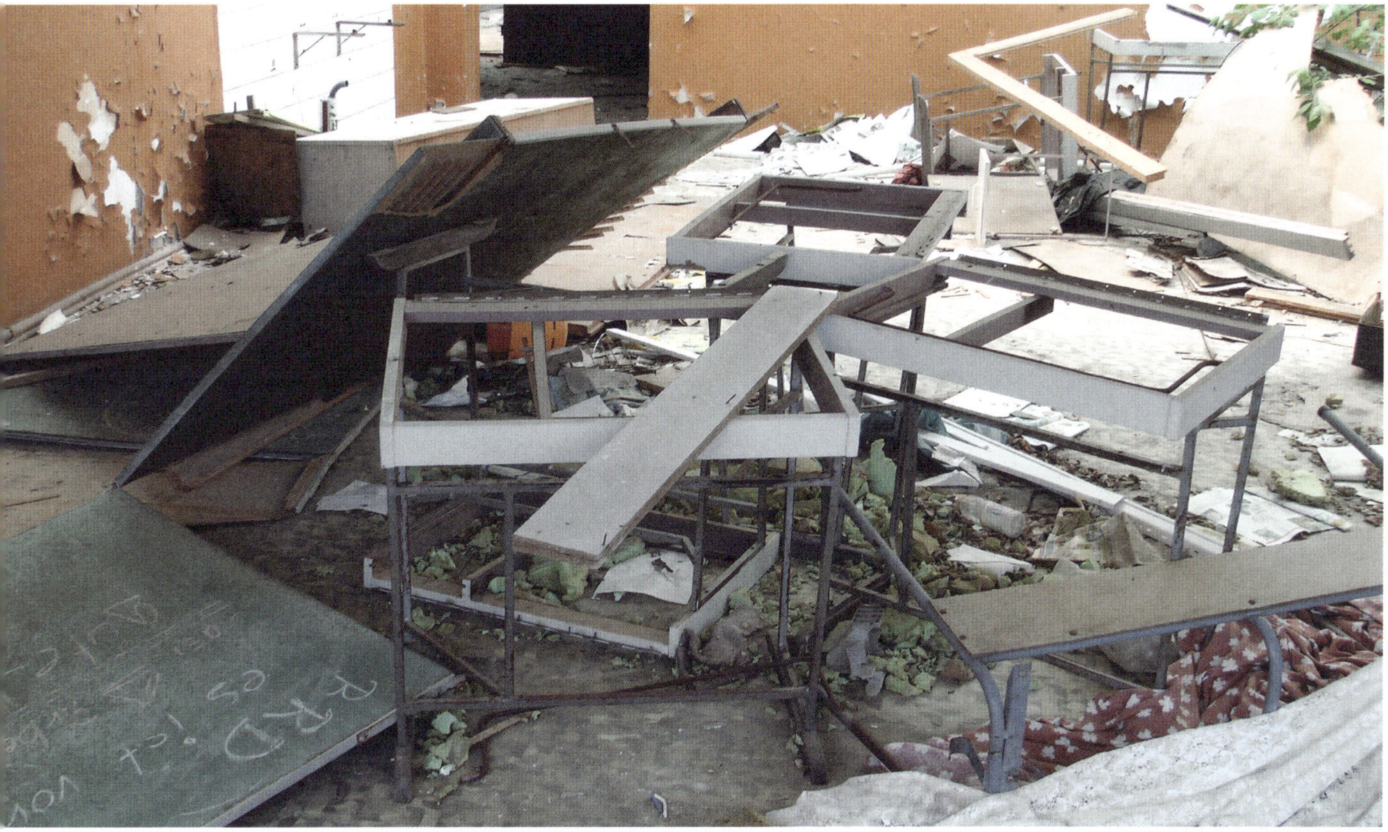

Prora
Fotografie, Projektion
2012/18

Das KdF-Seebad auf Rügen, direkt am Meer
gelegen, wurde zwischen 1936 und 1939 erbaut
und sollte rund 20.000 Menschen gleichzeitig
Urlaub gewähren. Der Beginn des Zweiten
Weltkrieges verhinderte seine Fertigstellung.
Das Gebäude bestand ursprünglich aus acht
auf einer Länge von 4,5 Kilometern aneinandergereihten baugleichen Blöcken. Teile davon
wurden zwischen 1945 und 1949 zerstört. Es ver-
blieben fünf Blöcke auf einer Länge von etwa
2,5 Kilometern, die nach dem Krieg als Kaser-
nenanlagen der DDR dienten. Seit 2004 werden Blöcke zu Jugendherbergen, Wohn- und
Hotelanlagen oder auch zu einem Museum
umgestaltet. Teile sind aber nach wie vor unbewohnt und in ruinösem Zustand. Hubert
Lobnigs Fotoprojektion tastet den Ort ab und
versucht in den tausenden Räumen Spuren
der Geschichte festzumachen.

Prora
Photography, projection
2012/18

The KdF seaside resort on Rügen, located
directly by the sea, was constructed between
1936 and 1939 and was to provide holidays
to around 20,000 people at once. The start of
World War II prevented completion. The
building initially consisted of eight identical
blocks in a row extending over a length of
4.5 kilometres. Parts of it were demolished
between 1945 and 1949. During the post-
war era, five blocks extending over a length
of 2.5 kilometres remained, serving as GDR
army barracks. Since 2004, the blocks have
been transformed into youth hostels, housing
and hotel complexes, or also into a museum.
However, some portions are still unoccupied
and in a ruinous state. Hubert Lobnig's
photographic projection scans the site and
tries to pin down the traces of history inside
these thousands of rooms.

Hubert Lobnig

S./pp. 166–173
Prora, 2012/18
Projektion, Größe variabel/
Projection, dimensions variable

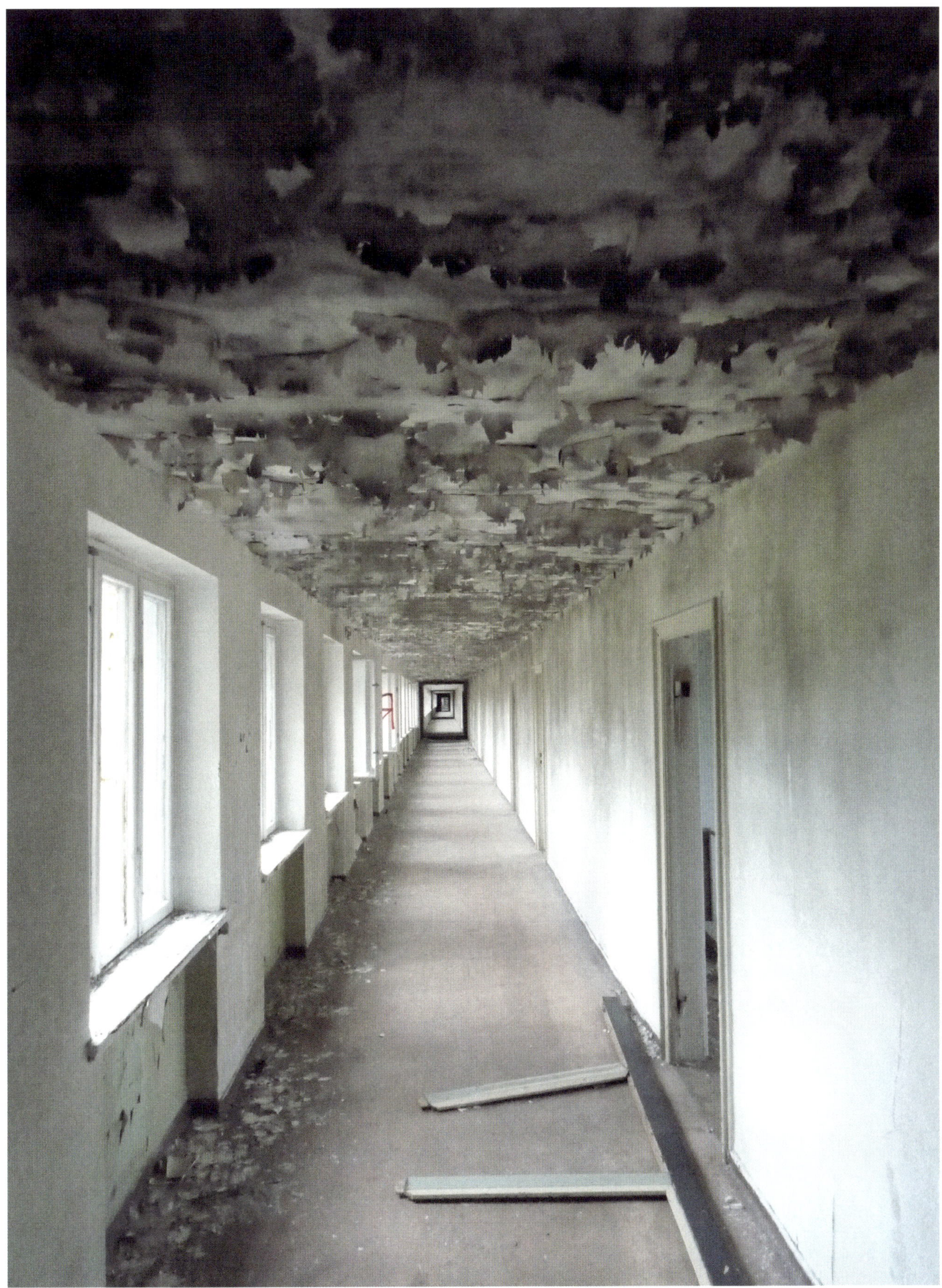

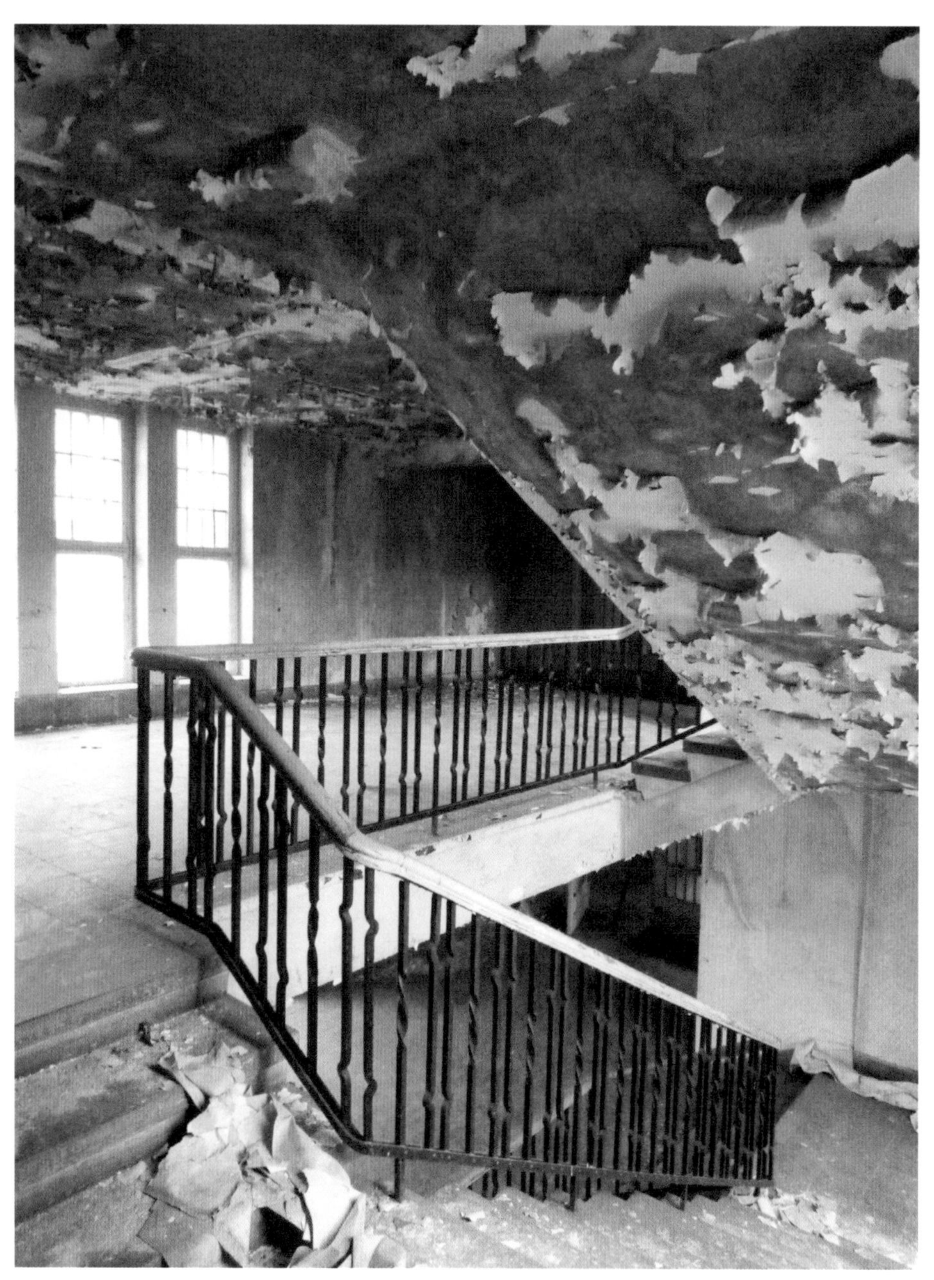

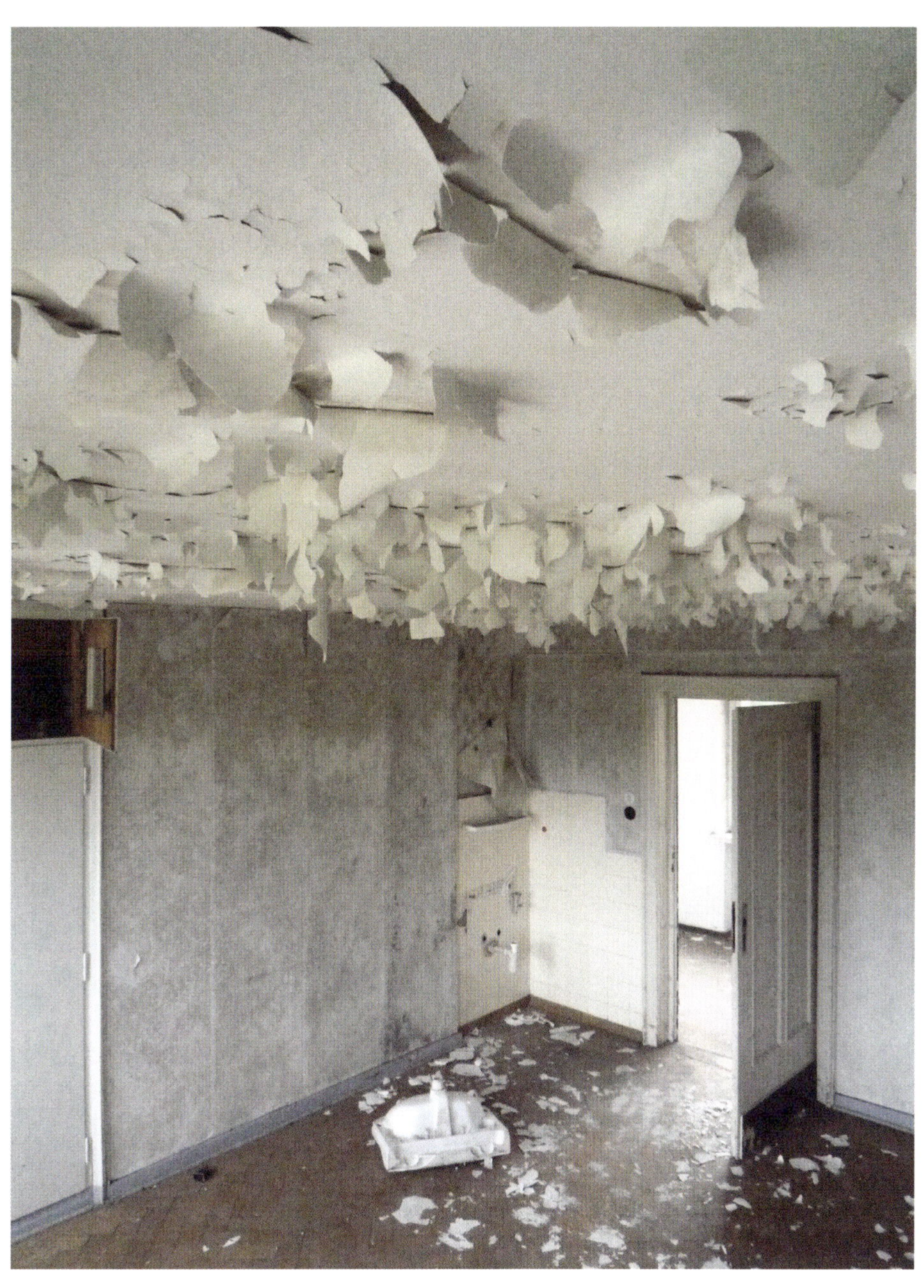

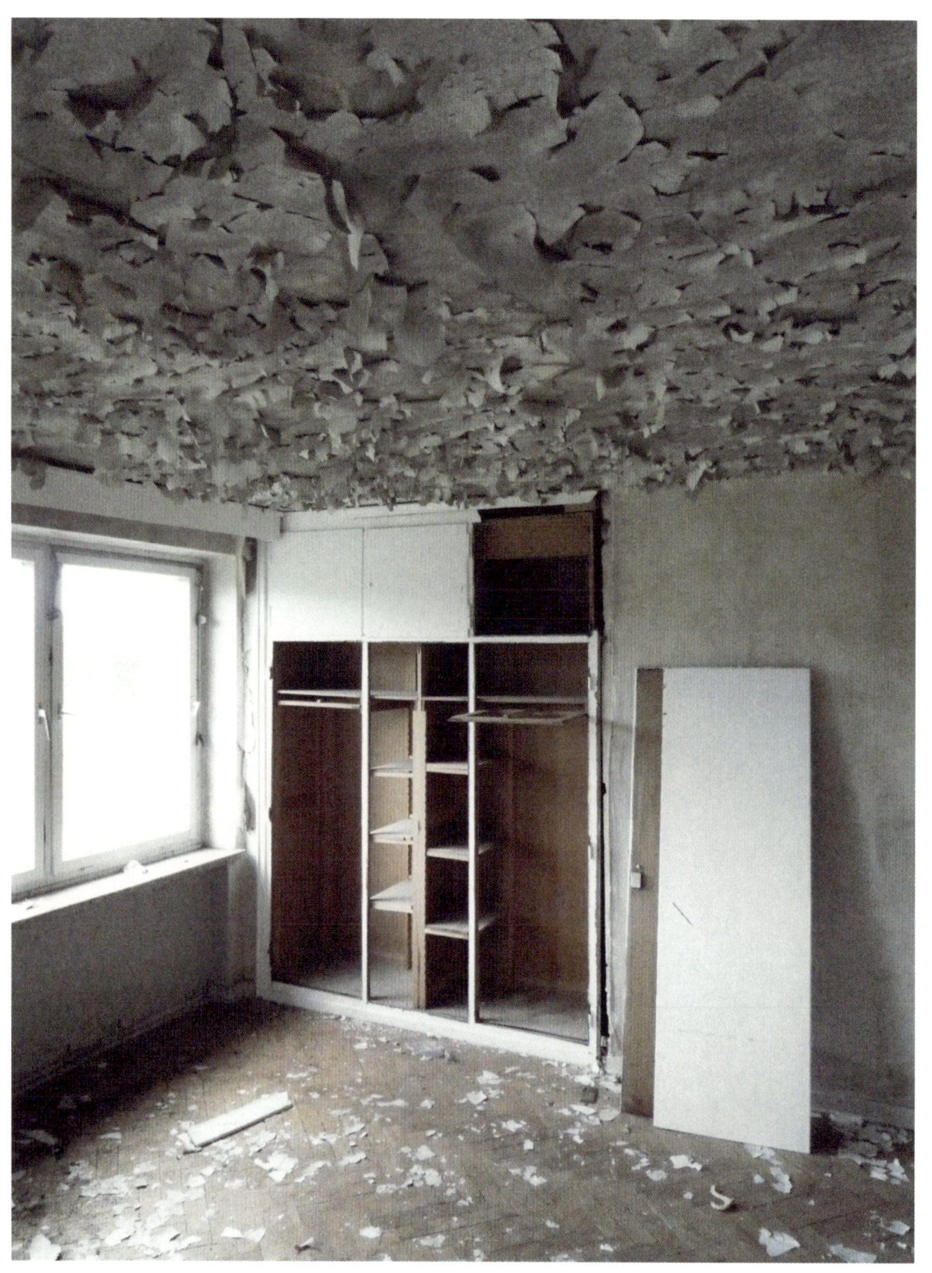

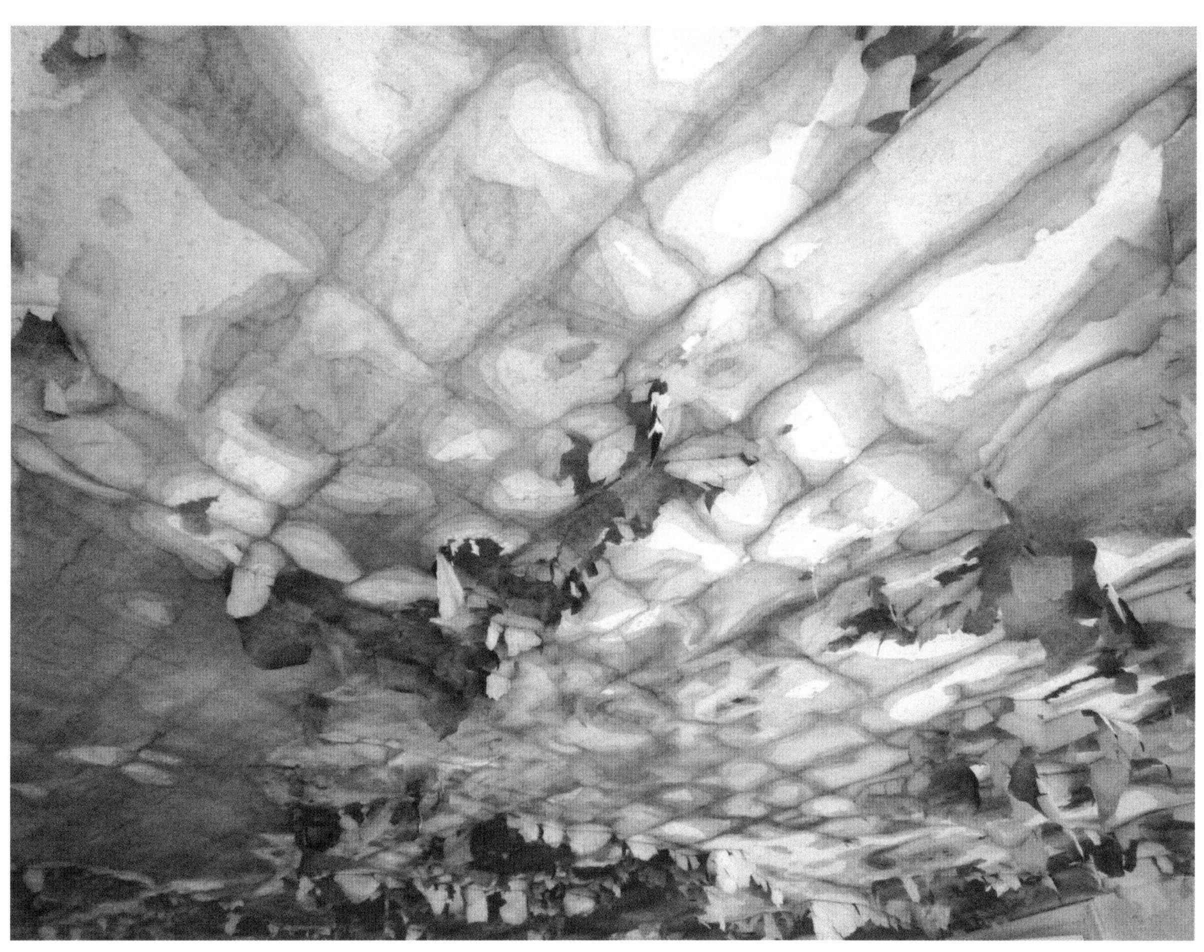

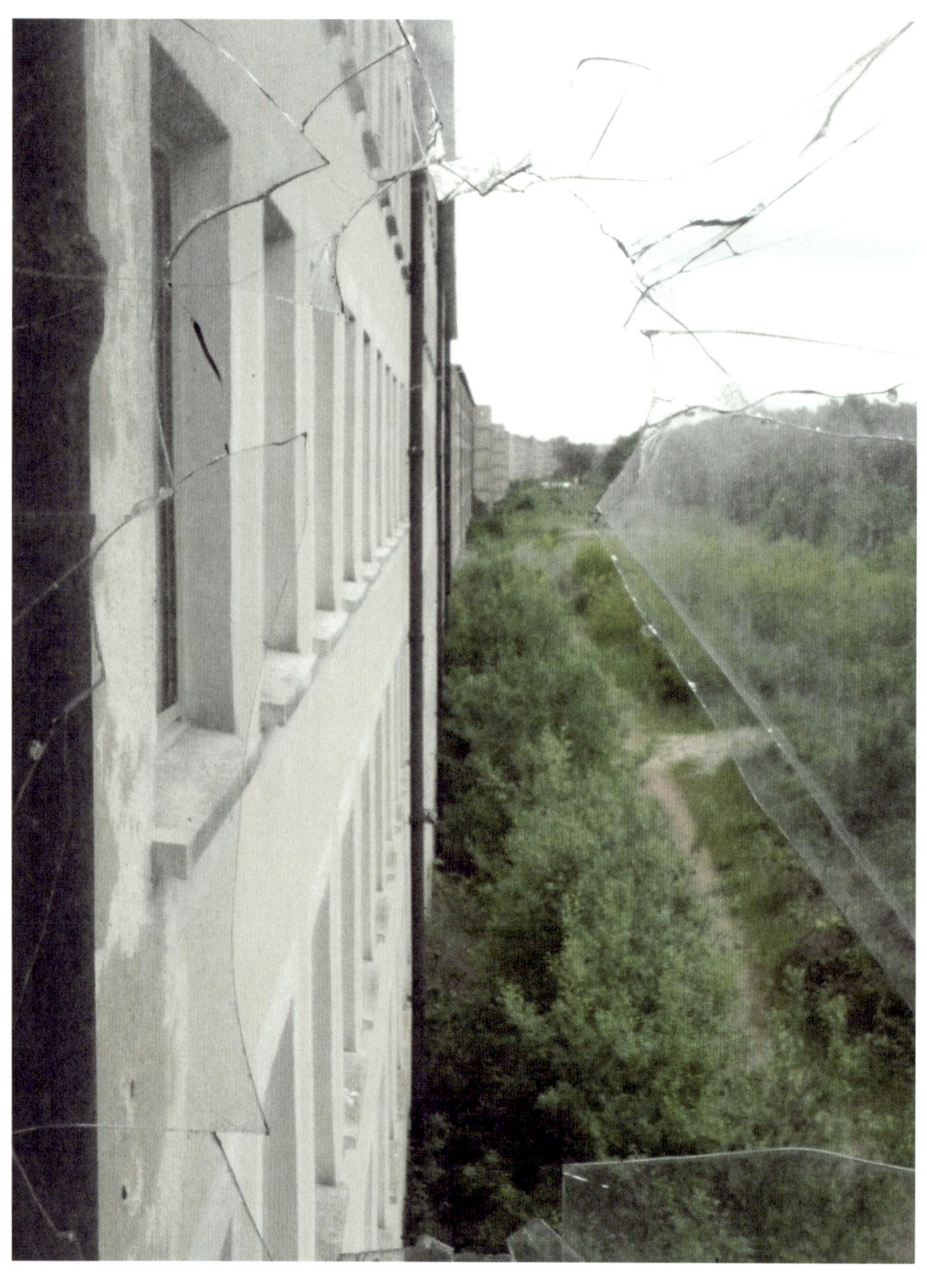

Wandstaub
Tisch, Kuverts, Blätter
2016/18

Die Methode, den Staub des Bohrlochs in einem Kuvert aufzufangen, um Bohrungen für
die Hängung von Kunst ohne Schmutz durch-
zuführen, führte über viele Jahre zu einer
Sammlung von Bohrstaub aus unterschiedlichen Kunstinstitutionen, Ausstellungsräumen,
Galerien und Off-Spaces – aus Ziegel, Stein,
Verputz, Beton, je nach Beschaffenheit der
Wand.

  Im Museum Moderner
Kunst Kärnten erlangt diese Methode zusätz-
liche Brisanz, da das Gebäude und auch die
Ausstellungsräume in ihrer langen Geschichte
unterschiedlichen Nutzungen untergeordnet
waren, z.B. in der Zeit der Volksabstimmung
nach dem Ersten Weltkrieg als Büros der inter-
alliierten Abstimmungskommission oder während des Nationalsozialismus als Hauptquartier
der Gestapo des Reichsgaues Kärnten.

Wall Dust
Table, envelopes, stationery
2016/18

Over the course of many years, the method
of catching the dust of the drill hole in an
envelope so as to hang art without producing
dirt has brought forth a collection of drilling
dust from different art institutions, exhibition
spaces, galleries and off spaces—dust from
brick, stone, plaster, concrete, depending on
the characteristics of the wall.

  The method gains addi-
tional relevance at the Museum of Modern Art
Carinthia, as the building as well as the exhibition rooms have served various functions
during their long history, e.g. as the offices
of the Interallied Plebiscite Commission after
World War I, or as the Gestapo headquarters of
the Gau Carinthia during the time of National
Socialism.

Installationsansichten/Installation views
Table recovered, 2016
Tischgestell/Table frame: 205 × 97 × 72 cm
Tischplatte/Table top: Glas/Glass,
10 mm, 205 × 97 cm
Beschriebene Kuverts, Wandstaub/
Lettered envelopes, wall dust
Schreibmaschine/Typewriter

S./pp. 178–180
Wandstaub
seit 2016/2016, ongoing
Briefpapier, Kuverts, beschriftet/
Stationery, envelopes, lettered
Wandstaub/wall dust

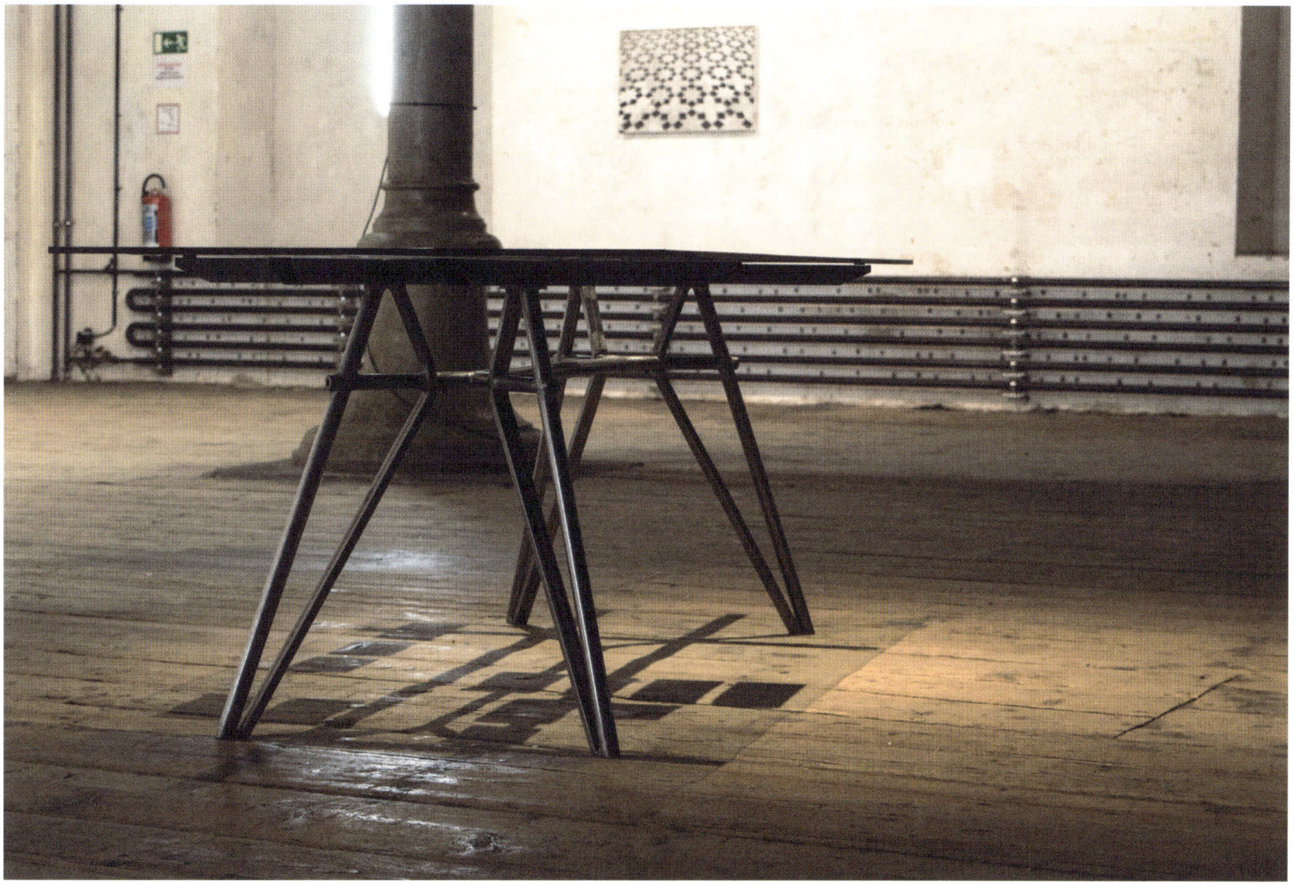

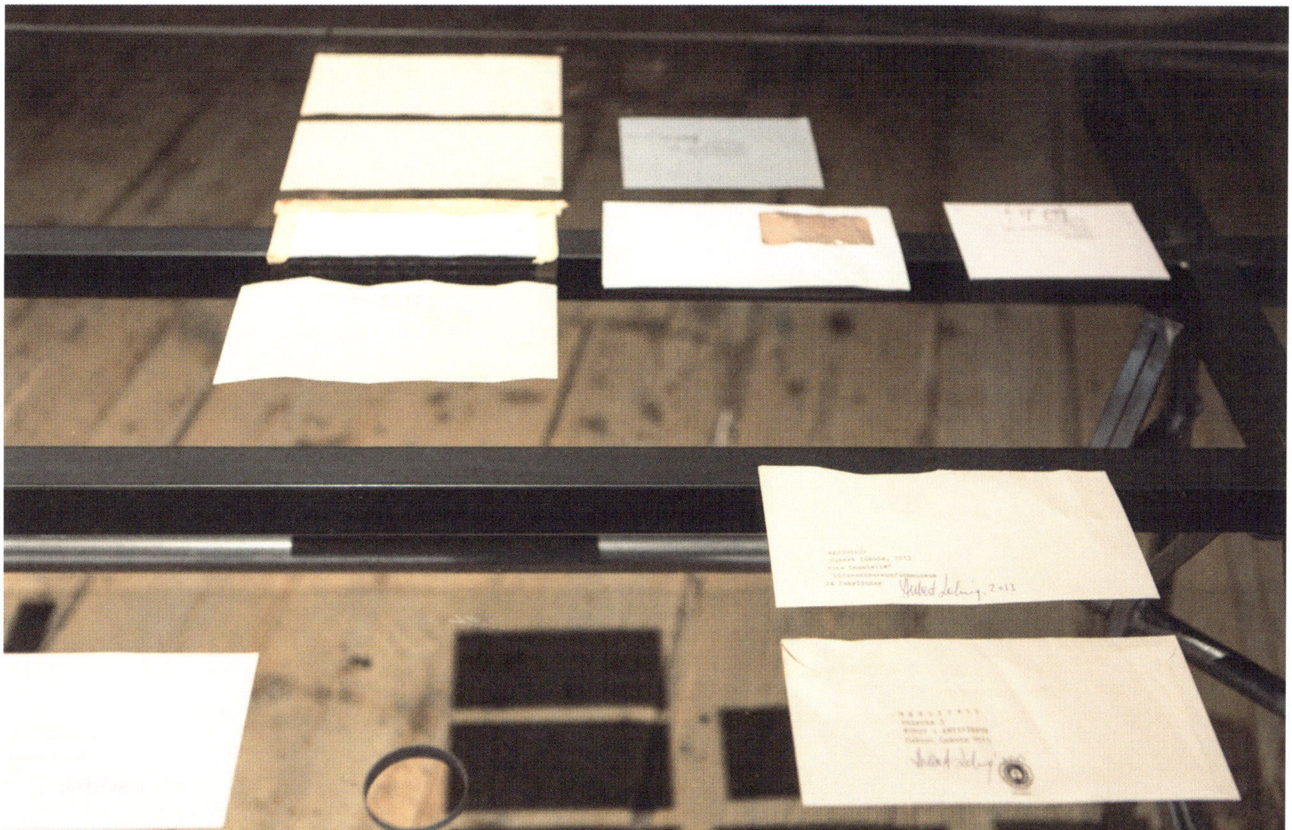

An

die landesfürstliche Behörde

die Repräsentation der Kammer

die Landeshauptmannschaft

den Landeshauptmann

den Landesfürsten

den Kaiser

An

das jugoslawische Militärkommando
die interalliierte Abstimmungskommission
das Amt der Kärntner Landesregierung
die Bürgerschule
das Gymnasium
die Landesverwaltung
die Kärntner Landesregierung
die Kärntner Landesgalerie

An

das GESTAPO Hauptquartier des Reichsgaues Kärnten
die Kärntner Landesgalerie
das Amt der Kärntner Landesregierung
die Abteilung 14 - Kunst und Kultur
das MMKK Museum Moderner Kunst Kärnten
Burggasse 8
9020 Klagenfurt am Wörthersee

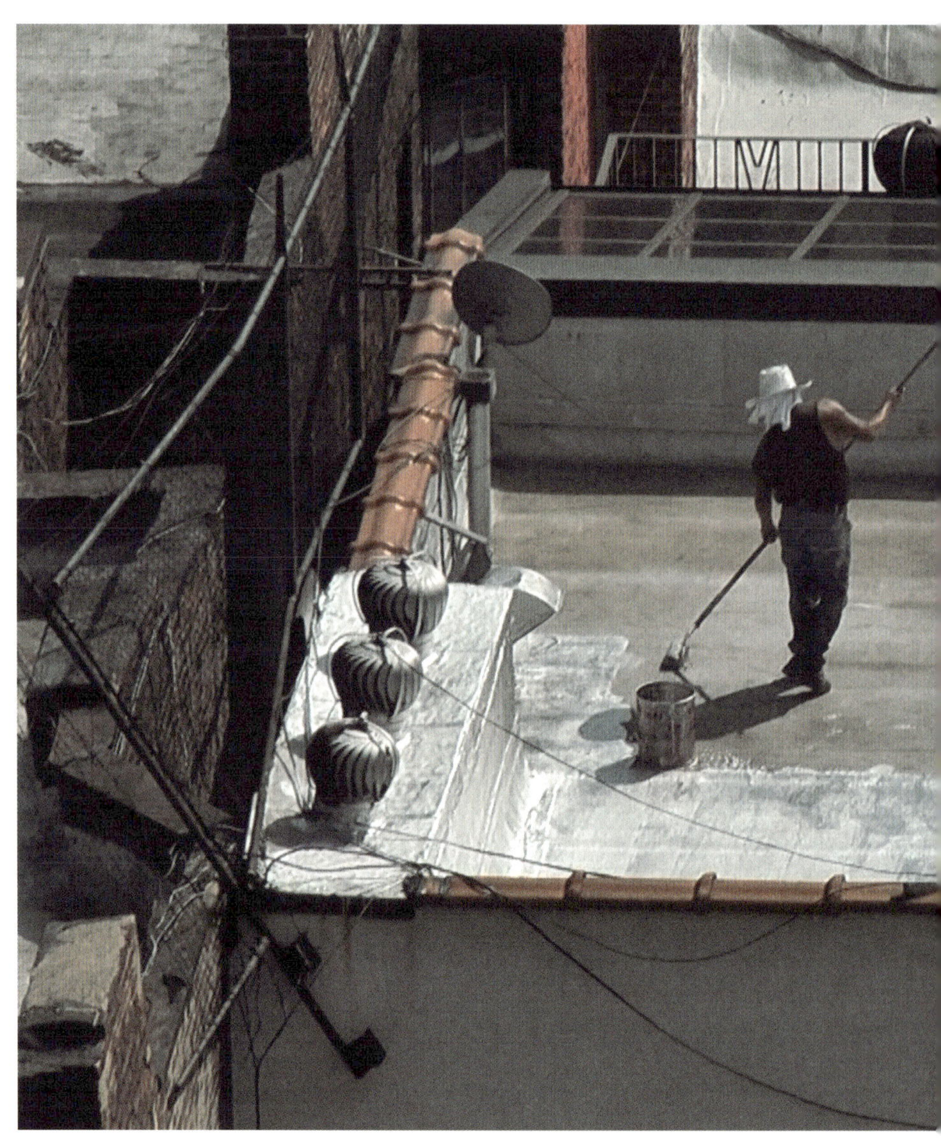

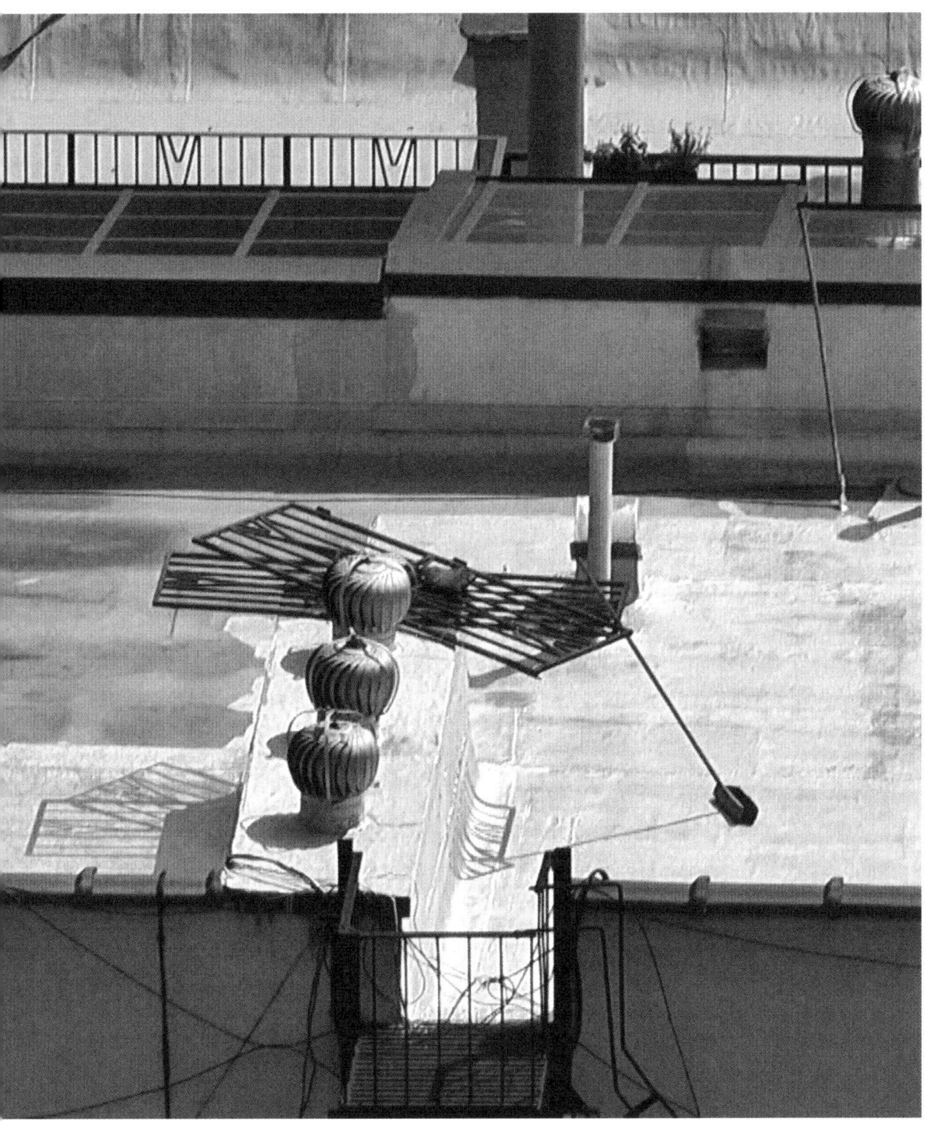

The Silverpainter
Video
2010 / 18

Das Video *The Silverpainter* zeigt einen Mann,
der im flirrenden Licht der Sommerhitze
von New York ein Flachdach mit Silberfarbe
bemalt. Der Film ist eine Referenz an das
Material, das Hubert Lobnig in seiner Malerei
verwendet.

The Silverpainter
Video
2010 / 18

The video *The Silverpainter* presents a man
painting a flat roof with silver paint in the shimmering light of the New York summer heat.
The film is a reference to the material Hubert
Lobnig uses for painting.

Hubert Lobnig

S./pp. 182/183, 185
The Silverpainter, 2010/18
Videoloop, Sound/Video loop, sound

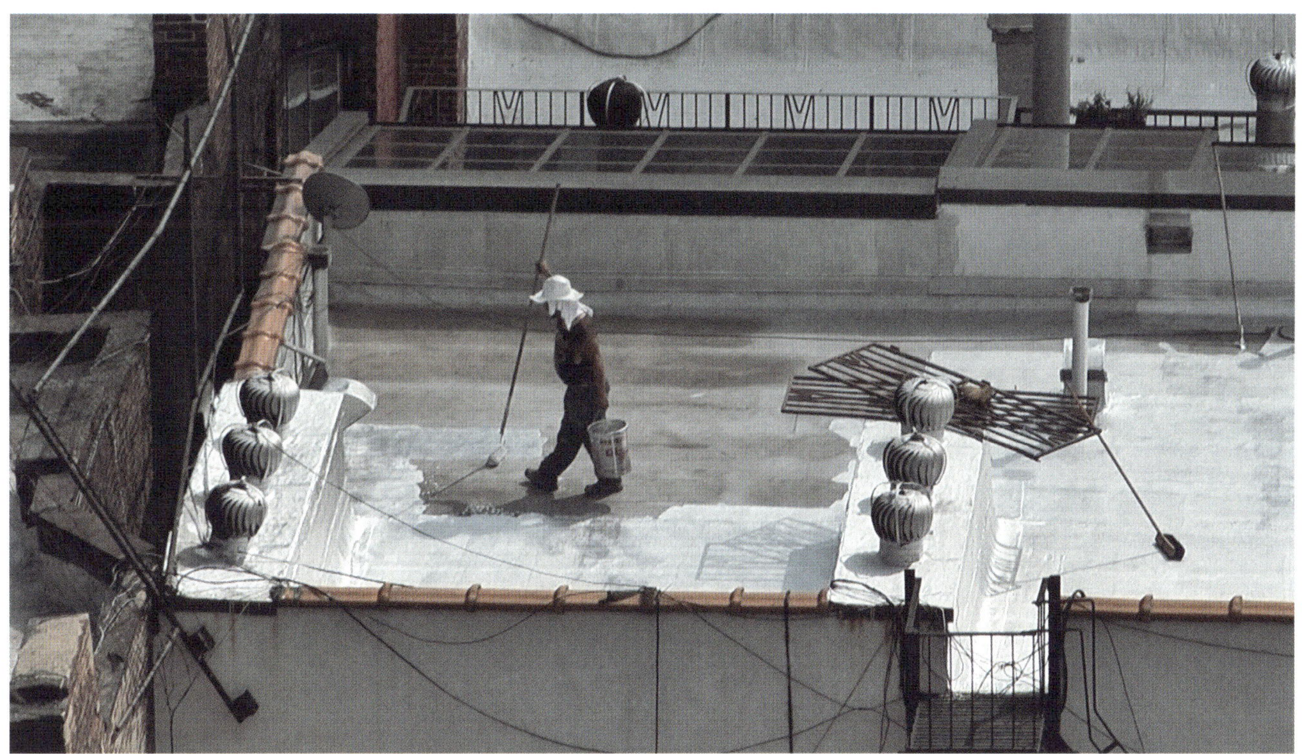

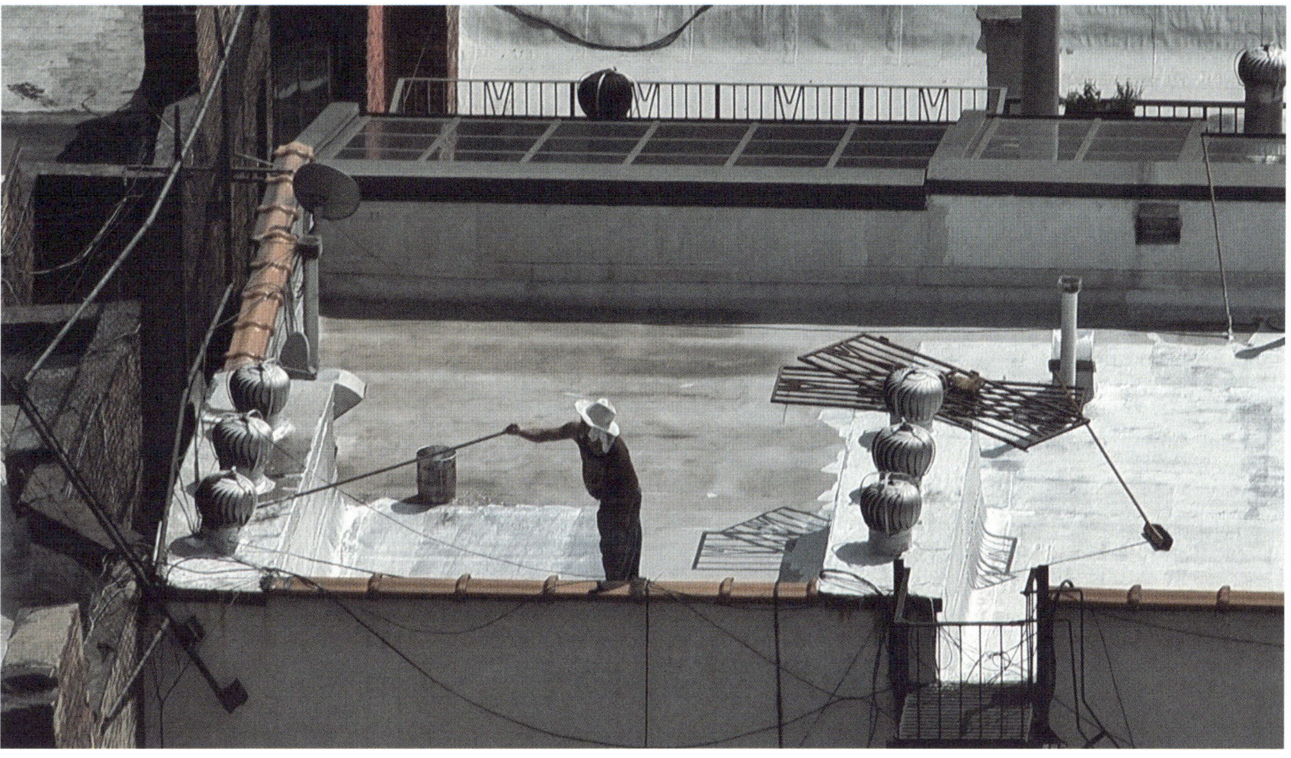

Stay off this Roof
Fotografien
2010/11

Was ist privat? Was ist öffentlich? Um diese nicht einfach zu beantwortenden Fragen dreht sich das während eines mehrmonatigen Aufenthaltes in New York realisierte Projekt. Hubert Lobnig hat Menschen auf den Dächern ihrer Mietshäuser beobachtet, aus einer Distanz, die die Privatheit ihrer Aktivitäten wahrt und diese verallgemeinert. Der Zutritt zu den Dächern ist wegen der fragilen Struktur der Beläge verboten, als halböffentlicher Raum bietet sich aber ein Stück Freiheit für die Bewohner der Großstadt. Die Topologie dieser Dachlandschaften, strukturiert durch Mauern und Kamine, erzeugt voneinander getrennte, intime Räume. Dem Betrachter mit der Kamera zeigten sich besondere Szenen, solitär in der Gleichzeitigkeit ihres Stattfindens.

Stay off this Roof
Photographs
2010/11

What constitutes 'private'? What constitutes 'public'? The project realised during a stay of several months in New York revolves around these questions. Hubert Lobnig observed people on the roofs of their apartment buildings, from a distance that maintains the privacy of their activities and generalises them. Access to the roofs is prohibited because of the fragile structure of their membranes, yet as a semi-public space, they offer a piece of freedom for the city's inhabitants. The topology of the roof landscapes, structured by walls and chimneys, generates separate, intimate spaces. Particular situations, solitary whilst happening simultaneously, revealed themselves to the observer with the camera.

S./pp. 187–191
Stay off this Roof, 2010/11
Fine Art Prints auf Bütten/
Fine art prints on deckle-edge paper
40,8 × 69 cm

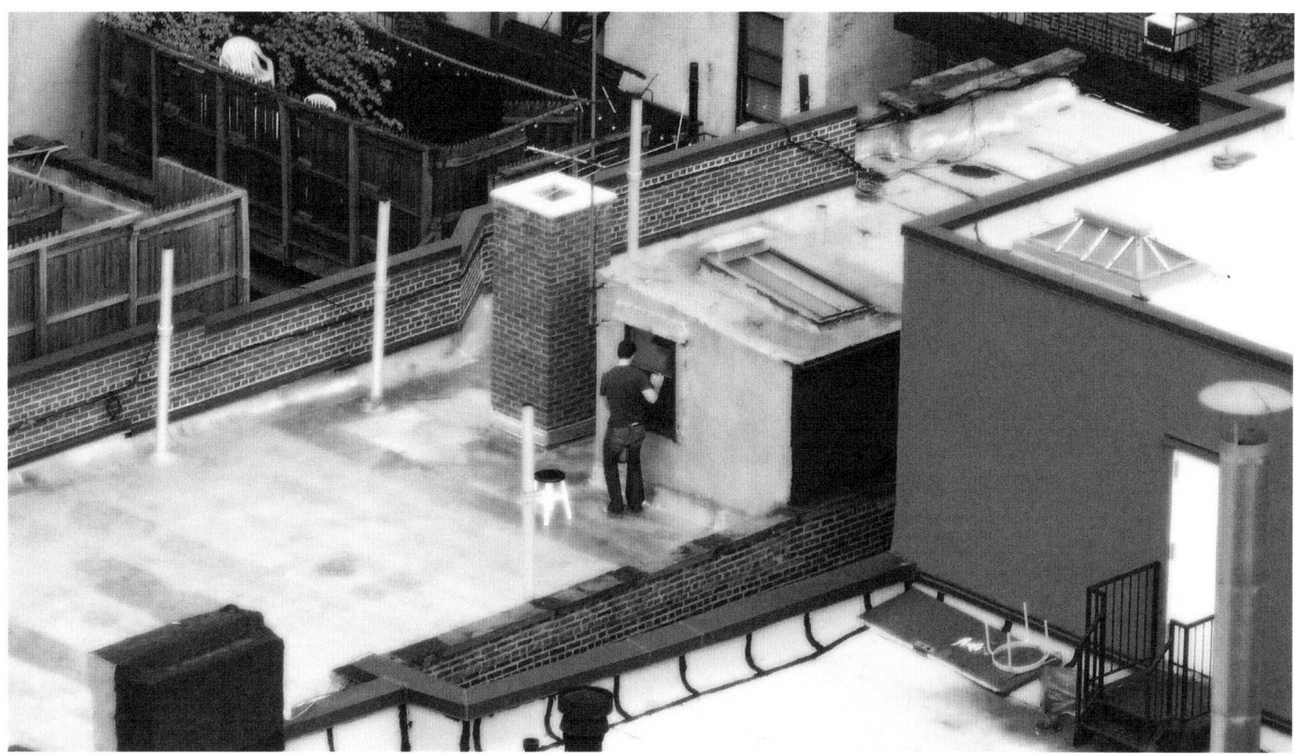

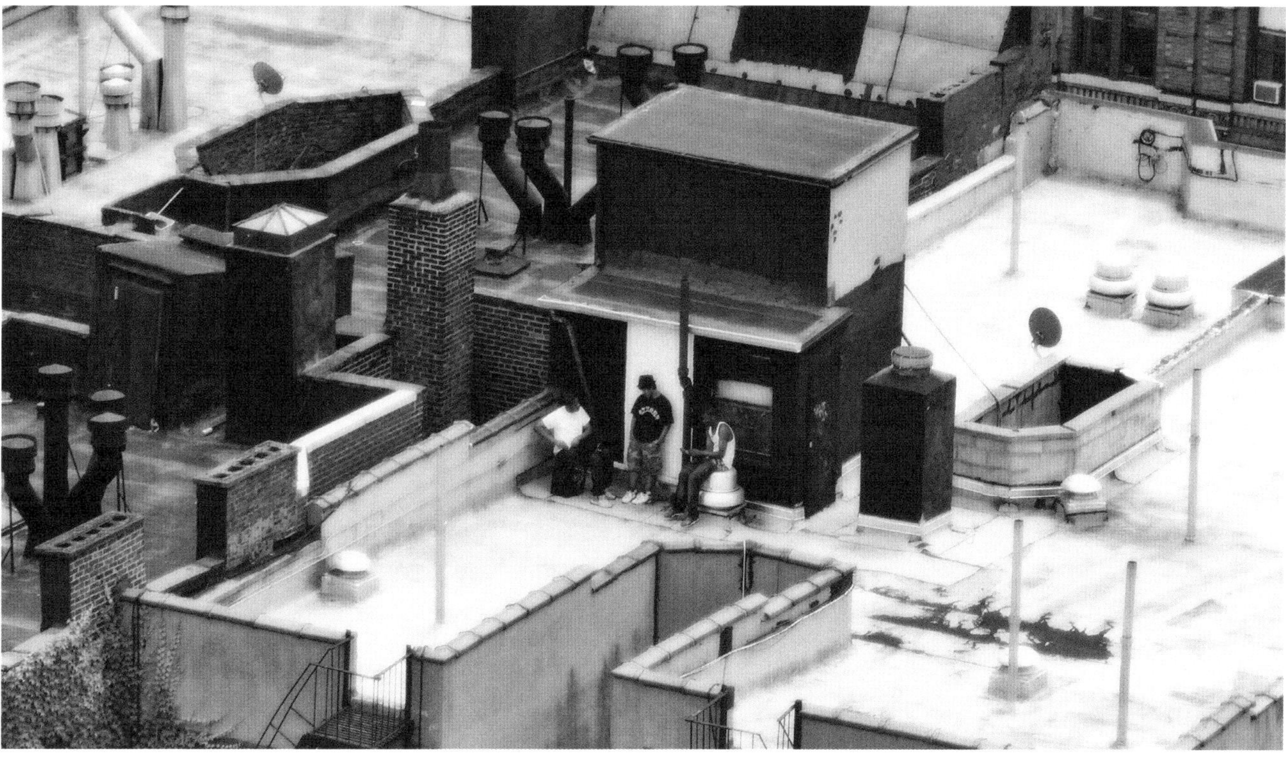

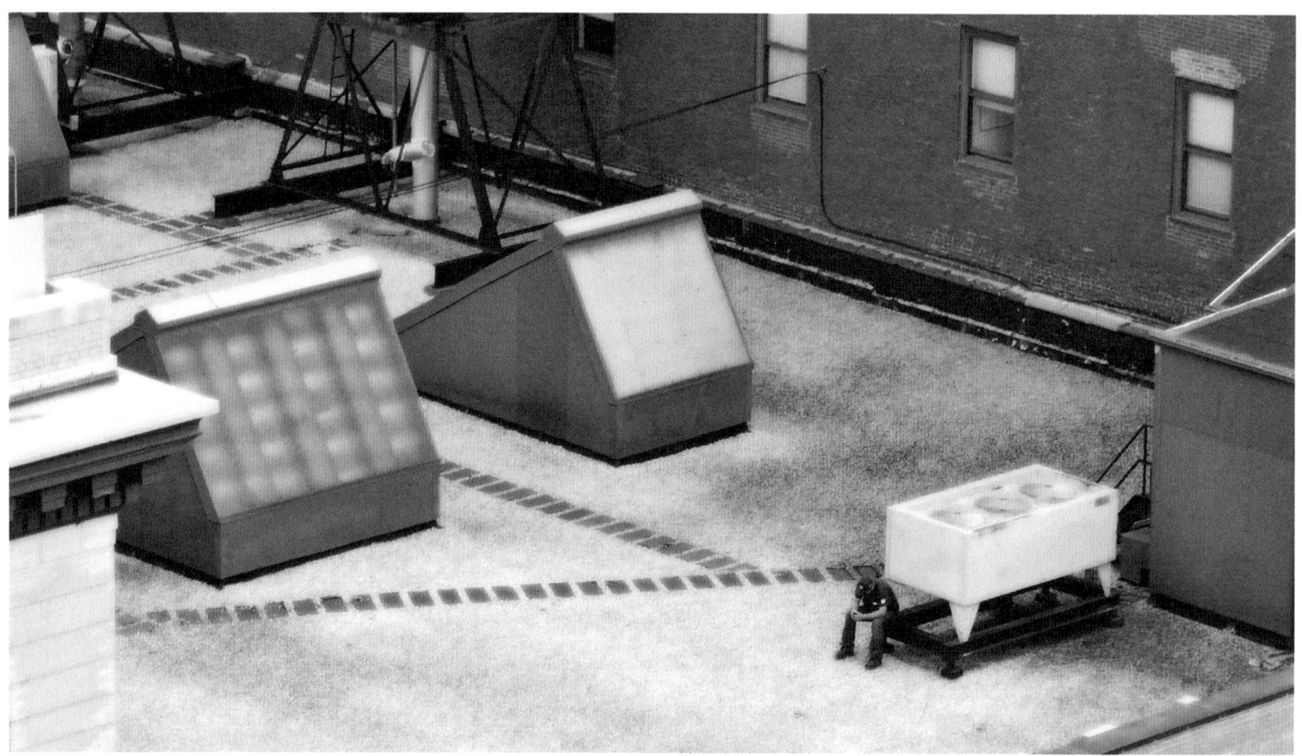

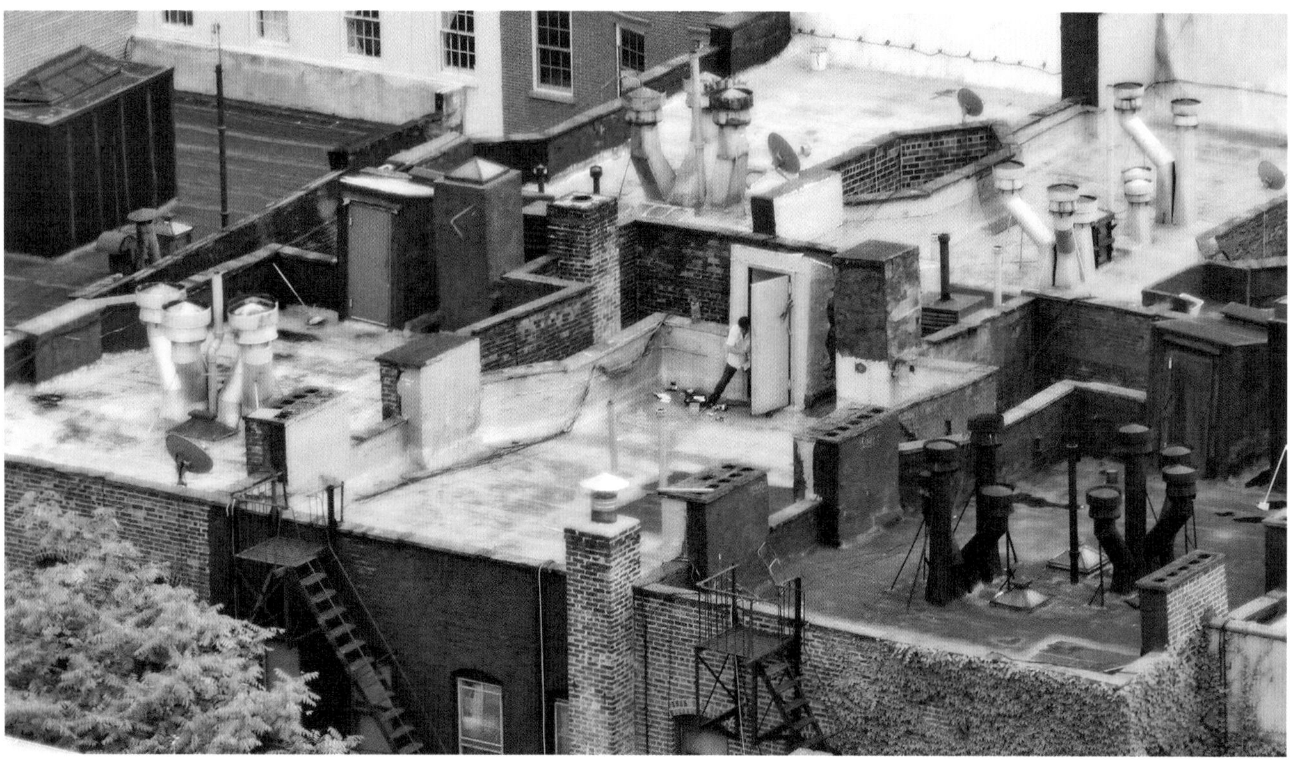

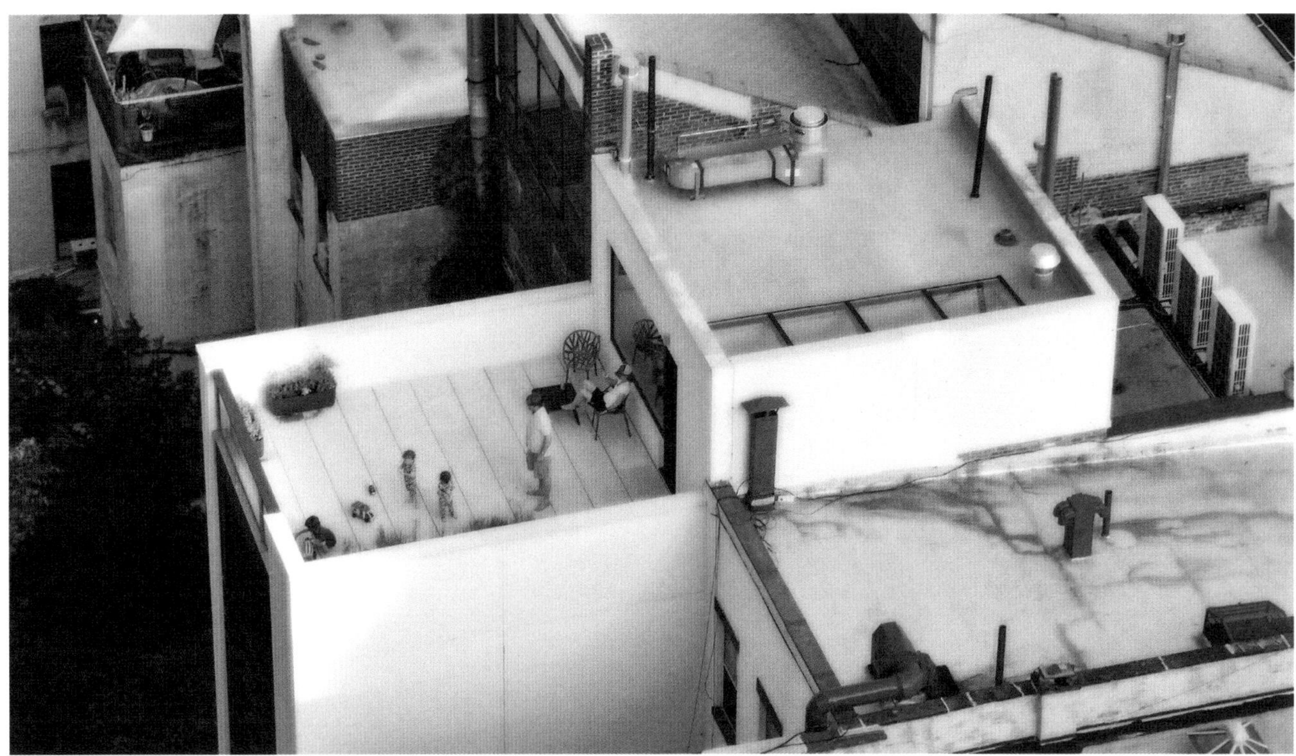

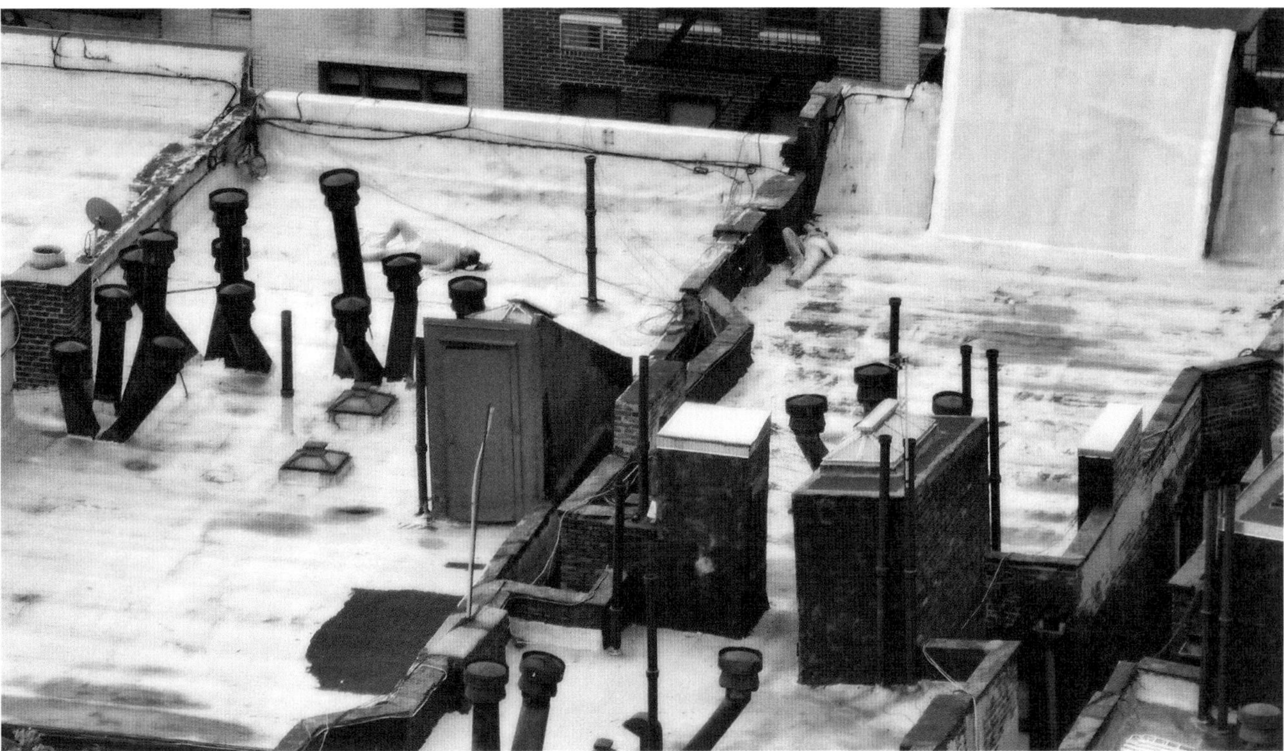

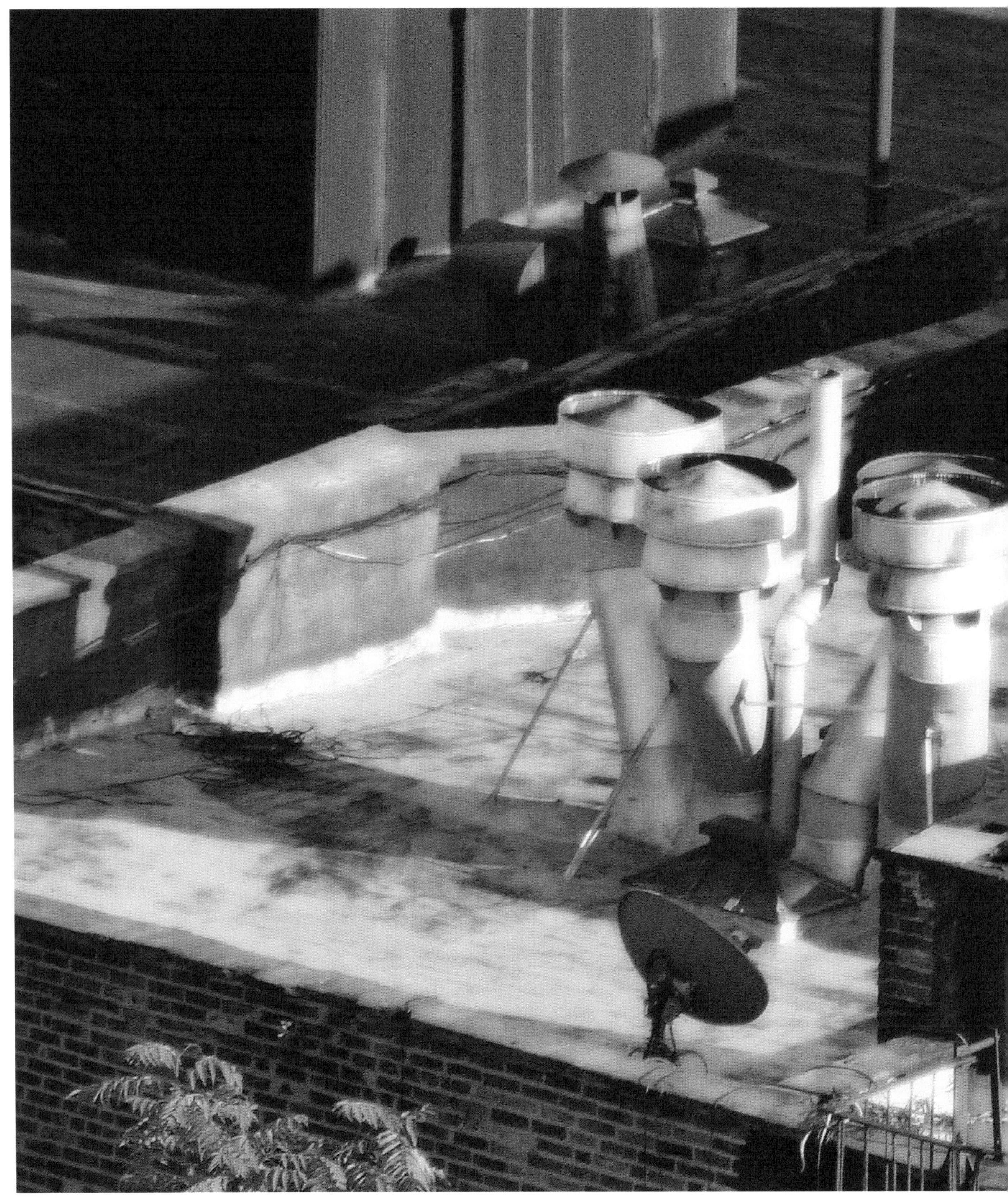

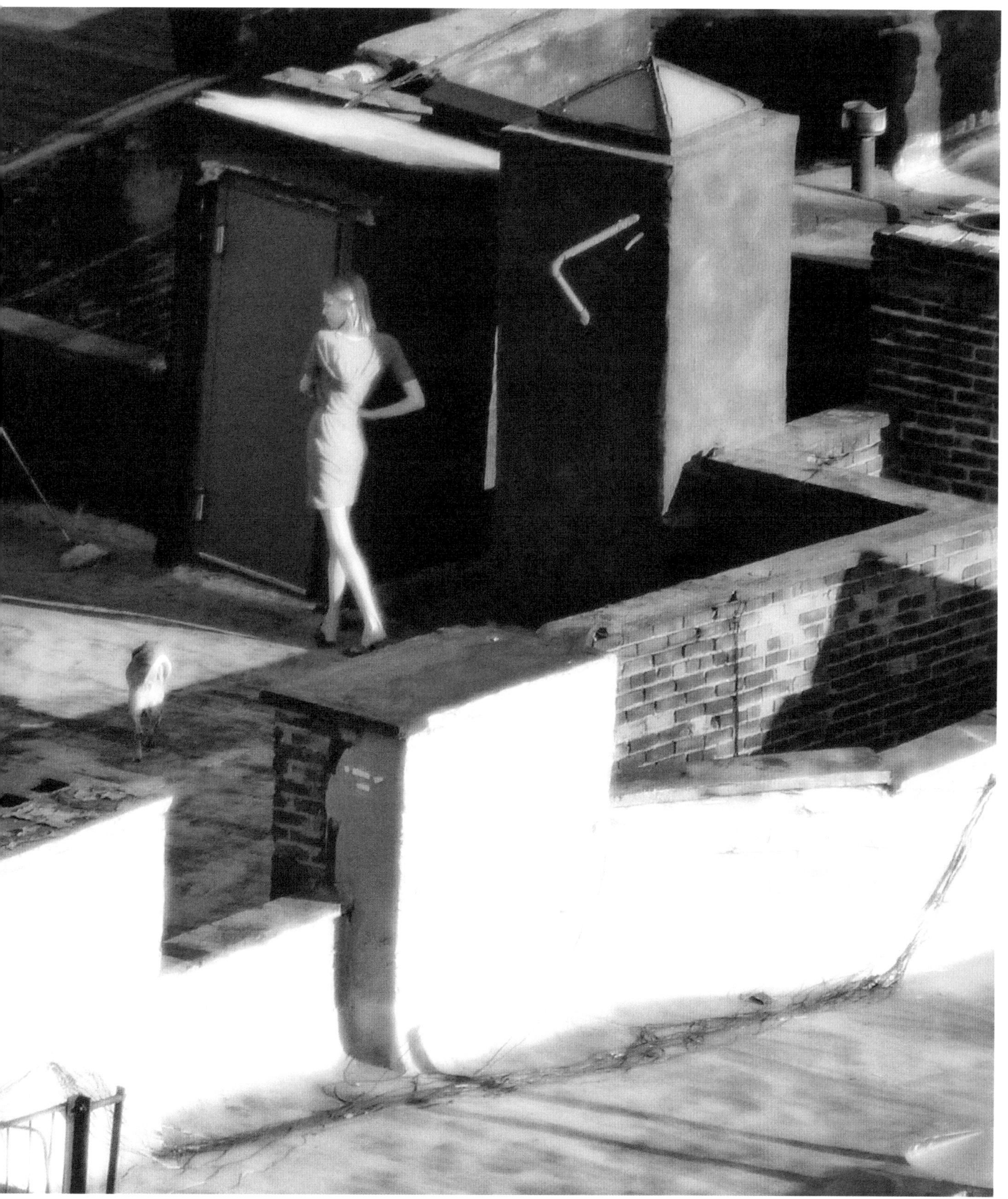

Živomir, der Sammler
Installation, Fotografie, Video
2004–2010

Die Fotoserie und der Film dokumentieren das selbstgeschaffene Arbeitsfeld und autarke Lebensmodell des aus Serbien stammenden Sammlers Živomir. Er sammelte und recyclete in Wien Altmetall und lebte vom Verkauf seiner Materialien an Händler und der Weitergabe von Sammelgegenständen an Freunde, auch in den ehemaligen Kriegsgebieten in Ex-Jugoslawien. Arbeitsgerät und Maß für den Tag war ihm sein Handwagen, den er über Nacht meist an den selben Stellen im Park oder im Hof seines Wohnhauses abgestellt hatte. In den Fotografien des Wagens mit seiner Tagesladung, im Videoporträt des „Sammlers" und in der Anschaulichkeit der Kupferdrähte wird das Leben von Živomir als unabhängige Bewegung im öffentlichen Raum sichtbar.

Živomir, the Collector
Installation, photography, video
2004–2010

The photo series and the film document the self-created field of work and self-sufficient life model of the Serbian-born collector Živomir. He collected and recycled scrap metal in Vienna, earning his living by selling his materials to dealers and passing on collected items to friends, also in war-scarred areas in former Yugoslavia. His work tool and measurement for his daily work was his handcart, which he usually parked in the same places at the park or in the yard of his home. In the photographs of the cart with its daily load, in the video portrait of the 'collector' and in the vividness of the copper wires, the life of Živomir manifests as an independent motion in public space.

Hubert Lobnig

S./pp. 193–197
Živomir, der Sammler, 2004–2010
C-Prints, unterschiedliche Größen /
C-prints, various dimensions

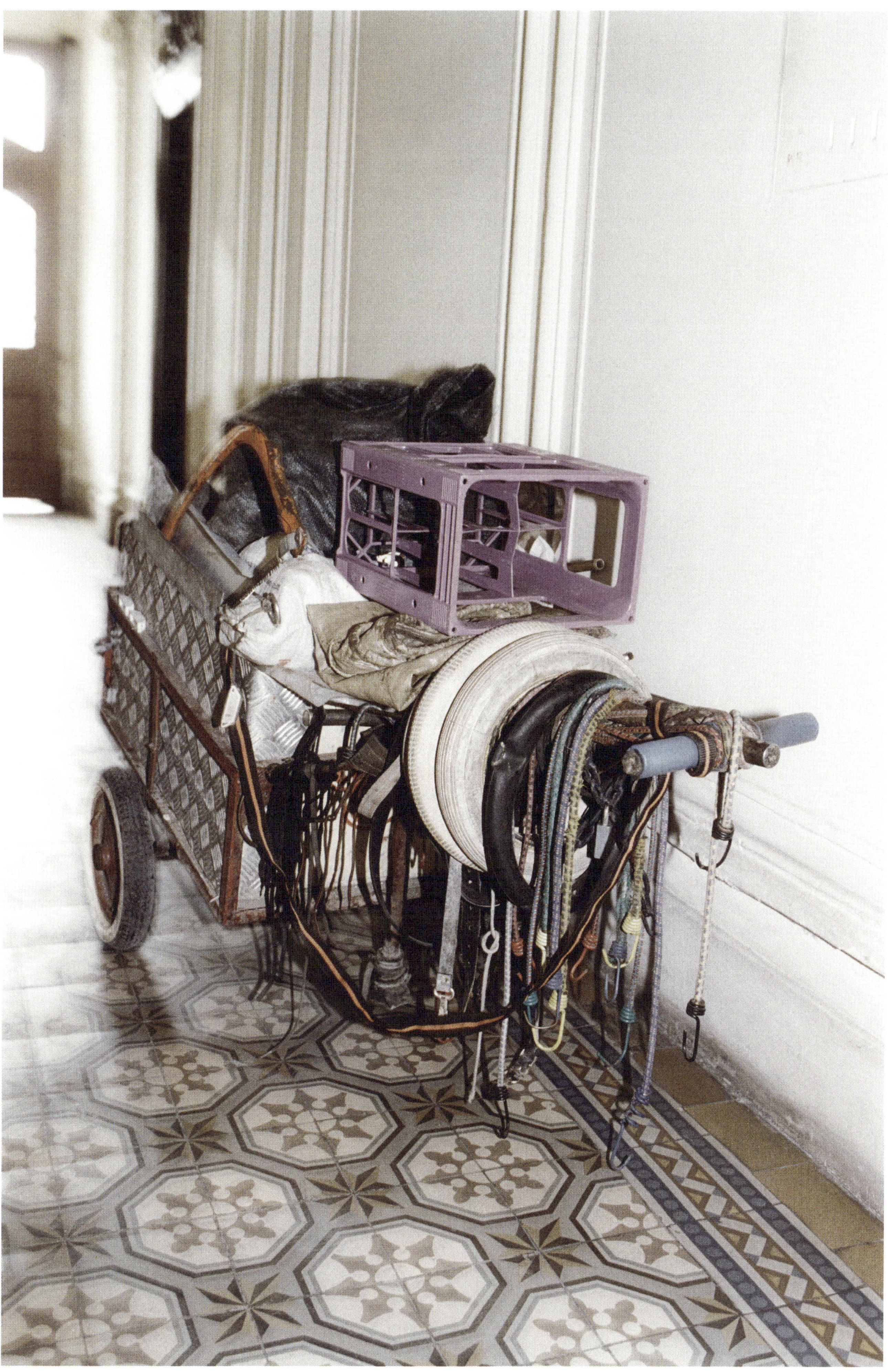

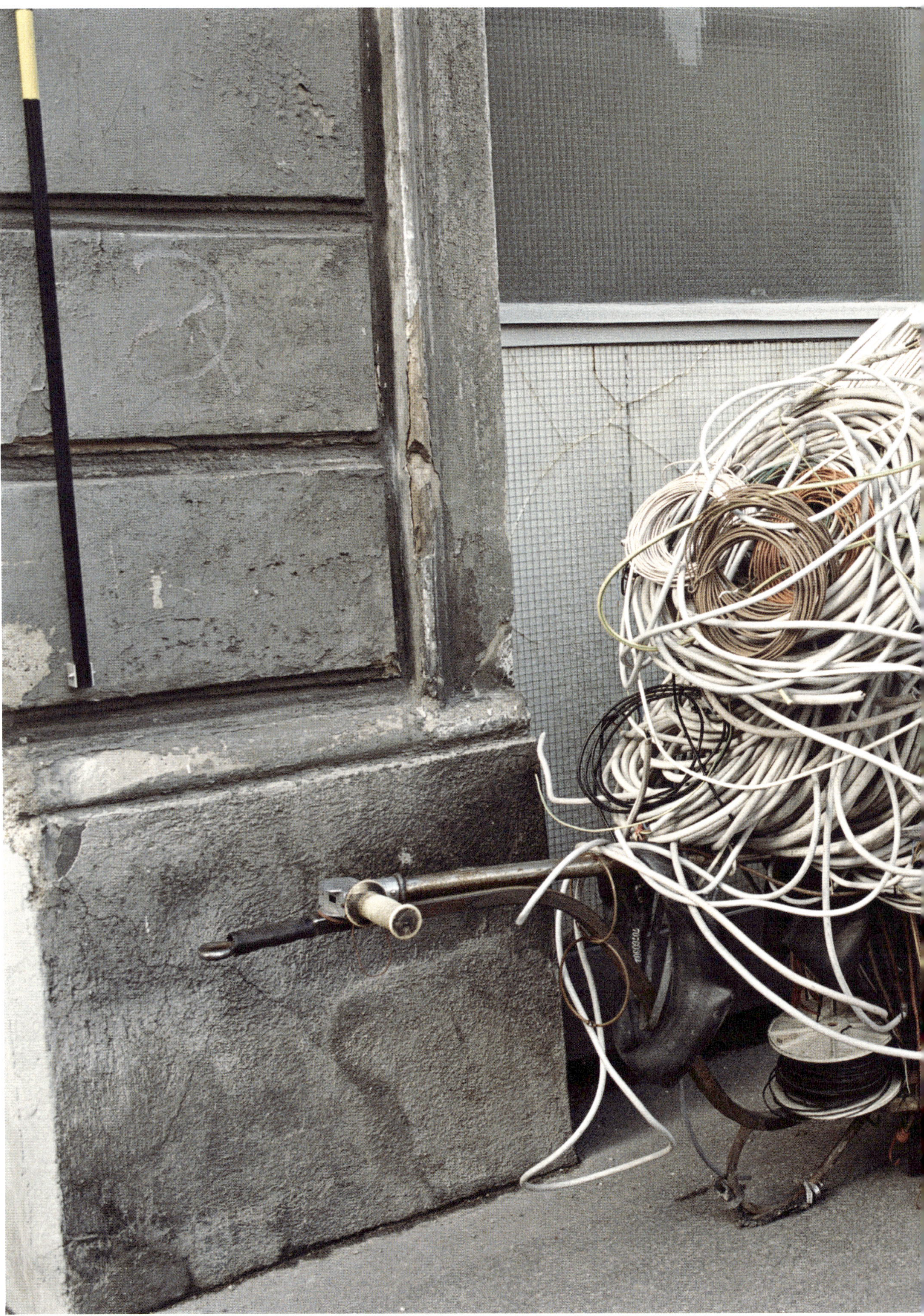

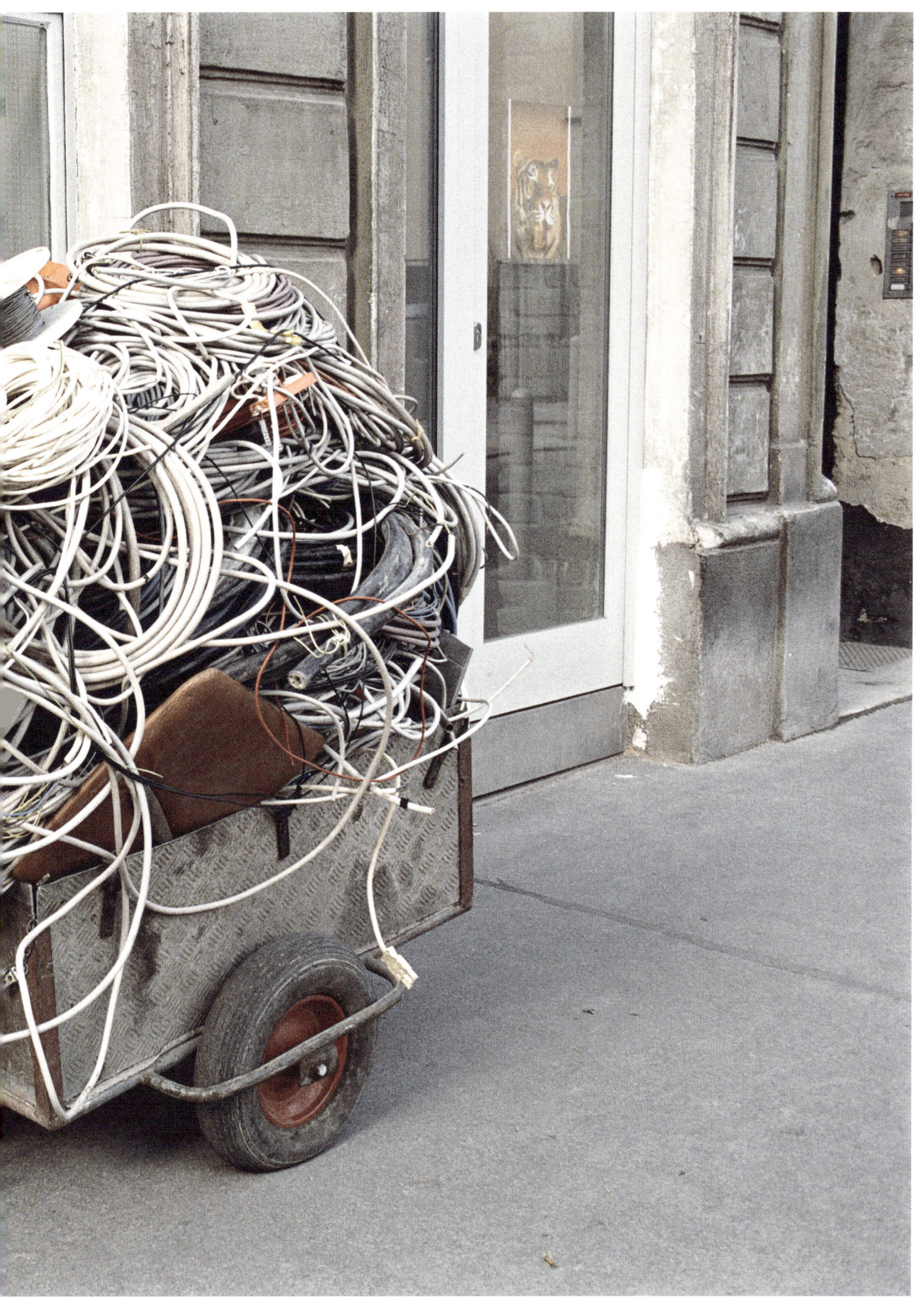

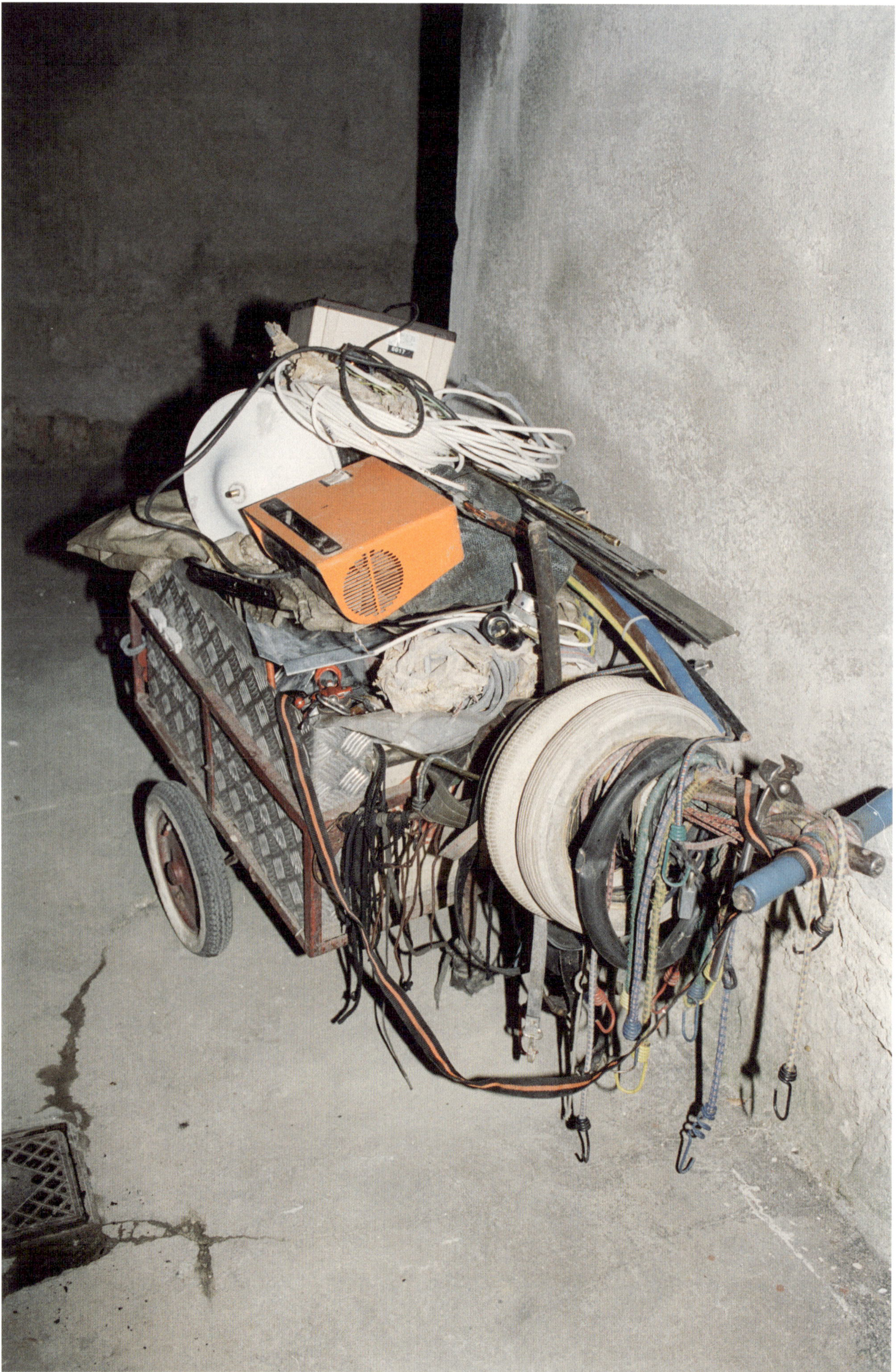

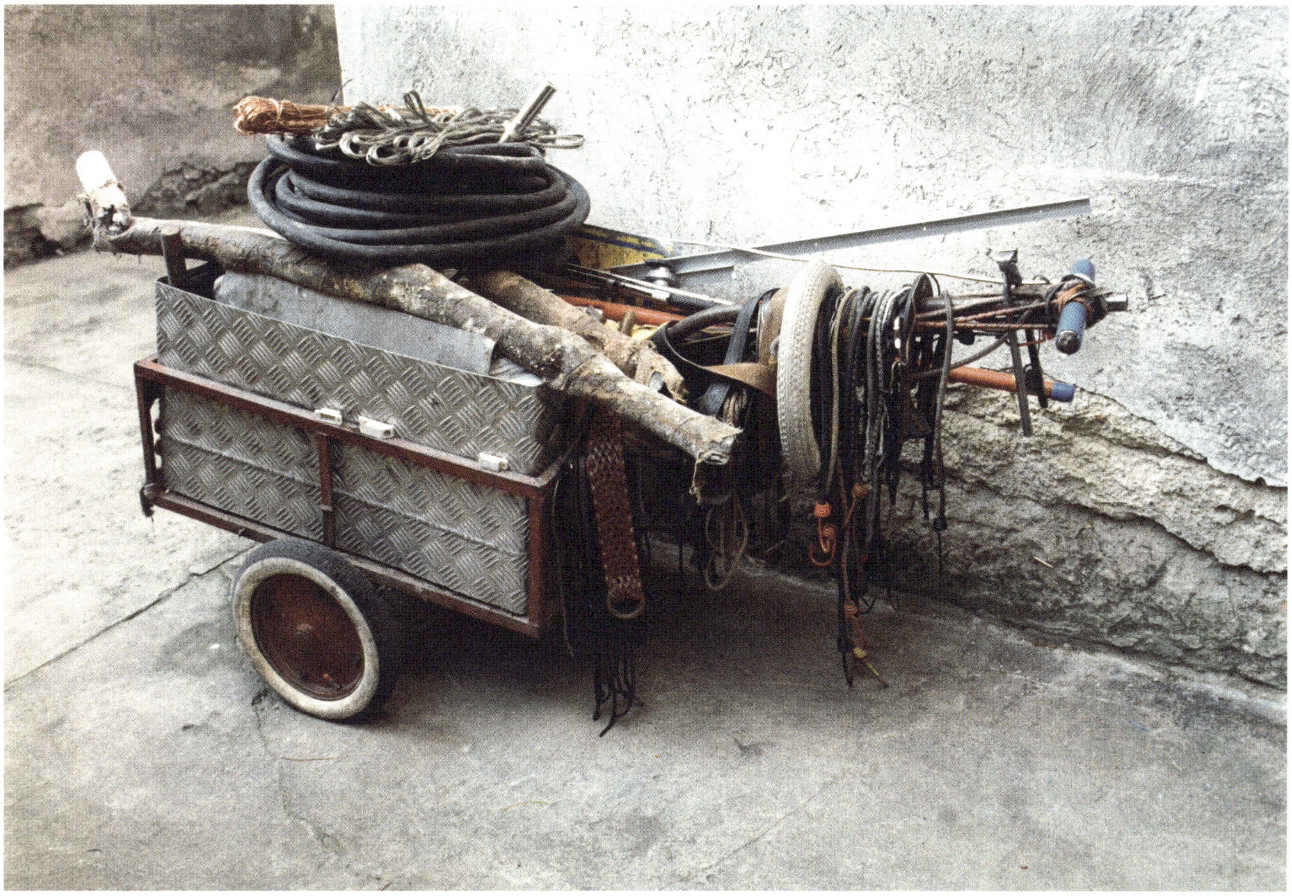

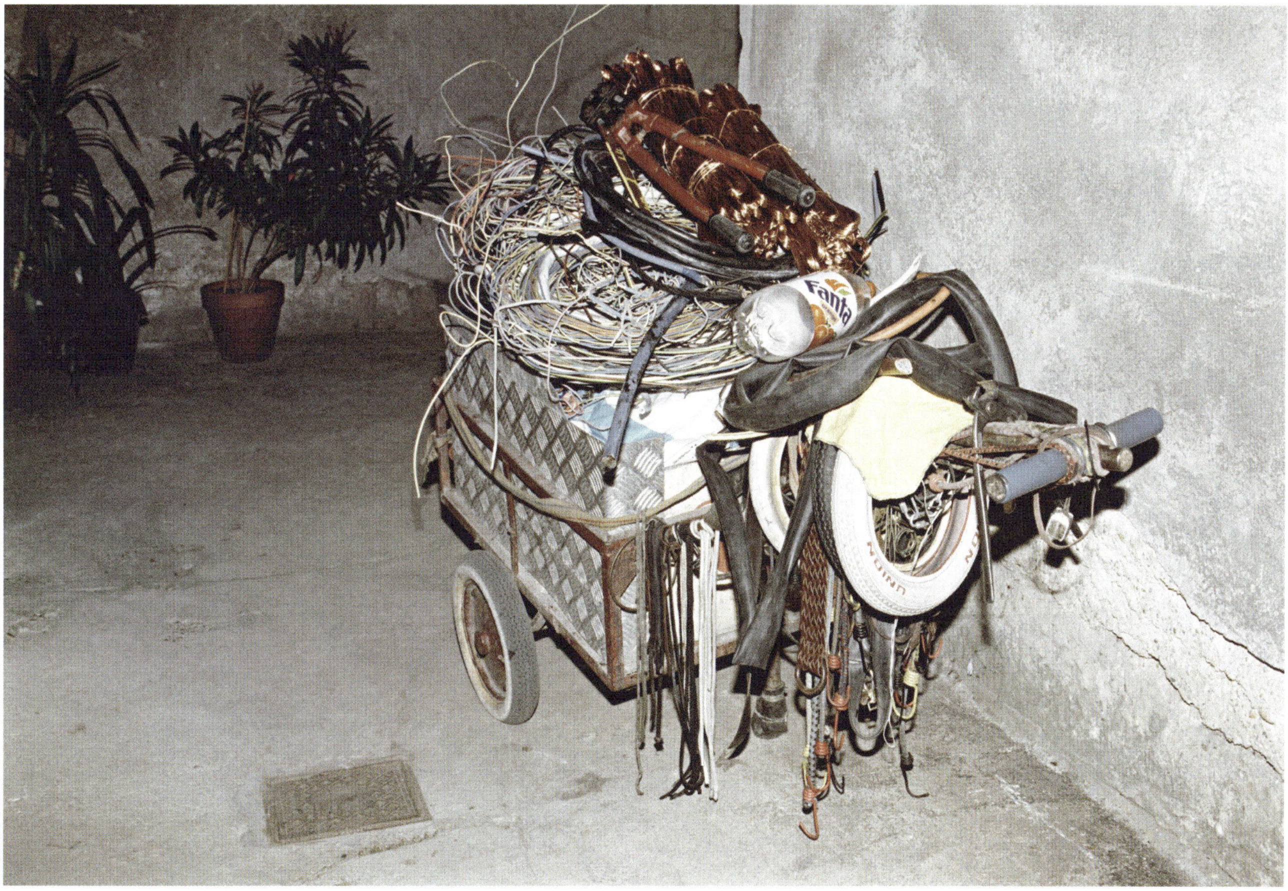

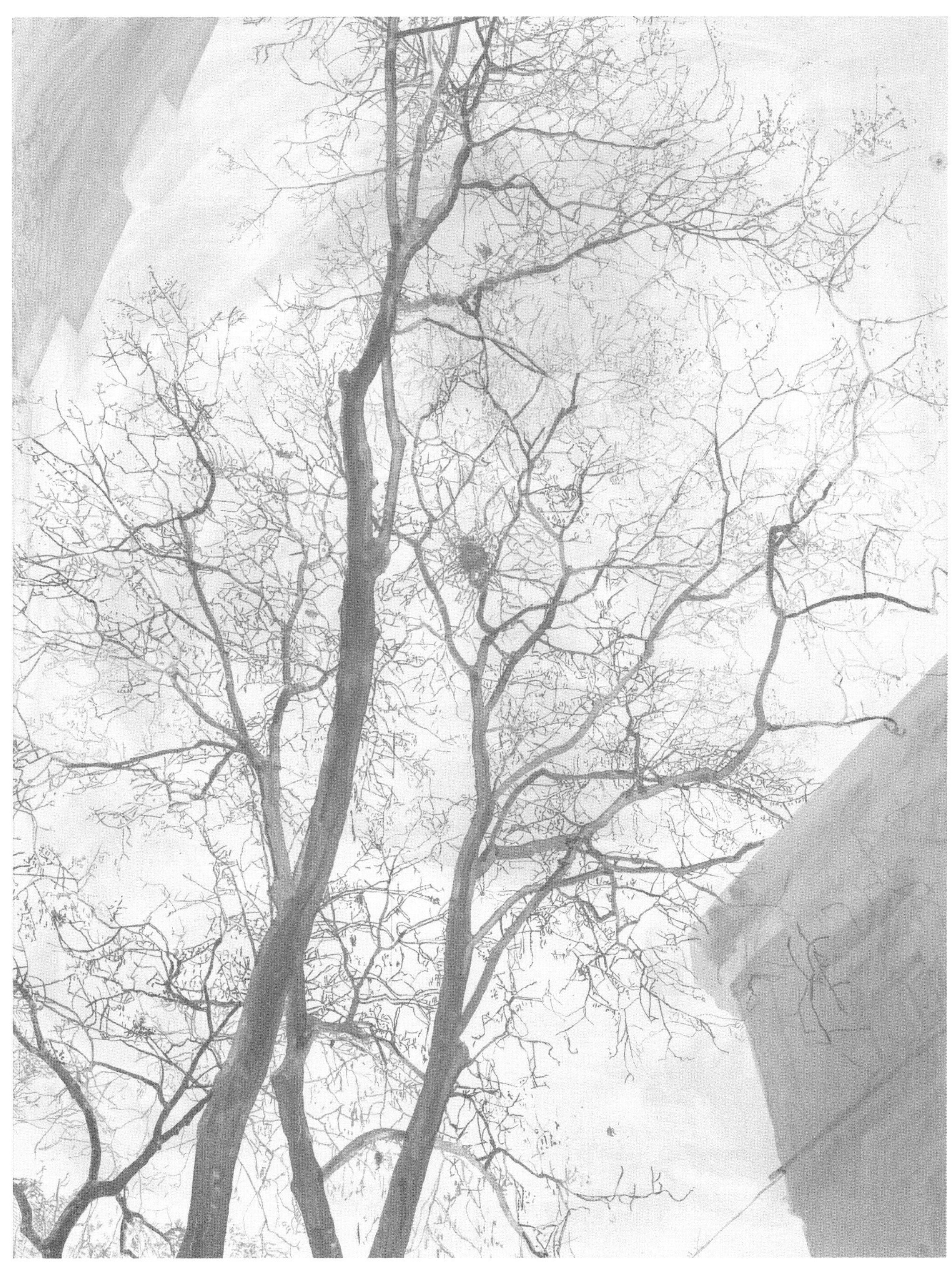

Baum, 2018
Tempera auf Leinwand /
Tempera on canvas
200 × 155 cm

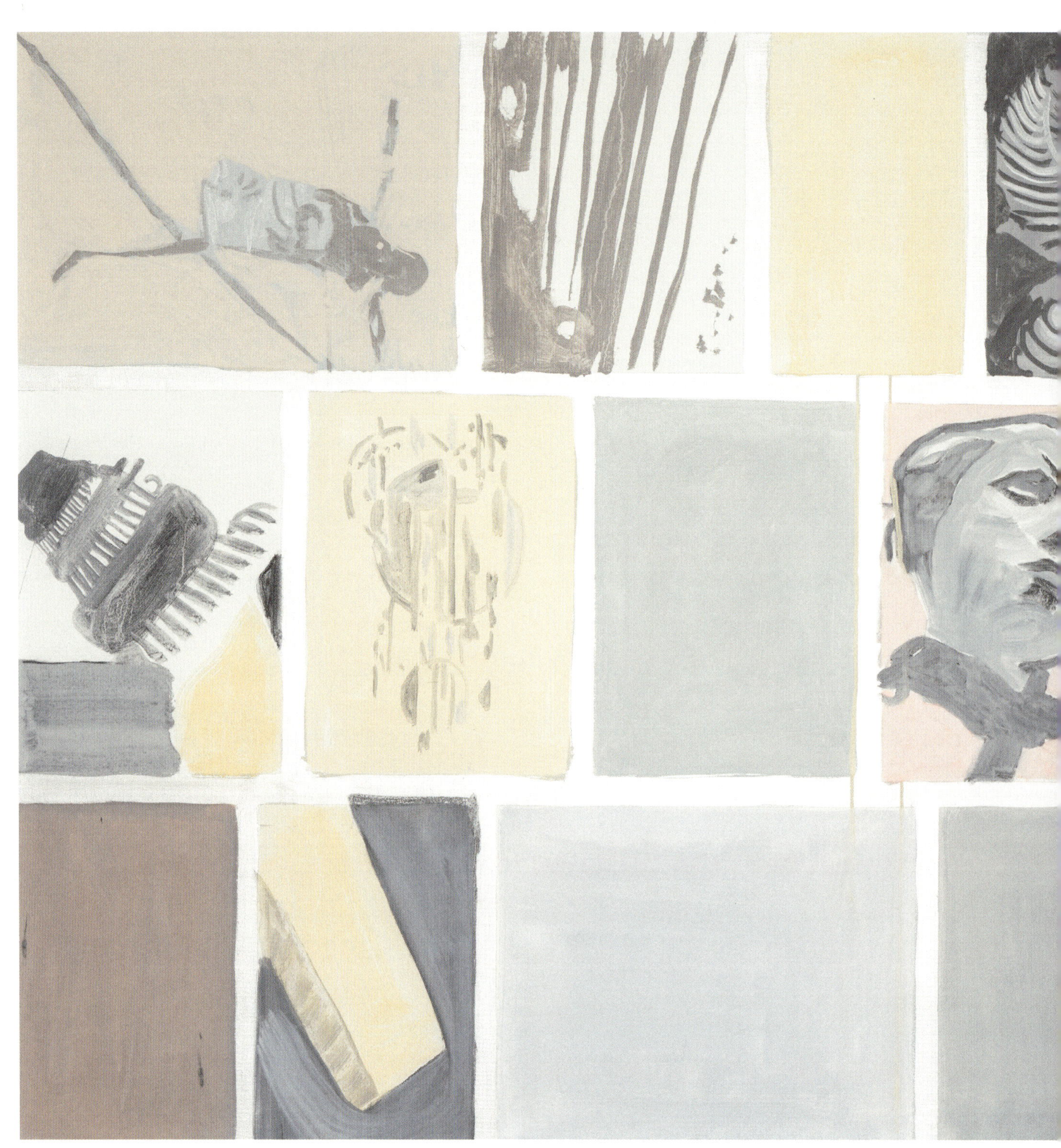

Rodtschenko, 2018
Tempera, Aluminium auf Leinwand /
Tempera, aluminium on canvas
100 × 200 cm

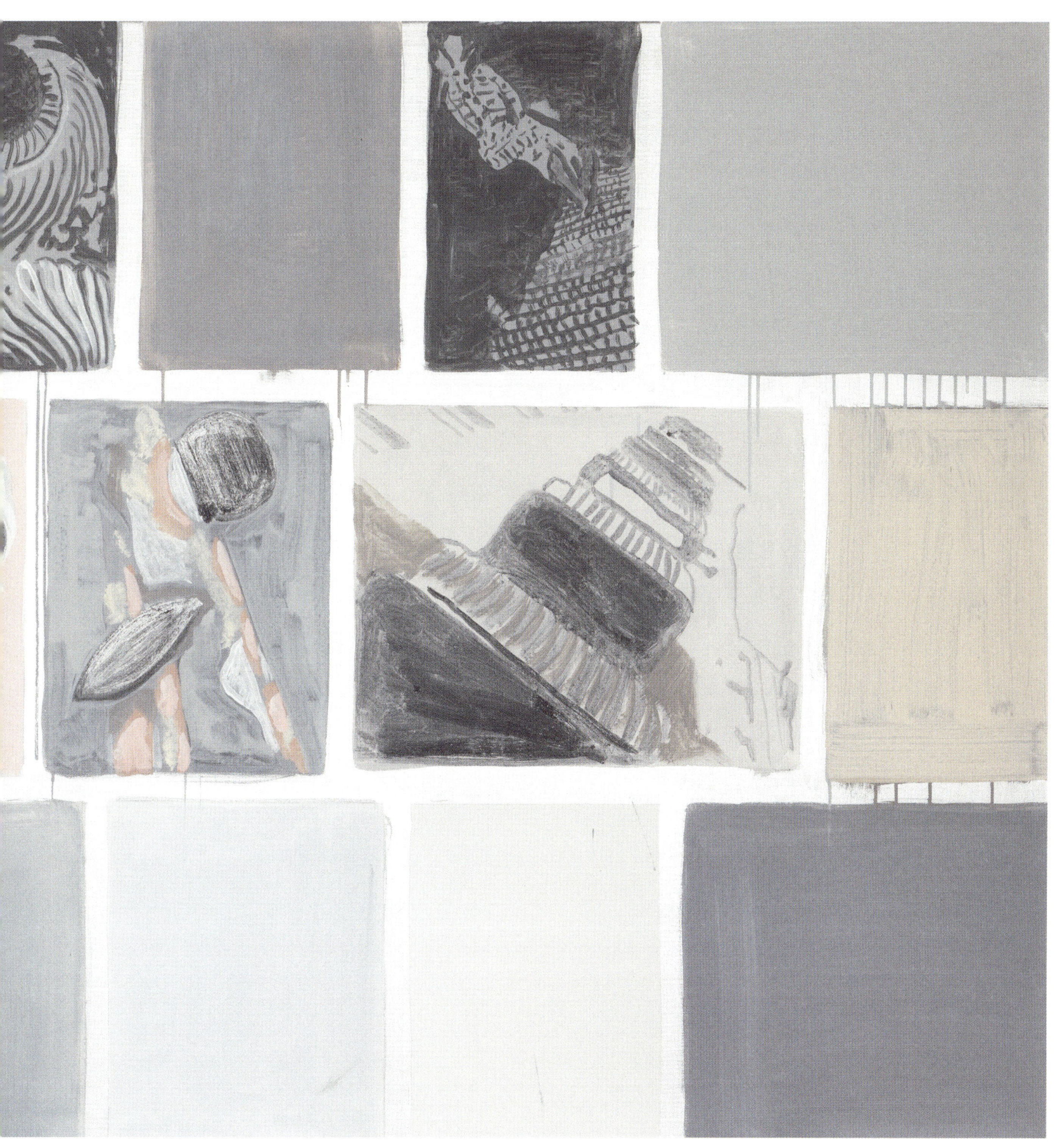

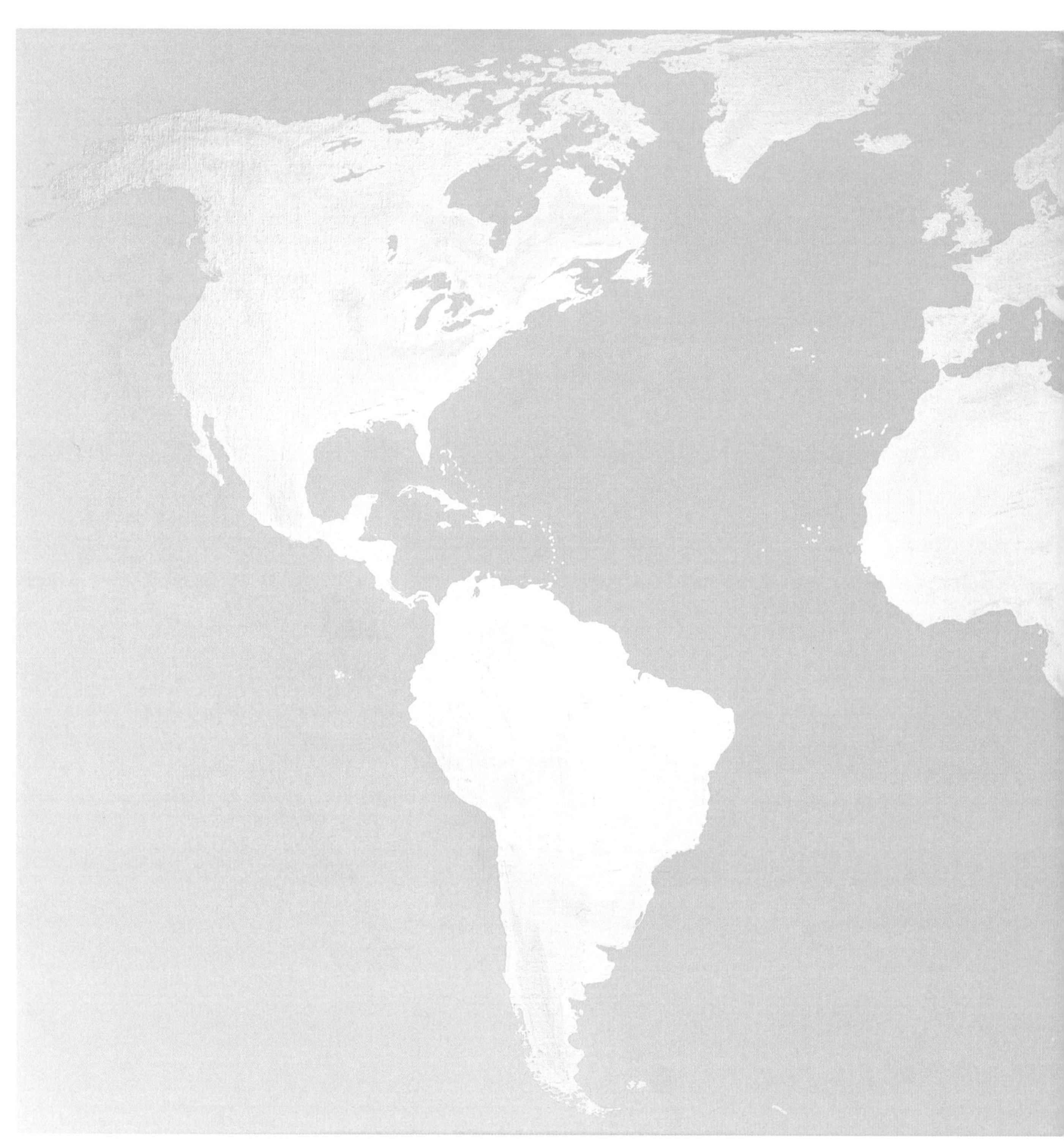

Die Welt, 2017/2018
Tempera, Aluminium auf Leinwand /
Tempera, aluminium on canvas
100 × 200 cm

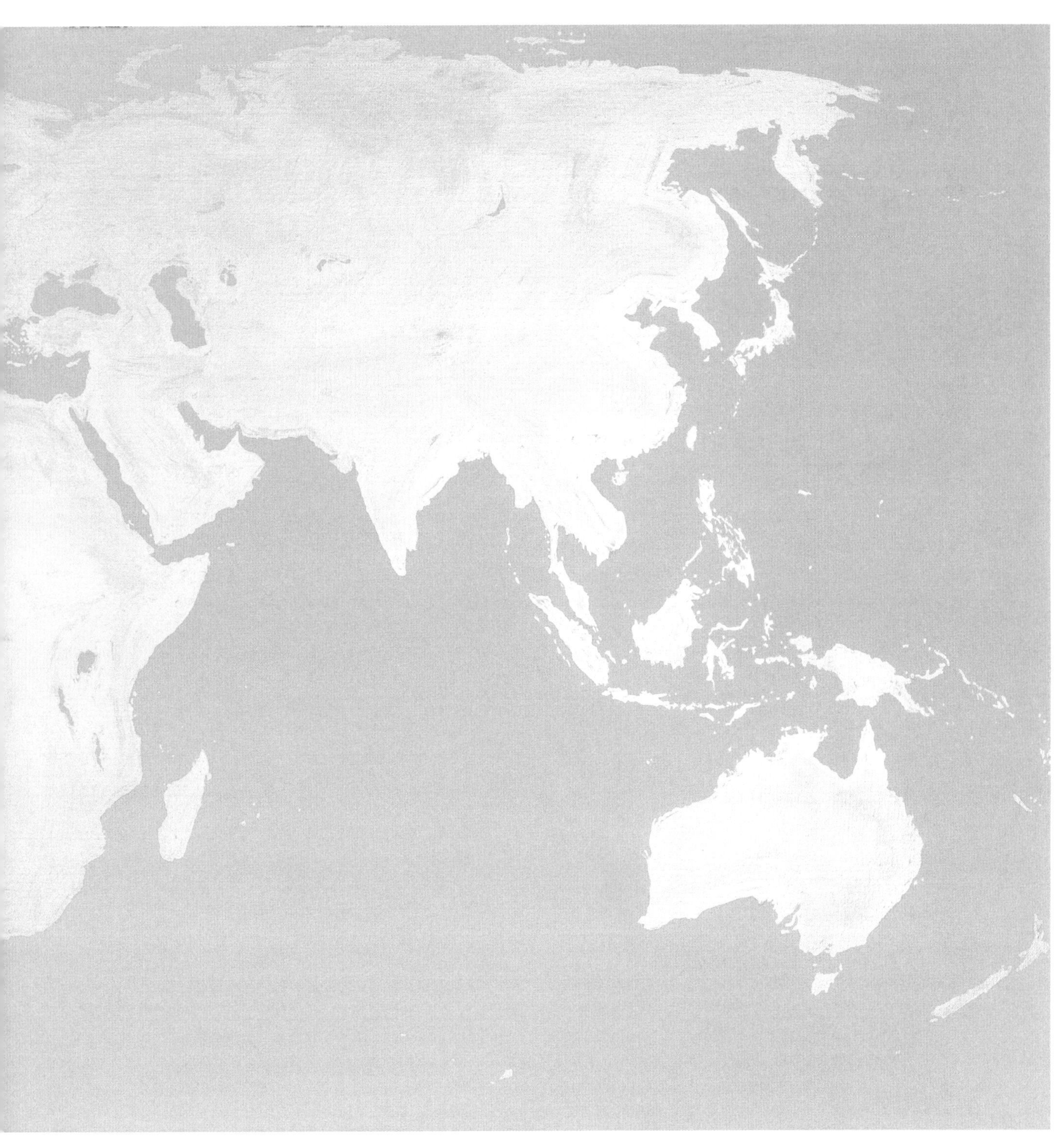

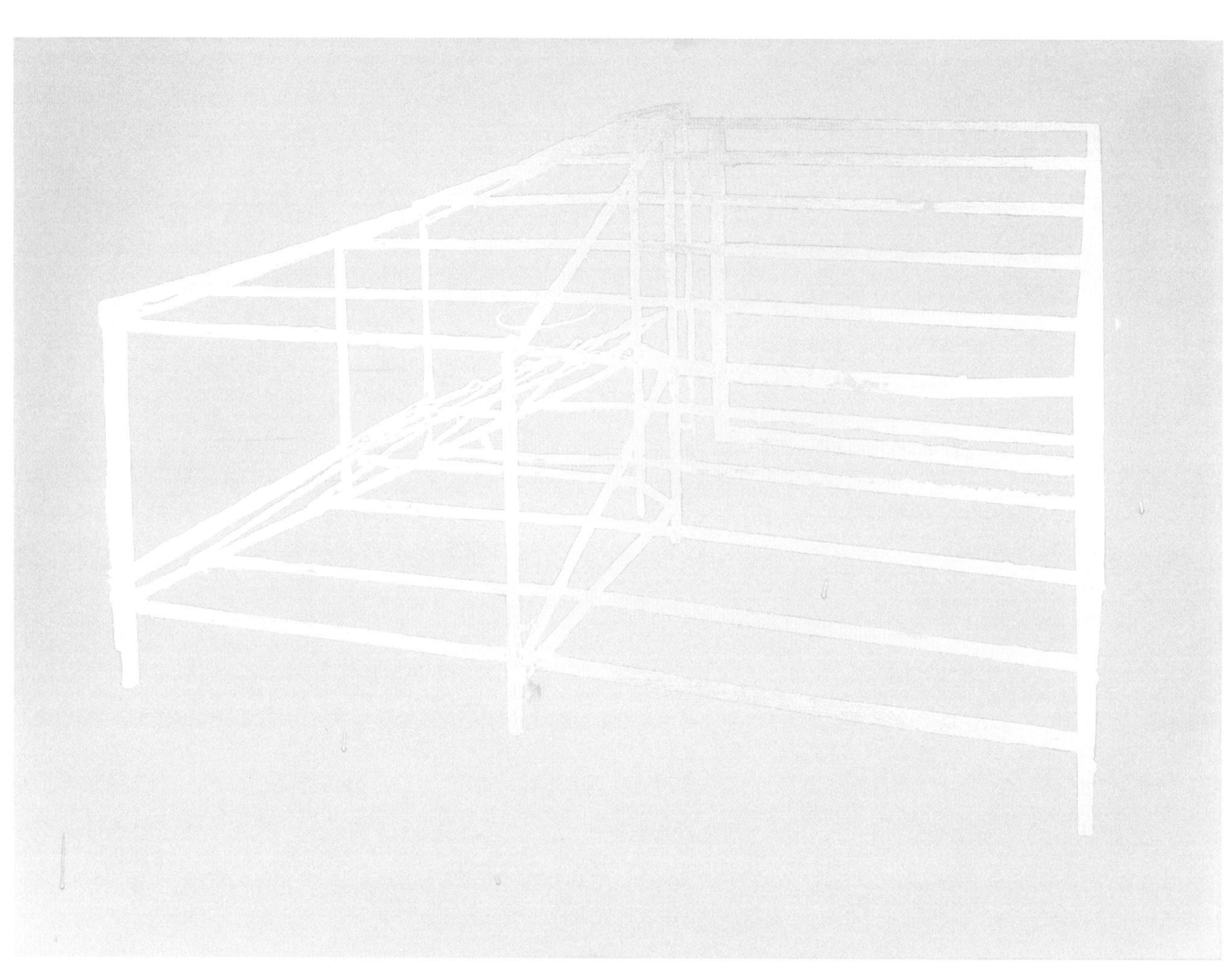

O.T. (Marktstand 1), 2014
Tempera, Aluminium auf Leinwand /
Tempera, aluminium on canvas
110 × 150 cm

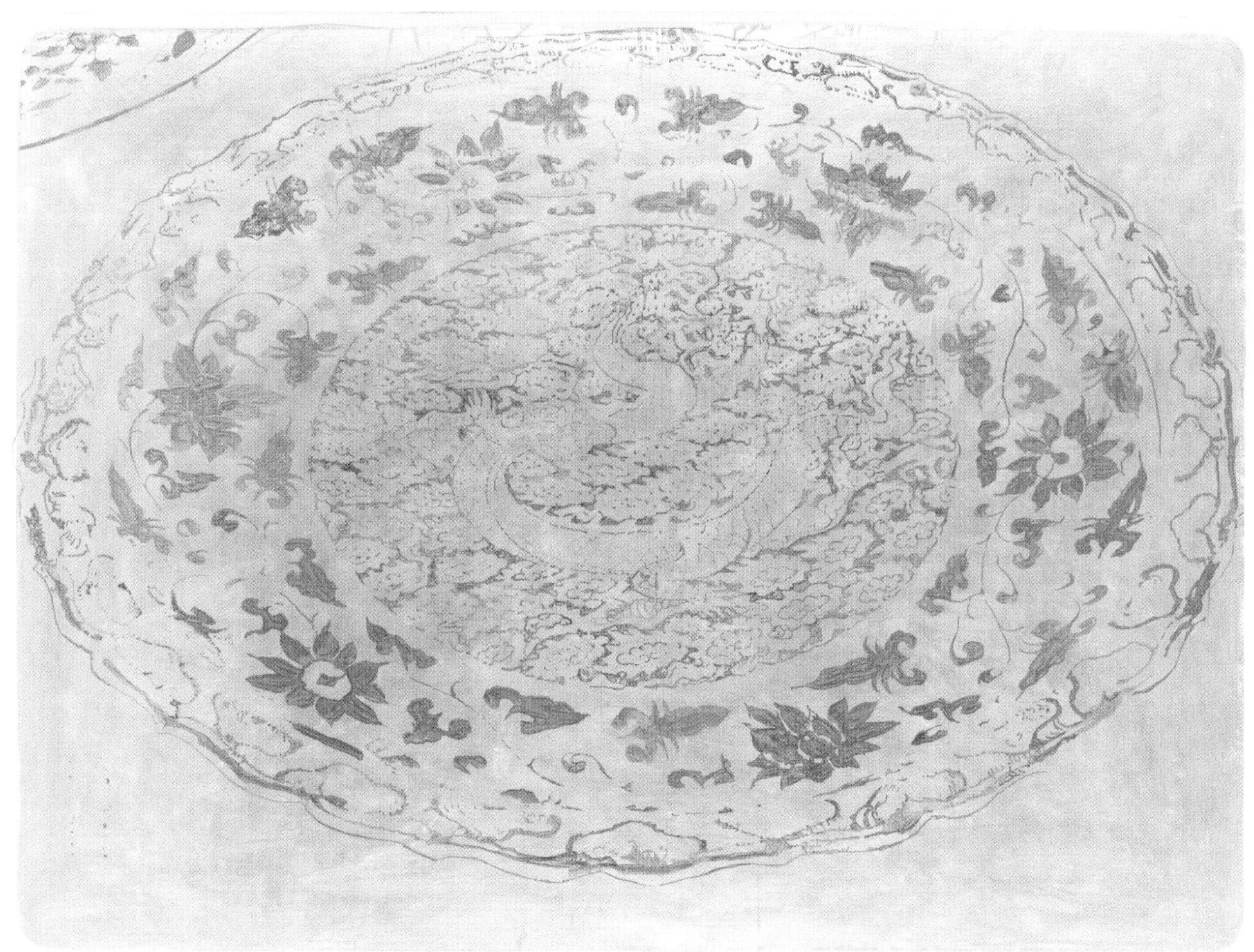

Chinese Turkish Bowl, 2014
Tempera, Aluminium auf Leinwand /
Tempera, aluminium on canvas
110 × 150 cm

S./pp. 206/207
Das Museum I, 2018
Tempera, Aluminium auf Leinwand /
Tempera, aluminium on canvas
80 × 100 cm

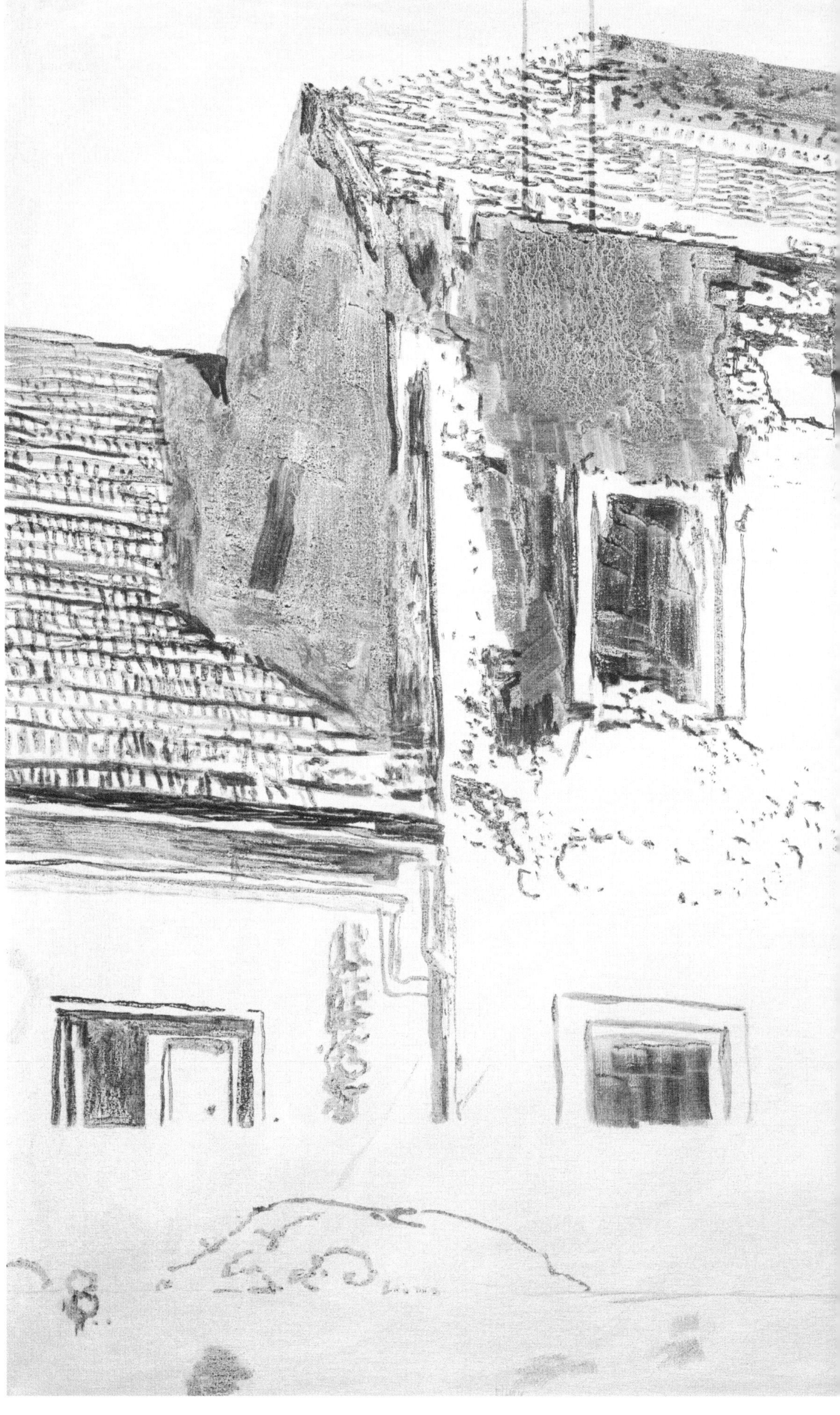

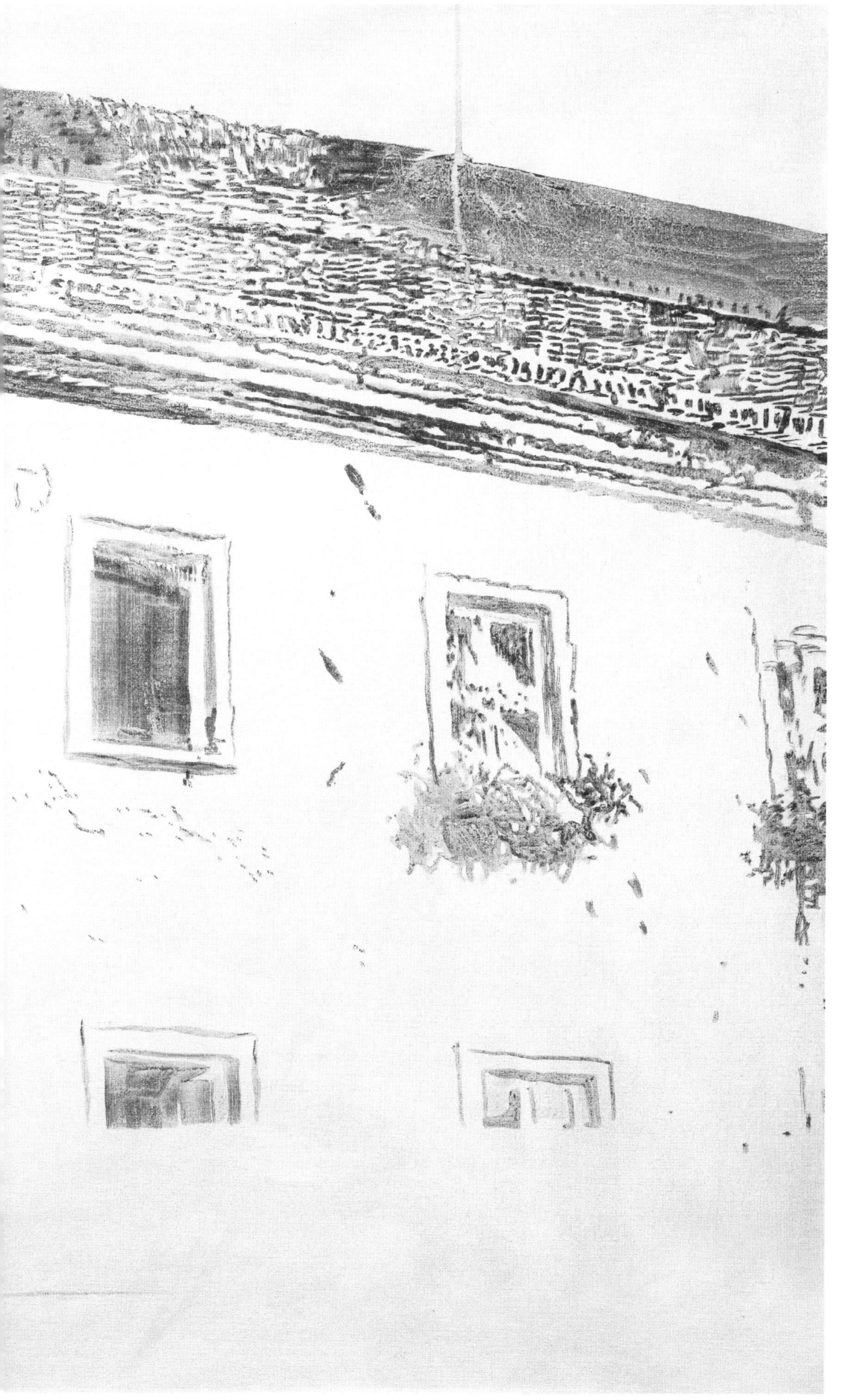

Stühle, 2018
Tempera, Aluminium auf Leinwand /
Tempera, aluminium on canvas
60 × 80 cm

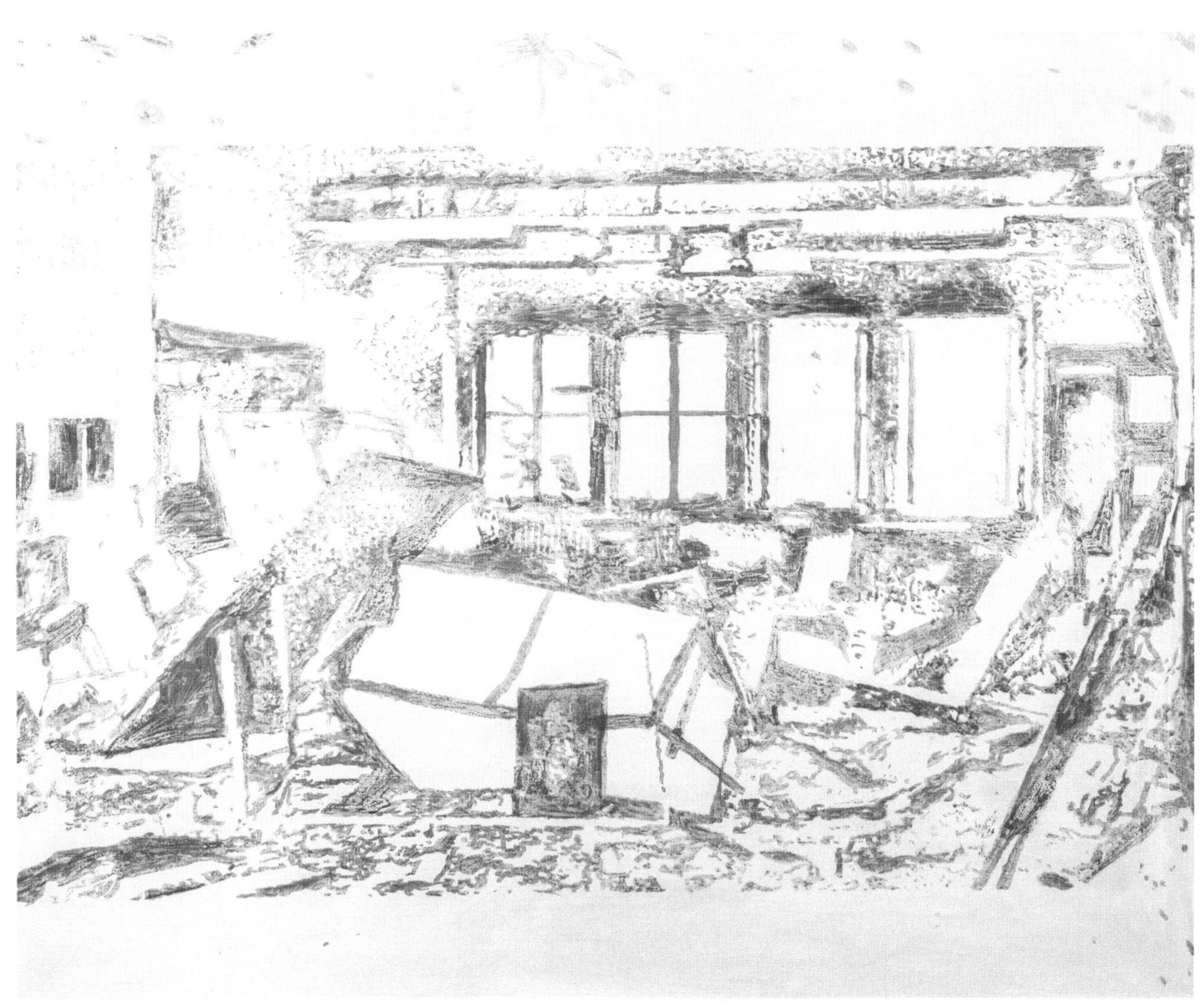

Das Museum II, 2018
Tempera, Aluminium auf Leinwand /
Tempera, aluminium on canvas
80 × 100 cm

S./p. 211
O.T. (Bubbles), 2016
Tempera, Aluminium auf Leinwand /
Tempera, aluminium on canvas
200 × 140 cm

O.T., 2016
Tempera, Aluminium auf Leinwand /
Tempera, aluminium on canvas
80 × 60 cm

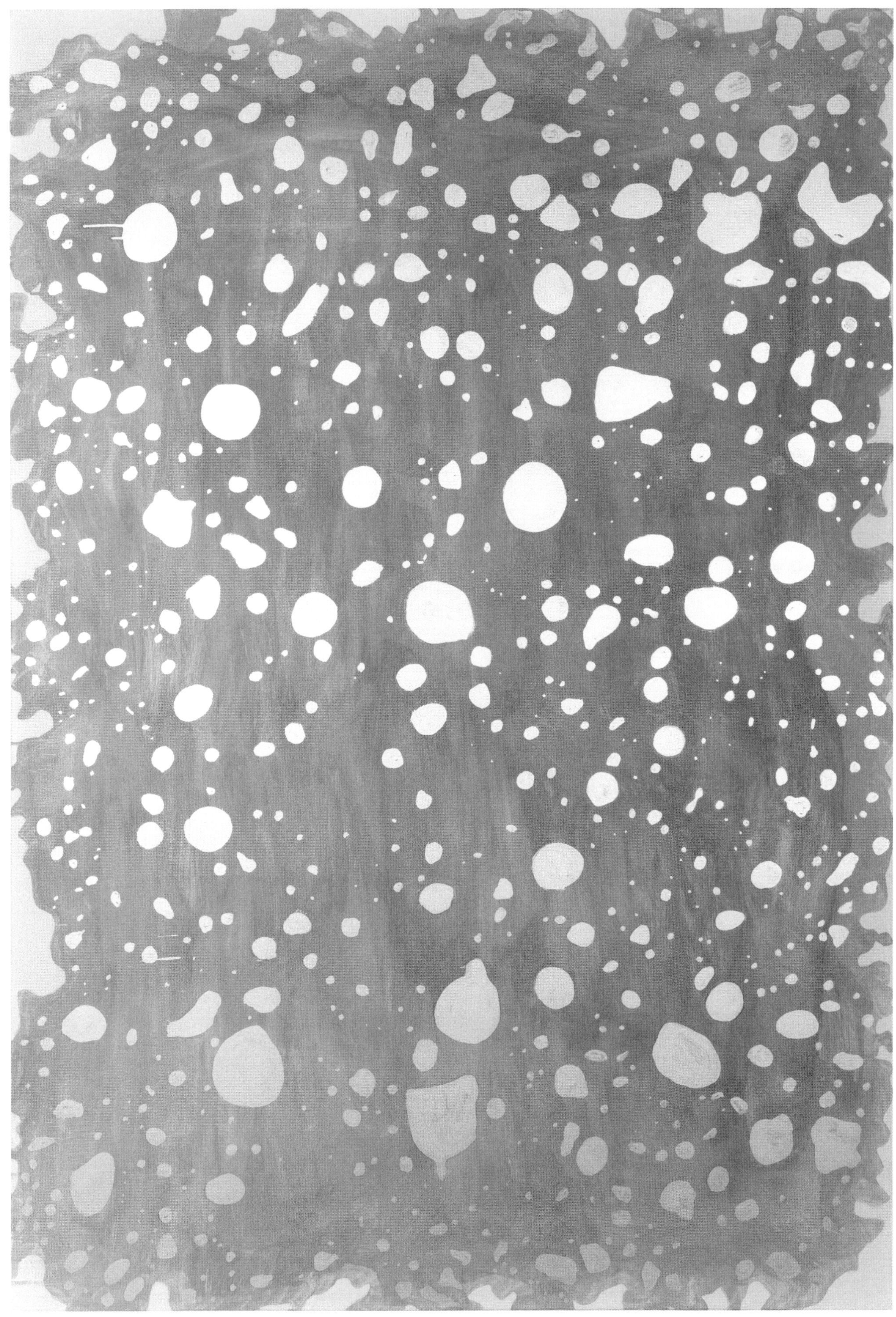

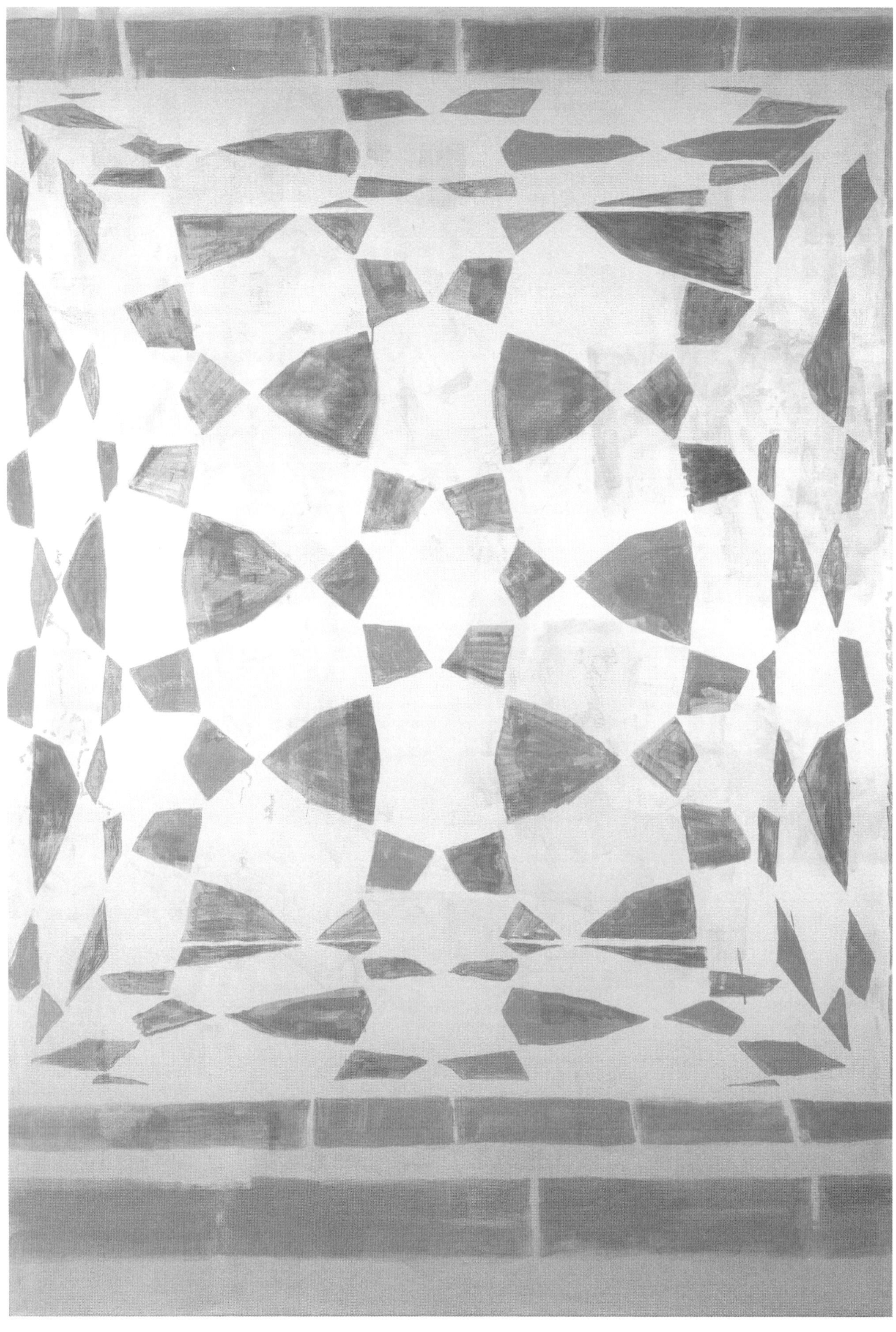

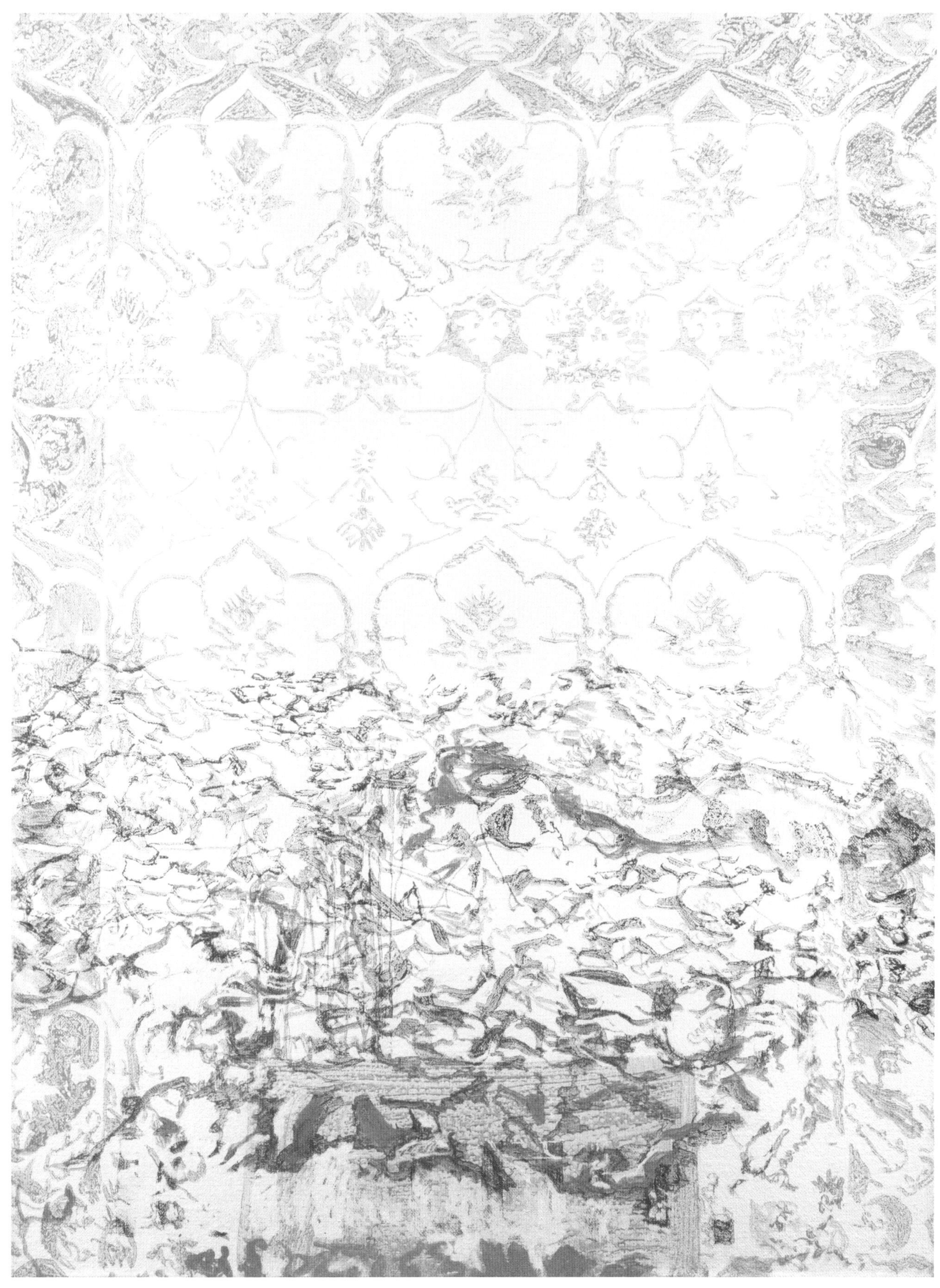

Teppich, 2016
Tempera, Aluminium auf Leinwand /
Tempera, aluminium on canvas
80 × 60 cm

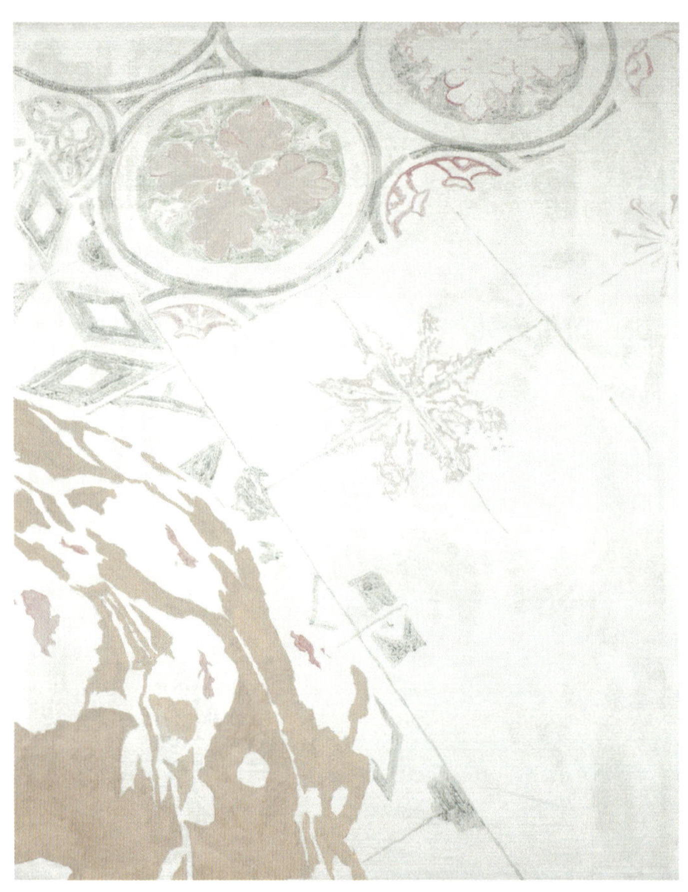

S./p. 212
Portal, 2016
Tempera, Aluminium auf Leinwand/
Tempera, aluminium on canvas
200 × 140 cm

O.T., 2011
Tempera, Aluminium auf Leinwand /
Tempera, aluminium on canvas
100 × 80 cm

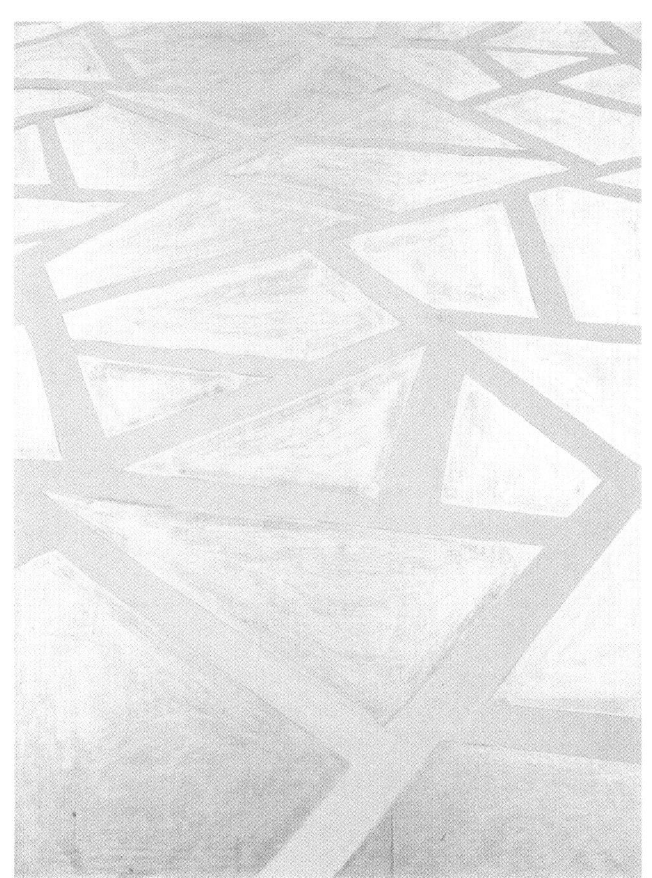

Zick Zack, 2018
Tempera, Aluminium auf Leinwand /
Tempera, aluminium on canvas
80 × 60 cm

O.T. (Dots), 2015
Tempera, Aluminium auf Leinwand /
Tempera, aluminium on canvas
110 × 80 cm

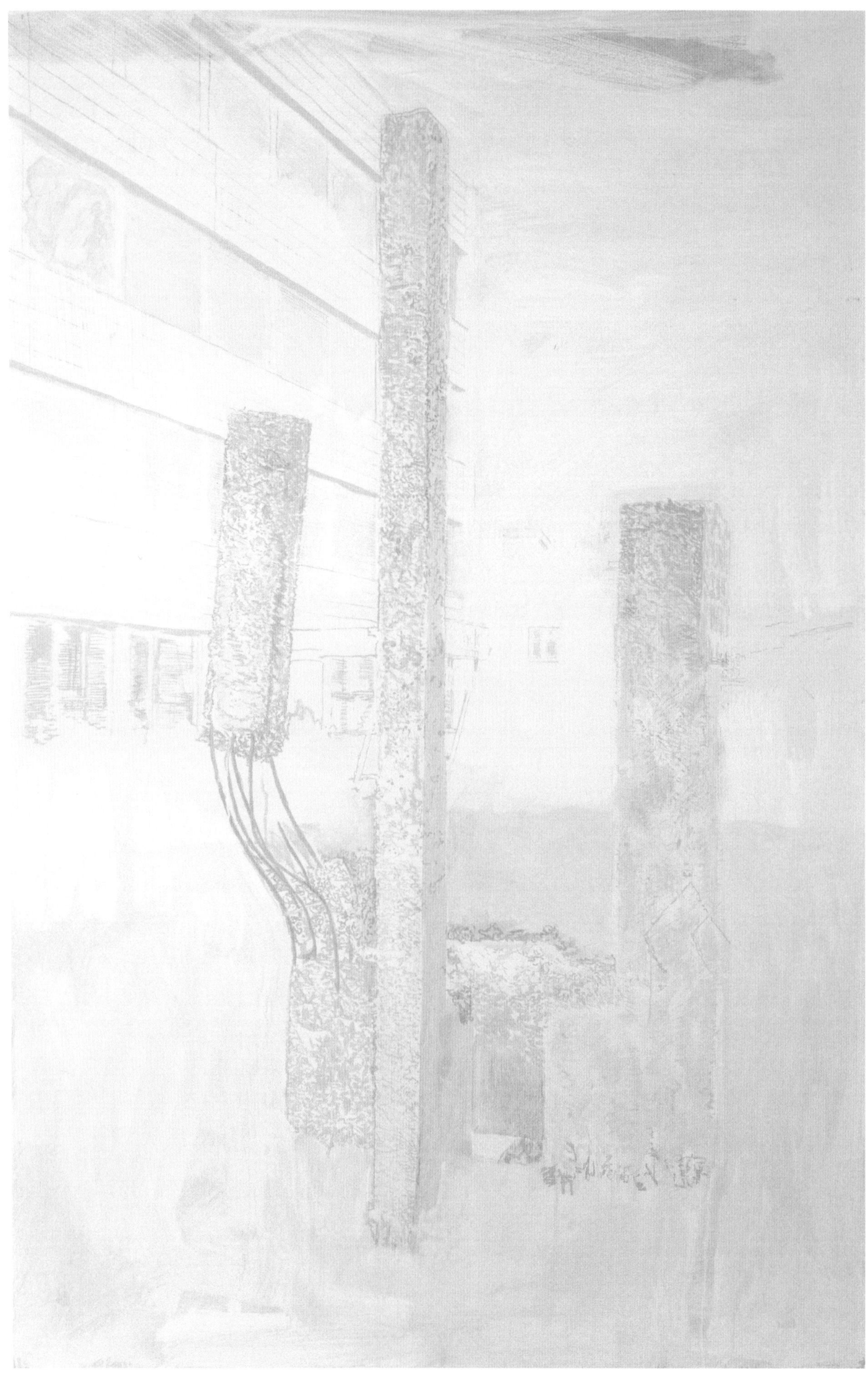

Denkmal gesprengt, 2018
Tempera auf Leinwand /
Tempera on canvas
200 × 135 cm

Biografien/
Biographies

Impressum/
Publishing Details

Iris Andraschek

1963
geboren/born in Horn, A

1982–86
Studium an der Akademie der bildenden
Künste, Wien, A (bei Maximilian Melcher) /
Studies at the Academy of Fine Arts, Vienna, A
(with Maximilian Melcher)

1986
Freskoschule in Bozen, I /
Fresco school in Bolzano, I

1987
Studien an der Scuola Preparatoria alle Arti
Ornamentali, Rom, I (Fresko) /
Studies at the Scuola Preparatoria alle Arti
Ornamentali, Rome, I (fresco art)

1995–2000
Lehraufträge an der Akademie der bildenden
Künste Wien, Wien, A, und der Wiener Kunst-
schule, Wien, A /
Lecturer at the Academy of Fine Arts, Vienna,
A, and at the Vienna Art School, Vienna, A

1997–2000
Teil des künstlerischen Beirats für Kunst im
öffentlichen Raum des Landes Niederöster-
reich /
Member of the Advisory Committee for Art in
Public space of the Province of Lower Austria

lebt und arbeitet in Wien, A, und Mödring, A /
lives and works in Vienna, A, and Mödring, A

Rituale unterschiedlicher Communitys, alternative Lebensentwürfe, Natur, der ländliche
Raum und seine Gesellschaft und Ordnungssysteme sind wiederkehrende Themen in
den künstlerischen Arbeiten Iris Andrascheks.
Die Übergänge von Privatheit und Öffentlichkeit, Alltag und Inszenierung verhandelt
sie ebenso wie die Grenzen zwischen Realität
und Fiktion in medial konstruierten Bildern.
Für die Präsentation ihrer Zeichnungen und
Fotografien in kontext- und ortsspezifischen
Installationen, Ausstellungen oder im öffentlichen Raum entwickelt Iris Andraschek
spezielle Displays und Möbel.

Rituals of different communities, alternative
life models, nature, rural area and its society,
and regulatory systems are recurring subjects
in the artistic oeuvre of Iris Andraschek. In
medially constructed images, she deals with
the transitions between privacy and public
sphere, daily life and staging, as well as the
boundaries between reality and fiction. For the
presentation of her drawings and photographs
in context- and site-specific installations,
exhibitions or in public space, Iris Andraschek
designs specific displays and furniture.

www.irisandraschek.com
www.dermusereichts.at

**Preise und Auszeichnungen (Auswahl) /
Prizes and Awards (Selection)**

2018
Preis der Stadt Wien für Bildende Kunst

2015
Österreichischer Kunstpreis für Bildende
Kunst
Istanbul-Stipendium des Bundeskanzleramtes

2014
Besondere Erwähnung beim Prix d'Intégration
de Sculpture monumentale à l'Urbanisme
für das Projekt „Tell These People Who I Am",
Liège, B

2012
Djerassi Resident Artists Program, Woodside,
CA, US

2010
Würdigungspreis des Landes Niederöster-
reich für Kunst im öffentlichen Raum (mit
Hubert Lobnig)
Stipendium des Bundeskanzleramtes für
Fotografie in New York City, NY, US

2009
Rudolf-Hradil-Grafik-Stipendium, Salzburg, A
Preis beim 31. Österreichischen Grafikwett-
bewerb, Innsbruck, A

2006
Staatsstipendium für Fotografie des Bundesministeriums für Unterricht, Kunst und Kultur

2005
Preis beim 29. Österreichischen Grafikwettbewerb, Innsbruck, A

2004
Anerkennungspreis des Landes Niederösterreich für künstlerische Fotografie

2002
Artist in residence, UMAS – United Media Arts,
Durham, CDN

1999
„Die Kunst der Linie", Linz, A (Hauptpreis mit
Annett Stolarski)

1995
Gaststipendium des Kantons Bern in Biel, CH

1994
Staatsstipendium für Bildende Kunst

1988
Arbeitsstipendium des Bundesministeriums
für Unterricht, Kunst und Kultur
Förderungspreis des Landes Niederösterreich

1987
Preis des Landes Niederösterreich beim
16. Österreichischen Graphikwettbewerb,
Innsbruck, A
Leistungsstipendium des Bundesministeriums
für Wissenschaft und Forschung
Anerkennungspreis des Landes
Niederösterreich
Rom-Stipendium der österreichischen
Bundesregierung

1986
Meisterschulpreis

1985
Meisterschulpreis

1984
Füger-Preis in Silber

**Einzelausstellungen (Auswahl) /
Solo Exhibitions (Selection)**

2018
*Iris Andraschek Hubert Lobnig. Empfindliches
Gleichgewicht*, Museum Moderner Kunst
Kärnten, Klagenfurt, A (mit Hubert Lobnig)

2017
Sekundäre Wildnis, Kunsthaus Wien, Wien, A
*Sites & Memories, Hadas Tapouchi /
Iris Andraschek & Hubert Lobnig*, Galerie IG
BILDENDE KUNST, Wien, A

2016
Ordinaire Blau, Galerie Raum mit Licht, Wien, A

2015
*Wait Until the Night Is Silent – Vegas and
She*, Fotohof Salzburg, A (mit Stefanie
Moshammer)

2014
Thinking on Thresholds, Galerie Eugen Lendl,
Graz, A
All These Signs. … Overwriting the Subject,
Galerie Raum mit Licht, Wien, A (mit Georgia
Creimer)

2013
Where to Draw the Line, Salzburger Kunst-
verein, Salzburg, A
Foto Andraschek & Töchter, KunstRaum
Goethestrasse xtd., Linz, A

2012
Passion of the Real, Akademie der bildenden
Künste Wien, Semperdepot, Wien, A (im
Rahmen von *Georg Folian zeigt*)
Was geht ab?, Fotoforum Braunau, Braunau, A
(mit Paul Kranzler und Sofya Tatarinova)

2011
*Iris Andraschek und Hubert Lobnig My Life –
My Rules*, Kunstraum Weikendorf, Weikendorf,
A / Niederösterreich Kultur, Kunst im öffent-
lichen Raum, Sankt Pölten, A (mit Hubert
Lobnig)

2010
NY Presentation, 270W 17th Street, New York
City, NY, US (mit Hubert Lobnig)
*Im Vorbeigehen 19. Wohin verschwinden die
Grenzen?*, Katholische Privatuniversität Linz,
Linz, A (mit Hubert Lobnig)

2007
Herumkurven / Cruising Around, Kunstraum
Lakeside, Lakeside Park, Klagenfurt, A (mit
Hubert Lobnig)

2006
Horn bei Baden / St. Pölten, Kunstverein
Baden, Baden, A
As You Like It, Webster University, Wien, A

2005
Graveyard of Ambitions, Galerie Lisi
Hämmerle, Bregenz, A

2003
Cement Gardens, Kunsthalle Exnergasse,
Wien, A (mit Hubert Lobnig)
Entsprechende Rahmenbedingungen,
Haus der Industrie, Wien, A

2002
Private Property, Durham Art Gallery, Durham,
CDN (mit Hubert Lobnig)
NÖ Dokumentationszentrum für moderne
Kunst, St. Pölten, A (mit Brigitte Kordina)

2001
Häuser und Gärten, ehemalige Baumax-Halle,
Horn, A (mit Hubert Lobnig)

2000
Galerie 5020, Salzburg, A
Die Frau von Salamanca, Galerie im Schloss
Porcia, Spittal an der Drau, A

1999
Suchen und Vergessen, Haus Bernsteiner,
Wien, A
Graveyard of Ambitions, Galerie Lisi
Hämmerle, Bregenz, A

1997
*For Your Eyes Only – Between Comfort and
Anxiety*, Webster University, Wien, A
Roooms, Universität Klagenfurt, Klagenfurt, A
(mit Hubert Lobnig)

1995
Galerie M&M Stähli, Oberdiessbach, CH

1992
Galerie Lisi Hämmerle, Bregenz, A

1991/92
Galerie M&M Stähli, Oberdiessbach, CH

1989
Blau-Gelbe Galerie, Niederösterreichisches
Landesmuseum, Wien, A

**Gruppenausstellungen (Auswahl) /
Group Exhibitions (Selection)**

2018
Aufbruch ins Ungewisse – Österreich seit 1918,
Haus der Geschichte, Wien, A
Vorvorgestern, curated by Franziska Lésak,
Galerie Raum mit Licht, Wien, A
#Frauenwahlrecht, Kunsthalle Graz, Graz, A
*Zechyr im Blick zeitgenössischer Künst-
lerInnen*, Kubin-Haus Zwickledt, Wernstein, A
(Re)connect to the Public Sphere, Zeta Art
Center & Gallery, Tirana, ALB
*Glaube Liebe Hoffnung. 800 Jahre Diözese
Graz-Seckau*, Kunsthaus Graz, A
#TullnART – Garten der Künstler, Rathaus/
Minoritenkloster, Tulln, A
*trust*us. Die Kunst der Freundschaft*, Galerie
5020, Salzburg, A

2017
Bilder der Sprache – Sprache der Bilder,
Dom Museum Wien, Wien, A
Gravity for All, im Rahmen der 15. Biennale
Istanbul, Istanbul, TR
Diversity of Modernity, LP Art Space, Organ-
haus, Chongquinq, CHN

2016
Pieces of Water, Kunsthalle Göppingen, D
Gemischte Gefühle, Landesgalerie Linz –
Museum für moderne und zeitgenössische
Kunst, Linz, A
Away. Stories from Abroad, ehemaliges k.u.k.
Post- und Telegraphenamt, Wien, A

2015
Rabenmütter, Lentos Kunstmuseum, Linz, A
Macht?Gewinn, Kunstforum Montafon,
Schruns, A

2014
Die Ästhetik des Widerstandes, Galerie im
Turm, Berlin, D/Galerie IG BILDENDE KUNST,
Wien, A
Grenzfälle/Eiserner Vorhang, Landesgalerie
Linz – Museum für moderne und zeitgenössi-
sche Kunst, Linz, A
In the Flesh, das weisse haus, Wien, A

2013
Mobilität II. Grenzen, Fotogalerie Wien, Wien, A
Geld macht sichtbar, Künstlerhaus, Wien, A

2012/13/14
Desiring the Real. Austrian Contemporary,
MOCAB – Museum of Contemporary Art,
Belgrad, SRB/MUAC – Museo Universitario
Arte Contemporáneo, Mexico City, MEX/DEPO,
Istanbul, TRK/Europarat, Strasbourg, F/
Umjetnička galerija Bosne i Hercegovine,
Sarajevo, BIH/National Gallery of Macedonia,
Skopje, MAZ
Phantoms&Ghosts, das weisse haus, Wien, A

2012
*Montag ist erst übermorgen. Junge Kunst
auf Papier. Ankäufe des Kupferstichkabinetts
1997–2012*, Akademie der bildenden Künste
Wien, xhibit, Wien, A
Alle Worte sind aus!, Kunstraum Goethe-
strasse xtd., Linz, A
*Ulrike Müller: Herstory Inventory. 100 feminis-
tische Zeichnungen von 100 Künstlerinnen*,
Kunsthaus Bregenz, A
Röcke tragen, Museum der Moderne, Mönchs-
berg, Salzburg, A
Kabinenschau, Kalmusbad, Klagenfurt, A

2011
Weinviertel, mon amour – Szerelmem, Borsod,
Städtisches Museum, Miskolc, H/Schloss
Wolkersdorf, A (mit Eva Brunner-Szabo, Ildikó
Séra, Anna Fabricius, István Kiss Tanne)

2010–11
Things We Never Did, Galerie MAERZ, Linz, A
niederösterreichkulturpreisträger 2010, NÖ
Dokumentationszentrum für moderne Kunst,
St. Pölten, A

2010
Central Europe Revisited III, ehemaliges
Augustinerkloster, Eisenstadt, A
Das Selbst und die Stadt, Fluc, Wien, A
Schwerpunkt Druckgraphik, Galerie im
Traklhaus, Salzburg, A

2009
Fragility of Being, Muzeul National de Artă
Contemporană (MNAC), Bukarest, RUM/
Museum der Moderne, Rupertinum, Salzburg, A
Postalternativ, Kunstraum Niederoesterreich,
Wien, A

Mahlzeit! Essen in der Kunst, Galerie im
Traklhaus, Salzburg, A
Bellevue. Das gelbe Haus, Linz, A

2008
Figurative Zeichnungen/dessins figuratifs,
Musée d'Art Moderne, St. Etienne, F/
Galerie im Traklhaus, Salzburg, A
System Mensch, Museum der Moderne,
Rupertinum, Salzburg, A
Neu im MAERZ, Galerie MAERZ, Linz, A

2007
Dialog/Dialogo, Fotogalerie Wien, A/Galeria
de Artes Visuales, H10, Valparaíso/CHI
Interventionen, Oberösterreichische Landes-
gartenschau, Vöcklabruck, A

2006
Bon Appétit, Galerie Lisi Hämmerle, Bregenz, A
Bühne Land. Konstruktionen von Ländlichkeit,
Forum Stadtpark, Graz, A
Gezeichnet. Neuerwerbungen, Niederösterrei-
chisches Landesmuseum, St. Pölten, A

2005
soused[ka] – nachbar[in], Rakouské kulturni
forum Praha, CZ
Realitäten II. Gesellschaftswerte, Fotogalerie
Wien, Wien, A
*PreisträgerInnen für künstlerische Fotografie
des Landes Niederösterreich 2004*, Forum
Schloss Wolkersdorf, Wolkersdorf, A

2004–05
Vision einer Sammlung, Museum der Moderne
Salzburg, Mönchsberg, Salzburg, A

2004
*Kunstankäufe des Landes Salzburg
2001–2003. Teil I und II*, Galerie im Traklhaus,
Salzburg, A
:::souvenirs from:::, IG BILDENDE KUNST,
Wien, A
*Durham Revisited. KünstlerInnen im Studio
UMAS – United Media Arts*, esc medien kunst
labor, Graz, A

2003
Mutual Fields, Galerie 5020, Salzburg, A
Korrelationen, Northern Photographic Centre
Oulu, FIN/Photographic Centre Peri, Turku,
FIN
Ins Land einischau'n, Architekturforum Tirol,
Innsbruck, A
*30 Jahre Galerie im Traklhaus. Teil 2 (1983–
1992)*, Galerie im Traklhaus, Salzburg, A

2002
Thema:Frauen:Thema, Fotogalerie Wien,
Wien, A
H²O, Niederösterreichisches Landesmuseum,
St. Pölten, A
*Herbst-/Winterkollektion 2002. Kunterbunte
Arbeiten*, Galerie Ariadne, Wien, A
KünstlerInnen der Galerie, Galerie Lisi
Hämmerle, Bregenz, A
Soho in Ottakring. Flüchtig daheim,
art:phalanx. kunst- und kommunikationsbüro,
Wien, A/Soho in Ottakring, Wien, A

2001
25 Jahre „neue" Galerie Ariadne. Teil 2, Galerie
Ariadne, Wien, A
Animal II, Fotogalerie Wien, Wien, A
Originale und Editionen, Portfolio Kunst AG,
Wien, A

2000
Rupertinum Fotopreis. Arbeiten der nomi-nierten Künstlerinnen, Museum der Moderne, Rupertinum, Salzburg, A
Schöpfungszeiten. Wie was zustande kommt, Landesgalerie Linz – Museum für moderne und zeitgenössische Kunst, Linz, A

1999
Gemeinsame Sache, Burg Reinsberg, Reinsberg, A / Tigerpark, Wien, A

1998–99
Druckgraphik heute, NÖ Dokumentations zentrum für moderne Kunst, St. Pölten, A

1998
The Choice, Exit Art Museum, New York City, NY, US
Kunst ohne Unikat, Galerie & Edition Artelier, Steirischer Herbst 1998, Graz, A
Change, Akademie der bildenden Künste, Wien, A
Die Schöpfung, Galerie Ariadne, Wien, A

1997
Das perfekte Publikum, Steirischer Herbst 1997, Schloss Farrach bei Zeltweg, A
Aktuelle Arbeiten auf Papier, Akademie der bildenden Künste, Kupferstichkabinett, Wien, A

1996
Wunderbar, Kunstverein Hamburg, D
Moving In, Randolph Street Gallery, Chicago, IL, US
Photophilie, Galerie Steinek, Wien, A
Arbeiten auf Papier, Galerie CC, Graz, A

1995
Wasser & Wein, Kunsthalle Krems, Krems an der Donau, A
Spiele, Galerie & Edition Artelier, Graz, A / Galerie im Taxispalais, Innsbruck, A / Steirischer Herbst 1995, Graz, A

1994
Trivial Circuit, Kunstverein für Kärnten, Künstlerhaus, Klagenfurt, A
Living Room, Galerie Steinek, Wien, A
Zu Tisch, Deutsches Klingenmuseum Solingen, Solingen, D / Hackwerke Steyr, Steyr, A / Kunsthalle Krems, Krems an der Donau, A

1993
Reise zu den Quellen, museum in progress, Wien, A
Krieg. Österreichische Triennale zur Fotografie 1993, Forum Stadtpark, Neue Galerie, Graz, A
1300 Gläser, Apostelhof, Wien, A

1992
Differenzen, Affinitäten und Brüche. Zeitschnitt 92 – aktuelle Kunst aus Österreich, Messepalast, Wien, A
Projekte – Interventionen, Wiener Staatsoper, Wien, A
Fax-Art-Projekt, Albertina, Wien, A / Museo Municipale, Venedig, I / National Museum of Modern Art, Tokio, J / Whitworth Art Gallery, Manchester, GB

1991
Focus. 11 Beispiele intermedialer Photographie, Kunstverein Horn, Horn, A / Salle de Bal, Institut Français de Vienne, Wien, A

1988
Balance.akte 88. Neue Kunst aus Nieder-österreich, Donaufestival, Krems an der Donau, A / Frauenbad Ausstellungszentrum, Baden, A / Gefangenenhaus Amstetten, Amstetten, A

Filme (Auswahl) / Films (Selection)

2018
Galerie Raum mit Licht, Wien, A
Iris Andraschek. Widmar Andraschek zeigt – 1968
Wiener Festwochen, Hauptbücherei am Gürtel, Wien, A
Book with the Film of Its Own Making (mit Hubert Lobnig)
Rathaus / Minoritenkloster, Tulln, A
Factis modo laurea ramis adnuit utque caput visa est agitasse cacumen

2017
Kunst Haus Wien, Wien, A
Cam Pyper, Farmer, Grey County, Ontario, Canada
Liz Zetlin, Poet, Owen Sound, Canada
Reinhild Emmelmann, Saatgutproduzentin, St. Leonhard am Hornerwald, Österreich
Tristan Toé, Gemüsebauer, Wachtberg, Österreich
Jahwezi Graf, Gemüsebäurin, Wachtberg, Österreich
Philip Lammer, Sortenentwickler, Arche Noah, Schiltern, Österreich
Hans Gahleitner, Biopionier, Saatguterzeuger, Arnreit, Österreich
Herr Wechselberger, Landwirt / Gärtner, Mödring, Österreich
Breitenseer Lichtspiele, Wien
Charging Bull

2016
Galerie Raum mit Licht, Wien, A
Sapun Ghar

2010
Kubatur des Kabinetts – Kunstsalon im Fluc, Wien, A
Charging Bull

2007
Kunstraum Lakeside, Lakeside Park, Klagenfurt, A
Universität, Dazwischen, Lakesidepark, Build, Asfinag, Lakeside GesmbH / Cafe Onda, Kunstraum Lakeside (mit Hubert Lobnig)
Grenzübergang Gmünd-České Velenice, A / CZ
5–7 assoziative Begriffe zur derzeitigen Grenz-situation (mit Hubert Lobnig)

2005
Festival der Regionen, Salnau / Ulrichsberg, A
Leben am Hof (Farming Life) (mit Hubert Lobnig)
Galerie Lisi Hämmerle, Bregenz, A
Motherturners
O. T.

2004
Reinsberg, A
Keine Ahnung was uns fehlt (mit Hubert Lobnig)

2003
Kunsthalle Exnergasse, Wien, A
Cam Pyper, Farmer, Grey County, Ontario, Canada

1996
Galerie Steinek, Wien, A
Eternal Flame

Bibliografie (Auswahl) / Bibliography (Selection)

Iris Andraschek Hubert Lobnig. Empfindli-ches Gleichgewicht, Christine Wetzlinger-Grundnig / Museum Moderner Kunst Kärnten (Hg.), Verlag für moderne Kunst, Wien 2018.

Zechyr im Blick zeitgenössischer Künstler-innen*, Land Oberösterreich / Oberösterrei-chisches Landesmuseum (Hg.), Linz 2018 (= Kataloge des Oberösterreichischen Landes-museums, N. S. 188).

Kunstraum Weikendorf. 22 Installationen, Michael Kienzer, Gabriele Stöger, Bärbl Zechner (Hgg.), Verlag für moderne Kunst, Wien 2017.

Iris Andraschek. Sekundäre Wildnis, Bettina Leidl / Kunst Haus Wien GmbH (Hg.), Wien 2017.

Iris Andraschek (Hg.), *Wait Until the Night Is Silent*, Fotohof Edition, Salzburg 2015.

Denk-Statt Johann Gruber. Neue Wege der Erinnerungskultur, Eva Drechsler / Verein Platt-form Johann Gruber (Hg.), Wagner, Linz 2014.

Iris Andraschek. Where to Draw the Line, Salzburger Kunstverein (Hg.), Bibliothek der Provinz, Weitra 2013.

Mobilität II. Grenzen, Fotogalerie Wien, Verein zur Förderung künstlerischer Fotografie und neuer Medien (Hg.), Wien 2013 (= Bilder, Nr. 270 / 2013).

Franziska Leeb, „Betreten geboten", in: *Die Presse, Spektrum IX*, 4. Februar 2012.

Desiring the Real Austria Contemporary, Bundesministerium für Unterricht, Kunst und Kultur. Sektion für internationale Angelegen-heiten und Kultus (Hg.), Wien 2012.

Iris Andraschek. Passion of the Real, Gerhild Stangl, Katharina Hofmann-Sewera (Hgg.), Schlebrügge.Editor, Wien 2012.

Turnertempel Erinnerungsort. Suche nach einer reflexiven Archäologie, Iris Andraschek & Hubert Lobnig, Maria Auböck + János Kárász, Kunst im öffentlichen Raum GmbH (Hg.), Verlag für moderne Kunst, Nürnberg 2012.

Geteilte Zuversicht. Ein ortsbezogenes Kunst-projekt für Reinsberg, Iris Andraschek, Hubert Lobnig (Hgg.), Wien 2011.

Wapke Feenstra, Antje Schiffers (Hgg.), *Images of Farming*, Jap Sam Books, Heijningen 2011.

Monika Leisch-Kiesl, Johanna Schwanberg (Hgg.), *Was spricht das Bild? Gegenwarts-kunst und Wissenschaft im Dialog*, transcript, Bielefeld 2011.

Amt der Niederösterreichischen Landesregie-rung. Abteilung Kultur und Wissenschaft (Hg.), *Öffentliche Kunst. Kunst im Öffentlichen*

Raum Niederösterreich, Springer, Wien / New York 2011 (= Dokumentation Öffentliche Kunst Niederösterreich, Bd. 10).

Amt der Oberösterreichischen Landesregierung. Direktion Kultur (Hg.), *Ansichtssache. Kunst am Bau – Baukunst in Oberösterreich*, Anton Pustet, Linz 2011.

Theresia Hauenfels / Silvie Aigner (Hg.), *Natur:-Format. Freiraum Kunst. Mikrokosmos Garten*, Praesens, Wien 2011 (= res urbanae. Waidhofner Begegnungen 3).

Welcome to the Skulpturenpark. Skulpturenpark Berlin_Zentrum, KUNSTrePUBLIK (Hg.), Verlag der Buchhandlung Walter König, Berlin 2010.

BIG – Bundesimmobiliengesellschaft m.b.H. (Hg.), *Iris Andraschek, Der Muse reicht's. The Muse Has Had It*, mit Texten von Silvia Eiblmayr und Ute Woltron, Christian Brandstätter, Wien 2009.

Postalternativ, Christiane Kreijs / Kunstraum Niederösterreich (Hg.), Wien 2009.

The Fragility of Being, mit einem Text von Margit Zuckriegl, Museum der Moderne Salzburg (Hg.), Bukarest 2009.

Amt der Niederösterreichischen Landesregierung. Abteilung Kultur und Wissenschaft (Hg.), *Öffentliche Kunst. Kunst im Öffentlichen Raum Niederösterreich*, Springer, Wien / New York 2009 (= Dokumentation Öffentliche Kunst Niederösterreich, Bd. 9).

Bellevue – Das gelbe Haus, Peter Fattinger, Veronika Orso, Michael Rieper (Hgg.), Revolver Publishing, Linz 2009.

Cornelia Travnicek, *spannung spiel und schokolade*, Offsetfarblithographien: Iris Andraschek, Edition Thurnhof, Mühlfeld 2008.

Paul Rajakovics, „Iris Andraschek. Geteilte Zuversicht", in: *derivé. Zeitschrift für Stadtforschung*, Wien 31 / 2008, S. 4 und S. 42–44.

Figurative Zeichnungen / dessins figuratifs, mit Texten von Lóránd Hegyi und Dietgard Grimmer, Land Salzburg. Kulturabteilung, Musée d'Art Moderne de St. Etienne Métropole (Hgg.), Salzburg 2008.

Intercambio Austria / Viena-Chile / Valparaiso, Parte II: Artistas visuales austriacos en Valparaiso, Puntangeles Galeria (Hg.), Valparasio 2007.

Amt der Niederösterreichischen Landesregierung. Abteilung Kultur und Wissenschaft (Hg.), *Öffentliche Kunst. Kunst im Öffentlichen Raum Niederösterreich*, Springer, Wien / New York 2004–2006 (= Dokumentation Öffentliche Kunst Niederösterreich, Bd. 8).

Iris Andraschek (Hg.), *zuviel und zuwenig*, mit Texten von Susanne Neuburger und Ulrike Guggenberger, Rema Print, Wien 2006 .

Iris Andraschek, Hubert Lobnig. Life Between Buildings, mit Texten von Brigitte Huck und Hans Werner Mohm; Iris Andraschek, Hubert Lobnig und Kunst im öffentlichen Raum Niederösterreich (Hgg.), Wien 2005 (Folder).

Realitäten II. Gesellschaftswerte, Fotogalerie Wien, Verein zur Förderung künstlerischer Fotografie und neuer Medien (Hg.), Wien 2005 (= Bilder, Nr. 206 / 2005).

Realitäten, Fotogalerie Wien, Verein zur Förderung künstlerischer Fotografie und neuer Medien (Hg.), Wien 2005 (= Fotobuch Nr. 35 / 2005).

Geordnete Verhältnisse. Festival der Regionen 2005, mit einem Text von Jeanette Pacher; Peter Arlt, Martin Fritz / Festival der Regionen (Hgg.), Ottensheim 2005.

Silvie Aigner, „Kunst und Campus", in: *morgen. Kultur. Niederösterreich. Europa*, Wien 5 / 2005, S. 46–49.

Vision einer Sammlung. Das Museum der Moderne Salzburg stellt sich vor, Agnes Husslein-Arco / Museum der Moderne Salzburg (Hg.), Prestel, München / Berlin / London / New York 2004.

Schöne Aussichten. Ein Kunstprojekt für Reinsberg, Iris Andraschek, Hubert Lobnig (Hgg.), Wien 2004.

Cement Gardens. Über das Leben in Häusern und Gärten. Iris Andraschek und Hubert Lobnig, Kunsthalle Exnergasse (Hg.), Wien 2003.

Korrelationen – Austrian Photography, Fotogalerie Wien, Verein zur Förderung künstlerischer Fotografie und neuer Medien (Hg.), Wien 2003.

Mutual Fields, Galerie 5020 (Hg.), Salzburg 2003 (Folder).

Thema:Frauen:Thema, Fotogalerie Wien, Verein zur Förderung künstlerischer Fotografie und neuer Medien (Hg.), Wien 2002 (= Fotobuch Nr. 29 / 2002).

Thema:Frauen:Thema I. Alltag, Verein zur Förderung künstlerischer Fotografie und neuer Medien (Hg.), Wien 2002 (= Bilder, Nr. 177 / 2002).

H²O, Niederösterreichisches Landesmuseum (Hg.), St. Pölten 2002.

5020. 10 Jahre Galerie 5020, Galerie 5020, IG bildender KünstlerInnen Salzburgs (Hgg.), Salzburg 2002.

Stella Rollig, Eva Sturm (Hgg.), *Dürfen die das? Kunst als sozialer Raum.*, Turia + Kant, Wien 2002 (= Museum zum Quadrat 13).

Salon de l'animal. Animal II, Fotogalerie Wien, Verein zur Förderung künstlerischer Fotografie und neuer Medien (Hg.), Wien 2001 (= Bilder, Nr. 171 / 2001).

Amt der Niederösterreichischen Landesregierung. Abteilung Kultur und Wissenschaft (Hg.), *Öffentliche Kunst. Kunst im Öffentlichen Raum Niederösterreich*, Springer, Wien / New York 1999–2001 (= Dokumentation Öffentliche Kunst Niederösterreich, Bd. 6).

Falter Verlagsgesellschaft m.b.H. (Hg.), *Kunstviertel Niederösterreich. Ein Wegweiser zu zeitgenössischen Kunstprojekten im öffentlichen Raum*, Wien 2001.

Gemischte Gefühle. Ein Kunstprojekt für Reinsberg, Iris Andraschek, Hubert Lobnig (Hgg.), St. Pölten 2001.

Ulrike Matzer, „Iris Andraschek. Galerie 5020", in: *Die Springerin. Hefte* für *Gegenwartskunst*, Wien VII / 1 / 2001, S. 64.

Toolpub. Vienna Issue 2001, Floating Editorial Studio (Hg.), E&Y Press, Tokio 2001.

Schöpfungszeiten. Wie was zustande kommt, Peter Assmann / Landesgalerie Oberösterreich am Oberösterreichischen Landesmuseum (Hg.), Publication No 1, Bibliothek der Provinz, Weitra 2000 (= Kataloge des OÖ. Landesmuseums, Neue Folge Nr. 151).

Amt der Niederösterreichischen Landesregierung. Abteilung Kultur und Wissenschaft (Hg.), *Öffentliche Kunst. Kunst im Öffentlichen Raum Niederösterreich*, Springer, Wien / New York 2000 (= Dokumentation Öffentliche Kunst Niederösterreich, Bd. 5).

Bundeskanzleramt. Kunstsektion (Hg.), *Ankauf: NÖ. Werke aus dem Bestand der Artothek des Bundes im NÖ Dokumentationszentrum für Moderne Kunst*, Wien 2000.

„Zeichnung:Erzählung". Künstlersymposium Peuerbach, Peter Assmann / Landesgalerie Oberösterreich am Oberösterreichischen Landesmuseum (Hg.), Bibliothek der Provinz, Weitra 2000.

Gemeinsame Sache. Ein Kunstprojekt für Reinsberg, Iris Andraschek, Hubert Lobnig (Hgg.), St. Pölten 1999.

Kunstpreis 99, RBB Bank AG Graz (Hg.), Graz 1999.

Rupertinum Fotopreis 1999, Museum der Moderne Salzburg (Hg.), Salzburg 1999.

Amt der Niederösterreichischen Landesregierung. Abteilung Kultur und Wissenschaft (Hg.), *Öffentliche Kunst. Kunst im Öffentlichen Raum Niederösterreich*, Springer, Wien / New York 1998 (= Dokumentation Öffentliche Kunst Niederösterreich, Bd. 4).

Secession. Projekte-Interventionen 1992–1997, mit einem Text von Hubert Lobnig, Wiener Secession (Hg.), Wien 1998.

Amt der Niederösterreichischen Landesregierung. Abteilung Kultur und Wissenschaft (Hg.), *Öffentliche Kunst. Kunst im Öffentlichen Raum Niederösterreich*, Springer, Wien / New York 1995–1997 (= Dokumentation Öffentliche Kunst Niederösterreich, Bd. 3).

balance.akte 96. Aktuelle Kunst aus Niederösterreich, Kulturabteilung des Landes Niederösterreich (Hg.), Wien 1996 (2 Bände).

Nachts, sireneOperntheater e.V. (Hg.), Wien 2009.

Wasser & Wein, Werner Hofmann/Kunsthalle Krems (Hg.), Böhlau, Wien 1995.

Trivial Circuit, Kunstverein für Kärnten (Hg.), Klagenfurt 1994.

Reise zu den Quellen, Stella Rollig/museum in progress (Hg.), Wien 1994.

Krieg. Österreichische Triennale zur Fotografie 1993, Werner Fenz/Neue Galerie am Landesmuseum Joanneum, Christine Frisinghelli/Forum Stadtpark (Hgg.), Graz 1993.

Heinz Schütz, „Krieg. Österreichische Triennale zur Fotografie 1993", in: *Kunstforum International*, Wien 124/1993, S. 386–388.

Differenzen, Affinitäten und Brüche. Zeitschnitt 92. Aktuelle Kunst aus Österreich, Bundesministerium für Unterricht und Kunst (Hg.), Wien 1992.

FOCUS. 11 Beispiele intermedialer Photographie, Barbara Steiner, Andreas Spiegl (Hgg.), Horn 1991.

Iris Andraschek, Kulturabteilung des Landes Niederösterreich, Blau-Gelbe Galerie (Hgg.) Wien 1989.

Iris Andraschek, Galerie Ariadne (Hg.), Wien 1988.

Iris Andraschek-Holzer – Zeichnungen und Druckgrafik. Erich Kofler – Zeichnungen, Amt der Salzburger Landesregierung. Kulturabteilung (Hg.), Salzburg 1987.

Hubert Lobnig

1962
geboren/born in Völkermarkt, A

1983–89
Hochschule für angewandte Kunst, Wien, A
(bei Herbert Tasquil) /
Academy of Fine Arts, Vienna, A (with Herbert
Tasquil)

1997
Gründung der Plattform Tigerpark für
künstlerische
und kuratorische Projekte /
Founding of the platform Tigerpark for artistic
and curatorial projects

seit/since 1993
Lehrtätigkeit an der Universität für
künstlerische
und industrielle Gestaltung Linz, Linz, A /
Lecturer at the Academy of Art and Industrial
Design in Linz, Linz, A

seit/since 2014
Professur für Künstlerische Praxis am Institut
für Kunst und Bildung an der Kunstuniversität
Linz, Linz, A /
Professor for art and practice at the
University of Art and Design Linz, Institute of
Art and Education, Linz, A

lebt und arbeitet in Wien, A, und Mödring, A /
lives and works in Vienna, A, and Mödring, A

Schwerpunkte der künstlerischen Arbeit:
Malerei, Zeichnung, Video, Fotografie sowie
kontext- und ortsbezogene Projekte und
Installationen im öffentlichen Raum.
Hubert Lobnig ist Mitglied der nGbK – neue
Gesellschaft für bildende Kunst, Berlin, D,
und der Wiener Secession, Wien, A.

Focus areas of his artistic oeuvre: painting,
drawing, video, photography, as well as
context- and site-specific projects and installations in public space.
Hubert Lobnig is a member of nGbK – neue
Gesellschaft für bildende Kunst, Berlin, D, and
Vienna Secession, Vienna, A.

www.hubertlobnig.com

**Preise und Auszeichnungen (Auswahl) /
Prizes and Awards (Selection)**

2010
Würdigungspreis des Landes Niederösterreich für Kunst im öffentlichen Raum
(mit Iris Andraschek)

2002
Nominierung zum Anton-Faistauer-Preis für
Malerei des Landes Salzburg
Anerkennungspreis STRABAG Artaward

1998
Österreichisches Staatsstipendium für
Fotografie

1997
Ankauf beim Römerquelle Graphikwettbewerb

1996
Ankauf beim Tiroler Graphikwettbewerb

1994
Anerkennungspreis Bauholding
Kunstförderpreis

**Einzelausstellungen (Auswahl) /
Solo Exhibitions (Selection)**

2018
*Iris Andraschek Hubert Lobnig. Empfindliches
Gleichgewicht*, Museum Moderner Kunst
Kärnten, Klagenfurt, A (mit Iris Andraschek)

2017
*Sites & Memories, Hadas Tapouchi /
Iris Andraschek & Hubert Lobnig*, Galerie IG
BILDENDE KUNST, Wien, A

2016
Hubert Lobnig. Schlafende Hunde, Akademie
der bildenden Künste Wien, Semperdepot,
Wien, A

2015
In Relation to Places and Time, Galerie Raum
mit Licht, Wien, A (mit Claudia Larcher)

2013
Die Baustelle, Dom- und Diözesanmuseum,
Wien, A

2012
*Das ist wirklich hier passiert – This really
happened here*, Kunstraum Lakeside,
Lakeside Park, Klagenfurt, A

2011
*Iris Andraschek und Hubert Lobnig. My Life –
My Rules*, Kunstraum Weikendorf, Weikendorf,
A / Niederösterreich Kultur, Kunst im öffentli-
chen Raum, Sankt Pölten, A
(mit Iris Andraschek)

2010
NY Presentation, 270W 17th Street, New York
City, NY, US (mit Iris Andraschek)
*Im Vorbeigehen 19. Wohin verschwinden die
Grenzen?*, Katholische Privatuniversität Linz,
Linz, A (mit Iris Andraschek)

2008
Motel of Lost Companions, Kunstverein
Baden, Baden, A

2007
Herumkurven / Cruising Around, Kunstraum
Lakeside, Lakeside Park, Klagenfurt, A (mit Iris
Andraschek)

2003
Cement Gardens, Kunsthalle Exnergasse,
Wien, A (mit Iris Andraschek)

2002
Private Property, Durham Art Gallery, Durham,
CDN (mit Iris Andraschek)
Bau Holding Kunstforum, Klagenfurt, A

2001
Häuser und Gärten, ehemalige Baumax-Halle,
Horn, A (mit Iris Andraschek)

1997
Other Voices, Other Rooms, Krysztofory
Gallery, Krakau, PL (mit Josef Reiter)

Roooms, Universität Klagenfurt, Klagenfurt, A
(mit Iris Andraschek)
Fotoshop, Galerie Voorkamer, Lier, B (mit Josef
Reiter)

1996
Gemeinsam sind wir mindestens Sieben,
Portfolio Kunst AG, Linz, A

1994
Turkish Carpet – Wiener Hausmeister Projekt,
Verein für experimentelle Raumgestaltung
sehsaal, Wien, A
Treffpunkt Feldkirch, Palais Liechtenstein,
Feldkirch, A (mit Verena Thürkauf)
Räume, Bau Holding Kunstforum,
Klagenfurt, A

1993
Frontsight – Zeitraum, Neues Musikforum
Viktring, Stift Viktring, Viktring, A

1992
to be mirrored, Fotogalerie Wien, A
(mit Dieter Huber)
Projektionen, Galerie 5020, Salzburg, A

1991
Steine. Grafik und Malerei,
Galerie Inge Freund, Klagenfurt, A

1990
Projektinstallationen, Kunsthalle Exnergasse,
Wien, A (mit Michael Kravagna)
Kleine Naturgeschichte, Galerie Cult, Wien, A

1988
Haus und All, Kunstverein für Kärnten, Kleine
Galerie, Klagenfurt, A

1987
Malerei, Galerie in der Künstlerhauspassage,
Wien, A

**Gruppenausstellungen (Auswahl) /
Group Exhibitions (Selection)**

2018
Aufbruch ins Ungewisse – Österreich seit 1918,
Haus der Geschichte, Wien, A
*Archipelago. Insel des unvorhersehbaren
Denkens*, Hauptbücherei am Gürtel, Wien, A
*Die 90er Jahre. Eine Ausstellung in drei
Aufzügen. 1. Aufzug – Ein Wiener Diwan*,
MUSA Museum Startgalerie Artothek, Wien, A
(Re)connect to the Public Sphere, Zeta Art
Center & Gallery, Tirana, ALB

2017
Bilder der Sprache – Sprache der Bilder, Dom
Museum Wien, Wien, A
Heavy Metal, Kunsthaus Horn, Horn, A / Stadt-
keller, Neulengbach, A / Galerie im Lindenhof,
Raabs an der Thaya, A / Kulturschloss
Reichenau, Reichenau an der Rax, A / Schütt-
kasten Laa, Laa an der Thaya, A / FeRRUM –
welt des eisens, Ybbsitz, A / Langenzersdorf
Museum, Langenzersdorf, A

2016
Wir ist schön, Galerie3 – Galerie für zeitgenössische Kunst, Klagenfurt, A
seeking beauty, T/abor, Special Project zur
Vienna Art Week 2016, Wien, A

2015
Kunst : Aktivismus, Galerie3 – Galerie für zeitgenössische Kunst, Klagenfurt, A

2014
Wirklichkeit & Konstruktion. Zeitgenössische Fotografie aus Kärnten, Stadtgalerie Klagenfurt, Klagenfurt, A
Die Ästhetik des Widerstandes, Galerie im Turm, Berlin, D/Galerie IG BILDENDE KUNST, Wien, A
Höhenrausch 2014 – Bewegte Räume, OÖ Kulturquartier, OK Platz, Linz, A
Grenzfälle/Eiserner Vorhang, Landesgalerie Linz – Museum für moderne und zeitgenössische Kunst, Linz, A

2013
supersummativ, Künstlervereinigung MAERZ, Linz, A
Mobilität II. Grenzen, Fotogalerie Wien, Wien, A
Geld macht sichtbar, Künstlerhaus, Wien, A
Transportation.shift, k48 – Offensive für zeitgenössische Wahrnehmung, Wien, A

2012/13/14
Desiring the Real. Austrian Contemporary, MOCAB – Museum of Contemporary Art, Belgrad, SRB/MUAC – Museo Universitario Arte Contemporáneo, Mexico City, MEX/DEPO, Istanbul, TRK/Europarat, Strasbourg, F/Umjetnička galerija Bosne i Hercegovine, Sarajevo, BIH

2012
Montag ist erst übermorgen. Junge Kunst auf Papier, Akademie der bildenden Künste Wien, xhibit, Wien, A
Kabinenschau, Kalmusbad, Klagenfurt, A

2011
Zeitschnitt – Aktuelle Malerei der MAERZ, Künstlerhaus, Wien, A
Other Possible Worlds – Entwürfe diesseits von Utopia, nGbK – neue Gesellschaft für bildende Kunst, Berlin, D

2010–11
Things We Never Did, Galerie MAERZ, Linz, A
niederösterreichkulturpreisträger 2010, NÖ Dokumentationszentrum für moderne Kunst, St. Pölten, A

2010
Home Stories, Landesmuseum Niederösterreich, St. Pölten, A
Zeitschnitt – Aktuelle Malerei des MAERZ, Artemons Kunstmuseum, Hellmonsödt, A

2009
Kreuzungspunkt Linz. Junge Kunst und Meisterwerke, Lentos Kunstmuseum Linz, Linz, A
Postalternativ, Kunstraum Niederoesterreich, Wien, A

2008
K08 – Emanzipation und Konfrontation. Kunst aus Kärnten 1945 bis heute, Museum Moderner Kunst Kärnten, Klagenfurt, A

2005–06
Figur und Wirklichkeit: Wie Österreichs Maler die Welt verwandeln, Tiroler Landesmuseum Ferdinandeum, Innsbruck, A

2005
Realitäten II. Gesellschaftswerte, Fotogalerie Wien, A

2004
Blickwechsel. Aus der Sammlung n° 1, Museum Moderner Kunst Kärnten, Klagenfurt, A
Durham Revisited. KünstlerInnen im Studio UMAS – United Media Arts, esc medien kunst labor, Graz, A
gastarbajteri. Medien und Migration, Büchereien Wien, Wien, A/Wien Museum, Wien, A/Initiative Minderheiten, Wien, A
:::souvenirs from:::, IG BILDENDE KUNST, Wien, A
Art position 2004, Ottakringer Brauerei, Wien, A

2003
Art Cuts, Palais Harrach, Wien, A
Recycled & Remixed, Kaiserstraße, Wien, A
Art Phallanx, Museumsquartier, Wien, A

2002
Art position, Ottakringer Brauerei, Wien, A
Anton-Faistauer-Preis für Malerei des Landes Salzburg 2002, Galerie im Traklhaus, Salzburg, A

2000
Schöpfungszeiten. Wie was zustande kommt, Landesgalerie Linz – Museum für moderne und zeitgenössische Kunst, Linz, A
Kulturkarawane gegen rechts, Alpen-Adria-Universität Klagenfurt, Klagenfurt, A
Soho in Ottakring, ars mobilis Kunstvermittlung, Wien, A/Geschäftslokal, Wien, A/Soho in Ottakring, Wien, A

1999
arttraffic. Kunst aus dem Automaten, Amerlinghaus, Wien, A/art:phalanx. kunst- und kommunikationsbüro, Wien, A/Kunst im öffentlichen Raum Wien, Wien, A/rhiz, Wien, A/Schauspielhaus, Wien, A
Gemeinsame Sache, Burg Reinsberg, Reinsberg, A/Tigerpark, Wien, A

1997
For Your Eyes Only, Webster University Vienna, Wien, A
25. Österreichischer Grafikwettbewerb, Walterhaus, Bozen, I/Tiroler Landesmuseum Ferdinandeum, Innsbruck, A
Unter Anderen – among others 2, Künstlerhaus Dortmund, Dortmund, D
15. Römerquelle-Kunstwettbewerb, Galerie im Traklhaus, Salzburg, A/Galerie Station 3, Wien, A/Stadtgalerie Klagenfurt, Klagenfurt, A
Aktuelle Arbeiten auf Papier, Akademie der bildenden Künste, Kupferstichkabinett, Wien, A

1996
Mission Impossible, Bricks and Kicks, Wien, A/Bank Space, London, GB

1995
Strange Colouring, Galerie Slama, Klagenfurt, A

1994
Trivial Circuit, Kunstverein für Kärnten, Künstlerhaus, Klagenfurt, A
Christoph Steinbrener. Sampled already-mades, echoraum, Wien, A
Censorship, Shedhalle Zürich, Zürich, CH

1993
Lichtflut, Kärntner Landesgalerie, Klagenfurt, A
Im Raum Schule, OK Centrum für Gegenwartskunst, Linz, A
Lichtstücke, Historisches Museum Bielefeld, Bielefeld, D
Reise zu den Quellen, museum in progress, Wien, A

1992
Differenzen, Affinitäten und Brüche. Zeitschnitt 92 – aktuelle Kunst aus Österreich, Messepalast, Wien, A

1991
Focus. 11 Beispiele intermedialer Photographie, Kunstverein Horn, Horn, A/Salle de Bal, Institut Français de Vienne, Wien, A

1989
Reverse Angels, Kunsthalle Exnergasse, Wien, A

1988
Off Fotos, Museum Moderner Kunst Stiftung Ludwig, Palais Liechtenstein, Wien, A

1986
Prima Vista. Werke von Künstlern aus der Gestaltungsklasse bei Herbert Tasquil, Hauptgebäude der Zentralsparkasse 1030 Wien, Wien, A

**Filme (Auswahl seit 1997) /
Films (Selection, since 1997)**

2018
Wiener Festwochen, Hauptbücherei am Gürtel, Wien, A
Book with the Film of Its Own Making (mit Iris Andraschek)
Dom Museum Wien, Wien, A
Rudolf Revisited

2016
Akademie der bildenden Künste Wien, Wien, A
Die Baustelle

2015
Galerie Raum mit Licht, Wien, A
Die Treppe (Wien)
Österreichische Nationalbibliothek, Wien, A
Treppen gehen

2013
Dom- und Diözesanmuseum, Wien, A
Die Baustelle

2012
Kunstraum Lakeside, Lakeside Park, Klagenfurt, A
Das ist wirklich hier passiert

2008
Kunstverein Kärnten, Künstlerhaus, Klagenfurt, A
Die Treppe (Klagenfurt)
Kärnten nach dem Regen

2007
Kunstraum Lakeside, Lakeside Park, Klagenfurt, A
Universität, Dazwischen, Lakesidepark, Build, Asfinag, Lakeside GesmbH/Cafe Onda, Kunstraum Lakeside (mit Iris Andraschek)

Grenzübergang Gmünd-České Velenice, A/CZ
*5–7 assoziative Begriffe zur derzeitigen Grenz-
situation* (mit Iris Andraschek)

2005
Festival der Regionen, Salnau/Ulrichsberg, A
Leben am Hof (Farming Life) (mit Iris
Andraschek)

2004
Reinsberg, A
Keine Ahnung was uns fehlt (mit Iris
Andraschek)
ORTE Filmfestival, Cinema Paradiso,
St. Pölten, A
Das Linder Haus
Stadtbibliothek, Wien, A/museum in progress
– derStandard, Wien, A
Živomir, der Sammler

2003
Kunsthalle Exnergasse, Wien, A
Ragnars Hausführung
*Pietr und Gabriela Dostalek sprechen über ihr
Haus*
Therese Schulmeister, Hausführung
*Jenny führt durch ihre Wohnung am
Friedrichshof*
Normans Mill
Peter von Zezschwitz
Paul Scotts house
Das Haus von Ali und Walter
Lirsch's Villa
Christian Schmutz erzählt über sein Haus
Meks Mühle
houses

2002
United Media Arts, Durham, CDN
Private Property (Houses of Durham)
Ich habe den Biber pfeifen gehört
Normans Mill
Peter von Zezschwitz
Paul Scotts house

2000
Café Kent, Brunnenmarkt, Wien, A
faces and spaces – Orte am Brunnenmarkt

1999
Reinsberg, A
Durch die Häuser
Oberösterreichisches Landesmuseum, Linz, A
Ich sehe was, was du nicht siehst

1998–2001
Tigerpark und Tigerpark Projektraum, Wien, A
Riesenschlangen in der Tigergasse
Tigerpark Clips I
Tigerpark Clips II

1998
Kunstsymposion Friedrichshof, Zurndorf, A
Therese Schulmeister, Hausführung
*Jenny führt durch ihre Wohnung am
Friedrichshof*

1997
Künstlerhaus Dortmund, Dortmund, D
(Aus dem Zyklus *Other Voices Other Rooms*)
Ragnars Hausführung
Josef Reiter, Wohnungsführung
Hubert Lobnig, Wohnungsführung
Künstlerhaus Dortmund, Hausführung

**Kuratierte Ausstellungen (Auswahl) /
Curated Exhibitions (Selection)**

2017–18
Leichte Widrigkeiten 2018, kulturtankstelle
Linz, Linz, A

2017
Die Ordnung der Dinge, Ortsspezifische
Projekte im Ordensklinikum Barmherzige
Schwestern, Linz, A
Ungebrochen klaglos, ehemalige Bruckner
Universität, Linz, A

2016–17
Kunst ist Bildung, Galerieräume der Kunstuniversität Linz, Linz, A

2015
Between Darkness and Light, Kunstuniversität
Linz, kulturtankstelle, Linz, A

2014
Transposition. Change, NÖ Dokumentationszentrum für moderne Kunst, St. Pölten, A
was war ist, Abbruchhaus Lunzerstraße 4,
Linz, A

2011
*Other Possible Worlds – Entwürfe diesseits
von Utopia*, nGbK – neue Gesellschaft für
bildende Kunst, Berlin, D
Geteilte Zuversicht, Reinsberg, A (mit Iris
Andraschek)

2010
Almost in Passing, Galerie 5533, Istanbul, TRK

2009
Postalternativ, Kunstraum Niederoesterreich,
Wien, A
Ich habe nicht genug Ihr matten Augen!,
Universal Cube, Leipzig, D (mit Andrea
Pesendorfer und Andrea van der Straeten)

2006
Independent – Unplugged, Mödring, A

2005
*Umraum Museum: Zwischen draußen und
drinnen*, Lentos Kunstmuseum Linz, Linz, A

2004
Schöne Aussicht, Reinsberg, A (mit Iris
Andraschek)

2003
Wonders of the Modern World, MAK – Österreichisches Museum für angewandte Kunst /
Gegenwartskunst, Ausstellungshalle, Wien, A
(mit Leo Schatzl)

2002
*Madam I Am Adam. Die Organisation der
privaten Verhältnisse*, Kunstuniversität Linz,
Linz, A/Piet Zwart Institute, Rotterdam, NL (mit
Andrea van der Straeten, Jeanette Pacher und
Robert Pfaller)

2001
Gemischte Gefühle, Reinsberg, A (mit Iris
Andraschek)
Normal, Station 3, Wien, A/Tigerpark Projekt-
traum, Wien, A/Künstlerhaus, Wien, A/Schi-
kaneder Kino, Wien, A (mit Ilse Haider)

1999–2000
Salon sinnvoll, Ausstellungsreihe im Schau-
fenster des Salon Sinnvoll, Strozzigasse,
Wien, A

1999
Gemeinsame Sache, Burg Reinsberg,
Reinsberg, A (mit Iris Andraschek)

1996
Willkommen Bienvenue Welcome, Kommunikationsbüro, Bricks and Kicks, Wien, A/Kunst-
halle Exnergasse, Wien, A (mit Barbara
Steiner)

**Bibliografie (Auswahl) /
Bibliography (Selection)**

*Iris Andraschek Hubert Lobnig. Empfind-
liches Gleichgewicht*, Christine Wetzlin-
ger-Grundnig/Museum Moderner Kunst
Kärnten (Hg.), Verlag für moderne Kunst, Wien
2018.

*Die Ordnung der Dinge. Ortsspezifische Kunst
im Ordensklinikum Linz Barmherzige Schwestern*, Künstlerische Praxis am Institut für Kunst
und Bildung, Kunstuniversität Linz (Hg.), Linz
2017.

ZIMZUM ISSUE 1. Crime Zones in Europe,
Hadas Tapouchi (Hg.), o. O. 2017.

Heavy Metal, Silvie Aigner/NöART – Niederösterreich Gesellschaft für Kunst und Kultur
(Hg.), St. Pölten 2017.

"August Sarnitz im Gespräch mit Alfred
Berger, Tiina Parkkinen und Hubert Lobnig",
in: August Sarnitz (Hg.), *Diagonale Strategien,
Berger+Parkkinen Architekten*, Birkhäuser,
Basel 2017, S. 111–135.

Florian Neuner, Ralph Klever (Hgg.), *Idiome
für Prosa*, Klever, Wien 2017 (= Hefte für neue
Prosa 10).

Kunstraum Weikendorf. 22 Installationen,
Michael Kienzer, Gabriele Stöger, Bärbl
Zechner (Hgg.), Verlag für moderne Kunst,
Wien 2017.

Hubert Lobnig. Schlafende Hunde, mit
einem Beitrag von Raimar Stange und einem
Gespräch von Stella Rollig mit Hubert Lobnig,
Gerhild Stangl, Katharina Hofmann-Sewera
(Hgg.), Schlebrügge.Editor, Wien 2016.

„‚Es geht um eine Art diskursive Operation'.
Projekte in und für Reinsberg", in: Siglinde
Lang (Hg.), *Ab in die Provinz! Rurale Kunst-
und Kulturinitiativen als Stätten kultureller
Mitbestimmung*, Mandelbaum, Wien 2016,
S. 100–111.

*Denk-Statt Johann Gruber. Neue Wege der
Erinnerungskultur*, Eva Drechsler/Verein Platt-
form Johann Gruber (Hg.), Wagner, Linz 2014.

Mobilität II, Fotogalerie Wien, Verein zur
Förderung künstlerischer Fotografie und neuer
Medien (Hg.), Wien 2014.

Josef Schick, „‚Es soll pluralistisch bleiben'",
in: *KunstSTOFF. Die Zeitung der Kulturver-
netzung NÖ*, Mistelbach 16/Dezember 2013,
S. 4–7.

Heidemarie Uhl, „Die Leerstelle Turnertempel", in: *Wiener Journal. Das Magazin der Wiener Zeitung*, 8. November 2013, Sonderheft: *Die Novemberprogrome* (Fotos: Hubert Lobnig).

Hubert Lobnig (Hg.), *Realities of Life and Worlds of Things*, mit Texten von David Komary, Florian Steininger und Annette Südbeck, Schlebrügge.Editor, Wien 2013.

Mobilität II. Grenzen, Fotogalerie Wien, Verein zur Förderung künstlerischer Fotografie und neuer Medien (Hg.), Wien 2013 (= Bilder, Nr. 270/2013).

Hubert Lobnig, „Viermal Reinsberg. Ein Dorf als Arbeits- und Ausstellungsort", in: Brita Polzer (Hg.), *Kunst und Dorf. Künstlerische Aktivitäten in der Provinz*, Schneider & Spiess, Zürich 2013, S. 102–117.

Desiring the Real Austria Contemporary, Bundesministerium für Unterricht, Kunst und Kultur. Sektion für internationale Angelegenheiten und Kultus (Hg.), Wien 2012.

Turnertempel Erinnerungsort. Suche nach einer reflexiven Archäologie, Iris Andraschek & Hubert Lobnig, Maria Auböck + János Kárász, Kunst im öffentlichen Raum GmbH (Hg.), Verlag für moderne Kunst, Nürnberg 2012.

Geteilte Zuversicht. Ein ortsbezogenes Kunstprojekt für Reinsberg, Iris Andraschek, Hubert Lobnig (Hgg.), Wien 2011.

Other possible worlds. Proposals on this side of utopia, Dorothee Albrecht, Berit Fischer, Franziska Lesak, Hubert Lobnig, Moira Zoitl (Hgg.), argo books, Berlin 2011.

Monika Leisch-Kiesl, Johanna Schwanberg (Hgg.), *Was spricht das Bild? Gegenwartskunst und Wissenschaft im Dialog*, transcript, Bielefeld 2011.

Amt der Niederösterreichischen Landesregierung. Abteilung Kultur und Wissenschaft (Hg.), *Öffentliche Kunst. Kunst im Öffentlichen Raum Niederösterreich*, Springer, Wien/New York 2009 u. 2011 (= Dokumentation Öffentliche Kunst Niederösterreich, Bd. 9 u. 10).

Wapke Feenstra, Antje Schiffers (Hgg.), *Images of Farming*, Jap Sam Books, Heijningen 2011.

Zeitschnitt. Aktuelle Malerei des MAERZ, Kunstmuseum Artemons – Rilke Privatstiftung, Künstlervereinigung MAERZ, Linz (Hgg.), Hellmonsödt 2011.

Postalternativ, Christiane Krejs/Kunstraum Niederösterreich (Hg.), Wien 2009.

Kreuzungspunkt Linz, Junge Kunst und Meisterwerke, Stella Rollig/Lentos Kunstmuseum (Hg.), Linz 2009.

Silvie Aigner, „Die Chromtherapie", in: *Emanzipation und Konfrontation K08. In Situ*, Silvie Aigner (Hg.), Springer, Wien/New York 2008, S. 12–15 (nach einem Text von Hubert Lobnig).

CL, „Moderne.Zeiten", in: *Die Brücke. Kärnten. Kunst. Kultur*, Klagenfurt 84/2008, S. 6.

Hubert Lobnig, „Živomir, der Sammler. Photographien", in: *Transit. Europäische Revue*, Wien 30/2006.

Figur und Wirklichkeit, Ingried Brugger, Florian Steininger/Tiroler Landesmuseum Ferdinandeum, Innsbruck, BA-CA Kunstforum Wien (Hgg.), Innsbruck 2005.

Iris Andraschek, Hubert Lobnig. Life Between Buildings, mit Texten von Brigitte Huck und Hans Werner Mohm; Iris Andraschek, Hubert Lobnig und Kunst im öffentlichen Raum Niederösterreich (Hgg.), Wien 2005 (Folder).

Geordnete Verhältnisse. Festival der Regionen 2005, mit einem Text von Jeanette Pacher; Peter Arlt, Martin Fritz/Festival der Regionen (Hgg.), Ottensheim 2005.

Realitäten II. Gesellschaftswerte, Fotogalerie Wien, Verein zur Förderung künstlerischer Fotografie und neuer Medien (Hg.), Wien 2005 (= Bilder, Nr. 206/2005).

Realitäten, Fotogalerie Wien, Verein zur Förderung künstlerischer Fotografie und neuer Medien (Hg.), Wien 2005 (= Fotobuch Nr. 35/2005).

Gastarbajteri, 40 Jahre Arbeitsmigration, Hakan Gürses, Cornelia Kogoj, Sylvia Mattl (Hgg.), Mandelbaum, Wien/Berlin 2004.

Cement Gardens. Über das Leben in Häusern und Gärten. Iris Andraschek und Hubert Lobnig, Kunsthalle Exnergasse (Hg.), Wien 2003.

Schöne Aussichten. Ein Kunstprojekt für Reinsberg, Iris Andraschek, Hubert Lobnig (Hgg.), Wien 2004.

Art position 2003. Almanach zur jungen Kunst in Wien, Kolja Kramer (Hg.), Wien 2003.

5020. 10 Jahre Galerie 5020, Galerie 5020, IG bildender KünstlerInnen Salzburgs (Hgg.), Salzburg 2002.

Gerhard Maurer, „Der Fotografie angenähert", in: *Die Brücke. Kärnten. Kunst. Kultur*, Klagenfurt 27/2002, S. 16 f.

Kunstförderungspreis, Bau Holding Strabag AG (Hg.), o. O. 2002.

Art position 2002, Almanach zur jungen Kunst in Wien, Kolja Kramer (Hg.), Wien 2002.

Faistauer Preis, Land Salzburg, Kulturabteilung (Hg.), Salzburg 2002.

Gemischte Gefühle. Ein Kunstprojekt für Reinsberg, Iris Andraschek, Hubert Lobnig (Hgg.), St. Pölten 2001.

Salon de l'animal. Animal II, Fotogalerie Wien, Verein zur Förderung künstlerischer Fotografie und neuer Medien (Hg.), Wien 2001 (= Bilder, Nr. 171/2001).

Gemeinsame Sache. Ein Kunstprojekt für Reinsberg, Iris Andraschek, Hubert Lobnig (Hgg.), St. Pölten 1999.

„Iris Andraschek. Hubert Lobnig", in: *kursiv. Kindsköpfe (1): unbeschwert, verkichert, tänzelnd*, Linz 6–1/1999, S. 48 f.
25. Österreichischer Graphikwettbewerb Innsbruck 1997, Kulturabteilung im Amt der Tiroler Landesregierung (Hg.), Innsbruck 1997.

Hubert Lobnig. Other Voices Other Rooms, Hubert Lobnig (Hg.), Wien 1997.

Trivial Circuit, Kunstverein für Kärnten (Hg.), Klagenfurt 1994.

Turkish Carpet. Wiener Hausmeister Projekt, Hubert Lobnig (Hg.), Wien 1994.

Reise zu den Quellen, Stella Rollig/museum in progress (Hg.), Wien 1994.

LichtStücke – Vergegenwärtigung des Lichts, Historisches Museum der Stadt Bielefeld (Hg.), Pendragon, Bielefeld 1993.
Licht Flut, Arnulf Rohsmann/Kärntner Landesgalerie (Hg.), Klagenfurt 1993.

Marion Truger, Herbert Brunner, „Frontsightseeing. Zur Ausstellung *Frontsight* von Hubert Lobnig im Rahmen des Neuen Musikforums Viktring 1993", in: *Die Brücke. Kärntner Kulturzeitschrift*, Klagenfurt 2/1993, S. 26–28.

Dieter Huber, Hubert Lobnig, Fotogalerie Wien, Verein zur Förderung künstlerischer Fotografie und neuer Medien (Hg.), Wien 1992 (= Bilder, Nr. 87/1992).

Differenzen, Affinitäten und Brüche. Zeitschnitt 92. Aktuelle Kunst aus Österreich, Bundesministerium für Unterricht und Kunst (Hg.), Wien 1992.

Schöner Schein. Goldscheider Keramik und andere Kunst-Stücke, Amt der burgenländischen Landesregierung. Kulturabteilung (Hg.), Eisenstadt, 1992.

Offenes Kulturhaus – Acht, Offenes Kulturhaus des Landes Oberösterreich (Hg.), Linz 1992.

Im Raum Schule, Offenes Kulturhaus des Landes Oberösterreich (Hg.), Linz 1992.

Hubert Lobnig 1991/1992. Bilder, Zeichnungen, Diaintarsien, Projektinstallationen, Hubert Lobnig (Hg.), Wien 1992.

Hubert Lobnig. Steine, Wien 1992 (Folder).

FOCUS. 11 Beispiele intermedialer Photographie, Barbara Steiner, Andreas Spigel (Hg.), Horn 1991.

Hubert Lobnig. Steine. Grafik und Malerei, Hubert Lobnig (Hg.), Wien 1991.

Hubert Lobnig. Projektionsinstallation, Hubert Lobnig (Hg.), Wien 1990.

Christian Kravagna, „Zwei Kärntner Künstler in Wien. Hubert Lobnig, Michael Kravagna", in: *Die Brücke. Kärntner Kulturzeitschrift*, Klagenfurt 3/1990, S. 25.

Christian Kravagna, „*Diaintarsien* und Bilder aus Malerei und Fotografie", in: *Die Brücke. Kärntner Kulturzeitschrift*, Klagenfurt 3/1990, S. 25–28.

Austrian News in Photography, Bundesministerium für Unterricht, Kunst und Sport (Hg.),
Wien 1990.

Synopsis, Meisterklasse für Gestaltungslehre,
Herbert Tasquil (Hg.), o. O. 1990.

Klaus Heinzle, Angela Koch, Werner Rodlauer,
Engelbert Theuretzbacher (Hgg.), *Interaktion
3. Kunst, Kommunikation, Illusion, Das Wiener
Sommersymposion*, Wien 1989.

*Reverse Angle. New Art from Vienna in
Chicago*, Erich Praschak, Mary Sherman/
Transcult Vienna (Hg.), Wien 1989.

AEG-Hausgeräte GmbH (Hg.), *Kunstpreis
Ökologie. Dokumentation des Wettbewerbs*,
Nürnberg 1989.

Off Fotos, Monika Faber/Museum Moderner
Kunst, Österreichisches Fotoarchiv (Hg.), Wien
1988.

Römerquelle Kunstwettbewerb 1986, Römerquelle Ges.m.b.H. (Hg.), Wien 1986.

*Prima Vista, Werke von Künstlern aus der
Gestaltungslehre bei Herbert Tasquil*, Zentral-
sparkasse und Kommerzialbank Wien (Hg.),
Wien 1986.

Projekte/Kunst im öffentlichen
Raum (Auswahl)/
Projects/Art in Public Space
(Selection)

Iris Andraschek & Hubert Lobnig

2018
Käferfeld, Wandmalerei im Neubau des Horts
der Volksschule Keferfeld, Linz, A

2015
Gruft Boutique, Barnabitengasse/Mariahilfer
Straße, Wien, A (im Rahmen von *In the Still of
the Night*)
Mehr Los – Eine Linie aus Licht, Veranstal-
tungszentrum und Landesmusikschule
Marchtrenk, Marchtrenk, A
Nachbilder. Invisible Paintings, Wandmalerei
im Neubau der Anton Bruckner Universität,
Linz, A

2014
*Wohin verschwinden die Grenzen?/Kam mizí
hranice?*, Aktualisierung und Neubespielung
der Arbeit, Fratres/Slavonice, A/CZ

2013
*Geld macht sichtbar. Großplakate im öffent-
lichen Raum*, Wien, A/Graz, A
Die Baubesprechung, Hainburg, A
Bibliotheca Animalum, Wachtberg, A
(im Rahmen von *Kunst in der Natur*)

2011
Geteilte Zuversicht, Reinsberg, A
*Turnertempel Erinnerungsort. Suche nach
einer reflexiven Archäologie*, Wien, A

2010
Tree under the Influence, Wien, A
Field/Feld. From Rural to Urban Landscape,
Skulpturenpark Berlin, D

2009
*Wohin verschwinden die Grenzen?/Kam mizí
hranice?*, Fratres/Slavonice, A/CZ
Als das Wünschen noch geholfen hat,
Taufkirchen an der Pram, A

2007
*5–7 assoziative Begriffe zur derzeitigen Grenz-
situation*, Fußgängerbrücke am Grenzübergang Gmünd, A

2006
Independent – Unplugged, Mödring, A

2005
*Life Between Buildings – Lebensbaum und
Kalaschnikow*, Platzgestaltung am Forum
Campus der Donau-Universität Krems,
Krems, A
Leben am Hof, Festival der Regionen 2005,
Geordnete Verhältnisse, Salnau/Ulrichsberg, A

2004
Schöne Aussicht, Reinsberg, A

2001
Gemischte Gefühle, Reinsberg, A

1998–2000
Tigerpark, Wien, A

2000
Künstlerische Ausgestaltung des Gymnasium
Lerchenfeld, Klagenfurt, A

1999
Gemeinsame Sache, Reinsberg, A
*arttraffic. Kunst aus dem Automaten –
7 Automaten an sieben Orten*, Wien, A

Iris Andraschek Solo

2017
I Love You ☺, Installation am Neubauprojekt
Baierbrunner Straße, München, D
To Print Plants, Platzgestaltung, Neubau
Chirurgie Graz, Graz, A

2015
Eine schöne Landschaft, Pregarten, A

2011
Tell these people who I am, Wien, A

2010
Träume werden massiv, Judenburg, A
(im Rahmen des Projektes *Freizeichen*)

2009–10
Der Muse reicht's, Universität Wien,
Arkadenhof, Wien, A

2007
Traumland – País de los Sueños, Valparaíso,
CHI

2006
*Badebrunnen Loosdorf – Privatsphäre und
Phantomwände*, Loosdorf, A
Zu viel und zu wenig, Oberndorf, A
Gardens under the Influence, Gars am
Kamp, A

Hubert Lobnig Solo

2017–18
Build a World, Künstlerische Gestaltung
der Grundschule am Ravensburger Ring,
München, D

2014
Die Baustelle, Dom Museum Wien, Wien, A

2012
*Das ist wirklich hier passiert – This really
happened here*, Kunstraum Lakeside,
Lakeside Park, Klagenfurt, A

1995–96
Künstlerische Ausgestaltung des Gymnastik-
und Vortragsgebäudes, Bundesfor-
schungs- und Ausbildungszentrum für Wald,
Naturgefahren und Landschaft, Forstliche
Ausbildungsstätte Ossiach, Ossiach, A

Katrin Bucher-Trantow

geboren 1971 in St. Gallen, Schweiz. Seit 2003 Kuratorin, seit 2012 auch Stv. Leitung am Kunsthaus Graz. Ihr kuratorischer Schwerpunkt liegt auf interdisziplinären Ansätzen und Schnittstellen zwischen Kulturgeschichte, Kunstgeschichte und bildender Kunst. Sie kuratierte Ausstellungen zum Thema Transformation und Metamorphose: *Berlinde de Bruyckere, Leibhaftig* oder die Gruppenausstellungen *Alina Szapozcnikow, Kateřina Vincourová und Camille Henrot; Cittadellarte, Teilen und Verändern.* Andere Ausstellungen u.a.: *Landschaft in Bewegung; Constantin Luser; Katharina Grosse; Michael Kienzer; Vermessung der Welt.* Beiträge in Publikationen wie *Camera Austria International, Domus* und *Parnass.*

born 1971 in St. Gallen, Switzerland. Since 2003 she has worked as curator and since 2012 as Chief Curator and Deputy Head at Kunsthaus Graz. Her curatorial focus is on an interdisciplinary approach and on bridges between cultural history, art history and art. She has curated exhibitions on the topic of transformation and metamorphosis, e.g. *Berlinde de Bruyckere, In the Flesh;* the group shows *Alina Szapozcnikow, Kateřina Vincourová and Camille Henrot; Life? Biomorphic Forms in Sculpture* or *Cittadellarte, Sharing Transformation.* Other projects include *Landscape in Motion; Constantin Luser; Katharina Grosse; Michael Kienzer; Measuring the World.* Contributions to publications, e. g. *Camera Austria International, Domus, Parnass.*

Verena Gamper

geboren 1977 in Meran (Italien), Studium der Kunstgeschichte sowie Sozial- und Kulturanthropologie in Wien, Berlin und Rom. Wissenschaftliche Mitarbeiterin und Kuratorin zahlreicher Ausstellungen, u.a. *Francis Bacon und die Bildtradition* (Kunsthistorisches Museum, Wien, 2003), *Mark Dion: Concerning Hunting* (Kunstraum Dornbirn u.a., 2008–2010), *Ménage à trois: Warhol, Basquiat, Clemente* (Bundeskunsthalle Bonn, 2012), *Keith Haring: The Political Line* (Musée d'Art moderne de la Ville de Paris, 2013), *Abstrakt – Spatial. Malerei im Raum* (Kunsthalle Krems, 2016), *Remastered: Die Kunst der Aneignung* (Kunsthalle Krems, 2017). 2014–2017 Kuratorin der Kunsthalle Krems, seit 2018 Kuratorin des Leopold Museum in Wien.

born 1977 in Merano, Italy, studied art history and social and cultural anthropology in Vienna, Berlin and Rome. Research assistant and curator of numerous exhibitions, including *Francis Bacon and the Tradition of Art* (Kunsthistorisches Museum, Vienna, 2003), *Mark Dion: Concerning Hunting* (Kunstraum Dornbirn et al., 2008–2010), *Ménage à trois: Warhol, Basquiat, Clemente* (Bundeskunsthalle Bonn, 2012), *Keith Haring: The Political Line* (Musée d'Art moderne de la Ville de Paris, 2013), *Abstrakt—Spatial. Malerei im Raum* (Kunsthalle Krems, 2016), *Remastered—The Art of Appropriation* (Kunsthalle Krems, 2017). 2014–2017 curator at Kunsthalle Krems, since 2018 curator at Leopold Museum in Vienna.

Daniela Hölzl

geboren 1961, lebt in Wien, studierte Philosophie und ist Kunsttheoretikerin sowie Körper- und Trauma-Therapeutin. Als Autorin Texte für Kunstschaffende und philosophische sowie poetische Arbeiten. Kuratorin von Ausstellungen mit philosophisch-kunsttheoretischem Schwerpunkt. Seit 2004 Co-Leitung Galerie Cora Hölzl, Düsseldorf, Deutschland. 2017 Gründung von entre – Salon der Singularitäten, einem Raum für Kunst und Theorie in Wien, seither dort regelmäßig Veranstaltungen zur inhaltlichen Auseinandersetzung mit Kunst, Architektur und Philosophie.

born in 1961, lives in Vienna, studied philosophy and is an art theorist plus a body and trauma therapist. As an author, she writes texts for artists and also philosophical and poetical works. Curator of exhibitions focusing on the philosophical-art theoretical. Co-director of Galerie Cora Hölzl, Düsseldorf, Germany, since 2004. 2017 saw the foundation of entre—Salon der Singularitäten, a space for art and theory in Vienna, with periodical events substantively debating art, architecture and philosophy ever since.

Günther Oberhollenzer

geboren 1976 in Brixen, Italien, studierte Geschichte und Kunstgeschichte in Innsbruck und Venedig sowie Kulturmanagement in Wien. Von 2006 bis 2015 war er Kurator am Essl Museum in Klosterneuburg bei Wien. Seit 2014 ist er Mitglied des Südtiroler Kulturbeirats und Lehrbeauftragter am Institut für Kulturmanagement an der Universität für Musik und darstellende Kunst Wien. 2014 ist sein Buch *Von der Liebe zur Kunst* im Limbus Verlag, Innsbruck, erschienen. Seit 2016 ist er Kurator an der Landesgalerie Niederösterreich in Krems (Eröffnung erstes Halbjahr 2019). www.liebezurkunst.com

born in Brixen, Italy, in 1976, studied history and art history in Innsbruck and Venice plus cultural management in Vienna. From 2006 to 2015 he was curator at Essl Museum in Klosterneuburg near Vienna. Since 2014 he has been a member of the Südtiroler Kulturbeitrat (Southern Tyrolean Cultural Advisory Board) and lecturer at the Department of Cultural Management of the University of Music and Performing Arts Vienna. In 2014, his book *Von der Liebe zur Kunst* was published by Limbus Verlag, Innsbruck. Since 2016 he has been curator at Landesgalerie Niederösterreich in Krems (opening in the first half of 2019). www.liebezurkunst.com

Christine Wetzlinger-Grundnig

geboren 1966 in Klagenfurt, von 1985 bis 1994 Studium der Ethnologie und Kunstgeschichte in Wien und Graz, von 1995 bis 2002 an der Kärntner Landesgalerie im Wissenschaftlichen Dienst tätig, von 1996 bis 2002 stellvertretende Leiterin der Kärntner Landesgalerie, von 2003 bis 2010 Leiterin der Kunstsammlung des Landes Kärnten, seit 2010 Direktorin des Museums Moderner Kunst Kärnten, von 2004 bis 2013 Mitglied des Kärntner Kulturgremiums.

1966 born in Klagenfurt, studied ethnology and art history in Vienna and Graz from 1985 to '94, worked for the research section of the Carinthian Landesgalerie from 1995 to 2002, associate director of the Carinthian Landesgalerie from 1996 to 2002, director of the art collection of the Province of Carinthia from 2003 to 2010, director of the Museum of Modern Art Carinthia since 2010, a member of the Carinthian Arts and Culture Committee from 2004 to 2013.

Impressum/Publishing Details

Der Katalog erscheint anlässlich der
Ausstellung *Iris Andraschek Hubert Lobnig
Empfindliches Gleichgewicht/*
The catalogue is published on occasion of
the exhibition *Iris Andraschek Hubert Lobnig
Delicate Balance*

Museum Moderner Kunst Kärnten/
Museum of Modern Art Carinthia

25. Oktober 2018 bis 20. Jänner 2019/
October 25, 2018 to January 20, 2019

Kuratorin/Curator
Christine Wetzlinger-Grundnig

Herausgeberin/Editor
Christine Wetzlinger-Grundnig/
Museum Moderner Kunst Kärnten

Texte/Texts
Katrin Bucher-Trantow, Verena Gamper,
Daniela Hölzl, Günther Oberhollenzer,
Christine Wetzlinger-Grundnig

Redaktion/Editing
Mirjam Schmidt
Susanne Haiden (Künstler_innenbiografien)

Lektorat und Übersetzung/
Copy editing and translations
Thomas Taborsky

Fotos/Photo credits
S./pp. 1–23, Ferdinand Neumüller
S./p. 41, Gregor Graf
S./p. 43, rechts unten, Iris Ranzinger
S./p. 51, Margherita Spiluttini
S./p. 53, Norbert Artner
S./pp. 87–89, Christoph Fuchs
S./pp. 91–98, 102, 103, 106–114
Bruno Stubenrauch
S./p. 105, Universalmuseum Joanneum/
N. Lackner
S./pp. 157, 162, 163, 205, Simon Hanzer
S./pp. 158, 159, Arnulf Ploder
S./pp. 199–204, 206–216, Martin Bilinovac

Alle anderen Fotos/All other photos
Iris Andraschek, Hubert Lobnig

Rechte/Rights
© Bildrecht, Wien, 2018: Iris Andraschek,
Hubert Lobnig

Digitale Bildbearbeitung/Digital imaging
Martin Bilinovac, Maximilian Anelli-Monti,
Tom Klengel

Grafische Gestaltung/Graphic design
Karin Holzfeind

Papier/Paper
Salzer Design White
Konstellation Snow

Schrift/Font
Neutral BP

Umschlag/Cover
Iris Andraschek, *O. T.* (aus der Serie/
from the series *Chongqing*), 2017
Fotografie/Photograph, 75 × 50 cm

Leihgaben/Loans
Schutzmantelmadonna/Madonna of Mercy:
Universalmuseum Joanneum, Alte Galerie,
Graz
Bienenkästen/Bee boxes: Agrarhistorisches
Museum Ehrental
Globus aus dem Besitz der Gauleitung
Kärnten/Globe from the holdings of
Gauleitung Kärnten:
Landesmuseum Kärnten

Druckproduktion/Print production
Johannes Lackner, free agent dba,
Klagenfurt am Wörthersee

Druck/Printing
Christian Theiss GmbH
9431 St. Stefan im Lavanttal, Austria

Gedruckt auf FSC®-zertifiziertem Papier/
Printed on FSC® paper

© 2018 Museum Moderner Kunst Kärnten
© 2018 Verlag für moderne Kunst
© Texte bei den Autorinnen und
Autoren/Texts © the authors

Erschienen im/Published by:
VfmK Verlag für moderne Kunst GmbH
Salmgasse 4a
1030 Wien, Austria
hello@vfmk.org
www.vfmk.org

ISBN 978-3-903269-28-6
Alle Rechte vorbehalten/All rights reserved
Gedruckt in Österreich/Printed in Austria

Vertrieb/Distribution
Europa/Europe: LKG, www.lkg-va.de
UK: Cornerhouse Publications,
www.cornerhousepublications.org
USA: D.A.P., www.artbook.com

Bibliografische Information
Der Deutschen Nationalbibliothek
Die Deutsche Nationalbibliothek verzeichnet
diese Publikation in der Deutschen Nationalbibliografie; detaillierte bibliografische Daten
sind im Internet über http://dnb.de abrufbar.

Bibliographic information published by
Die Deutsche Nationalbibliothek
Die Deutsche Bibliothek lists this publication
in the Deutsche Nationalbibliografie; detailed
bibliographic data is available on the Internet
at http://dnb.de

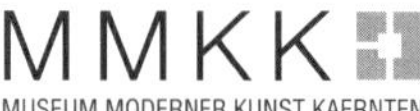

Museum Moderner Kunst Kärnten/
Museum of Modern Art Carinthia
Burggasse 8
9021 Klagenfurt am Wörthersee, Austria
T +43 50 536 34112
F +43 50 536 34110
office.museum@ktn.gv.at
www.mmkk.at

Leitung/Director
Christine Wetzlinger-Grundnig

Verwaltung, Sekretariat/
Administration, secretary
Gabriele Meschnark

Sammlung, Personal/
Collection, human resources
Brigitte Kogler

Kunstvermittlung, Ausstellungsmanagement/
Educational service, exhibition management
Magdalena Felice

Kunstvermittlung/Educational service
Christine Huber (Karenz/maternity leave)

Bibliothek, Archiv/Library, archive
Susanne Haiden

Marketing, Öffentlichkeitsarbeit,
Veranstaltungsorganisation/
Marketing, public relations, events
Mirjam Schmidt

Online-Marketing, Soziale Netzwerke/
Online Marketing, social media
Brigitte Obweger

Haustechnik/In-house technician
Reinhard Hafner

Besucherservice, Shop/
Customer services, shop
Anneliese Kreiseder
Corinna Prutej
Clarissa Zimmermann

LAND ▪ KÄRNTEN
Kultur

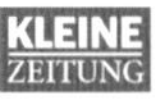

VERLAG FÜR MODERNE KUNST